▸▸2

대한민국 검찰을 말하다

나남
nanam

조 성 식

동아일보 신동아팀 차장.
물 좋고 인심 좋은 충북 단양에서 태어나 구한말 을미의병의 진원지인 제천에서 학창시절을 보냄. 어렸을 때부터 자유, 반항, 정의 따위의 실속 없는 단어를 가슴에 품고 살아온 대가로 20년 가까이 돈벌이도 안 되고 미래도 불투명한 아날로그 기자생활에서 벗어나지 못하는 행운을 누리고 있음. 40대 중반을 넘기며 그간 무소신, 아부, 침묵, 복종의 미덕을 갖추지 못하고 저 잘난 맛에 살아온 것을 자책하고 있으나 때늦은 감이 있음. 오랫동안 사건기자로 뛰어다녔고 요즘은 인물 인터뷰 기사에 주력. 《장군들의 리더십》, 《대한민국 주먹을 말하다》 두 권의 저서를 펴냄.

나남신서 1469

대한민국 검찰을 말하다 ②

2010년 4월 19일 발행
2010년 5월 25일 2쇄

지은이_ 조성식
펴낸이_ 趙相浩
펴낸곳_ (주) 나남
주소_ 413-756 경기도 파주시 교하읍
출판도시 518-4
전화_ (031) 955-4600 (代), FAX : (031) 955-4555
등록_ 제 1-71호(79.5.12)
홈페이지_ http://www.nanam.net
전자우편_ post@nanam.net

ISBN 978-89-300-8469-7
ISBN 978-89-300-8470-3 (전2권)
책값은 뒤표지에 있습니다.

▸▸2

대한민국 **검찰을** 말하다

조성식 지음

나남
nanam

나남신서 • 1469

대한민국 검찰을 말하다 2

차례

2부 저문 강의 달빛 ②

3부 적과 동지

2부

저문 강의 달빛 ②

수풀이 우거진 숲속. 아내 마사코와 함께 말을 타고 산길을 가던 사무라이 타케히로 앞에 산적 타조마루가 나타난다. 마사코의 미모에 반한 타조마루는 속임수를 써서 타케히로를 밧줄로 묶은 후 마사코를 겁탈한다. 이후 나무꾼이 타케히로의 가슴에 칼이 꽂혀있는 것을 발견하고 관청에 신고한다. 타조마루는 체포되고, 어디론가 사라졌던 마사코도 불려와 관청에서 심문을 받게 된다.

타조마루는 마사코를 겁탈한 것은 사실이지만, 사무라이는 정당한 결투 끝에 죽인 것이라고 떠벌린다. 하지만 마사코의 진술은 완전히 다르다. 타조마루에게 겁탈당한 후 남편이 경멸하는 눈초리로 자신을 쳐다보기에 화가 나 남편을 죽였다는 것이다. 그런데 죽은 타케히로의 고백은 아내의 얘기와 다르다. 무당의 힘을 빌려 강신한 그는 아내가 자신을 배신했는데 오히려 산적 타조마루가 자신을 옹호해줬으며 자신이 스스로 목숨을 끊었다고 털어놓는다.

현장 목격자임을 자처한 나무꾼의 이야기는 또 다르다. 그는 마사코가 싸우기 싫어하는 두 남자를 부추겨서 결투를 하게 한 후 도망쳤고, 남은 두 남자는 용렬하기 짝이 없는 싸움을 벌였다고 주장했다.

– 영화 '라쇼몽(羅生門)'

'법조 브로커'
용산 오다리 사건에 연루된 검사들

2003년 4월 검찰과 경찰은 '허가 없는 변호사'로 불리며 윤락가 해결사 노릇을 해온 박모씨(일명 박오다리)에 대한 구속영장 청구를 둘러싸고 신경전을 벌였다. 박씨를 변호사법위반 혐의로 체포한 서울 용산경찰서는 그가 평소 판검사들과 친분이 두터웠던 점을 들어 검찰이 경찰의 구속영장 신청을 받아들이지 않은 배경에 강한 의구심을 나타냈다. 경찰은 박씨의 휴대전화 통화기록을 조회해 법조계 인사 20여 명이 그와 통화했던 사실을 확인했다. 검사 중에는 공교롭게도 용산경찰서를 지휘하는 서울지검 서부지청(현 서울서부지검) 소속 검사가 많았다. 나는 박씨와 통화한 검사들의 명단을 단독 입수하고 확인취재에 나섰다.

"용산역 주변에서 그분을 나쁘게 말하는 사람이 있다면 그 사람이 바로 나쁜 사람이다."(용산역 윤락가 포주 ○씨)

"오래 전부터 '허가 없는 변호사'로 소문나 있었다. 웬만한 변호사보다 실력이 좋다고 했다."(전직 경찰관 P씨)

"언론 보도를 보고 드디어 일을 냈구나, 생각했다."(K검사)

"사업가로서 인맥 관리한 것을 두고 사건 브로커라고 얘기하는 건 무리다. 경찰이 오버한 거다."(C변호사)

서울 용산역 윤락가 주변에서 '해결사'로 통하는 박모(50·안마시술업소 운영) 씨에 대한 평이다. 용산경찰서는 최근 변호사법위반 혐의로 박씨에 대해 구속영장과 더불어 계좌압수영장을 신청했다. 하지만 검찰(서울지검 서부지청)은 이를 받아들이지 않았다. 박씨가 사건 알선의 대가로 돈을 받았다는 증거가 없고 죄가 무겁지 않다는 이유에서였다.

박씨 사건이 검·경 갈등으로 비화된 것은 그의 검찰 인맥이 만만치 않은 것으로 알려진 까닭이다. 경찰은 수사과정에 박씨가 개입한 사건 관련자들로부터 그가 평소 법조인들과의 친분을 바탕으로 사건을 해결해준다는 진술을 확보했다.

경찰이 그를 긴급체포한 것은 지난 3월17일. 체포 직후 그가 쓰던 휴대전화 2개를 압수해 지난해 12월17일부터 올 2월17일까지의 3개월간 통화내역을 조회했다. 놀랍게도, 법조인 20여 명과 100여 차례에 걸쳐 통화한 사실이 드러났다. 상당수가 검사인데 특히 몇몇 검사와 변호사와는 통화 횟수가 10여 회나 돼 예사롭지 않은 친분관계임이 드러났다.

검사들과 통화한 횟수는 총 70여 회. 그 중 용산서 사건을 관할하는 서부지청 소속 검사들과 통화한 횟수만 해도 10여 차례였다. 이는 경찰이 박씨에 대한 영장 기각 배경에 의혹을 제기하는 이유기도 하다. 박씨와 통화한 검사들의 신분이 쉽게 확인될 수 있었던 것은 휴대전화 통화가 많았기 때문. 통상 검사들이 웬만한 친분이 아니고선 휴대전화 번호를 알려주지 않는 점을 감안하면 박씨가 검사들과의 친분을 과시한 것이 과장이 아닐지도 모른다.

경찰은 보강수사 후 재차 구속영장을 신청했다. 하지만 검찰은 같은 이유에서 다시 이를 반려했다. 그 후 경찰의 수사의지는 크게 꺾였다. 그 와중에 일부 언론의 보도로 이 사건이 검·경의 대립으로 비쳐지자 부담을 느낀 경찰은 후속수사에 소극적인 태도를 보이고 있다. 박씨와 통화한 법조인들의 명단도 비밀에 부치고 있다. 경찰 주변에서는 "박씨 구속은 물 건너간 것 아니냐"는 얘기가 흘러나오고 있다.

이 사건은 경찰이 사실상 상급기관에 해당하는 검찰을 건드렸다는 점에서 비상한 관심을 끌고 있다. 경찰의 한 간부는 "검사의 비리를 감시하고 수사할 수 있는 적절한 수단이 있는지 확인한다는 데 의미가 있다"고 말했다.

검찰은 애써 이 사건을 무시하려는 분위기다. 통화한 검사가 많다는 사실만으로 박씨와 검사들 간에 비리 커넥션이 있었다고 추정하는 것은 무리라고 보기 때문이다.

그렇지만 박씨가 어떤 인물이고 그가 어떤 사업을 해왔고 어떤 사건에 개입했는지, 또 어떻게 검찰 인맥을 가꿔왔는지가 명백히 드러나면 이 사건에 대한 검찰 시각이 바뀔지도 모른다. 취재 결과 박씨 사건은 수사가 제대로만 이뤄진다면 법조비리의혹으로 비화될 가능성이 높은 것으로 드러났다.

주로 술장사를 해온 박씨는 공중보건위생법위반 혐의 등으로 네 차례 입건된 전력이 있으며 현재 안마시술업소와 나이트클럽을 운영하고 있다. 박씨의 검찰 인맥은 10여 년 전부터 형성된 것으로 밝혀졌다. 박씨는 스폰서 노릇을 해왔고, 일부 검사는 그를 정보원으로 활용했던 것으로 알려졌다.

나는 박씨 사건을 취재하는 과정에 그와 통화한 법조인 명단을 단독 확인했다. 아울러 통화자 명단에는 없지만 과거 그와 어울렸거나 그를 잘 알고 있는 검사, 또는 검사 출신 변호사들로부터 박씨와 관련된 얘기를 들을 수 있었다.

명단에 오른 검사들은 대부분 박씨와 아는 사이임을 인정했다. 다만 사건 청탁 여부에 대해서는 한 목소리로 부인했다. 이들에 대한 확인취재가 막바지에 이를 즈음 대검 감찰부가 박씨와 통화한 검사들을 모두 조사할 방침이라는 보도가 나왔다.

법조인들과 박씨의 통화 내역은 정황증거에 지나지 않는다. 통화한 검사들의 주장대로 사건 청탁과는 관련 없는 '안부전화'이거나 가까운 사이가 아닌데도 박씨가 '인맥 관리' 차원에서 전화를 걸었을 수도 있기 때문이다.

그렇긴 해도 경찰의 의혹 제기엔 타당성이 있다. 경찰이 조사한 바에 따르면 박씨는 이른바 '사건 브로커'로 활약해왔다. 특히 윤락가 주변에서는 '확실한 해결사'로 알려졌다. 경찰이 확보한 증인들에 따르면 박씨가 실력을 인정받는 것은 검사들과 직접 통한다고 알려졌기 때문이다. 실제로 박씨는 오래 전부터 많은 검사와 알고 지내왔다. 이런 점에서 박씨와 통화한 검사들은 속사정이야 어떻든 '오해'를 살 만하다.

경찰은 그가 브로커로서 활동한 사례를 세 건 찾아내 구속영장에 기재했다. 시간을 갖고 충분히 조사하면 그 이상의 사례를 찾을 수 있다는 게 경찰 주장이다. 박씨를 긴급체포해 서둘러 구속영장을 청구한 것은 일단 신병을 확보한 다음 그에게 사건 해결을 부탁한 포주들을 상대로 여죄를 캐겠다는 구상에 따른 것이었다.

하지만 검찰이 영장 청구를 거부함에 따라 경찰의 계획은 틀어졌다. 경찰 관계자는 "박씨가 풀려나자 포주들이 더는 수사에 협조해주지 않는다"며 "이번 사건은 결과적으로 박씨의 위력만 입증한 셈이 됐다"고 허탈해했다.

또 하나 예사롭지 않은 것은 통화 대상자 중에 서울지검 서부지청 소속 검사가 많다는 사실(이중 몇몇 검사는 지난 4월 인사 때 다른 검찰청으로 옮겨갔다). 그들 중 일부는 박씨와 여러 차례 통화한 것으로 나타나 단순한 친분이 아니지 않느냐는 의혹을 사고 있다.

용산경찰서 사건은 모두 서부지청 관할이다. 즉 용산서에서 발생한 모든 사건은 서부지청 검사의 지휘를 받아야 하고 영장 청구도 서부지청 검사가 허락하지 않으면 불가능하다는 얘기다. 박씨의 주 활동무대는 용산 윤락가 주변이고 구속영장에 언급된 사건들 중 2건은 서부지청에서 처리됐다.

이 사건은 경찰의 불만 표출과 언론 보도, 검찰의 공개 반박으로 이어지면서 사건의 진실보다는 검·경의 대립 측면이 더 부각된 상태다. 경찰은 박씨와 검사들의 친분을 들어 영장 반려 배경에 강한 의구심을 갖고 있다. 반면 검찰은 경찰이 증거도 부족한 상태에서 무리하게 사건을 키워 수사권 독립 논쟁의 호재로 삼으려 한다고 못마땅해 하고 있다.

한 가지 짚고 넘어갈 것은 검찰이 비록 구속영장 청구에 반대하긴 했지만 박씨의 혐의를 전혀 인정하지 않은 것은 아니라는 점이다. 검찰도 박씨가 사건을 알선한 사실은 인정한다. 다만 영장에 기재된 세 사건 중 두 사건의 경우 받은 돈을 변호사비로 다 써 개인적으로 착복했다는 증거가 없고 나머지 한 사건은 피해자와 합의한 만큼 구속할 만한 사안이 아니라는 판단이다.

이에 대해 경찰은 박씨가 변호사 선임비가 아니라 사건 해결 명목으로 돈을 받은 것이므로 변호사법위반에 해당한다고 주장한다. 한 발짝 물러나 설사 검찰 주장대로 구속영장은 논란의 여지가 있다 쳐도 사건을 알선하는 등 변호사법위반 혐의가 짙은 상황에서 청탁이나 알선 사례금 수수 여부를 확인하기 위한 계좌압수영장 청구를 거부한 것은 납득할 수 없다는 입장이다.

과연 어느 쪽 주장에 더 타당성이 있을까. 먼저 박씨 체포경위부터 살펴보자. 용산경찰서 형사과에서 박씨의 비리혐의를 포착한 것은 3월 중순. 그 즈음 형사과 강력5반은 경기도 평택 윤락가 포주 2명에 대해 윤락행위방지법위반 혐의로 구속영장을 청구했다. 경찰에 따르면 평택 윤락가와 용산 윤락가 포주들은 '사업상' 매우 밀접한 관계를 유지하고 있다. 사업이란 주로 인신매매다. 이 바닥을 잘 아는 한 경찰 관계자는 "용산에서 팔려가면 평택이나 청량리로 간다"고 귀띔했다.

이 사건을 수사하는 과정에 박씨의 존재가 드러났다. 어느날 형사과에 '오다리'가 이 사건에 개입하려 한다는 첩보가 들어왔다. 아울러 오다리에 대해 "돈은 좀 들지만 확실한 해결사"라는 평과 함께 "검사와 직접 거래하므로 일 처리가 확실하다" "오다리가 개입하면 100% 해결된다" 따위의 소문이 윤락가 주변에 널리 퍼져 있다는 사실도 확인하게 됐다.

오다리는 바로 박씨의 별명. 그는 본명보다 이 별명으로 더 알려져 있다. 어릴 때 하도 동작이 빨라 '다리가 다섯 개'라는 뜻으로 붙여진 별명이라는 얘기도 들린다. 경찰의 한 관계자는 "박씨는 젊었을 때부터 오다리로 불렸다"고 귀띔했다.

사실 용산서에 오래 근무한 형사들은 전부터 오다리의 존재를 직·간접으로 알고 있었다. 하지만 오다리가 검찰과 직접 통한다는 소문이 있는데다 범죄사실이 뚜렷이 드러난 적이 없었던 까닭에 그를 조사할 엄두를 내지 못했다는 것이다. 평택 포주를 체포한 직후 용산서 내부에서 "오다리가 붙었기 때문에 구속해봐야 곧 풀려날 것이다"라는 얘기가 나온 것도 그런 사정에서다.

확인 결과 구속된 포주 측에서 한 다리 거쳐 박씨에게 사건 해결을 부탁하려는 움직임이 있었던 건 사실이지만 실제로 '거래'가 성사되지는 않은 것으로 밝혀졌다. 이에 경찰은 용산역 윤락가 포주들을 상대로 그가 과거에 개입했던 사건들을 수소문하는 한편 윤락가 범죄 관련 수사기록을 뒤졌다.

윤락행위방지법에 따르면 매매춘 당사자와 윤락녀를 고용한 업주는 사법처리 대상이지만 포주들이 구속된 사례는 그리 많지 않다. 경찰이 단속을 해도 미성년자 고용이나 화대 갈취, 인신매매 등 '확실한' 범죄가 아닌

다음에야 구속하지 않는 게 관례인 까닭이다.

용산서 형사과는 지난해 8월 용산역 윤락가 포주 오모(여)씨가 구속된 사건을 주목했다. 당시 오씨는 영업비, 벌금, 족보 등의 명목으로 윤락녀들의 수입을 갈취한 혐의로 구속됐는데 검찰의 약식기소로 벌금을 물고 풀려났다.

경찰은 곧바로 오씨의 남편 김모씨를 조사해 박씨가 이 사건에 관련됐다는 진술을 받아냈다. 그에 따르면 김씨 부부는 박씨를 만난 적은 없지만 소문을 통해 그의 존재를 알고는 있었다. 그에 따라 박씨와 절친한 사이로 알려진 이모씨를 만나 '사건 해결'을 부탁했다.

박씨는 김씨가 이씨를 통해 건넨 돈으로 오씨에게 2명의 변호사를 선임해줬고, 영등포구치소에 수감돼 있던 오씨는 20일 만에 석방됐다. 관련자들 진술에 따르면 박씨는 2명의 변호사에게 각각 1000만원, 300만원씩 모두 1300만원을 변호사비로 지급했다.

경찰은 3월17일 아침 서울 서초동 박씨의 집으로 찾아가 그를 변호사법 위반 혐의로 긴급체포했다. 그렇게 해서 신병을 확보한 다음 박씨가 개입한 윤락가 사건을 또 한 건 찾아냈다. 2001년 용산역 윤락가 포주 안모씨가 미성년자를 윤락녀로 고용한 혐의로 구속됐던 사건이었다.

당시 안씨는 두 다리를 건너 박씨에게 줄을 댔다. 자신과 잘 아는 이모씨를 통해 박씨와 절친한 또 다른 이모씨(오씨 사건에 등장한)에게 1000만원을 건넨 것이다. 이씨는 이 돈을 박씨에게 건넸고 박씨는 안씨에게 변호사를 선임해줬다. 그 결과 안씨도 오씨와 마찬가지로 벌금형을 받고 풀려났다.

경찰 구속영장에 나타난 박씨의 범죄혐의는 모두 세 가지. 나머지 한 건은 윤락가와는 관련 없는 것으로 박씨에게 떼인 돈을 받게 해달라는 명목으로 500만원을 줬다가 사기 당했다는 사람이 용산서에 나타나는 바람에 밝혀진 것이다. 박씨가 체포됐다는 소식을 듣고 경찰서를 찾았다는 그는 박씨를 처벌해달라고 요청했다.

가만히 앉아서 박씨의 혐의를 한 가지 더 확보한 경찰은 매우 고무됐다. 박씨는 처음엔 관련 혐의를 완강히 부인했으나 대질신문에서 사기꾼으로 몰리자 "미안하게 됐다"고 말했다. 그리고는 경찰이 영장을 청구하기 직전 피해자에게 500만원을 돌려주는 것으로 합의를 봤다. 하지만 합의했다고 죄가 없어지는 건 아니다. 정상참작의 소지가 있을 뿐이다. 경찰은 500만원을 가로챈 혐의도 영장에 추가했다.

그러나 앞서 설명한 대로 박씨에 대한 구속영장과 계좌압수영장 신청은 모두 받아들여지지 않았다. 검찰은 당시 "박씨가 실제로 취득한 이익이 있는지 불투명하고 계좌는 이 사건과 직접 관련성이 없기 때문"이라고 거부 사유를 밝혔다. 박씨는 경찰서에서 풀려난 후 주변에 "경찰이 나를 체포하리라고는 상상도 못했다"고 말한 것으로 전해진다.

박씨는 지금은 서초동에 살지만 오랫동안 용산에 살았다. 그가 젊었을 때 그의 어머니가 용산역 앞에서 '복다방'을 운영했다. 용산 지역 사정을 잘 아는 C형사는 "오다리(박씨)가 복다방 시절에 얽힌 연줄로 윤락가 주변 사건에 많이 개입하는 것 같다"라고 말했다.

C형사에 따르면 박씨는 평소 주변사람들에게 검사들과의 친분을 과시했다고 한다. 무슨 사건이 나면 자신이 해결하겠다며 앞에 나서곤 했다는 것. C형사는 "건달세계의 안 좋은 물을 먹어선지 오다리는 아래위가 없다. 나이가 훨씬 많은 사람한테도 함부로 이름을 부른다"며 혀를 찼다.

박씨는 술장사로 꽤 많은 돈을 번 것으로 알려져 있다. 1980년대 후반 영등포에서 술집을 하다 1990년대 초엔 한남동에서 이른바 '홀딱쇼'로 유명했던 C업소를 운영했다. 이 술집은 퇴폐업소 단속에 걸려 문을 닫았다. 당시 상황을 잘 아는 전직 경찰관 P씨의 회고.

"용산서에서 집중단속을 폈는데, 오다리는 일반음식점 허가로 유흥업소 영업을 했다. 당시엔 그런 퇴폐적인 쇼를 하는 업소가 많았다."

그는 박씨가 법조브로커라는 의심을 받는 것과 관련해 이런 얘기를 들려줬다.

"꽤 오래 전부터 검사들을 많이 안다는 소문이 있었다. 다들 '허가 없는 변호사'라고 그랬다. 웬만한 변호사보다 실력이 좋다고 했다."

박씨는 한때 스포츠센터를 운영했던 것으로 알려져 있다. 또 처가가 서울 강북구에서 수영장을 운영한다는 얘기도 들린다.

박씨 사건에서 최대 관심사는 박씨와 법조인, 특히 검사들과의 관계다. 그 근거가 바로 박씨의 휴대전화 통화내역이다. 그와 통화한 검사들은 누구이고 그들은 박씨와 어떻게 알게 됐을까.

박씨는 용산서에 처음 잡혀왔을 때 검사들과의 친분 관계를 철저히 부인했다. 하지만 영장이 기각된 후 두 번째 다시 불려와 조사받을 때는 어느 정도 시인했다. 하고 싶어 한 게 아니고 경찰이 그의 휴대전화 통화내역에서 확인한 검사들 명단을 들이밀었기 때문이다. 박씨는 처음에 부인한 이유에 대해 "아는 검사들에게 누를 끼치기 싫어서"라고 대답했다.

그렇긴 해도 검사들과 어떤 얘기를 했는지에 대해선 입을 다물었다. 그러다 자꾸 검사들과의 관계를 추궁 당하자 "솔직히 검사들 반은 안다"고 큰소리를 치기도 했다. 또 검찰 간부 두 명의 이름을 대며 "오래 전부터 아주 잘 아는 사이"라고 과시하기도 했다.

법조인들과의 통화사실이 관심을 끄는 것은 물론 박씨가 법조브로커로 활동해왔다는 의혹 때문이다. 박씨와 통화한 검사는 20명 안팎으로 알려져 있지만 실제로 이름이 확인된 사람은 그보다 적다. 휴대전화가 아니라 사무실 전화로 통화한 경우 직접 통화가 이뤄지지 않았을 가능성이 있는데다 검찰청 대표전화로 한 경우 어느 검사와 통화했는지 특정하기 어렵기 때문이다.

박씨와 통화한 법조인 중 이름이 확인된 사람은 15명으로 검사가 10명이고 변호사가 5명이다. 또 근무지는 확인됐지만 이름이 확인되지 않은 검사 또는 검찰수사관이 8명이다. 대부분 검찰청 대표전화로 통화한 경우다.

그밖에 판사 1명이 박씨와 통화한 사실이 확인됐다. 이 판사는 당시 서울지법 서부지원 소속이었는데, 지금은 지방 법원에서 근무하고 있다.

이름이 확인된 10명의 검사 중 부장검사급 이상 간부는 4명으로 그 중 2명은 통화량이 꽤 많은 편이었다. 그밖에 통화 대상자 명단에 오르지는 않았지만 과거 박씨와 알고 지내던 검사 2명과 검사 출신 변호사 2명의 이름도 확인했다.

검사 5명은 박씨와 통화할 당시 모두 서울지검 서부지청 소속이었던 것으로 밝혀졌다. 그중 한 검사는 박씨가 개입했던 용산역 윤락가 포주 안모씨 구속사건 당시 주임검사였다.

통화사실 확인요청에 대한 검사들의 반응은 다양했지만 답변 형태는 엇비슷했다. 대다수 검사들은 "명단을 확인했다"고 하자 통화사실을 부인하지 않았다. 반면 일부 검사는 "답변하기 곤란하다"고 비켜갔다. 또 상당수 검사는 특별한 친분관계가 아님을 강조했지만 몇몇 검사는 평소 남다른 친분이 있었음을 시인했다. 거의 모든 검사들에게 공통적으로 확인된 것은 박씨와 적어도 한 번 이상은 식사 자리나 술자리를 함께했다는 사실이다.

박씨와 검사들의 통화시간대는 다양하다. 박씨는 낮밤 가리지 않고 검사들과 통화했다. 밤 11시 이후에 통화한 검사도 있다. 어느날에는 변호사와 통화한 후 몇 명의 검사들과 잇따라 통화했다. 한 검사와 하루에 여러 차례 통화한 적도 있다. 또 며칠 동안 집중적으로 통화한 흔적도 있다. 박씨가 전화를 건 경우가 대부분이지만 그 반대의 경우도 있다.

경찰 관계자는 "유흥업소 업주인 박씨가 도대체 검사들과 그토록 자주 통화한 이유가 뭐냐"고 의혹의 눈길을 보냈다. 하지만 그와 통화한 검사들은 대부분 그가 유흥업소를 운영하는 줄 몰랐다고 해명했다.

그들은 박씨가 하는 사업에 대해 저마다 다르게 알고 있었다. 스포츠센터를 운영하는 줄 알았다는 검사가 가장 많았는데 과거에 술집을 했다는 사실을 기억하는 검사도 있었다. 그가 안마시술소 업자라는 사실에 대해서는 다들 놀라워했다.

검사들은 사건 청탁 여부에 대해 "그런 일은 전혀 없었다"고 한 목소리로 부인했다. 일상적인 안부전화였다는 것이다. 검사들의 답변을 통해 확실하게 밝혀진 사실 한 가지는 박씨가, 사건 청탁 여부와 관계없이, 평소 '검찰 인맥'을 열심히 관리해왔다는 점이다.

재경지청 부장을 지낸 L검사. 현재 지방의 고검에 근무하는 그는 박씨와 유난히 통화량이 많다.

이에 대해 그는 "주로 안부전화였다"며 "(박씨를) 잘 알지는 못한다"라고 말했다. 또 박씨를 어떻게 알게 됐느냐는 질문엔 "동료 검사가 만나는 데 따라갔다가 알게 됐다"고 주장했다.

"지난해 동료검사들과 식사하는 자리에서 소개를 받았다. 충남 공주에서 헬스클럽을 운영하고 있다고 들었다. 또 검찰 가족의 인척이 된다고도 했다. 부서 검사 몇 명과 저녁식사를 함께한 적이 있다. 그후 가끔 전화를 걸어왔다. 사건을 소개해주거나 수사정보를 주는 관계는 결코 아니었다."

L검사는 "박씨가 유흥업소를 운영하는 줄은 신문을 보고 알았다"며 "그러잖아도 기사를 보고 구설수 좀 타겠다는 생각이 들었다"라고 말했다. 그는 또 "안마시술소 업자라는 걸 알고 깜짝 놀랐다. 그 사실을 알았다면 어떤 검사가 (박씨를) 만났겠나"라고 덧붙였다.

역시 간부급인 서울고검의 S검사. 경찰에서 박씨가 언급한, '오래 전부터 알고 지낸' 검사이기도 하다. S검사는 박씨가 한때 한남동에서 술집을 운영한 사실을 기억하고 있었다. 그는 "박씨와 통화한 것은 사실이지만 무슨 내용이었는지 기억나지 않는다"고 말했다.

"10여 년 전 어떤 모임에서 알게 됐다. 저녁식사를 함께하는 등 몇 차례 만났는데, 언제부터인가 가까이 할 사람이 아닌 듯싶어 멀리했다. 최근 5~6년 동안 연락이 없다가 지난해 연말 안부전화를 걸어왔다. 안마시술소 얘기는 금시초문이다."

서울지검의 K부장검사는 "알고 지낸 건 맞다"며 "지난해 함께 식사한 적이 있다"고 말했다. 그는 박씨가 안마시술소와 나이트클럽을 운영하는 줄 몰랐냐는 질문에 "스포츠센터를 하는 사람으로만 알았다"고 대답했다. 또 사건과 관련한 청탁이 없었냐고 묻자 "사건 얘기는 없었다"고 했다. 그는 "전화로 (얘기하기) 곤란하다"며 질문이 계속되는 것을 원치 않았다.

대검 간부인 L검사는 "알긴 아는 사람"이라며 박씨와의 관계를 시인했다. 그는 통화기록에 대해 "지방에 근무할 때 몇 차례 통화했다. 주로 안부전화였다"고 말했다. 그는 또 "박씨를 ○○지청에 근무할 때 알지 않았냐"고 묻자 부인하지 않았다.

"당시 선배검사 소개로 알게 됐다. K부장(현재 변호사)을 모시고 함께 회식도 했다. 사건 관련 얘기는 잘 모르겠다. 그 사람이 뒤에서 나쁜 짓하고 다닌 줄 누가 알았겠나."

재경지청 소속인 L검사는 조금 뜻밖의 얘기를 들려줬다.

"지난해 선배검사를 통해 소개받았다. H대 법대 출신이고 법무부 보호위원이라고 해 그런 줄만 알았다. 특별한 친분은 없지만 '예우' 차원에서 가끔 안부전화를 드렸다."

경상도 지역의 모 지청에 근무하는 W검사도 L검사처럼 박씨를 H대 출신으로 알고 있었다. W검사는 "지난해 가을 선배검사와 함께한 술자리에서 박씨와 인사를 나눴다"고 말했다.

"선배검사들 얘기가 H대 법대를 졸업했다는 것이다. 스포츠센터를 하는 사람이라고 들었다. 정초에 새해인사차 전화를 걸어왔고 지난 2월 인사가 났을 때도 통화했다. 사건 관련 얘기는 전혀 한 적이 없다."

경인 지역 모 지검의 L검사. 이 검사는 박씨와 통화한 사연을 묻자 "경찰의 언론플레이에 휘말리는 것 아니냐"고 에둘러 시인했다. 거듭 질문을 던지자 "전화로 얘기하기에 부적절한 것 같다"며 답변을 거부했다.

재경지청에 근무하는 B검사도 통화 대상자 명단에 올라 있다. B검사와 박씨가 어떤 사이인지는 확인할 수 없었다. B검사에게 며칠에 걸쳐 10여 회 이상 통화를 시도했으나 연결되지 않았다. 직원을 통해 통화를 바란다는 메시지를 남겼지만 연락이 오지 않았다.

역시 재경지청 소속으로 통화자 명단에 오른 K검사도 B검사처럼 통 전화연결이 되지 않았다. 걸 때마다 매번 자리에 없다고 했다. 직원을 통해 메시지를 몇 차례 전달했으나 반응이 없었다.

서울지검 소속으로 현재 모 기관에 파견 나가 있는 K검사도 박씨와 통화한 법조인 명단에 올라 있다. 그가 파견근무하는 모 기관 공보실을 통해 전화연결을 부탁했으나 성사되지 않았다.

이상 언급한 검사들 중엔 H대 법대 출신이 2명 있다. 이 2명 중 1명이, 또는 2명이 함께 자신의 후배검사들에게 박씨를 소개한 것으로 짐작된다. 후배검사들은 선배검사와 대학 동문이라는 박씨를 무시할 수 없었을 것이다.

그런데 박씨의 학력은 불투명하다. 박씨는 경찰에서 H대 무역학과를 졸업했다고 말했다. 하지만 박씨와 오래 전부터 잘 알고 지내는 C변호사는 그가 K대 법대를 졸업한 것으로 알고 있다. 반면 10여 년 전 그를 알았다는 검찰간부 K씨는 그를 D대 법대 출신으로 기억하고 있다.

박씨가 검찰에 인맥을 만들기 시작한 것은 영등포에서 술집을 하던 1980년대 후반으로 보인다. 영등포 지역은 서울지검 남부지청 관할이다. 그 때문인지 당시 그는 남부지청에 아는 검사들이 많았다. 그때 인연을 맺은 검사들 중엔 지금까지도 박씨와 연락하고 지내는 이들이 있다. 당시 남부지청에 근무했던 전직 검사 Q씨의 증언.

"그때 남부지청에 근무했던 검사들 중에는 박씨와 알고 지낸 사람이 많다. 내가 처음 그 사람을 알게 된 것은 검찰 간부가 주선하는 저녁 자리에서였다. 두세 차례 만났던 것 같다. 검찰 간부들과 친했던 것으로 기억된다. 특히 부장검사들을 꿰차고 있었다. 가끔씩 검사들 회식자리에 나타나 계산하곤 했다. 나중에 알고 보니 술집을 하는 사람이었다."

Q씨의 기억에 따르면 당시 박씨는 장발이었고 덩치가 컸다고 한다. Q씨는 이번 사건과 관련해 "박씨가 검찰 간부들의 이름을 팔고 다닌다는 얘기를 들은 적이 있다"며 "당시 친분을 쌓은 검찰 간부 출신 변호사들에게 사건을 소개해줬을 가능성이 있다"고 말했다.

이번에 박씨와 통화한 것으로 확인된 법조인들 중에도 남부지청 출신이 3명 있다. 검사가 2명이고 변호사가 1명이다. 남부지청에 근무한 적이 있는 K검사(지방 지청장)에 따르면 박씨가 평소 검사들에게 사건 청탁을 했을 개연성이 있다.

"남부지청에 있을 때 선배검사와 함께한 어느 식사 자리에서 그를 처음 봤다. 내가 서울지검 부장으로 부임한 후 어느날 찾아와 사건 관련 얘기를 하기에 '그런 얘기 하려면 앞으로 나를 찾지 말라'고 냉정하게 말했다. '어디 가서 나를 안다고 얘기하지도 말라'고도 했다. 인간적 모욕을 느낄 정도로 따끔하게 말해줬다. 그래선지 나에 대해 좋지 않게 말하고 다닌다는 얘기를 전해들었다. 언론 보도를 보고 드디어 일을 내는구나 싶었다."

K검사는 박씨를 '부유한 집안 출신으로 D대 법대를 나온 사업가'로 알고

있었다고 덧붙였다(K검사는 통화 대상자 명단에는 없다). 그밖에 이름이 확인되지 않은 검사 또는 검찰수사관 8명은 통화 당시 서울지검 동부·북부·의정부지청, 수원지검, 광주지검, 대전지검, 대전지검 천안지청 등지에 근무했던 것으로 알려졌다.

한편 통화 대상자 명단에 오른 변호사 5명 중 박씨와의 관계를 확인할 수 있었던 사람은 3명이다. 나머지 2명은 취재에 응하지 않았다. 가장 눈에 띄는 사람은 지방 지청장 재직 당시 비리사건에 연루돼 검찰을 떠난 L변호사. L변호사도 남부지청에 근무할 때 박씨를 알았다. 당시 영등포에서 술집을 하던 박씨가 단속에 걸려 입건된 적이 있는데 그때 주임검사가 L변호사였다는 것이다.

그 인연 때문인지 두 사람은 매우 가깝게 지냈다고 한다. 이는 당시 남부지청에 함께 근무했던 전직 검사 Q씨의 증언으로도 확인된다. 이번에 확인된 박씨의 휴대전화 통화내역에 비춰보면 L변호사와 박씨는 지금도 자주 연락하고 지내는 것으로 보인다. 통화량이 유난히 많기 때문이다. L변호사는 취재에 응하지 않았다.

다음으로 박씨와 먼 친척간이라는 P변호사. 검사 출신인 P변호사는 박씨가 연루된 용산역 윤락가 포주 오모씨 구속사건에 변호인으로 선임됐었다. 당시 그는 박씨로부터 300만원을 받고 오씨 사건을 수임했다. 주임검사 P검사가 P변호사의 사시 동기였다. P변호사는 당시 오씨가 벌금형으로 풀려난 데 대해 "갈취 혐의가 인정되지 않아서였다"라고 설명했다. 그는 그 사건 말고도 박씨로부터 몇 차례 사건을 소개받은 적이 있다고 밝혔다. 그렇지만 "사건 알선 대가로 사례비를 준 적은 전혀 없었다"고 덧붙였다.

"오래 전부터 아는 사이긴 하지만 그다지 친하지는 않다. 유흥업소를 운영한다고 알고 있다. 어떻게 검사들과 친해졌는지는 모르지만 나보다 더 많이 알고 있더라. 변호사 개업을 한 이후 한동안은 얼굴을 보지 못했다.

그러다가 어느날 그가 다시 연락을 해왔고 그의 소개로 광주에서 재판이 열렸던 어떤 사건과 춘천 윤락가에서 발생한 사건을 맡았다."

포주 오씨 사건을 수임한 변호인은 2명이다. P변호사에 앞서 검찰 간부 출신인 Y변호사가 맡았다. Y변호사를 선임한 사람은 오씨로부터 돈을 받은 박씨다. 그런데 경찰은 Y변호사가 박씨와 특별한 인연이 없다는 점을 들어 '바지', 즉 들러리일지 모른다는 의혹을 제기하고 있다. 즉 박씨가 겉으로는 변호사를 내세우고 실제로는 자신이 검찰에 로비해 사건을 해결해 오지 않았느냐는 의혹이다. P변호사는 이를 강하게 부정했다.

"오씨 사건을 수임한 후 주임검사인 P검사를 찾아갔다. P검사는 내게 '이미 Y변호사가 선임돼 있다'며 Y변호사가 몇 차례 자신을 찾아와 변론을 했다고 말해줬다. 경찰이 Y변호사를 '바지'로 보는 건 난센스다."

P변호사는 또 "박씨는 부자 집안에서 태어났다. 사업도 잘 됐기 때문에 브로커 해서 돈 벌 필요가 없는 사람"이라며 경찰 수사내용에 동의하지 않았다. 그에 따르면 박씨는 호남 출신으로 서울에서 성장했다. 전북 전주가 그의 아버지 고향이며 선산도 그곳에 있다고 한다.

박씨의 영장에 적힌 윤락가 포주 안씨와 오씨가 구속된 사건을 모두 수임했던 Y변호사는 모 법무법인 대표. 그는 경찰이 박씨와의 관계를 묻자 '모르는 사람'이라고 대답했다. 또 박씨가 알선한 포주 구속사건에 대해서도 기억나지 않는다고 했다. 경찰에 따르면 Y변호사의 사무장이 "박씨를 알고 있다"고 진술했다는 것. 하지만 경찰은 이 진술에 의문을 품고 있다. Y변호사와는 통화하지 못했다. 여러 차례 메시지를 남겼으나 회신이 없었다.

사법연수원 출신인 C변호사는 박씨를 고향 선배로 여기고 있다. C변호사의 고향은 전북 익산이다. 오래 전부터 박씨에게 사업과 관련한 상담을 해주고 있다는 그는 이번 사건에서 경찰이 박씨의 공범으로 규정한 이모씨 변호를 맡았다.

이씨는 포주 오씨 구속사건 때 오씨를 박씨에 연결시키는 다리 노릇을 했다. 관련자들 진술에 따르면 이씨는 오씨의 남편으로부터 모두 2500만원을 받아 그 중 1300만원은 박씨에게 변호사비로 넘기고 나머지 1200만원은 자신의 몫으로 챙겼다는 것이다. 이씨는 검찰이 박씨를 체포할 때 그것이 문제가 되자 서둘러 오씨 측에 돈을 되돌려줬다. 오씨 사건이 일어난 게 지난해 8월이니 약 9개월 만에 가로챈 돈을 돌려준 셈이다. 이씨에 대한 구속영장은 법원이 기각했다.

C변호사는 P변호사와 마찬가지로 박씨를 옹호했다. 그는 "박 사장이 K대 법대를 나왔다고 알고 있다"고 말했다.

"박 사장은 법대를 나와 판·검사가 못 된 것에 한이 맺혔는지 법조계 사람들과 친하게 지냈다. 술집을 하다 보면 여러 가지 문제가 생길 수 있지 않은가. 검사들을 알고 지낸 것은 사업가로서 인맥을 관리한 것으로 본다. 좋게 표현하면 사업수완이 좋은 것이다. 몇 년 전 박 사장과 검사들이 모인 저녁식사 자리에 참석한 적이 있다. 박 사장이 불러 가보니 알 만한 검사들이 많이 보였다."

C변호사는 박씨가 과거 술집을 할 때 퇴폐업소 단속에 걸렸던 사실도 알고 있었다. 그는 박씨에 대한 경찰 수사를 비판했다.

"박 사장이 용산에서도 술집을 운영하는 것으로 알고 있다. 동네에 무슨 일이 생기면 나서는 것이 당연하지 않은가. 경찰이 영웅심에서 무리한 수사를 하고 있다. 변호사법위반 혐의만 조사하면 되는데 사건과 직접 관련 없는 부분까지 손대고 있다. 웃기는 일이다."

서울지법 부장판사 출신인 B변호사도 통화 대상자 명단에 올라 있다. 하지만 B변호사는 "(박씨의) 이름도 모르고 통화한 기억도 없다"며 통화 사실을 부인했다. 한편 통화기록엔 없지만 과거 남부지청에 근무할 때 박씨와 아주 가까웠다는 검찰 간부 출신 K변호사에게도 여러 차례 전화를 걸었으나 그는 직원을 통해 "통화를 원치 않는다"라고 전했다.

박씨 사건에서 법리적으로 가장 논란이 된 부분은 변호사법위반 적용범위다. 검찰은 받은 돈을 다 변호사비로 썼다면 변호사법위반에 해당되지 않는다는 판례를 내세운다.

"경찰은 박씨가 따로 돈을 받았다는 심증만 갖고 있지 물증을 찾지 못했다. 계좌 추적도 그렇다. 개연성만으로 개인과 가족의 모든 계좌를 뒤질 순 없지 않은가. 영장을 반려한 것은 단계적으로 수사하라는 뜻이지 수사를 봉쇄한 게 아니다."

서울지검 서부지청 모 부장검사의 주장이다. 이에 대해 경찰은 박씨한테 돈을 건넨 사람들이 변호사비가 아니라 포괄적인 사건 해결 비용으로 건넸기 때문에 변호사법위반이라고 반박한다. 경찰은 또 박씨가 변호사 소개나 사건 알선 대가로 사례금 따위의 뒷돈을 챙겼을 것으로 보고 있다. 실제로 포주 안씨 구속사건에서 안씨는 석방된 후 룸살롱에서 박씨에게 감사 표시로 200만원을 건넸다. 두 사람에 따르면 박씨는 그 돈으로 그날 술값을 치렀다고 한다.

검찰의 계좌압수영장 청구 반대 논리에 대해 경찰 관계자는 이렇게 반박했다.

"검찰 주장대로라면 박씨는 일종의 자선사업가다. 자신은 아무런 이득도 취하지 않고 남의 일에 나서서 변호사를 선임하는 등 힘을 써줬다는 얘기다. 휴대전화 통화내역에서 드러났지만 박씨는 많은 법조인과 친분이 있다. 박씨가 사건을 해결하면서 또는 평소 인맥관리 차원에서 법조인들에게 돈을 건넸을 가능성도 있지 않은가. 일단 확인을 해봐야 할 것이다. 그것이 수사의 기본 아닌가."

그렇지만 검찰의 논리에 경찰이 무조건 반대하는 건 아니다. 용산서 수사관계자는 "검찰의 시각이 (경찰과) 다를 수도 있는 것 아니냐"며 "영장 기각 이후 박씨와 관련자들 진술의 모순점을 파악하는 데 주력하고 있다"고 말했다. 한 가지 흥미로운 것은 경찰 내부에서도 용산서의 수사방식을 비판하는 시각이 있다는 점이다. 경찰 관계자 P씨의 지적.

"검찰의 영장 청구 거부는 박씨에게 죄가 없다는 뜻이 아니다. 그보다는 구속할 만큼 무겁지 않다는 뜻으로 봐야 한다. 경찰이 너무 서두른 것이 화근이다. 시간이 걸리더라도 박씨를 공범인 이씨와 동시에 체포했더라면 변호사법위반 혐의를 입증하기 쉬웠을 것이다. 이씨는 풀려난 박씨와 밖에서 입을 맞춘 후 경찰에 출두한 것으로 보인다."

특별한 직업이 없는 것으로 알려진 이씨는 경찰 조사를 받은 후 심장이 좋지 않아 입원해 있다가 얼마 전 퇴원했다. 박씨와 형 동생 사이로 지낸다는 그는 "변호사를 소개하면서 따로 돈 받은 적이 없다"고 박씨를 적극 감쌌다.

"'사건 소개'를 직업적으로 했다는 건 말도 안 된다. 오씨와는 30년 지기다. 좋은 변호사를 소개해달라고 부탁해와 박씨에게 얘기해준 것이다. 박씨도 피해자다. 이번 사건을 겪으면서 좋은 일이라도 남 앞에 나서면 안 되는구나, 하고 생각했다."

이씨는 자신이 중간에서 챙긴 1200만원에 대해 "수술비로 쓰려 했다"고 말했다. 이씨를 통해 박씨로부터 변호사를 소개받은 포주 오씨는 "박씨는 우리한테 상당히 고마운 분"이라며 "그 분이 힘써 내가 풀려났다고 믿고 있다"고 말했다.

"억울하게 누명을 쓰고 구속됐었는데 그분이 좋은 변호사를 소개해줬다. 그런데 내 사건 때문에 곤란을 겪고 있어 너무 미안하고 죄스럽다."

오씨는 박씨에게 사례비를 주지는 않았냐는 질문에 "돈을 준 적은 없고 추석 때 김과 멸치를 선물했다"고 했다. 그는 자신의 사건을 수임했던 변호사 2명의 이름을 전혀 기억하지 못했다.

역시 박씨에게 도움을 받았던 포주 안씨는 "박씨는 나와 직접 관련이 없다. 나는 이○○한테 변호사 비용을 줬을 뿐"이라고 주장했다. 그의 말은 반만 맞다. 그가 건넨 돈이 두 사람을 거쳐 박씨에게 전달됐기 때문이다.

5월10일 밤 서초동 박씨의 집을 찾아갔다. 초인종을 누르자 그의 부인이 집 밖으로 나왔다. 골목에서 20분가량 얘기를 나눴다. 부인에 따르면 박씨는 용산서 사건이 언론에 보도된 이후 집에 들어오지 않고 있다고 한다. 몇 가지 물어보자 부인은 "남편이 하는 일을 자세히 알지 못한다"며 입을 다물었다.

박씨의 과거에 대해 파악한 내용을 들려주자 그녀는 흠칫 놀라는 표정으로 "그런 걸 어떻게 다 알아냈냐"고 되물었다. "뭐 하러 이런 기사를 쓰려 하느냐"고 힐난하는 그녀에게 문득 미안한 생각이 들었다. 명함을 주면서 "남편의 얘기를 꼭 듣고 싶으니 전해달라"고 말했다. 그녀의 남편한테서는 기사 마감일(5월15일)까지 아무런 연락이 없었다.

***

2003년 5월30일 박씨는 윤락업소 포주들에게 사건을 해결해주겠다며 5400여만원을 받은 혐의로 구속됐다. 그해 12월 법원(1심)은 징역 1년에 집행유예 2년을 선고했다. 용산경찰서 관계자는 최근 내게 "그 사건 이후 오다리는 더 거물이 됐다"고 귀띔했다.

'용두사미' 신광옥 민정수석 수뢰사건

2001년 12월 신승남 검찰총장과 더불어 호남검찰의 양대 축인 신광옥 법무부 차관이 진승현 게이트에 연루돼 구속됐다. 청와대 민정수석 재직시 진승현씨 회사의 고문인 최택곤씨한테 금감원 조사 무마 대가로 1800만원을 받았다는 혐의였다. 이후 검찰은 신씨가 진승현씨로부터 최씨를 통해 인사청탁 대가로 300만원을, 건축업자 구모씨에게 역시 인사청탁 대가로 500만원을 받은 혐의를 덧붙여 모두 2600만원의 뇌물을 받은 혐의로 기소했다.
그런데 애초 언론에 대서특필된 신씨의 혐의는 진씨로부터 직접 현금 1억원을 받았다는 것이었다. 그 보도로 신씨는 사표를 냈고 검찰은 '마녀사냥'과도 같은 여론을 등에 업고 그를 구속했던 것이다. 뭔가 냄새가 났다. 검찰 주변에서는 음모설이 모락모락 피어올랐다.

'할복자살 호언' 신광옥 구속 미스터리

2002년 3월 1심 재판부는 신광옥씨에게 징역 1년6월, 추징금 2600만원을 선고했다. 1심 판결이 나온 직후 나는 신씨 구속과정의 의문점을 파고들어갔다. 수감 중인 신씨는 나와 면회한 자리에서 "신승남이 피해의식에서 나를 죽였다"고 신승남 전 총장을 겨냥했다.

2001년 12월11일 ○○일보는 당시 법무부 차관이던 신광옥씨의 진승현 게이트 연루혐의를 특종보도했다. 청와대 민정수석비서관으로 재직하던 2000년 8월말, 주가조작과 불법대출 등의 혐의로 검찰조사를 앞둔 MCI코리아 회장 진승현씨로부터 현금 1억원을 받았다는 내용이었다. 기사에 따르면 진씨는 검찰수사팀에 이렇게 진술했다는 것이다.

"금융감독원이 한스종금에 대한 검사를 마친 뒤 검찰에 고발하기 직전 당시 신 수석을 만나 금감원과 검찰에 선처를 요청해 달라는 부탁과 함께 골프가방에 든 현금 1억원을 전달했다."

이 기사는 현 정부에서 대검중수부장, 청와대 민정수석을 거쳐 법무부 차관에 오른 '검찰 실세' 신광옥씨를 한순간에 낙마시키는 신호탄이자 결정타였다. 검찰로부터 혐의사실을 확인한 듯한 인상을 풍긴 이 기사는 매우 단호한 어조로 신씨의 사법처리 방침까지 언급해 눈길을 끌었다.

신씨는 관련혐의를 완강히 부인했다. "진승현에게 단 한 푼이라도 받았다면 할복자살하겠다"고 버텼다. 그러나 ○○일보를 비롯한 언론의 집중포화 앞에 그의 결백 주장은 공허하기만 했다. 여론의 압력에 굴복한 그는 결국 3일 뒤인 12월14일 사표를 냈다.

그가 검찰(서울지검 특수1부)에 출두한 것은 12월19일. 그로부터 3일 후인 12월22일, 그는 구속됐다. 구속사유는 수뢰혐의. 그런데 그가 받았다는 뇌물액수는 1억원과는 거리가 한참 멀었다. 돈을 건넨 사람도 바뀌었다. 진씨가 아니라, 민주당 당료 출신으로 진씨 회사의 고문 노릇을 했다는 최택곤씨였다.

검찰에 따르면 신씨는 최씨로부터 진씨 구명 로비와 관련해 2000년 3월~10월까지 300만원씩 6차례에 걸쳐 모두 1800만원을 받았다. ○○일보의 특종이 변질되는 순간이자 신씨 구속과정에 대한 의혹이 싹트는 순간이었다.

서울지검 특수1부는 그해 12월30일 신씨를 특가법상 뇌물 및 알선수뢰 혐의로 기소했다. 수사팀은 보강조사를 통해 몇 가지 혐의를 추가했다. 첫째, 최택곤씨로부터 받은 돈이 300만원 더 늘었다. 하지만 이는 진승현씨와는 상관없는 돈이었다. 최씨가 자신의 친척인 예금보험공사 간부의 인사청탁 대가로 건넨 돈이라는 것. 둘째, 건축업자 구모씨로부터 해양수산부 국장급의 인사청탁을 받고 500만원을 받은 혐의가 추가됐다.

이렇게 해서 신씨가 받은 뇌물액수는 2600만원으로 늘었다. 그러나 진승현씨와 관련된 뇌물액수는 1800만원에서 더 늘지 않았다. 신씨 변호인단은 ○○일보 보도와 관련해 언론중재위원회를 통해 정정보도를 요구하는 한편 명예훼손혐의에 따른 손해배상청구소송도 냈다.

해가 바뀌어 2002년 1월21일, 신씨의 혐의를 가장 먼저 보도한 ○○일보 사회부 기자들은 한국기자협회와 한국언론재단이 주는 '이 달의 기자상'을 받았다.

다음날 서울지방법원에서 신씨에 대한 첫 재판이 열렸다. 법정에 선 신씨는 최씨로부터 한 푼도 받지 않았다며 공소사실을 부인했다. 다만 건축업자 구씨로부터 500만원을 받은 사실은 시인했다. 휴가비였다는 것이다.

3월5일 재판부는 신씨에게 징역 1년6월에 추징금 2600만원을 선고했다. 재판부는 검찰의 공소사실을 대부분 인정했다. 판결문에서 특히 인상적인 부분은 다음과 같다.

"…피고인이 수수한 금원이 이 사건 각 청탁 알선의 대가로서는 비교적 소액이고, 위 청탁 알선과 관련하여 별다른 부정행위를 저지르지는 아니하였으며… 대통령의 인사권 행사를 보좌하는 민정수석비서관으로서, 어느 누구보다도 부정부패에 대한 고도의 도덕성이 요구되는 지위에서 오히려 그 지위를 남용하여… 국민에게 크나큰 배신감과 실망감을 안겨 주었다 할 것인 바…"

'사법적 단죄'라기보다는 '도덕적 단죄'에 가깝다. 이 '도덕적 단죄'를 이끌어낸 일등공신은 검찰이 아니라 언론이었다. 검찰수사보다 언론보도가 앞지르는 사건이 공통적으로 그렇듯 이 사건도 여론재판 성격을 띠었다. "고위공직자 뇌물수수사건에서 구속 기준 액수는 관례상 3000만원"이라는 특수부 검사 출신 최용석 변호사의 설명이 아니더라도 신씨 구속의 타당성에 대해서는 논란의 여지가 있다. 최 변호사의 말이다.

"물론 검찰이 원칙과 기준을 지키지 못하고 고위직 인사라고 해서 봐주는 것은 큰 문제다. 하지만 여론을 의식해 구속하는 것도 문제다. 신광옥씨 사건은 옷로비 의혹 사건 당시 구속된 김태정, 박주선씨의 경우와 비슷하다. 법대로만 하면 두 사람의 혐의는 불구속기소 사안이었다. 하지만 당시 검찰은 여론의 압력에 굴복해 두 사람을 구속했다."

1심 변호를 맡은 법무법인 화백 측도 여론재판에 대한 불만을 나타냈다.

"애초 이 사건은 신씨가 진씨로부터 1억원을 받았다는 혐의에서 시작됐다. 그러나 그 얘기는 어디론가 사라지고 난데없이 최택곤씨로부터 돈 받은 것이 문제가 됐다. 액수도 1억원에서 1800만원으로 줄었다. 그것도 한 번에 받은 것이 아니라 300만원씩 여러 차례에 걸쳐 받았다는 것이다. 이제는 진승현이 문제가 아니라 도대체 민정수석이 왜 최택곤 같은 사람을 만났느냐는 것이 문제가 돼버렸다. 사안의 본질이 완전히 바뀐 것이다. 처음부터 민정수석의 자세를 문제 삼은 것이라면 몰라도 이 정도 혐의로 구속한다는 건 여론재판이나 다름없다."

변호인 측 주장에 일리가 없는 건 아니다. 판결문만 봐도 그렇다. 비록 유죄가 인정되긴 했지만, 최택곤씨가 신광옥씨에게 건넨 돈이 진승현씨로부터 흘러나온 것이라는 내용은 어디에도 없다. 이는 돈의 출처나 용처가 명확하게 밝혀지지 않은 데도 이유가 있지만, 법정에서 최씨와 진씨 모두 애초 언론이 제기한 의혹과는 다르게 진술했기 때문이기도 하다.

최씨는 검찰에서도 그랬지만 법정에 나와서도 시종일관 신씨에게 준 돈의 대가성을 부정했다. 또한 진씨는 최씨를 통해 신씨에게 어떠한 청탁도 한 적이 없고 도움을 받은 적도 없다고 주장했다. 이런 정황을 감안할 때, 만약 언론에서 '분위기'를 잡지 않았더라면 신씨는 구속을 면했을지도 모른다.

'신광옥 구속 미스터리' 추적은 바로 이런 의문에서 출발한다. "신광옥이 완전히 억울한 희생양이라고는 보지 않는다"는 최 변호사 얘기를 좀더 들어보자.

"무리한 수사다. 수사결과로만 보면 신광옥이 받은 돈의 대가성을 입증하기 어렵다. 뇌물사건에서 돈은 한 번에 뭉칫돈으로 건너가는 것이 보통이다. 그런데 이 사건은 그렇지 않다. 이것저것 긁어모은 것이 1800만원이다. 300만원을 뇌물로 볼 것인지 떡값으로 볼 것인지, 판단하기가 쉽지 않다. 하지만 사회통념상 청와대 민정수석한테 300만원은 휴가비나 떡값이다. 일반인 기준과 다른 것이다. 만약 청탁 목적이 분명하다면, 교통사고처리 부탁도 아닌데 300만원을 준다는 게 말이 되는가. 그 액수에 '0' 하나는 붙어야 하지 않겠나. 게다가 최택곤과 진승현의 진술로 미뤄보면, 그 돈은 진승현의 청탁과 직접 관련된 것으로 보기 어렵다."

'신광옥 구속 미스터리'와 관련해 가장 먼저 떠오르는 의문은 누가 어떤 목적에서 언론에 정보를 흘려 신씨에 대한 '도덕적 단죄'의 분위기를 조성했는지다. 이는 이 사건의 배경 또는 본질을 밝히는 것과 관련이 깊다.

최초 보도매체인 ○○일보 기사를 보면, 취재기자가 적어도 진승현씨의 검찰진술, 즉 진씨가 최택곤씨에게 1억원(최씨가 진씨로부터 받은 돈은 총 1억5972만원)을 줬다는 진술을 확인한 상태에서 쓴 것임을 알 수 있다. 다만 거기서 한 발 더 나아갔다는 것이 문제였다. '진씨가 신광옥씨에게 골프가방에 현금 1억원을 담아 전달했다'는 기사는 오보로 판명됐다.

○○일보가 특종과 오보의 경계를 넘나들도록 만든 사람은 누구인가. 이에 대해 ○○일보는 '취재원 보호' 원칙을 충실히 지키고 있다. ○○일보 관계자는 언론중재위원회에 나와서도 취재원 정체를 밝히지 않았다. 다만 "검사장급 이상 검찰 간부로부터 정보를 입수했다"고 말한 것으로 전해진다.

검찰 고위관계자에 따르면, 수사팀은 ○○일보에 관련기사가 나오기 전 진승현씨로부터 "최택곤한테 1억원을 줬다"라는 진술을 받아냈다. 진씨 진술에 따르면 당시 최씨는 그 돈을 신광옥씨에게 전해주겠다며 가져갔다는 것이다.

따라서 신씨한테 실제로 돈이 건네졌는지는 최씨를 조사하기 전에는 알 수 없었다. 이에 수사팀은 최씨를 은밀히 불러 조사한다는 방침을 세웠다. 공교롭게도 수사팀이 최씨를 소환하기로 한 날은 ○○일보에 관련기사가 나온 12월11일이었다고 한다. 이날 저녁 최씨를 부를 예정이었는데, 보도 여파로 최씨가 연락을 끊는 바람에 조사일정에 차질이 빚어졌다는 것이다.

당시 검찰 내에서 진승현씨로부터 신광옥씨 관련 진술이 나온 것을 알 만한 위치에 있는 사람은 몇 명 되지 않는다. 일단 보고선상에 있던 검찰 간부들을 꼽을 수 있다. 순서대로 꼽아보면 서울지검 특수1부장(박영관) - 서울지검 3차장검사(박상길) - 서울지검장(김대웅) - 검찰총장(신승남) 이다. 이 중 '혐의대상'에 오르는 검사장급 이상 검찰간부는 서울지검장, 검찰총장이다. 여기에 직계는 아니지만, 검찰 2인자인 대검 차장을 포함시킬 수 있다. 당시 대검 차장은 김각영씨였다. 또 중대사안인 만큼 청와대 민정쪽과의 대화채널인 대검 범죄정보기획관실에서 사건을 인지하고 있었을 개연성도 있다.

수사팀의 한 관계자는 "검사장(서울지검장) 한테는 매일 주요 수사상황을 보고하기 때문에, (신광옥씨 혐의도) 당연히 보고된 것으로 안다"고 말했다. 김대웅 광주고검장은 이와 관련, "○○일보 보도 당시엔 서울지검에서 신광옥 법무부 차관을 조사할 만한 상황이 아니었다"라고 말했다. 신광옥씨 관련 보고를 처음 받은 시기에 대해서는 "정확히 기억나지 않는다"고 대답했다. 신승남 전 총장은 "법무부 차관이 관련된 일인데 총장이 보고를 안 받았다면 이상한 일 아니냐"고 반문했다.

신광옥씨 구속배경을 둘러싼 소문 중 가장 그럴듯한 것은 신승남 전 총장과의 갈등설이다. 이는 '신광옥 청와대'와 '신승남 검찰'의 힘겨루기로 해석되기도 한다. 2000년 1월, 당시 대검 중수부장이던 신광옥씨는 옷로비 의혹 사건 수사를 잘 마무리한 '공'으로 차관급인 청와대 민정수석으로 영전한다. 그때 신 전 총장은 대검 차장이었다.

법조계에 따르면 두 사람은 옷로비 의혹 사건 수사과정에 박주선(현 민주당 의원) 청와대 법무비서관의 구속과 관련해 갈등을 빚었다. 당시 박씨와 가까운 사이로 알려진 신승남 대검 차장이 박씨 구속에 신중한 편이었기 때문이라고 한다.

신광옥씨가 청와대 민정수석이 된 이후 두 사람의 충돌 양상이 바깥에 드러난 대표적인 사건은 2001년 8월의 인천공항유휴지 특혜개발시비사건이다. 당시 신승남씨는 검찰총장이었다. 청와대 민정수석실 예하 민정비서관실 소속 국중호 행정관이 이 사건에 연루되자 신광옥 민정수석은 자체 조사를 벌였다. 검찰(인천지검) 수사가 시작되기 전 부하직원인 박영수 사정비서관을 시켜 국씨의 혐의를 철저히 조사했던 것. 그 결과 국씨의 행동에 특별한 문제점이 없었던 것으로 드러나자 대통령에게 그 사실을 보고하고 안심하고 있었다.

하지만 예상 밖으로 인천지검은 국씨를 긴급체포해 구속 수순을 밟았다. 신 수석이 국씨의 긴급체포 사실을 안 것은 하루가 지나서였다. 휴일이라 골프를 치고 있던 그는 연락을 받고 급히 청와대로 들어와 회의를 소집해 대책을 강구했다.

당시 사정을 잘 아는 관계자에 따르면 신 수석과 신 총장, 그리고 이범관 인천지검장 사이엔 다음과 같은 일이 있었다고 한다. △국씨가 긴급체포되자, 신 수석은 선배인 신 총장에게 "이럴 수 있냐"고 항의하면서 '공정한 처리'를 부탁했다. △신 총장은 "인천지검에 맡겨두자"는 말만 되풀이했다. △이에 신 수석은 사시 후배인 이범관 인천지검장에게 전화를 걸어 강력히 항의했다(신 총장은 사시 9회, 신 수석은 12회, 이 지검장은 14회다). △이 지검장은 신 수석에게 '여론'을 언급하며 양해를 구했다.

결국 신 수석은 부하직원 국씨가 구속되는 것을 막지 못했다. 허위보고를 한 셈이 되니 대통령 볼 면목도 없었다. 신 수석 주변인사에 따르면 당시 그는 신 총장을 많이 원망했다고 한다.

두 사람의 갈등설과 연결되는 소문으로는 이런 것도 있다. 2001년 9월 19일 신승남 검찰총장은 기자간담회를 자청해 자신의 친동생인 신승환씨가 600억원대 횡령 및 주가조작 혐의로 구속된 G&G 회장 이용호씨에게 스카우트 비용 등의 명목으로 6666만원을 받았다고 밝혔다. 신 총장은 자신의 동생을 둘러싸고 이씨와의 커넥션 의혹이 제기되자 동생을 직접 불러 이씨와의 돈거래 관계를 추궁해 위와 같은 내용을 듣게 됐다고 설명했다.

신 총장의 '고해성사'를 두고 이런저런 추측이 돌았다. 그중 거의 정설로 굳어진 것이 야당에서 동생 문제를 터뜨린다는 첩보를 입수한 신 총장이 선수를 쳤다는 소문이다. 그에 따르면 신 총장은 당시 자신의 동생 문제를 불거지게 만든 장본인으로 신광옥 법무부 차관을 의심했다는 것이다(신 총장의 기자간담회가 있기 일주일 전쯤 신광옥씨는 법무부 차관으로 자리를 옮겼다). 하지만 이는 어디까지나 소문일 뿐이다.

신 전 총장은 자신이 신광옥씨를 구속시킨 장본인이라는 소문에 대해 "내가 왜 일부러 부하를 잡아넣겠냐"며 "오해"라고 말했다. 당시 ○○일보에 신광옥씨 혐의사실이 보도된 경위에 대해서는 "모른다"면서 "비밀은 없다. 언젠가 진실이 밝혀질 것이다"는 말을 덧붙이기도 했다. 아울러 수사팀으로부터 신광옥씨 혐의를 처음 보고 받은 시기에 대해서는 "수사와 관련한 사항은 일절 말하지 않는 게 내 원칙"이라며 입을 다물었다.

신광옥씨 구속을 둘러싼 또 하나의 소문은 검찰 내 파워게임 설(說)이다. 차기 검찰총장 자리를 놓고 벌어진 힘겨루기에서 그가 패했다는 시각이다. 소문대로라면 ○○일보에 그의 혐의를 제보한 사람은 그와 라이벌 관계에 있는 검찰 간부다. 이와 관련, 전·현직 고검장급 인사 2명의 이름이 오르내린다.

신광옥씨는 유력한 차기 검찰총장 후보 중 한 명이었다. 검찰 안팎에서는 '신승남 다음은 신광옥'이라는 얘기가 돌았다. 2001년 야당이 신승남 검찰총장에 대한 탄핵안을 국회에 상정하자 여권에서 신광옥 민정수석을 '후임'으로 검토했다는 얘기도 들린다.

마지막으로, 수사팀이 직접 ○○일보에 혐의사실을 알려줬을 개연성도 젖혀둘 수는 없다.

검찰 내부 사정에 정통한 것으로 알려진 B변호사의 조심스러운 분석.

"수사팀의 '언론 플레이'였을 가능성이 있다. 과거 슬롯머신사건 수사 때 홍준표 검사가 차기 검찰총장으로 유력했던 이건개 당시 대전고검장을 잡아들일 때 언론을 활용한 것은 유명한 일화다. 정상적인 방법으로 수사진행이 어려울 경우, 즉 수사대상자가 상대하기 벅찬 거물이거나 수사에 외압이 작용할 때 '언론 플레이'를 한다. 특정 언론사에 정보를 흘려 보도되게 함으로써 여론의 힘을 업고 수사에 착수하는 것이다. 이런 방식이 아니고는 검찰 실력자인 신광옥씨를 수사하는 게 불가능했을지도 모른다."

이와 관련해 한 가지 흥미로운 것은 이 사건 주임검사인 홍만표 검사와 신광옥씨의 악연이다. 옷로비 의혹 사건이 그 뿌리다. 당시 홍만표 검사는 청와대에 파견돼 근무하고 있었다. 직속상관인 박주선 법무비서관이 이 사건에 휘말려 구속될 위기에 처하자 불이익을 무릅쓰고 박 비서관의 결백 주장을 뒷받침하는 진술서를 작성해 수사팀에 제출했다.

앞서 말한 대로 옷로비 의혹 사건 수사는 신광옥 대검 중수부장이 지휘하고 있었다. 홍 검사를 비롯한 청와대 파견검사들과 대검 수사팀 검사들은 박 비서관 구속을 두고 지금도 원수처럼 지낸다는 얘기가 있을 정도로 당시 날카롭게 대립했다. 당시 청와대 파견검사들은 박 비서관의 무죄를 확신하고 있었다(박씨는 2001년 11월 1심에서 일부 무죄 및 선고유예 판결을 받았다).

옷로비 의혹 사건으로 맺어진 신광옥씨와 홍 검사의 악연은 이듬해에도 이어진다. 2000년 1월 신씨가 홍 검사의 직속상관인 청와대 민정수석으로 부임한 것이다(박씨 구속의 여파로 청와대 법무비서관 직제는 없어지고 대신 민정수석이 부활됐다). 뒷날의 소문을 예고라도 하듯 홍 검사는 신씨가 부임한 지 한 달도 안 돼 수원지검으로 옮겨갔다. 통상 청와대 파견검사의 임기는 2년이다. 그런데 홍 검사는 8개월 만에 청와대를 떠났다. 이를 두고 뒷말이 많았다. 신광옥씨가 구속된 후 검찰과 청와대 주변에서 '홍만표가 박주선 복수를 했다'는 얘기가 나온 데는 바로 이런 사정이 있다.

한편 당시 수사팀 고위관계자는 '수사팀 제보설'을 부인했다.

"누가 어떤 의도로 언론에 흘렸는지 모르지만—아마도 신광옥씨의 사법처리를 원하는 사람이 그랬겠지만—적어도 수사팀은 아니다. 수사팀이 흘릴 이유가 없다. 언론보도 후 엄청난 부담을 느꼈다. 최택곤이 출두약속을 어기는 등 자칫 수사를 망칠 뻔했다."

신광옥 옥중 토로

1심 판결이 나온 직후인 2002년 3월 나는 신광옥씨의 지인과 함께 신씨를 특별면회했다. 그는 "억울하다"고 했다.

먼저 최택곤씨와의 관계. 신씨는 "네 번 정도 만났는데 그나마 한번은 우연히 만났다"며 최씨와 자신의 친분이 별 것 아님을 강조했다. '최택곤이 특별히 신광옥에게 불리한 진술을 할 이유가 없다'는 판결 내용과 관련해선 "최택곤에게는 그럴 만한 이유가 있다"고 설명했다.

"자신이 사기꾼으로 몰릴까봐 그런 것이다. 나한테 다만 얼마라도 줬다는 얘기를 하지 않으면, 진승현에게 '나한테 전해주겠다'고 돈을 받아가 가로챈 꼴이 되기 때문이다."

신씨는 또 '윈윈게임'이라는 표현을 쓰며 최씨와 검사 사이에 모종의 타협이 이뤄진 게 아니냐는 의혹을 제기하기도 했다.

"나는 최택곤한테 뇌물 받은 혐의로 기소됐다. 그런데 최택곤에게는 뇌물공여혐의가 적용되지 않았다. 진승현한테 로비자금 명목으로 돈 받은 것만 기소됐다. 뇌물혐의를, 받은 사람에게만 적용하고 준 사람에게는 적용하지 않는 게 말이 되나."

진승현씨와의 관계에 대해서는 "진승현과 내가 무슨 상관이냐"고 되물었다. 또 최씨의 주선으로 진씨와 한 차례 만난 일에 대해 "사기꾼으로 몰리게 된 최택곤이 나를 만나는 모습을 진승현에게 보여주기 위해 자리를 만든 것"이라고 주장했다.

1억원 수수설 보도배경에 대해서는 "나도 모르겠다"며 "완전한 허위보도"라고 강조했다.

"○○일보 보도 후 검찰에 가보니 이미 나를 옭아매는 틀이 짜여 있었다. 나한테 돈 줬다는 진술을 끌어내기 위해 진승현을 11차례, 최택곤을

8차례나 조사했다고 들었다."

그는 홍만표 검사와의 악연에 대한 항간의 시선을 의식한 듯 "검사 한 명이 한 일이겠냐"고 반문한 뒤 옷로비 의혹 사건에 대한 소회를 털어놓았다.

"주선(박주선)이를 구속시키지 않으려고 내가 얼마나 노력했는데…. 그런데 당시 주선이를 구속하지 않으면 불똥이 청와대까지 튈 지경이었다. (라스포사) 코트 8벌의 행방에 대한 의혹이 일었다. 결국 내가 다 밝혀내 불길을 끄지 않았나. 주선이를 조사 도중 네 차례 집으로 돌려보냈더니 수사검사들이 항의하고 사표 쓴다고 난리를 치더라."

검찰에 대한 애증도 드러냈다.

"검찰의 피해의식이다. 나를 이런 식으로 잡아넣고 검찰이 좋아졌냐. 재판정에서 악을 쓰고도 싶었다. 하지만 내가 몸담았던 조직에서 만든 조서를 엉터리라고 비난할 수는 없지 않나. 그래서 묵묵부답했다."

그의 얘기를 통해 청와대와 검찰 사이의 갈등기류도 짐작할 수 있었다.

"청와대에서는 제대로 하려 했는데 검찰이 다 망쳤다. 정말 큰일이다. 내가 청와대에 있을 땐 다 막아내 조용했는데, 내가 나오니 온 비난이 청와대로 쏟아지더라."

면회를 마치고 일어서면서 그는 이런 얘기를 들려줬다.

"신승남이 피해의식에서 나를 죽였다. (동생문제가 불거지자) 자기가 살기 위해 임휘윤(사시 12회, 전 부산고검장)도 죽이고 나도 죽였다."

검찰 파워게임과 언론의 '한건주의'

2004년 2월 신광옥씨는 대법원 상고심에서 진승현씨 관련 혐의에 대해 무죄를 인정받았다. 다만 건축업자 구모씨에게 인사청탁 대가로 500만원 받은 사실은 유죄로 인정돼 자격정지 1년, 추징금 500만원을 선고받았다. 그해 10월 나는 신광옥씨를 진승현 게이트로 옭아매 나락으로 떨어뜨렸던 한 일간지와 검찰의 커넥션을 가늠케 하는 놀라운 정보를 입수했다.

"○○일보 고위관계자가 구치소로 찾아와 면회하는 자리에서 말하더라. 기사가 나가기 전날 강남 모 서점에서 007작전 하듯 검찰 간부가 자기네 편집국 간부를 만나 수사 관련 자료가 담긴 봉투를 건네줬다고."

신광옥 전 법무부 차관이 최근 털어놓은 얘기다. 2001년 12월 진승현 게이트에 연루돼 구속됐던 신씨는 1심에서 유죄를 선고받았으나 항소심에서는 무죄판결을 받았다. 지난 10월 대법원은 그의 무죄를 확정했다.

신 전 차관의 증언대로라면 검찰(정확히 말하면 모 검찰 간부)과 언론이 짜고 '죄 없는' 사람을 옭아맨 셈이다. 이 놀라운 증언에 대해서는 뒤에 자세히 다루기로 하고 우선 진승현 게이트에 대한 검찰수사를 법원이 어떻게 판단했는지 살펴보자.

10월8일 대법원 3부(주심 박재윤 대법관)는 현대비자금 200억원을 받은 혐의로 구속기소된 권노갑 전 민주당 고문에 대한 상고심에서 유죄를 선고한 원심을 확정했다.

이날 권노갑씨에게는 또 하나의 중요한 판결이 있었다. 같은 재판부가 진승현 게이트 관련 혐의를 무죄로 확정한 것이다. 진승현씨에게 5000만원을 받은 혐의로 구속된 권씨는 1심에서 유죄, 항소심에서 무죄를 선고받은 바 있다.

권노갑씨처럼 진승현 게이트에 연루돼 구속됐다가 1심 유죄, 항소심 무죄, 대법원 무죄의 절차를 거친 사람이 또 있다. 바로 신광옥 전 법무부 차관이다. 신광옥씨에 이어 권노갑씨도 무죄가 확정됨으로써 진승현 게이트에 대한 검찰수사는, 적어도 두 사람에 관한 한 부실수사이거나 무리한 수사였다는 비판을 받게 됐다.

검찰은 그를 기소하면서 최씨에게서 진씨의 돈 1800만원을 받은 혐의 외에 뇌물혐의 두 가지를 덧붙였다. 하나는 최씨와 관련된 것으로 인사청탁 대가로 300만원을 받았다는 것이고, 다른 하나는 건축업자에게 역시 인사청탁을 받고 500만원을 받은 혐의였다. 신씨가 최씨를 통해 진씨의 돈을 받은 혐의에 대해 무죄를 선고한 항소심 재판부는 인사청탁 관련 두 가지 혐의 중 후자에 대해서는 유죄를 선고한 바 있다.

하지만 이는 사건의 본질과 관련 없는 곁가지라고 할 수 있다. 청와대 민정수석을 지낸 법무부 차관을 하루아침에 나락으로 떨어뜨린 건 진승현 게이트 연루 혐의였기 때문이다. 주가조작 등 대형 금융사고로 사회에 물의를 일으킨 진승현씨에게 돈을 받았다는 사실은 신씨를 법보다 도덕적으로 단죄하는 여론재판의 명분이 됐다.

나는 신씨가 1심에서 유죄판결을 받은 직후 '신광옥 구속 미스터리'라는 제목의 기사(신동아 2002년 4월호)에서 검찰수사 및 판결의 문제점을 구체적으로 지적한 바 있다. 이 사건의 의문점을 파고든 최초의 언론보도였다.

신씨 사건에서 유무죄 공방 못지않게 관심을 끈 것은 사건의 배경, 즉 누가 어떤 목적으로 ○○일보에 신씨 관련 혐의를 흘렸느냐는 것이다. ○○일보 기사는 오보이긴 했지만 신씨와 진승현씨의 관계를 처음 드러냈다는 점에서는 평가받을 만했다. 검찰은 이 '특종성 오보'를 명분 삼아 신씨를 소환하는 등 본격 수사에 착수했고 언론은 이를 독려하면서 후속기사를 쓰는 '누이 좋고 매부 좋은' 양상이 전개됐다.

이 사건이 검찰 내부의 암투에서 비롯된 것이라는 항간의 추측은 시간이 흐를수록 설득력을 얻었다. 여러 정황에 비춰 '제보자'는 검찰간부인 듯하다.

당시 신씨는 ○○일보 기사에 대해 언론중재위원회를 통해 정정보도를 요청했다. 언론중재위원회에 출석한 ○○일보 관계자는 취재원의 정체를 밝히지 않았다. 다만 "검사장급 이상 검찰간부로부터 정보를 입수했다"고 밝힌 것으로 전해졌다.

검찰 안팎에서는 신씨의 석연찮은 구속과정을 두고 파워게임설이 그럴듯하게 나돌았다. 신승남 당시 검찰총장과의 불화설, 차기 검찰총장 경쟁설(신씨는 유력한 차기 검찰총장 후보 중 한 명이었다) 등이 그것이다.

이와 관련해 나는 최근 흥미로운 소문을 들었다. ○○일보 고위관계자가 신씨에게 검찰간부 관련설의 진상을 털어놓았다는 것이다. 신씨는 내가 이에 대해 묻자 부인하지 않았다.

신씨에 따르면 그가 서울구치소에 수감돼 있을 때 ○○일보 고위관계자가 특별면회를 했는데, 그 자리에서 보도경위를 자세히 설명했다는 것이다.

"그(○○일보 고위관계자)는 '나는 (보도경위를) 몰랐는데 나중에 알고 보니 그런 과정이 있었다'고 했다. 자기네 간부가 검찰 간부한테 (자료를) 받았고, '이건 확실하다'고 판단해 기사를 썼다는 것이다. 자기는 힘도 써보지 못했는데, 설령 미리 알고 (기사를) 막는다 해도 역부족이었을 것이라고 하더라. 그만큼 그쪽에서는 확실한 것으로 믿었다는 것이다."

○○일보가 이 사건을 처음 보도한 것은 2001년 12월11일이다. 신씨가 들려준 ○○일보 관계자의 전언에 따르면 ○○일보 편집국 간부와 검찰 간부는 기사가 나가기 전날 만났다고 한다. 장소는 서울 강남의 한 서점. ○○일보 고위관계자의 표현대로라면 '007작전 하듯' 스쳐 지나가며 서류봉투를 주고받았다는 것. 봉투 안엔 신씨의 비리 관련 자료가 들어있었다고

한다. 신씨는 이 자료에 대해 "○○일보 고위관계자의 설명과 기사 내용으로 미루어보면 그때까지 수사에서 확인된 내용과 풍문을 바탕으로 만든 검찰 내부 보고서였던 것 같다"고 추측했다.

○○일보 고위관계자는 신씨를 특별면회할 당시 부장급 간부 2명을 대동했다고 한다. 계속되는 신씨의 증언.

"그(○○일보 고위관계자)가 자료를 건네준 검찰 간부의 이름까지 거론하려고 해 내가 입을 막았다. 그 얘긴 그만하자고. 교도관이 듣고 있는데, 친정인 검찰에 수치스러운 얘기가 나올 것 같아서였다."

○○일보 고위관계자가 신씨를 면회하면서 이런 얘기를 털어놓은 데는 신씨와 ○○일보 간의 소송도 영향을 끼친 것으로 보인다. 신씨는 구속되기 전 ○○일보사와 기자 4명을 상대로 명예훼손혐의로 10억원의 손해배상청구소송을 냈다. 이 소송은 지금도 진행되고 있는데 조만간 판결이 날 것으로 알려졌다.

수사기관인 검찰의 간부가 건넨 자료라면 신빙성이 높다고 보는 것이 언론계 상식이다. 따라서 ○○일보 고위관계자가 신씨에게 그런 얘기를 털어놓은 속내는 기사를 쓸 수밖에 없던 상황을 이해하고 소송을 취하해달라는 뜻으로 짐작된다. 신씨도 같은 생각이다.

○○일보 관계자가 신씨에게 들려준 얘기가 사실이라면 문제의 검찰간부가 누구인지 궁금하지 않을 수 없다. 이에 대해 검찰의 한 간부는 "현직 법무부 차관을 끌어내리는 자료가 검찰에서 언론사로 넘어갔다면 평검사 선에서 이뤄진 것은 아니라고 봐야 한다. 나중에 책임을 감당할 수 없기 때문이다. 간부, 그것도 고위간부일 가능성이 높다"라고 분석했다.

이 간부는 또 문제의 자료가 수사팀에서 만든 공식 보고서는 아닐 것이라고 주장했다.

"○○일보 보도는 결국 오보 아니었나. 수사팀에서 작성한 내부 보고서라면 틀린 내용, 확인되지 않은 내용이 포함될 수 없다. 수사보고서에는 확인된 사실만 기재하기 때문이다. 만약 문서가 넘어간 것이 사실이라면, 수사라인이 아닌 쪽 간부가 수사팀에서 흘러나온 내용과 시중에 떠도는 소문을 섞어 만든 자료일 가능성이 크다."

이 간부의 추론은 일리가 있다. 정확한 수사내용을 담은 자료였다면 '골프가방'이니 '1억원'이니 하는 엉뚱한 기사가 나갔을 리 만무하기 때문이다.

당시 수사라인에 있던 한 간부에 따르면 수사팀은 ○○일보에 관련기사가 나오기 전 진승현씨의 진술을 확보한 상태였다. 그런데 그 내용은 신씨에게 1억원을 건넸다는 게 아니라 최씨한테 1억원을 줬다는 것이다. 따라서 최씨를 불러 조사해야 사건의 진실을 알 수 있었다. 그런데 최씨를 소환하기 직전 ○○일보 보도가 나왔다는 것이다.

검찰의 한 간부는 "○○일보 측에서 진승현이 정확히 어떻게 진술했는지를 모른 채 검찰수사팀이나 수사보고라인에 있는 고위간부를 통해 진승현의 진술 중에 신광옥 관련 내용이 있다는 사실만 확인한 상태에서 기사화했을 가능성이 있다"고 추론했다.

언론보도가 검찰수사에 앞서는 이런 종류의 사건에서 수사팀이 '언론플레이'를 했다는 의혹이 제기되는 것은 특별한 현상이 아니다. 대형사건 수사에서 검찰은 종종 언론을 활용하거나 언론과 합작해 '대어'를 낚아왔다. 그러므로 신광옥씨 사건에서 수사팀이 언론을 활용했을 가능성은 여전히 배제할 수 없다. 위 검찰간부도 "충분히 가능한 일"이라며 이런 분석을 내놓았다.

"당시 수사팀은 진승현으로부터 최택곤에게 1억원을 줬다는 진술만 받아냈지 그 돈이 실제로 신광옥에게 전달됐는지에 대해선 확신을 갖지 못했다. 그 정도 진술만으로 현직 법무부 차관인 신광옥을 조사하는 건 부담스러운 일이었다. 하지만 수사팀으로서는 욕심을 낼 만했다. 진승현 진술에서 신광옥의 이름이 나왔기 때문이다. 아마도 언론이 먼저 나서지 않았다면 수사하기가 곤란했을 것이다. '한 건 하겠다'는 수사 욕심에서 언론에 정보를 흘렸을 가능성이 있다."

수사팀 제보설에 대해 당시 수사팀 고위관계자는 이렇게 반박한 바 있다.

"수사팀이 흘릴 이유가 없다. 언론보도 후 엄청난 부담을 느꼈다. 최택곤이 출두약속을 어기는 등 자칫 수사를 망칠 뻔했다."

서울지검 특수1부가 신광옥씨를 구속한 것은 2001년 12월이다. 박영관 당시 특수1부장은 이듬해 8월 이른바 '병풍수사 유도 발언' 파문에 휩싸여 한나라당에 의해 고발당했다. 서울지검 형사1부는 지난해 그를 무혐의 처분했다. 그런데 신씨는 이 사건을 예사롭게 보지 않는다. 박 전 부장의 혐의와 별개로, 병풍이 먼저 정치권에서 쟁점이 된 후 검찰수사로 이어졌기 때문이다.

신씨가 구속될 때 중요한 위치에 있던 검찰 간부 중 한 명은 김대중 정부 초기 민정비서관에 내정된 이범관 서울지검 1차장의 청와대 입성을 막기 위해 정치권 인사에게 이 차장을 비난하는 내용이 담긴 자료를 넘긴 적이 있다. 정치권 인사는 그 자료를 바탕으로 일종의 정보보고서를 만들어 동교동계 실세들에게 돌렸다. 이도 예사롭지 않은 대목이다.

***

2004년 10월20일 서울중앙지법 민사25부(김상균 부장판사)는 신광옥 전 법무부 차관이 ○○일보와 기자 3명을 상대로 낸 10억원 손해배상 청구소송에서 "○○일보사 등은 5000만원을 배상하라"고 판결했다. ○○일보의 오보가 법적으로 인정된 셈이다. 신씨는 이 판결이 나온 직후 ○○일보 측에 대한 소송을 취하했다.

생사람 잡은
인천공항 유휴지개발 특혜시비 사건

내가 검찰 수사내용을 뒤집는 쪽으로 쓴 일련의 사건기사 중 인천공항 유휴지 개발 특혜시비 사건만큼 딱 떨어지는 사건도 없었다. 여론에 떠밀린 검찰수사가 얼마나 어처구니없는 결과를 낳는지를 이보다 극명히 보여주는 사건도 드물 것이다. 대형사건이 터지면 차분하고도 객관적인 분석보다는 경쟁적으로 검찰 수사내용을 받아쓰기에 바쁜 언론의 고질적인 문제점이야 말할 것도 없고. 나는 1심 재판이 진행되던 2002년 2월과 항소심 직후인 2003년 9월 두 차례 관련 기사를 썼다.

거짓진술, 여론몰이, 졸속수사가 빚은 희생양

"본인의 허위진술이 수사에 혼선을 드리게 됐음을 가슴 깊이 반성하고 본인의 과오에 대해 어떠한 처벌도 달게 받겠습니다. 8월19일 새벽 국중호와 대질시 '내 눈을 똑똑히 보고 이야기하라'는 피맺힌 절규를 모른 체한 인간쓰레기가 다름 아닌 본인이었습니다."

2001년 8월13일 월요일 오후 7시. 인천지방법원은 국중호 전 청와대 행정관(3급·민정수석비서관실 소속)에 대한 구속영장을 발부했다. 국씨는 인천공항 유휴지개발 특혜시비사건(이하 인천공항사건)에 연루돼 청와대에 사직서를 낸 후 인천지검 특수부에서 3일 동안 조사를 받아온 상태였다.

그가 구속된 직후 신광옥 당시 민정수석비서관은 김대중 대통령에게 이 사건의 경위를 보고하는 자리에서 "국중호 행정관은 구속당할 만한 위법행위를 하지 않았습니다. 인천지검의 무리한 구속영장 청구로 인해 국중호가 억울하게 당했습니다"라고 말했다. 그러자 김 대통령은 "왜 인천지검에만 가면 그런 일이 생기나. 임창열 경기지사도 인천지검에서 구속됐으나 얼마 전 무죄판결을 받지 않았느냐"며 탄식했다.

인천공항사건은 2002년 2월 현재 1심이 진행 중이다. 발생한 지 반년이 지난 이 사건이 새삼 관심을 끄는 것은 검찰이 당시 여론무마용으로, 또는 말 못할 사정에 의해 국중호씨를 희생양으로 삼은 것 아니냐는 의혹이 재판과정에서 제기됐기 때문이다.

이 같은 의문은 특히 국씨의 인천공항사건 개입 혐의를 굳히는 데 중요한 구실을 했던 뇌물수수 혐의가 법정에서 흔들린 데서 비롯됐다. 국씨의 뇌물수수 혐의에 관련된 증인은 모두 3명. 그 중 한 명이 법정에서 이를 부인했고, 나머지 증인들도 곧 법정에 나와 검찰 수사내용을 부인할 것으로 알려져 적어도 이 부분에 관한 한 국씨는 무죄판결을 받을 가능성이 높다. 더욱 문제가 되는 것은 이들이 이미 검찰수사 단계에서 같은 내용의 진술을 했음에도 검찰이 국씨에게 뇌물수수 혐의를 적용했다는 사실이다.

이 사건이 발생한 것은 언론사 세무조사로 정부와 주요 언론사들이 날카롭게 맞서던 지난해 8월초였다. 구속 당시 국씨의 혐의는 업무방해, 직무상비밀누설 두 가지였으나 그 달 말 기소될 때는 뇌물수수 혐의가 덧붙여졌다. 인천공항 유휴지개발사업에 뛰어든 (주)에어포트72 컨소시엄의 참여업체인 (주)에이스회원권거래소 측으로부터 해외여행경비로 2000달러를 받은 혐의였다.

사건의 발단은 당시 인천공항 개발사업단장이던 이상호씨의 한겨레신문 단독인터뷰 및 기자회견이었다. 이씨는 이를 통해 유휴지개발 사업체 선정 과정에 외압이 작용했다고 주장했다. 이때부터 언론은 국씨가 구속될 때까지 약 일주일간 이 사건을 쉬지 않고 다루었다. 이씨 주장의 핵심은 후보사업체 중 하나였던 에어포트72에 대한 권력층의 특혜지원 의혹이었다.

그 한 달쯤 전인 7월10일 이씨가 주도한 평가단은 인천공항 유휴지개발 우선협상대상 사업체로 (주) 원익 컨소시엄을 선정했다. 그런데 이씨에 따르면 사업자 선정이 끝난 후 인천공항 강동석 사장이 우선협상대상업체를 에어포트72 컨소시엄으로 바꾸기 위해 재심사를 요구하는 등 부당한 지시를 내렸으며, 청와대 국중호 행정관도 전화를 걸어와 에어포트72를 잘 봐달라고 청탁했다는 것이다. 이씨의 '폭로'가 특히 주목을 끈 것은 에어포트72 컨소시엄에 김홍일 의원의 처남 윤흥렬씨가 대표이사인 (주) 스포츠서울21이 상당한 지분을 갖고 참여한 사실이 드러났기 때문이다.

이씨의 기자회견은 언론보도의 흐름을 바꾸어놓았다. 그 일이 있기 전까지만 해도 중앙일보를 제외한 모든 언론은 오히려 원익 컨소시엄에 대한 특혜의혹을 제기하고 있었다. 주된 이유는 원익이 에어포트72보다 훨씬 낮은 토지사용료를 제시하고도 우선협상대상업체로 선정됐기 때문이다. 일부 언론은 원익 컨소시엄에 삼성물산이 포함된 점을 예사롭지 않게 보고 삼성의 로비의혹을 제기하기도 했다.

국씨는 억울함을 호소했으나 이 사건을 권력형비리사건으로 규정한 언론은 그의 항변을 귀담아 듣지 않았다. 청와대는 언론에 이 사건이 불거진 후 자체조사결과 국씨에게 특별한 문제점이 없는 것으로 결론짓고 대변인을 통해 이를 공식 발표했다.

청와대 관계자에 따르면 2001년 8월9일 국중호씨가 사직서를 낸 후 당시 한광옥 청와대 비서실장은 김대통령에게 다음과 같이 보고했다고 한다.

"국중호 행정관은 참 억울하게도 자진해 사표를 냈습니다. 언론사 사주들의 검찰 출두를 앞두고 무차별적인 언론보도가 문제였습니다. 그런 전화(이상호씨에게 한 전화)는 민정업무 차원에서 얼마든지 할 수 있는 것입니다."

이에 김 대통령은 매우 안타까워하며 선처를 당부한 것으로 알려졌다. 하지만 인천지검이 국씨를 구속함으로써 청와대 체면은 말이 아니게 됐다.

국씨는 과연 억울하게 구속된 것일까. 또는 '몸통'을 대신한 희생양일까. 국씨 구속의 타당성을 따지는 것은 이 사건의 실체를 밝히는 것과 관련이 깊다. 검찰이 의도했든 의도하지 않았든 그가 구속됨으로써 외압의혹의 불씨가 사그라졌기 때문이다. 검찰은 에어포트72 측에 대한 권력층의 지원의혹은 물론 원익 측의 로비의혹도 조사했지만 아무것도 밝혀내지 못했다.

이 사건에 대한 1심 재판은 지금까지 모두 6차례 열렸다. 한 달에 한 번꼴로 열리고 있는데, 핵심증인인 강동석 인천공항 사장의 불출석으로 여러 차례 공전됐다. 게다가 최근 법관 인사이동에 따라 재판부가 바뀌어 공판이 장기화될 조짐을 보이고 있다.

국중호씨는 명예훼손 등의 혐의로 구속됐던 이상호씨와 더불어 지난해 9월29일 금보석(1000만원)으로 석방됐다. 검찰 수사내용은 첫 재판부터 흔들렸다. 검찰을 당혹스럽게 만든 장본인은 에어포트72 컨소시엄의 일원인 에이스회원권거래소 고문 양모씨. 양씨는 국씨에게 뇌물(2000달러)을 준 혐의로 불구속기소됐다. 그는 법정에서 혐의를 전면 부인하며 "국중호씨의 대학 동창이자 현직 공무원인 한○○씨를 보호하기 위해 검찰 조사과정에 국씨에게 2000달러를 준 것처럼 거짓진술을 했다"고 주장했다.

뇌물사건이 법정에서 종종 논란이 되는 것은 뇌물을 준 사람과 받은 사람의 진술이 일치하지 않는 경우가 많기 때문이다. 그 경우 검찰은 대개 뇌물을 준 사람의 진술에 의존해 기소한다. 특히 계좌나 수표추적이 무의미한 현금수수의 경우 뇌물공여자의 진술은 공소유지에 절대적인 비중을 갖는다. 따라서 공여자의 진술이 바뀌면 검찰의 논리는 힘을 잃게 마련이다.

이처럼 검찰수사의 근본이 흔들릴 수도 있는 법정진술이 나왔는데도 대다수 언론은 이를 보도조차 하지 않았다. 연일 외압의혹을 제기하며 국씨의 혐의를 집중 조명할 때의 열정은 어디로 사라진 것일까.

물론 뇌물을 준 혐의를 받고 있는 양씨가 법정에서 거짓말을 하지 말라는 법은 없다. 그렇지만 그 가능성은 낮아 보인다. 양씨의 진술 말고도 국씨가 뇌물을 받지 않았을 가능성을 시사하는 정황증거가 하나둘 드러나고 있기 때문이다. 놀랍게도, 그 정황증거들의 그림자는 이미 검찰 수사단계에서 어른거렸다. 하지만 어떤 이유에선지 검찰은 이를 간과하거나 무시했다.

검찰수사의 편의성에 비하면 양씨의 진술번복은 그다지 놀랄 만한 것이 못 된다. 인천공항사건 관련 검찰 수사기록을 훑어본 사람이라면 누구나 깜짝 놀랄 것이다. 양씨를 비롯해 뇌물수수혐의에 관련된 3명 모두 국씨에게 뇌물을 준 혐의를 여러 차례에 걸쳐 부인했고 조서에도 그렇게 기록돼 있기 때문이다. 이렇게 보면 양씨의 법정진술은 '번복'이 아니라 오히려 '일관된 주장'인 셈이다.

검찰은 왜 국씨에게 기어코 뇌물수수 혐의를 적용했는가. 이제 그 미스터리의 숲으로 들어가보자. 첫째 관문은 돈이 누구를 통해 누구에게 건네졌는지를 밝히는 것이다. 이에 대한 관련자 3인의 진술은 초기엔 뒤죽박죽이다가 나중엔 어느 정도 일관성을 갖춘다.

국씨가 인천공항사건의 늪에 빠진 것은 관세청 서기관인 대학동창 한씨를 통해 에이스회원권거래소의 실소유주이자 고문인 양씨와 사장인 김모씨를 소개받으면서다.

양씨와 김씨는 한씨의 주선으로 지난해 5월18일 국씨를 처음 만난 자리에서 인천공항 유휴지개발사업과 관련해 "사업자 선정과정에 의혹이 많으니 공정한 심사가 이뤄지도록 도와달라"고 부탁한다. 이에 국씨는 6월 및 7월에 각각 한 차례씩 강동석 인천공항 사장과 이상호 당시 개발사업단장에게 전화를 걸어 항간의 소문을 전하며 '공정 심사'를 언급한다. 국씨에게 적용된 직무상비밀누설 및 업무방해 혐의는 바로 이 전화통화와 관련된 것이다(이 혐의의 타당성에 대해선 뒤에 따로 살펴본다).

그후 네 사람은 역시 한씨의 주선으로 한 차례 더 만난다. 국씨는 6월20일 오후 1시10분께 "점심이나 같이 하자"는 한씨의 연락을 받고 서울 한남동에 있는 에이스회원권거래소 사무실에 들렀다. 사무실에서 10여 분 얘기한 후 '풀향기'라는 인근 식당으로 옮겨가 점심을 먹고 2시20분께 헤어졌는데 이 만남이 뇌물수수 혐의의 배경이 됐다.

뇌물수수 혐의가 불거진 것은 국씨가 구속된 지 4일이 지난 지난해 8월17일. 이날 새벽 검찰에 불려간 양씨는 8월19일 새벽까지 만 48시간 동안 조사를 받았다. 처음엔 검사의 끈질긴 추궁에도 돈 준 사실을 완강히 부인한다. 그러다 '갑자기' 국씨에게 해외여행 경비로 2000달러를 줬다고 진술한다.

'갑자기'라는 표현을 쓴 것은, 양씨의 답변이 어느 순간 돌변하기 때문이다. 1차 진술조서를 보면 양씨는 "국중호에게 금품을 준 적 없냐" "여행 경비 정도는 주었지 않냐"는 검사의 질문에 "절대 없다"라고 답변한다. 그런데 그 다음에 이어진 문답이 괴이하기 짝이 없다. "이상의 진술은 사실인가" 하고 묻자 "대부분 사실대로 진술했으나 국중호에게 돈 주지 않았다고 진술한 부분은 사실과 다르다"고 답변을 180도 바꾸기 때문이다.

어떻게 이런 '기적'이 가능했던 것일까. 그 해답은 8월19일 새벽, 그때까지 따로 조사를 받고 있던 관련자 3인, 곧 양씨와 김씨, 한씨가 한 조사실에서 만난 데서 찾을 수 있다. 이 만남 직후 양씨는 태도를 바꿔 국씨에게 돈을 줬다고 진술한다.

그런데 조서엔 신문 도중에 있었던 3인 회동사실이 기록돼 있지 않다. 아무런 부연설명 없이 완전히 상반된 진술이 곧바로 이어진 데는 그런 사정이 있는 것이다. 이와 관련, 양씨는 1차 재판에서 "수사검사가 3인을 입회인 없이 조사실에 몰아넣고 알아서 맞추라고 했고 그 자리에서 공무원 신분인 한○○씨가 울면서 호소하는 바람에 허위진술하게 됐다"고 증언한 바 있다.

수사기록에 나타난 3인의 공통된 진술에 따르면 돈을 받은 사람은 국씨가 아니라 한씨다. 세 사람은 조사실에서 만난 직후 '일시적으로' 양씨가 국씨에게 돈을 건넸다고 진술했으나 이후 신문과정에서는 일관되게 국씨의 무고함을 주장한다. 요지는 원래 외국출장을 떠나는 국씨에게 여행비조로 주려고 했는데 국씨가 일찍 자리를 뜨는 바람에 대신 한씨에게 줬다는 것이다. 한씨는 그 돈을 자신이 썼다고 주장했다.

세 사람의 진술은 처음부터 허점 투성이였다. 단적인 예가 2000달러의 용도. 애초 검사가 이들에게 "국중호에게 여행경비를 주지 않았냐"고 물은 것은 국씨의 여름휴가(국씨는 지난해 8월초 입대를 앞둔 아들과 함께 캐나다 여행을 했다)와 관련된 것이었다. 세 사람도 처음엔 이를 의식해 2000달러의 용도를 '여행경비' 또는 '휴가비'로 설명했다. 하지만 뒤에 2000달러의 용도는 국씨의 유럽출장(6월23일~7월5일)과 관련된 것으로 슬그머니 바뀐다.

2회 진술(8월24일)부터 '진실'을 말하기 시작한 양씨는 마지막 4회 진술(8월28일)에서 1차 진술시 자신이 국씨에게 돈을 줬다고 '거짓진술'한 이유를 이렇게 설명했다.

"김○○와 한○○, 나 세 사람이 조사실에서 입회인 없이 만났을 때 한

○○이 '돈은 내가 받았다'고 말했고 김○○는 자신이 달러를 마련해 한○○에게 줬다고 얘기했다. 공무원 신분인 한○○을 보호해줘야겠다는 생각에 내가 (국중호에게) 준 것으로 거짓진술을 했다."

양씨는 법정에서 검사가 "같은 공무원인데 왜 한○○만 보호하려고 했나" 하고 추궁하자 "국중호는 이미 사표를 내고 구속됐기 때문"이라고 답변했다.

1차 진술에서 "인천공항 유휴지개발사업자 선정과 관련해 공정한 심사를 받을 수 있도록 도와달라고 했기 때문에 그 대가로 2000달러를 여행경비로 줬다"고 말한 에이스회원권거래소 사장 김씨도 곧 진술을 뒤집었다. 국씨에게 돈을 주기 위해 환전한 것은 맞지만 국씨가 먼저 사무실에서 나갔기 때문에 대신 한씨에게 중국여행 경비로 줬다는 주장이었다(한씨는 지난해 7월14~17일 중국에 갔다 왔다).

이에 검사가 "국중호에게 전달해달라는 취지였냐"고 묻자 김씨는 "아니다. 국중호와는 상관없다. 한○○이 중국에 간다는 것은 전부터 알고 있었다"고 답변했다. 앞선 조사에서 거짓진술한 이유에 대해선 "평소 존경하는 한○○ 서기관을 살리고 싶어서였다"고 말했다.

한편 한씨는 8월22일 3회 진술에서 "앞선 조사에서 거짓진술했다. 사실은 내가 그때 김○○로부터 2000달러를 받았다"며 이렇게 '털어놓았다'.

"김○○가 '국중호 해외출장경비로 준비한 돈'이라고 하기에 '전해주려면 직접 전해주라'고 했다. 그러자 김○○가 '그런 것이 아니고 한장군(한씨의 별명) 중국 갈 때 애 학비로 보태 쓰라'고 했다. 나 때문에 국중호가 구속됐고 돈까지 받았다고 누명을 쓰게 돼 미안하다."

또 2000달러의 용처에 대해선 다음과 같이 해명했다.

"아내가 집에서 처남댁에게 줬다. 처남이 중국에서 내 애를 돌보고 있기 때문이다. 처남 가족이 마침 여름방학을 맞이해 한국에 들어와 있었다."

한씨는 8월28일 최종 6회 진술에서 "김○○가 양○○ 책상 위에 놓아둔 돈봉투를 집어 나한테 주기에 양복 상의 안주머니에 넣었다"며 돈 받을 당시의 정황을 구체적으로 설명했다.

이와 관련해 한씨의 아내 박모씨도 조사를 받았다. 박씨는 "6월말쯤 남편한테 달러 봉투를 받았다. 이틀 동안 식탁에 올려놓았다가 올케(강모씨)가 지수(강씨의 딸)를 데리고 와 하룻밤 잔 다음날 점심때 올케에게 전달했다"고 진술했다. 검사가 "남편 부탁으로, 돈봉투를 받지 않았는데도 받았다고 하는 것 아니냐"고 의심하자 이렇게 말했다.

"열한 살짜리 조카 앞에서 줬다. 더 무슨 말이 필요하냐. 관세청 공무원인 남편이 돈 받으면 어떻게 되는지 뻔히 알고 있는데, 25년 공직생활을 마감할 남편이 돈을 받았다고 말하는 내 심정이 오죽하겠냐. 내 진술은 사실 그대로다."

양씨, 김씨, 한씨 이 '3인방'의 진술 중 특히 인상적인 것은 불이익을 무릅쓰고 자신이 돈을 받았다고 시인한 한씨의 진술이다. 지난해 8월20일 작성된 한씨의 자필진술서에는 회한의 감정이 절절히 드러나 있다.

"…먼저 본인의 허위진술이 수사에 혼선을 드리게 됐음을 가슴 깊이 반성하고 본인의 과오에 대해 어떠한 처벌도 감수하겠습니다. …저는 김○○가 저를 보호하기 위해 그렇게 진술한 것으로 알고 경황 중에 인간으로서는 감히 할 수 없는 엄청난 죄를 저질렀습니다. 8월19일 새벽 국중호와 대질시 '내 눈을 똑똑히 보고 이야기하라'는 피맺힌 절규를 모른 체한 인간쓰레기가 다름 아닌 본인이었습니다. 저로 인해 엄청난 어려움을 겪고 있는 친구를 도와주기는커녕 제 죄를 뒤집어씌우려한 파렴치한이었습니다. …제가 25년 동안 몸담았던 직장을 떠나 속죄하면서 새롭게 출발해…."

한씨는 실제로 사건 직후 관세청에 사표를 냈다. 사표가 반려돼 최근까지 계속 다니다 얼마 전 다시 사표를 냈다. 곧 법정에 증인으로 나설 예정이다. 그는 나와의 전화통화에서 "모든 건 법정에서 밝히겠다"며 말을 삼갔다.

검찰에서 진술을 번복한 이유가 뭔가.

"초기엔 허위진술했으나 나중엔 제대로 말했다."

최종진술이 진실에 가깝다는 말인가.

"그렇다."

뇌물수수사건에서 돈을 줬다는 사람이 혐의를 부인하면 공소를 유지하기가 쉽지 않다. 당시 수사를 지휘했던 윤모 인천지검 특수부장에게 몇 가지 궁금한 점을 물어봤다. 윤 부장은 "재판이 진행되고 있어 말하기 곤란하다" "자세한 것은 말할 수 없다" "법정에서 공방이 벌어지고 있으니 판사가 판단할 것이다" 등의 얘기로 답변을 대신했다. 다만 '3인방'의 진술번복과 관련해선 "진술이야 바뀔 수도 있다"며 "맨 처음 진술이 더 신빙성이 있다고 판단했다"고 말했다. 국씨의 혐의 중 뇌물수수 부분을 조사했던 고모 검사는 "뭐라 말할 수 없다"며 취재에 응하지 않았다.

수수께끼를 푸는 중요한 단서는 돈이 건네졌다는 일시다. 공소장에는 국중호씨가 지난해 6월22일 오후 3~5시 사이에 에이스회원권거래소 사무실에서 양씨로부터 2000달러를 받은 것으로 기록돼 있다.

수사기록을 보면 일시를 둘러싼 '3인방'의 혼동과 착각, 의도적 부인은 조사과정 내내 계속된다. 국씨는 자신의 수첩기록을 바탕으로 6월20일 오후 1시10분께 에이스회원권거래소 사무실에 들렀다고 주장했다. '3인방'의 기억도 처음엔 국씨와 비슷했다. 하지만 검찰 조사실에 셋이 모여 얘기를 나눈 이후엔 국씨와 만난 일시를 6월22일 오후 1시~1시30분으로 정정한다.

그런데 일시에 관한 이들의 진술은 몇 가지 이유로 다시 바뀐다. 첫째 이유는 국씨의 수첩 메모. 거기엔 6월20일 오후 1시에 한씨와 만나기로 약속한 기록이 있다. 둘째 이유는 환전표. 환전표에 따르면 2000달러 환전 일시는 6월22일 오후 2시58분이다. '3인방'의 공통된 진술에 따르면 국씨가 그날(6월22일) 에이스회원권거래소에 머문 시간은 길어야 40분이다. 환전표와 3인방의 진술을 조합하면 국씨가 자리를 뜬 다음 국씨에게 주기 위해 2000달러를 환전해 한씨에게 줬다는, 얼토당토않은 결론이 나온다.

셋째 이유는 한씨의 휴대전화 통화기록이다. 조회결과에 따르면 당일 한씨는 낮 12시27분 대전에서 휴대전화를 사용했다. 적어도 그때까지는 대전에 머물렀다는 얘기다(한씨는 대전 관세청에 근무하고 있었다). 따라서 낮 12시30분쯤 대전에서 출발했다 쳐도 축지법을 쓰지 않는 이상 도저히 1시까지는 에이스회원권거래소 사무실이 있는 서울 한남동에 닿을 수가 없다. 이런 모순에 직면한 '3인방'은 국씨가 6월22일 오후 2시 이후에 사무실에 들렀으며 한씨에게 돈이 건네진 시각은 오후 3~4시라고 고쳐 주장한다.

일시에 관한 혼란스러운 진술과는 대조적으로 '3인방'이 일관되게 진술한 것은 두 가지였다. 첫째, 국씨가 에이스회원권거래소 사무실에 들른 것은 6월20일이든 6월22일이든 딱 한 번뿐이라는 사실. 둘째, 돈은 국씨가 아니라 한씨가 받았다는 사실이다. 다만 한씨는 마지막 진술에서 "국씨를 6월20일, 6월22일 두 차례 만난 것이 아니냐"는 검사의 질문에 "그렇다"고 끝까지 갈팡질팡했다. 내가 전화통화에서 이 부분을 지적하자 한씨는 "기억의 한계로 혼선이 생겼다"며 "내가 두 차례 들른 일과 국씨가 한 차례 들른 일을 혼동했다"고 검찰에서의 진술이 잘못됐음을 시인했다.

왜 '3인방'은 끝까지 6월22일에 대한 미련을 떨치지 못했을까. 이는 국씨의 유럽출장과 관련이 깊은 것으로 보인다. 국씨는 6월23일 출국했다. 2000달러를 환전한 날은 6월22일이다. 이와 관련해 눈길을 끄는 것은 양씨의 3회 진술이다. 양씨는 "국중호 행정관을 만난 일시를 6월22일로 기억하는 이유가 뭐냐"는 검사의 질문에 이렇게 대답했다.

"환전일시를 확인해보니 6월22일 오후 2시58분이라고 해 국씨를 만난 날짜를 6월22일로 정정하는 것이다."

국씨의 변호인 측은 "국씨에게 여행경비를 주려했다는 진술을 합리화하고 6월22일 사무실에 따로 찾아와 돈을 받아간 한씨의 체면을 살리기 위해 국씨의 방문일을 해외출장 하루 전인 6월22일에 맞추려 한 것 같다"고 분석한다.

당시 검찰은 국씨가 6월20일 오후 1시30분쯤 에이스회원권거래소 사무실에 들러 '3인방'을 만났다는 사실을 몇 가지 증거에 의해 확인했다. 인근 식당인 '풀향기'에서 양씨 이름으로 점심식사를 예약한 기록도 확보했다. 당시 국씨의 운전사 노릇을 한 허모씨의 진술도 이를 뒷받침했다.

그런데도 검찰은 공소장에 국씨에게 돈이 건네진 일시를 6월22일 오후 3~5시로 기록했다. 국씨의 주장은 배척한 채 '3인방'의 진술에서 일부는 취하고 일부는 바꾸는 방식으로 공소장을 작성한 셈이다. 하지만 국씨의 6월22일 행적을 제대로 조사했더라면 그렇게 판단하는 것을 무척 망설였을 것이다.

국씨가 재판과정에서 밝힌 6월22일 오후의 행적은 이렇다. 다음날 유럽 출장차 출국 예정이었던 국씨는 이날 그 준비로 바쁘게 움직였다. 신문로에서 김모씨와 점심식사를 한 후 청와대 사무실로 돌아갔다가 오후 2시20분 청와대를 출발, 2시50분쯤 등촌동에 있는 단골 안경점에 들러 전에 맡겨둔 안경을 찾는다. 3시30분, 안경점을 출발해 여의도 의원회관으로 갔다. 평소 잘 알고 지내는 K의원에게 출국인사를 하기 위해서였는데 K의원은 회의 중이라 못 보고 보좌관, 비서관 등만 만난다. 오후 4시20분 청와대로 다시 들어가 책상을 정리한 후 5시10분 롯데백화점으로 향한다. 그곳에서 아내와 만나 남방과 운동화를 구입했다.

이것이 사실이라면 국씨가 6월22일 오후 3~5시에 한남동에 있는 에이스회원권거래소 사무실에 들러 2000달러를 받았다는 공소사실은 치명타를 입는다. 국씨의 알리바이를 입증하는 중요한 증거는 그의 운전수 노릇을 했던 허모씨 및 국씨의 휴대전화 통화기록이다. 당시 허리가 많이 아팠던 국씨는 외부업무를 볼 때는 친구를 통해 소개받은 실직자 허씨에게 운전을 맡기곤 했다. 당일 허씨의 휴대전화 통화 발신지에는 화곡동·내발산동(안경점 부근), 여의도동(국회의사당), 을지로(롯데백화점) 등이 포함돼 있다. 국씨는 롯데백화점 물품구입과 관련된 신용카드 전표를 법정에 증거로 제출했다.

여기서 한 가지 빼놓을 수 없는 것은 검찰이 허씨의 휴대전화 통화기록을 통해 국씨의 행적을 어느 정도 짐작했으리라는 점이다. 국씨에 따르면 담당검사는 조사과정에 국씨에게 통화내역기록은 보여주지 않은 채 "혹시 화곡동에 간 적 없냐"고 물었다. 그때까지 당일 행적을 기억하지 못했던 국씨는 '화곡동'이라는 말에 안경점이 생각났다. 이어 여의도 의원회관에 들렀던 일도 기억나 그대로 진술했다. 그런데 무슨 영문인지 검사와 국씨 간에 오간 이 문답은 국씨의 신문조서에 기록돼 있지 않다.

2차 재판 때 이 문제로 검사와 국씨 사이에 설전이 벌어졌다. 검사는 "6월20일 한남동을 방문해 식사를 하고 돌아갔고, 6월22일 안경을 찾은 점은 인정한다"며 국씨의 주장을 일부 인정한 뒤 이렇게 추궁했다.

"그러나 왜 안경을 꼭 국중호씨가 직접 찾으러 가야만 했나. 안경은 국중호씨 운전사인 허○○씨를 시켜 찾아오도록 하고 그 시간(6월22일 오후 3~5시)에 국중호씨는 돈을 받으러 한남동 에이스회원권거래소 사무실에 혼자 갔다올 수 있지 않은가."

이에 국씨는 "검사가 안경을 쓰지 않아 잘 모르는 것 같은데, 안경이라는 것은 신체의 일부나 마찬가지여서 본인이 아니면 절대 못 찾는 것이다.

백화점 물건 배달하듯이 다른 사람 시켜 찾아오는 것이 아니다"라고 반격했다. 아울러 검찰이 허씨의 휴대전화 통화기록을 수사기록에 첨부하지 않은 점, 그와 관련된 질문을 하고도 조서에 기록하지 않은 점 등을 지적하며 "검찰수사는 조작"이라고 주장했다.

화곡동·내발산동과 인접한 등촌동에서 N안경점을 경영하는 조모씨는 지난해 9월22일 인천지방법원에 사실확인서를 제출했다. 조씨의 진술에 따르면 국씨가 그의 안경점에 안경을 맡긴 것은 6월13일이고 찾아간 날은 6월22일이다. 조씨는 6월22일 오후 3시30분쯤 안경점에 찾아온 국씨를 만났다고 진술했다.

K의원 보좌관 김모씨의 사실확인서도 법원에 접수된 상태다. 김씨는 사실확인서를 통해 국씨가 6월22일 오후 4시께 K의원 사무실이 있는 의원회관 3XX호를 방문해 4시25분께까지 머물렀다고 밝혔다. 그에 따르면 당시 K의원 사무실에 근무하는 직원 3명도 국씨와 악수하고 인사했다고 한다. 김씨는 N안경점 주인 조씨와 더불어 법정에 증인으로 나설 예정이다.

이처럼 정황증거로 보면 국씨와 '3인방'이 만난 날짜는 6월20일이 분명하다. 그런데 국씨가 이날 2000달러를 받았다는 건 앞뒤가 안 맞는다. 환전일시가 6월22일이기 때문이다. 그러면 6월22일은 어떤가. 이날 오후 국씨가 돈을 받았다는 공소사실은 국씨의 알리바이 앞에 무력하기 짝이 없다. 결국 6월20일, 6월22일 모두 국씨가 돈을 받기엔 '부적합한' 날이라는 결론이 나온다.

한편 국씨의 나머지 두 혐의인 공무상비밀누설 및 업무방해 혐의는 국씨가 인천공항 강동석 사장 및 이상호 당시 개발사업단장에게 건 두 통의 전화와 관련된 것이다. 두 가지 혐의는 이상호씨의 오락가락하는 진술과 '공무상비밀'에 대한 법리해석을 두고 구속 당시에도 논란을 일으켰다.

강 사장의 검찰 진술에 따르면 국씨의 전화행위에는 특별한 문제점이 없는 것으로 보인다. 강 사장은 국씨가 전화로 "공항 유휴지개발사업과 관련해 특정업체를 봐준다느니 어떤 업체는 들러리를 선다느니 하는 말들이 나돌고 있다"고 얘기한 데 대해 "민정수석실 행정관이 첩보를 알려주는 것으로 생각했다"라고 답했다(2회 진술). 또 "당시 국중호씨가 자기 아는 업체를 잘 봐달라고 부탁했냐"는 검사의 질문에 "그런 부탁은 없었다"라고 부인했다.

문제는 이상호씨의 진술이다. 이씨는 최초 조사에서 구속영장실질심사에 이르기까지 몇 차례 말을 바꿨다. 검찰 2회 진술 및 국씨와의 대질신문, 그리고 기자들 앞에서는 "국씨의 전화를 압력으로 받아들이지 않았다"라고 말했다. 그러나 영장실질심사 및 검찰 6회 진술에서는 "압력으로 느꼈다"고 정반대로 대답했다.

통화내용에 대한 기억도 서로 다르다. 이씨는 국씨가 에어포트72를 거명하며 "잘 봐달라"고 얘기한 것으로 기억한다. 국씨도 에어포트72와 관련된 얘기를 꺼낸 것은 인정한다. 하지만 잘 봐달라고 부탁한 것이 아니라, 심사과정에 대한 에어포트72 측의 불만을 전해주며 공정한 심사를 권유했을 뿐이라는 주장이다. 국씨의 변호인 측은 평가단이 우선협상대상업체를 선정한 이후에 국씨가 이상호씨에게 전화를 건 점, 국씨의 전화가 업체선정과정에 아무런 영향을 끼치지 않았다는 것이 강 사장과 이상호씨의 진술에 의해 인정된 점 등을 들어 업무방해혐의는 난센스라고 주장하고 있다.

또 국씨가 전화로 한 얘기는 직무수행과 관련된 비밀이 아니라 사적으로 취득한 풍문에 지나지 않으므로 공무상비밀과는 거리가 멀다는 논리를 편다. 비밀누설이란 그 비밀을 알지 못하는 제3자에게 알려주는 행위다. 그런데 국씨의 행위는 제3자가 아닌 풍문의 당사자에게 이미 알고 있는 사실을 '주의 촉구' 차원에서 알려준 것이므로 비밀누설에 해당되지 않는다는 것이다.

뇌물수수 혐의는 직무상비밀누설 및 업무방해 혐의와 별개인 것처럼 보이지만 검찰수사의 흐름을 분석해보면 그렇지 않다. 뇌물수수 혐의야말로 국씨가 인천공항 유휴지개발 사업자선정과정에 어느 정도 개입했는지를 가늠하는 척도이기 때문이다. 뇌물을 받고 개입한 것과, 받지 않고 개입한 것은 차원이 다르기 때문이다.

뇌물수수 혐의가 인정되지 않으면 나머지 두 혐의도 흔들릴 개연성이 있다. 변호인 측이 무죄판결을 낙관하는 데는 이런 이유도 있다. 세 가지 혐의 중 그나마 법리적으로 '확실한' 뇌물수수 혐의를 벗는다면 충분히 승산이 있다는 것이다.

만약 국씨에게 무죄가 선고된다면, 사업자 선정과정을 둘러싼 로비의혹과 외압의혹의 실체 못지않게 검찰수사의 배경에 대한 궁금증이 일 것이다.

부실 · 강압수사 실체 드러나다

2003년 9월 국중호씨는 항소심에서 무죄를 선고받았다. 국씨에 대한 무죄판결은 검찰이 흔히 내세우는 '검찰과 법원의 시각차'에서 비롯된 것이 아니라 검찰이 명백히 잘못 수사한 데 따른 것이다.

2003년 9월3일 인천지방법원 형사 항소2부(박기주 부장판사)는 2001년 8월 인천공항 유휴지 개발 사업자 선정과정 특혜시비와 관련 구속됐던 국중호(51) 전 청와대 민정수석실 행정관(3급)에 대한 항소심에서 무죄를 선고했다. 이로써 구속 당시부터 억울함을 호소했던 국씨는 사건 발생 2년 만에 누명을 벗게 됐다.

이에 따라 당시 검찰이 권력실세의 외압 의혹을 잠재우기 위해 국씨를 희생양으로 삼았던 것 아니냐는 항간의 의혹이 더욱 설득력을 얻게 됐다. 당시 인천공항 개발사업단장 이상호(46) 씨의 기자회견으로 촉발된 외압 의혹은 선정업체가 아닌 탈락업체의 로비의혹을 문제삼는 비정상적인 여론 속에 검찰수사로 이어졌으며 결국 청와대 3급 행정관인 국씨가 외압의 실체로 지목돼 구속되는 엉뚱한 결과를 낳았다.

검찰이 국씨에게 씌운 혐의는 뇌물수수와 공무상비밀누설 및 업무방해. 뇌물수수는 국씨가 사업자 선정과 관련해 업자로부터 2000달러(당시 환율로 263만원)를 받았다는 것이고, 공무상비밀누설은 국씨가 당시 인천공항 강동석 사장과 이상호 개발사업단장에게 전화를 걸어 "사업자 선정과정에 로비 의혹 등 잡음이 일고 있다"고 언급한 것과 관련된 혐의다. 또 업무방해 혐의는 이상호 사업단장이 국씨의 전화를 압력으로 받아들였다고 진술한 데 따른 것이다.

이에 대해 국씨는 "대학동창 소개로 만난 사람들로부터 민원 차원의 하소연을 듣고 공항공사 측에 '공정한 일 처리'를 당부하는 전화를 두 차례 한 것밖에 없다"며 관련 혐의를 완강히 부인했었다.

이번 항소심 재판부의 무죄 선고는 2002년 8월 1심 재판부가 세 가지 혐의 중 뇌물수수와 공무상비밀누설 부분에 대해 무죄판결을 내릴 때부터 예고된 것이었다. 1심 재판부는 이 사건에 관련된 핵심 증인들의 주장과 국씨의 무죄를 입증할 만한 여러 가지 물증을 들어 검찰수사의 신뢰성에 강한 의문을 제기했다.

1심 재판 초기 나는 수사 내용을 완전히 뒤집는 추적기사를 실은 바 있다. 사건전개 과정에 강한 의구심을 품었던 나는 국씨가 보석으로 풀려난 이후 검찰 수사기록을 철저히 분석한 후 관련자들에 대한 확인취재를 거쳐 검찰의 '짜맞추기 수사' 의혹과 국씨의 무죄 가능성을 강하게 제기했다. 국씨의 변호인단은 이 기사를 주요 참고자료로 재판부에 제출했다.

가장 논란이 된 부분은 국씨를 파렴치범으로 몰고 간 뇌물수수 혐의였다. 국씨에게 뇌물을 준 혐의로 기소된 사업자 양모씨를 비롯한 핵심 증인들은 재판과정에서 "검찰의 강압수사에 의한 허위자백이었다"며 국씨의 혐의를 전면 부인했다.

피의자나 증인들의 검찰 진술내용이 법정에서 바뀌는 것은 드문 일이 아니다. 그러나 이 사건은 그런 통상적인 경우와 다르다는 데 문제의 심각성이 있다. 양씨를 비롯한 증인들은 검찰 조사 때도 자백 강요에 의해 한 차례 '입 맞추기용' 진술을 했을 때를 제외하고는 일관되게 국씨에게 돈을 건넨 적이 없다고 주장했다. 심지어 2000달러를 받은 사람은 국씨가 아니라 국씨의 대학동창으로 양씨와 가까운 관계였던 한모씨였다는 증언이 나왔고, 한씨 본인도 뒤늦게 이 같은 사실을 인정했음에도 검찰은 이를 무시하고 국씨에게 뇌물수수 혐의를 적용했다.

뇌물수수 혐의는 검찰이 수사 막바지에 추가한 것으로 당시 언론에 대대적으로 보도됐다. 그 탓에 국씨는 돈을 받고 사업자 선정과정에 개입한 파렴치범으로 몰렸다. 그러나 이 혐의가 조작됐다는 것은 사건 당일 국씨의 알리바이와 휴대전화 통화내역, 환전영수증 날짜 등 몇 가지 기초적인 사실만 확인하면 쉽게 알 수 있는 것이었다.

국씨의 변호인단에 따르면 검찰이 이토록 무리하게 뇌물수수 혐의를 적용한 까닭은 나머지 두 가지 혐의, 즉 공무상비밀누설과 업무방해 혐의만으로 기소할 경우 재판에서 유죄판결이 나올 가능성이 낮았기 때문으로 보인다. 또한 여론을 의식한 수사였던 만큼 '뭔가 그럴 듯한 것을 내놓아야 한다'는 압박감이 작용한 결과로도 보인다.

재판부는 국씨가 인천공항 강동석 사장과 이상호 개발사업단장에게 전화한 내용은 항간의 소문을 전한 것일 뿐인데다 청와대 비서실에 이 같은 사실을 보고한 적도 없고 수사기관이나 사정기관에서 이를 내사한 적도 없기 때문에 공무상비밀에 해당하지 않는다고 판결했다.

업무방해 혐의도 애초 성립되기 힘든 것이었다. 당시 인천공항 강동석 사장과 이상호 개발사업단장은 검찰에서 국씨의 전화가 업체선정과정에 아무런 영향을 끼치지 않았다고 진술했다. 두 사람의 진술이 아니더라도 일개 청와대 행정관이 대형 공기업체의 민간사업자 선정에 영향력을 행사했다는 것은 상식을 벗어난 추론이었다.

검찰이 국씨에게 업무방해 혐의를 적용한 유일한 근거는 "국씨의 전화를 압력으로 받아들였다"는 이상호씨의 검찰 진술이다. 그런데 그는 국씨와의 대질신문 때와 기자들 앞에서는 이를 부인하는 등 오락가락해 진술의 신빙성을 의심받았다. 더욱이 국씨가 전화를 건 때는 이미 사업자 선정이 끝난 후였다. 이에 재판부는 이상호씨가 말한 '압력'의 실체 여부와 상관없이 국씨의 전화가 업무방해에 해당되지 않는다고 판결한 것이다.

국씨에 대한 무죄판결은 단순히 검찰과 법원의 시각차에서 비롯된 것이 아니라 검찰이 명백히 잘못 수사한 데 따른 것이다. 그렇지만 검찰은 늘 그래왔듯 잘못된 수사로 인해 정신적·육체적으로 큰 고통을 당한 피해자에게 사과 한마디 하지 않는다. 수사를 잘못한 검사가 문책을 받았다는 얘기도 들리지 않는다.

언론도 마찬가지다. 2년 전 그토록 요란하게 인천공항사건을 보도하며 국씨의 혐의를 대서특필했던 언론은 국씨에게 무죄가 선고된 사실을 보도조차 하지 않는 '비양심적인' 태도를 보였다. 중앙일간지 중에서는 중앙일보만이, 지방에선 전북일보를 비롯한 3개 신문만이, 그리고 방송사 중엔 기독교방송과 KBS만이 단신으로 이 소식을 전했을 뿐이다.

이에 대해 국씨는 "사실 이 사건은 언론이 만든 사건이 아닌가"라며 이런 얘기를 들려주었다.

"항소심에서 무죄가 선고된 날 민주당에서 기자회견을 하라고 해서 당사를 찾았다. 모 일간지 기자가 '미안하게 됐다. 그땐 어쩔 수 없이 막 썼다'고 하기에 어이가 없어 화도 안 나더라."

이제 남은 것은 당시 검찰 수사배경에 대한 의문이다. 검찰은 왜 그토록 무리하게 수사를 했을까. 돈을 받은 사람이 따로 있는데도 왜 끝까지 국씨가 돈을 받았다고 밀어붙였을까. 또 업무방해와 공무상비밀누설 혐의가 성립되기 힘들다는 것을 정녕 몰랐단 말인가.

사건 초기 청와대 신광옥 민정수석은 자체 조사 결과 국씨에게 특별한 잘못이 없다고 결론짓고 김대중 대통령에게 보고했다. 그러나 참고인으로 검찰에 자진출두한 국씨가 긴급체포되자 신승남 검찰총장에게 강력히 항의했다. 하지만 신 총장은 "인천지검에 맡기자"는 '원칙론'을, 이범관 인천지검장(현 광주고검장)은 '여론'을 내세워 국씨 구속의 불가피함을 강조했다. 이를 두고 뒷날 언론은 '신-신 갈등'을 거론하기도 했다.

이와 관련, 국씨는 검찰수사에 정치적 입김이 작용했다고 주장했다.

"권력실세의 비선라인이 수사에 개입했다고 확신하고 있다. 당시 대통령 친인척인 모 권력실세가 검찰 고위관계자에게 '여론을 잠재우기 위해서는 국중호를 좀 잡아둬야 할 것 같다'고 전화한 것으로 알고 있다."

***

2003년 12월 대법원은 국중호씨에게 무죄를 선고한 원심을 확정했다.

김대중 정부 **최대 스캔들**
옷로비 의혹 사건

1999년 5월에 불거진 옷로비 의혹 사건(이하 옷로비 사건)은 출범 2년째를 맞아 외환위기 극복에 박차를 가하던 김대중 정부를 심각한 곤경에 빠트렸다. 뒷날 어처구니없는 해프닝으로 밝혀졌지만 당시 이 사건의 파괴력은 실로 엄청난 것이었다. 최고의 사정기관인 검찰조직이 뿌리째 흔들렸고 정권이 휘청거릴 정도였다. 국내 사법사상 처음으로 특별검사제를 부른 이 사건의 핵심은 1998년 12월 외화도피 등의 혐의로 구속위기에 처한 신동아그룹 최순영 회장의 부인 이형자씨가 김태정 검찰총장의 부인 연정희씨에게 옷으로 구명 로비를 했는지, 혹은 연씨가 이씨에게 옷값 대납 요구를 했는지 여부였다.

옷로비 사건의 출발점은 1999년 5월 이형자씨의 폭로였다. 이씨는 일부 언론에 제보한 '고가옷 로비 경위서'를 통해 남편 최 회장이 구속되기 전 연정희씨 등이 고가의 옷을 산 뒤 자신에게 옷값을 치를 것을 요구했으나 거절했다고 주장했다. 언론보도 사흘 후 연씨는 이씨를 명예훼손 혐의로 검찰에 고소하였다.

서울지방검찰청 특수부, 특별검사, 대검찰청 중앙수사부 등 세 기관의 조사가 릴레이 경기처럼 이어졌지만 사건의 실체는 명확히 밝혀지지 않았다. 수사기관마다 결론도 달랐다. 그 과정에 이형자씨가 폭로하기 몇 달 전인 1999년 1월 청와대 법무비서관실의 지휘를 받는 사직동팀(경찰청 조사과)이 이 사건을 내사한 사실이 드러났다.

이 사건을 맨 먼저 조사했던 사직동팀은 이형자씨의 자작극으로 규정했다. 이에 비해 서울지검은 이형자씨의 실패한 로비로, 특검은 이형자씨의 포기한 로비로 규정했다. 반면 마지막으로 이 사건을 수사한 대검은 사직동팀과 마찬가지로 이형자씨의 자작극이라는 결론을 내놓으면서 옷값 대납을 요구한 사람은 연씨가 아니라 연씨와 어울려 다녔던 통일부 장관 부인 배정숙씨였다고 판단했다.

옷로비 사건의 주역인 4명의 여인은 모두 국회 청문회 위증혐의로 기소됐다. 연정희씨는 옷을 구입한 사실을 감추려 했고, 이형자씨는 연씨의 옷값을 대납하지 않아 남편 최순영씨가 구속된 것처럼 연씨를 음해하고 허위사실을 퍼뜨린 혐의로 구속까지 됐으나 보석으로 풀려났다. 배정숙씨와 옷가게 라스포사 사장 정일순씨의 혐의는 곤궁에 처한 이씨의 처지를 이용해 한몫 챙기려 한 것이었다.

이 사건은 그해 12월 김태정 전 법무장관과 박주선 청와대 법무비서관이 구속되는 것으로 대단원의 막을 내렸다. 두 사람의 경우 이 사건의 최초 수사기록인 사직동팀 내사결과가 담긴 문건(최초보고서)과 대통령에게 올라간 보고서(최종보고서)를 주고받은 게 문제가 됐다. 김씨는 공무상 비밀누설과 공무상 변조혐의로, 박씨는 공무상 비밀누설과 공용서류 은닉, 증거 은닉 등의 혐의로 기소됐다. 당시 세간의 여론이 김태정씨 부부와 박주선씨를 비난하고 이형자씨를 동정하는 쪽으로 흐른 데는 이 사건을 권력형 비리사건으로 몰고 간 언론의 영향이 컸다. 하지만 김씨와 박씨의 구속혐의에 대해선 법조계에서 논란이 일었고, 실제로 검찰이 여론에 떠밀려 두 사람을 구속했다는 게 중론이었다.

나는 이 사건에 대해 1999년 12월부터 2000년 2월까지 심층취재한 후 주류언론의 보도와는 다른 결론을 내렸다. 내가 품은 근본적인 의문은 이것이었다. 옷로비 사건은 이형자씨가 연정희씨 측으로부터 옷값대납 요구를 받았다고 폭로해 일어난 사건이다. 그런데 이씨는 수사기관의 조사를 받으면서 자신은 연씨에게 남편의 구명을 위해 로비를 한 적도 없고 옷값을 대납한 적도 없다고 주장했다. 즉 옷로비 시도 자체가 없었다는 얘기다. 실패한 로비든 포기한 로비든 로비 의혹의 당사자가 로비의 실체를 부인하면 그걸로 막을 내려야 할 사건이 아니었던가. 실제로 이씨는 누구의 옷값도 대신 지불한 적이 없고 연씨는 옷값 대납 요구를 하지 않았음이 밝혀졌다. 그렇다면 언론과 정치권은 왜 그토록 난리를 쳤단 말인가.

검찰총장과 재벌총수의 옷전쟁

20세기말 한국사회를 뒤흔든 옷로비 사건이 특검수사로 막을 내렸다. 이 사건의 배경엔 재벌총수와 검찰총장의 사활을 건 전쟁이 있었다. 최순영 회장 사법처리를 둘러싼 자본과 권력의 한판 승부. 거기에 종교가 끼어들었다. 1999년 12월 나는 '옷 전쟁 1년'의 비화를 추적했다.

1999년 1월18일 밤 10시. 술에 잔뜩 취한 김태정 검찰총장이 박주선 청와대 법무비서관에게 전화를 걸었다. 혀가 꼬부라진 목소리로 다짜고짜 욕부터 해댔다. 다혈질인 김 총장은 평소 화가 나면 육두문자를 쓰는 것으로 유명하다.

"야, 이 개XX야. 내가 그래도 일국의 검찰총장이야. 니들이 일국의 검찰총장 부인을 멋대로 조사해, 이 개XX야. 니 형수 어딨어, 이 ○○놈아. 당장 보내."

청와대의 내사 움직임을 알고는 있었지만 사직동팀(청와대 지휘를 받는 경찰청 조사과)이 설마 그렇게까지 조사할 줄은 몰랐던 김 총장의 분노가 폭발한 것이었다. 해명서 정도만 쓰면 끝날 줄 알았다. 그런데 상황은 그게 아니었다. 뭔가 음모가 벌어지는 듯싶었다. 더욱이 박주선이 누구던가. 그가 가장 아끼던 후배로 친형제 같은 사이 아니었나. '그런데 이 XX가 지 형수한테 이럴 수 있나' '감히 경찰 조직이 검찰총장 부인을 건드려?' 김 총장은 모욕감에 부르르 떨었다. 박 비서관이 자신의 처지를 설명하고 사과했지만 그의 귀엔 아무것도 들어오지 않았다.

그 시각 그의 부인 연정희씨는 의상실 라스포사에서 12시간째 사직동팀의 조사를 받고 있었다. 상당히 강도 높은 조사였다. 오전 10시께 시작된 조사는 좀체 끝날 기미가 보이지 않았다. 연씨가 귀가한 것은 새벽 1시가 넘어서였다. 이날 강인덕 통일원장관 부인 배정숙씨는 조사를 받다 새벽 1시30분께 각혈을 하고 쓰러졌다. 당황한 수사관들은 배씨를 병원으로 옮기고 조사를 중단했다.

이날 일은 옷로비 사건이라는 연극의 서막이었고 장차 다가올 태풍의 전조였다. 하지만 그때까지만 해도 김씨 부부는 그 심각성을 깨닫지 못했다. 사직동팀 조사로 모든 것이 끝날 줄 알았다. 연씨는 자신도 모르는 사이 이 연극의 주연으로 발탁된 상태였다. 불똥은 남편에게 튀었다. 1999년 6월 김태정씨는 법무부 장관에 취임한 지 보름 만에 옷을 벗었다. 겉으로 드러난 해임 사유는 조폐공사 파업유도 사건에 대한 지휘책임이었지만 알 만한 사람은 다 알고 있었다. 옷로비 사건에 대한 책임 추궁이라는 것을. 그로부터 6개월 후인 1999년 12월4일. 장관직에서 물러나서도 옷로비 사건에 시달리던 김태정씨는 끝내 유탄을 맞고 구속됐다.

"옷로비 사건은 매우 간단한 사건이다. 유언비어를 방어하려다 보니 옷을 안 샀다고 거짓말을 하게 됐다. 그 거짓말을 그대로 유지하려다 보니 문건 조작이 필요했다."

라스포사 사장 정일순씨의 변호인 윤전 변호사는 옷로비 사건의 성격을 이렇게 규정지었다. 특별검사의 수사결과 그의 말은 크게 틀리지 않는 것으로 드러났다. 애초 단순한 구조였던 이 사건이 나라 전체를 뒤흔드는 어처구니없는 사건으로 변질된 것은 한 여인의 어리석음과 눈가림 탓이었다. 그리고 그 죄값을 짊어진 이는 그녀의 남편이었다.

이 사건의 핵심은 최순영 신동아그룹회장의 부인 이형자씨가 남편의 구명을 위해 연씨에게 옷으로 로비를 했는지, 또는 연씨가 그것을 빌미로 이씨에게 옷값 대납을 요구했는지였다. 수사결과를 보면 연씨가 옷값 대납 요구에 직접 관련되지 않았음을 알 수 있다. 이는 정일순씨 및 배정숙씨의 혐의와는 별개 사안이다. 이형자씨 주장대로 두 사람이 옷값 대납을 요구한 게 사실이더라도 연씨에 대한 결론은 달라지지 않는다는 얘기다.

그렇다면 이제 이 사건을 정리하는 마당에 반드시 짚고 넘어가야 할 점이 있다. 바로 '마녀사냥'이 있었는지 여부다. 이형자씨는 "옷값 대납 요구를 들어주지 않아 최 회장이 구속됐다"는 취지의 주장을 폈다. 이 터무니없는 주장을 검증하느라 정치권과 언론, 검찰이 1년 동안 난리를 쳤다. 검찰총장 부인의 옷값을 안 대줬다는 이유로 재벌회장을 구속한다? 아무리 의심이 가더라도 상식선에서 판단하면 아주 간단히 해답을 찾는 경우가 있다. 이씨의 주장이 바로 그에 해당한다.

최 회장은 애초 그 혐의의 중대성에 비춰 사법처리 대상이었다. 다만 외자유치 명분으로 그 집행을 보류하고 있었을 뿐이다. 이는 당시 상황을 살펴보면 금방 알 수 있는 일이다. 시민단체인 참여연대는 최 회장에 대한 검찰수사가 보류되자 1998년 10월 그를 외화도피 혐의로 검찰에 고발했다. 일부 언론 역시 지속적으로 문제제기를 하던 터였다.

사태가 그 지경에 이른 데는 물론 연씨의 책임도 크다. 스스로 마녀사냥의 빌미를 제공한 면이 있기 때문이다. 그녀는 사직동팀이 고관 부인들의 사치행각을 조사하는 줄 알고 '손을 썼다'. 윤전 변호사의 말마따나 '오해의 소지'를 아예 없애려고 거짓말(고의든 실수든)을 했고 그 후 그 거짓말을 유지하기 위해 또다른 거짓말을 하게 됐다. 그것이 언론의 집요한 공격을 불렀다. 스스로 무덤을 판 셈이다.

그렇긴 해도 그녀는 이 사건의 피해자다. 한 예를 들면 그녀에게 혹독한 자백을 강요했던 호피무늬 코트의 반납시기만 하더라도 그 옷이 이형자씨의 로비와 관련되지 않은 것이었다면 그렇게까지 눈을 부라릴 일이 아니었다. 사직동팀의 내사정보를 사전에 알았는지도 마찬가지다. 사전인지가 사실이라도 해도 사건의 본질은 바뀌지 않는다. 그 경우 남편 몰래 고가의 옷을 구입했다가 그 옷이 자신을 음해하는 유언비어에 등장한 사실을 알고

'도덕적인 비난'이 두려워, 그리고 남편에게 누를 끼칠까봐 부랴부랴 반납했을 개연성이 크기 때문이다.

"옷값 대납 요구를 거절해 최 회장이 구속됐다"는 이형자씨 주장을 바꿔 말하면 옷값을 대납했다면 최 회장 구속을 막을 수 있었다는 얘기가 된다. 그러나 언론은 이 비합리적인 주장의 허구성을 짚지 않았다. 그에 반해 연씨는 비록 거짓말로 화를 자초하긴 했지만, 로비 대상이 되는 위치에 있었다는 죄로 피눈물을 흘려야 했다.

언론은 진작 이씨의 주장을 철저하게 검증해야 옳았다. 예컨대 연씨는 문제가 된 '최 회장 사법처리 가능성 언급'에 대해 배정숙씨에게 "외자 유치가 안 되면 어렵지 않겠느냐"는, 상식적인 언급을 했을 뿐이라며 결백을 호소했다. 그런데 방향은 이미 정해져 있었다. 연씨가 옷을 얻어 입기 위해 배씨를 통해 이씨를 협박했다는 쪽으로. 그 전에 전복과 그림을 거절한 것은 더 큰 뇌물, 곧 라스포사 옷을 입기 위한 고단수 작전이었다고.

김태정씨의 죄에 대해서도 냉정한 판단이 필요하다. 그에게 원죄처럼 따라붙는 '정치검사'라는 혐의에 대한 비난과 법적인 책임은 구분돼야 한다. 그의 구속사유엔 법적 타당성이 부족하다는 게 법조계의 중론이다. 그에게 적용된 공무상비밀누설 혐의와 공문서변조 혐의에 대해 상당수 법조인은 고개를 갸웃거리고 있다. 영장을 발부한 판사조차 법정에서 논란이 되리라는 점을 인정할 정도였다. 정치검사라는 오명을 쓰고 정치인 사정 수사의 사령탑이었던 그가 '정치적 희생양'이 된 것은 시대의 아이러니가 아닐 수 없다.

옷로비 사건이 온 나라를 뒤흔들 정도로 불거진 배경엔 분명 정치적 이유가 있다. 옷로비 사건의 표면적 공격 대상은 연정희씨였지만 그 칼끝은 김태정씨를 겨누고 있었다. 실제로 이 사건으로 구속된 것은 부인네들이 아니었다. 거짓말로 화를 자초한 아내 못지않게 분별력을 잃었던 남편, 바로 김태정씨였다. 그는 자신의 앞길을 망칠까 두려워 사건을 덮기에 급급했고 여론의 비판보다 자신의 자존심을 더 중요하게 여겨 결과적으로 더 큰 화를 불러들였다. 그의 죄는 아내에 대한 조사결과가 담긴 문건을 건네받아 다른 사람에게 보여준 것이었다. 엉뚱한 결과가 아닐 수 없다. 하지만 마녀사냥의 배경에 김씨에 대한 반감이 자리잡고 있었다는 점을 이해한다면 그다지 놀랄 일은 아니다.

김대중 정부의 실세 중 김태정씨만큼 적이 많았던 사람도 드물다. DJ비자금 사건 수사유보와 세풍 북풍 총풍 등 정치권 사정을 주도하는 과정에 야당의 극심한 반발과 원한을 샀다. 그가 대전법조비리사건 처리과정에 터져 나온 '심재륜 항명파동'과 소장 검사들의 집단서명파동 때 물러났다면 옷로비 사건의 방향은 크게 바뀌었거나 아예 문제가 되지 않았을지도 모른다. 그러나 그는 여론의 사퇴압력 공세에 꿋꿋하게 버텼다. 그의 정치적 야심이 큰 탓도 있었지만 김 대통령에게 그의 충성심이 여전히 필요했기 때문이다. 그것이 그의 비극이었다. 그에 대한 대통령의 지나친 신임은 점차 정권에 부담이 됐다. 정치적 라이벌들의 견제심리도 커졌다. 옷로비 사건은 출발 당시부터 권력의 암투를 잉태하고 있었던 것이다.

옷로비 사건의 본질을 꿰뚫기 위해선 먼저 이 사건의 외곽구도를 살펴봐야 한다. 옷로비 사건은 재벌총수와 검찰총장 사이에 벌어진 전쟁에 특별부록처럼 끼어 든 사건이다. 양측의 전쟁은 반전에 반전을 거듭했다. 초기엔 정치권에 대한 신동아 측의 로비와 검찰의 수사 보류로 팽팽한 접전을 벌였다. 그러다 1998년 12월 최순영 회장에 대한 검찰의 사법처리가 초읽기에 들어감에 따라 최 회장 측의 패배로 끝나는 듯싶었다.

그때 최 회장 측이 뽑아든 비장의 카드가 바로 옷로비 사건이었다. 소문은 기독교계를 중심으로 빠르게 번져나갔고 마침내 사직동팀의 내사가 시작됐다. 최 회장 측에 유리한 국면이었다. 그러나 내사결과는 최 회장에게 부메랑으로 날아왔다. 1999년 2월 최순영 회장은 구속됐다. 그러나 그것은 전쟁의 끝이 아니었다. 또다른 시작이었다.

1999년 5월 김태정씨가 법무부 장관으로 영전하자마자 최 회장 측은 '물귀신 작전'을 전개했다. 그때까지 세상에 알려지지 않았던 옷로비 사건을 언론을 통해 폭로한 것. 전황은 급전했다. 검찰수사가 벌어지고 김씨는 궁지에 몰렸다. 김씨에 대한 정치권과 언론 및 시민단체의 누적된 반감도 사태를 악화시키는 데 한몫했다. 결국 김씨는 불명예스럽게 옷을 벗어야 했다. 어찌 보면 이제 양측은 더 싸울 이유가 없었다.

그러나 관성이 붙은 옷로비 사건의 바퀴는 멈출 줄 몰랐다. 검찰이 사건 전모를 제대로 밝히는 일보다 '장관 사모님'인 연씨를 감싸는 일에 더 골몰한 결과였다. 언론과 정치권이 부지런히 사건의 바퀴를 굴려갔다. 국회 청문회에 이은 특검수사. 사방에서 두들겨 맞은 김태정씨는 회복 불능의 치명상을 입었다. 여기에 최후의 일격이 가해졌다. 신동아그룹 부회장 박시언씨가 사직동팀 최종보고서를 공개한 것. 치명타를 맞은 김태정씨는 구속을 피하지 못했다. 막판 대역전극이었다. 이것으로써 재벌과 '일국의 검찰총장'의 '죽고 죽이는' 전쟁은 끝이 났다.

막판에 최순영 회장 부부의 대리인으로 나서 한 방에 김태정씨를 거꾸러뜨린 박시언씨. 두 사람은 과연 어떤 관계인가. 김태정씨는 왜 그에게 문건을 보여줘 화를 자초했을까. 두 사람 관계의 비밀을 풀면 '최후의 승부'가 전개된 배경을 어느 정도 가늠해볼 수 있다. 또 수사유보에서 사법처리에 이르는 과정을 살펴보면 옷로비 사건의 큰 그림을 그릴 수 있다. 이는 옷값 대납 요구와 최 회장 구속을 연결시키는 이형자씨의 주장을 자연스럽게 검증하는 방법이기도 하다.

먼저 박씨의 정체를 살펴보자. 미국 시민권자인 그가 신동아그룹에서 맡은 일은 대외로비였다. 최순영 회장이 그를 신동아 부회장으로 영입한 것은 1998년 6월. 정식 직책은 신동아그룹 비상근총괄부회장 겸 대한생명 고문. 신동아그룹의 경영부실과 최순영 회장 개인비리에 대한 검찰 내사가 한창 진행되고 있을 때였다.

박씨는 병역을 마친 뒤 미국으로 이민 갔다. 뉴포트대학 졸업 후 시민권을 얻었고, 건설업으로 돈을 번 것으로 알려졌다. 그가 김태정씨와 인연을 맺은 것은 1993년께. 당시 김씨는 사정수사의 실무책임자인 대검 중수부장이었다.

그의 지휘를 받는 대검 중수3과는 그해 김승연 한화 회장을 사법처리한 바 있다. 그때 3과장이 박주선씨였다. 옷로비 사건에 관련된 한 변호사는 "박시언씨는 김 회장 사법처리에 공을 세웠다"고 밝혔다. 박씨의 동생이 미국에서 변호사를 하고 있었는데 수사팀이 그를 통해 김 회장의 미국 내 별장구입 계약서를 입수했다는 것. 반면 박주선씨는 "박씨 동생을 만나긴 했지만 크게 도움이 안 됐다"고 말한다.

박시언씨는 김대중 대통령과도 인연이 있다. 그가 김 대통령을 알게 된 것은 김 대통령의 미국 망명 시절. 이때 P씨 등 현 정부의 실세들과 친분을 쌓았으며 재정지원을 한 것으로 전해진다. 1988년 서울올림픽 때는 미주지역후원회 부회장을 맡고 1990년대 초 미국 상·하원의원 자문위원회 위원을 지냈다. 특히 1997년 대선 직후 김대중 대통령 당선자와 클린턴 대통령의 동생인 로저 클린턴의 만남을 주선했던 것으로 알려졌다.

김태정씨 주변에 따르면 1998년 6월께 한동안 연락이 뜸하던 박씨가 느닷없이 김씨의 검찰총장 집무실로 찾아왔다. 그는 신동아그룹 부회장 명함을 내밀었다. 당시 서울지검 특수1부는 기자실에 엠바고(보도통제)를 요청해놓고는 신동아그룹의 경영부실과 최순영 회장의 개인비리 혐의를 추적하고 있었다. 최 회장은 이미 두 번이나 검찰에 불려가 조사를 받은 터였다.

김씨의 한 측근에 따르면 그날 김씨는 박씨가 신동아 명함을 내밀자 표정이 바뀌었다고 한다. "당신이 언제부터 신동아를 잘 알았느냐"고 면박을 주며 "당장 집어치워라. 저의가 뻔하다"고 소리를 질렀다. 박씨가 1999년 12월1일 대검 기자실에 들러 "문건(사직동팀 최종보고서) 공개는 김태정과 박주선을 겨냥한 것이었다"고 털어놓은 데는 바로 그런 사정이 있다는 것이다.

이 측근에 따르면 이후 김씨는 박씨를 의도적으로 멀리했다고 한다. 그 전엔 집무실에서 몇 차례 만났지만 박씨가 '그쪽 사람'이 된 걸 알고는 전화가 와도 잘 받지 않고 면담 신청도 번번이 거절했다는 것이다. 박씨가 다시 전화를 걸어온 것은 1999년 1월 옷로비 사건에 대한 사직동팀 내사가 벌어질 즈음이었다.

1998년 12월 언론보도에 따르면 최 회장은 해가 바뀌기 전 사법처리 될 전망이었다. 검찰의 수사유보 명분은 신동아 측이 약속한 외자유치가 계속 늦춰지고 시민단체의 최 회장 고발 등으로 점차 힘을 잃고 있었다. 12월23일 MBC는 검찰 고위층의 언급이라며 최 회장의 연내 구속방침을 보도했다. 이에 대해 이형자씨는 1999년 5월25일 언론사에 돌린 진정서를 통해 이렇게 주장했다.

"그날 저녁 MBC 뉴스에 '최 회장을 구속수사하겠다'고 또 내보냈습니다. … 총장 부인의 옷값을 치르지 않자 이러한 협박과 불이익을 당한다고 느꼈습니다."

바로 그 시기에 연씨와 관련된 유언비어가 돌기 시작한 것은 우연이 아니다. 이른바 사직동팀 최초보고서에 담긴 '검찰총장 부인 관련 유언비어'에 따르면 연씨는 △1998년 12월 앙드레김 의상실에서 옷 두 벌을 2200만원에 맞췄다. △그 후 라스포사 의상실에서 밍크코트를 3500만원에 맞췄다. △대금은 일행 중 한명이 지불하기로 했다. 또한 라스포사 사장 정일순씨는 △김 총장 부인이 옷대금을 지불할 사람으로 지명해준 사람에게 전화를 걸어 옷값 3500만원을 달라고 했다. △상대방이 "나는 앙드레김 의상실 옷값만 책임지기로 했을 뿐 라스포사 옷값은 낼 수 없다"고 하자 △김 총장 부인에게 "옷값을 어떻게 할 것이냐"고 문의했다. △말썽이 날 것을 우려한 김 총장 부인이 라스포사 옷값 3500만원을 지불했다.

위 유언비어 중 연씨가 관련된 부분은 대부분 과장되거나 사실관계가 왜곡된 것으로 드러났다. 2200만원에 옷을 맞춘 적도 없으며 더욱이 3500만원짜리 밍크코트를 산 사람은 연씨가 아닌 이형자씨였다. 그러나 이런 내용의 유언비어는 이씨가 원장으로 있는 횃불선교원을 중심으로 빠른 속도로 퍼져 나갔고 기독교계 인맥을 통해 영부인 이희호 여사의 귀에까지 들어갔다.

김태정씨가 박시언씨를 검찰총장 집무실에서 다시 만난 것은 1999년 2월 하순. 그에 앞서 최 회장은 2월11일 구속된 상태였다.

김태정씨에 대한 구속영장에 따르면 김씨는 박주선 당시 청와대 법무비서관에게 전화를 걸어 옷로비 사건 내사 종결 여부를 확인한 후 내사보고서를 보여달라고 요청했다.

"피내사자로서 조사 결과가 궁금하다. 더구나 이 일을 5대 일간지에 광고하겠다는 협박까지 당하고 있으니 보고서를 보내주면 이형자에게 내 처가 결백하다는 사정을 해명할 수 있을 것 같다."

박주선씨가 보고서를 보내주자 김태정씨는 박시언씨에게 전화를 걸어 집무실로 오게 했다. 그는 박씨에게 보고서를 내던지며 격앙된 목소리로 말했다. "이것은 청와대 사직동팀에서 조사한 결과야. 이형자에게 쓸데없는 짓 말라고 전하라. 앞으로 계속 협박한다면 법적으로 대응하겠다." 이날 그가 박씨에게 건네준 옷로비 사건 내사보고서는 10개월 후 그의 목을 죄는 올가미가 됐다. 이에 대해 김씨의 측근은 "당시 김 총장이 흥분해 분별력을 잃은 게 화근이었다"고 말했다.

김씨가 구속된 후 부인 연씨와 임운희 변호사는 신동아 측의 협박 사실을 폭로했다. 하지만 신동아 측은 이를 부인했다. "피의자 주제에 검찰총장을 협박할 상황이 아니었으며 오히려 '입 닫고 있으라'고 협박당했다"는 것이다.

최 회장의 외화도피 혐의를 수사했던 검찰의 한 간부는 "당시 원칙대로 수사를 강행했다면 이토록 나라를 시끄럽게 만든 옷로비 사건은 일어나지 않았을지도 모른다"고 말했다. 이 간부는 또 "당시 수사팀은 신동아 측의 10억달러 외자유치 가능성을 회의적으로 봤다"며 "그때 수뇌부에서 제대로 판단했더라면…" 하고 아쉬움을 드러냈다.

박순용 당시 서울지검장은 수사팀을 불러 직접 수사유보 지시를 내렸다. 명분은 신동아 측의 외자유치 협상. 위 검찰 간부는 "수사 욕심은 있었지만 당시 경제상황 때문에 그 명분에 누구도 맞설 수 없었다"고 말했다. 아울러 "일부 언론 보도와 달리 수뇌부와 수사팀 간 의견 대립이 있었던 건 아니다"라고 강조했다. 검찰 주변에선 김태정 당시 검찰총장이 수사팀을 직접 불러 "기업활동이 위축되지 않도록 최 회장 비자금이나 사생활을 너무 파헤치지 말라"고 지시했다는 소문도 있다.

수사유보 결정이 검찰의 독자적인 판단에 따른 것인지는 분명치 않다. 다만 한 가지 확인되는 것은 박시언씨가 최 회장 구명을 위해 열심히 뛰고 있었다는 사실이다. 당시 수사팀도 박씨의 움직임을 간파했던 것으로 확인됐다. 위 검찰 간부는 "박시언이라는 사람이 움직이고 있다는 건 알았지만 그의 로비 때문에 수사가 유보된 것은 아니다"라고 말했다.

박시언씨는 여권 실세들과 친한 것을 굳이 감추려 들지 않았다. 반면 이름이 오르내리는 정치인들은 펄쩍 뛰고 있다. 하나같이 국민회의 쪽 사람들이다. 이와 관련해 관심을 끄는 것은 라스포사 사장 정일순씨의 발언.

정씨는 특검이 구속영장을 청구한 1999년 11월16일 법원 영장실질심사에서 다음과 같은 취지의 얘기를 한 것으로 확인됐다.

"이형자씨가 내게 '박시언을 영입해 P씨를 잡았다. 정치권 로비에 100억원이 들었다. 이제 걱정 없다'고 하기에 내가 '잘 됐다'고 말해줬다."

P씨는 박시언씨의 로비의혹과 관련돼 이름이 오르내리는 여권 실세다. 정씨 발언의 진위는 확인하기 어렵다. 신동아 측이 정치권 로비를 한 적이 없다고 부인하기 때문이다.

과연 검찰의 수사유보 결정과 신동아의 정치권 로비는 어떤 함수관계가 있을까. 수사유보를 결정한 가장 큰 이유는 물론 신동아의 외자유치 협상이었다. 그러나 그것만은 아니라는 게 검찰 주변의 지배적 시각이다. 플러스알파가 있었다는 것. 그것은 물론 신동아 수사에 대한 정치권의 압력을 뜻한다.

김태정씨는 1999년 11월24일 특검에 출두하면서 '김태정의 고백'이라는 자료를 통해 "검찰총장으로서 최 회장의 외화도피 사건을 보고받은 후 여러 경로를 통해 최 회장의 선처를 바라는 말들이 있었다"고 말해 이른바 외압설을 처음 제기했다. 그는 그러나 외압 주체에 대해선 "아직 밝힐 단계가 아니다"라고 입을 다물었다.

김씨가 이처럼 운만 뗀 데 대해 검찰 주변에선 자신을 정치적 희생양으로 만들 경우 앉아서 당하지만은 않겠다는 '경고 메시지'로 보는 시각이 유력하다. 수감된 김씨를 면회하고 있는 임운희 변호사에 따르면 김씨는 더는 얘기를 하지 않고 있다고 한다. 그 이유에 대해 임 변호사는 "몸이 갇힌 상태에서 전선 확대를 원치 않기 때문"이라고 설명했다.

검찰 주변에서는 검찰이 신동아 측의 정치권 로비에 대해 전면수사를 펼친다면 외압설의 실체가 드러날 것으로 보고 있다. 그러나 이에 대한 검찰의 수사의지에 대해선 회의적인 시각이 많다. 옷로비 사건이 김씨 구속으로 거의 마무리된 데다 섣불리 건드릴 경우 총선을 앞둔 여권에 엄청난 부담이 될 것이 뻔하기 때문이다. 신동아 측에 대한 보복수사로 비칠 수 있다는 점도 수사를 주저하게 만드는 요인이다.

김태정씨는 신동아 수사 당시 사석에서 "신동아 수사는 내가 혼자 결정할 사안이 아니다. 외자 유치를 하겠다는데 검찰이 재를 뿌릴 순 없지 않으냐"고 고민을 털어놓은 적이 있다. 또 구속되기 직전엔 "'정책결정 과정'에 원칙대로 최 회장을 구속하자고 고집해 관철시킨 사람은 나와 박주선뿐이었다"는 말도 했다. 그의 말은 박시언씨의 발언, 곧 "최종보고서 공개는 김태정과 박주선을 겨냥한 것이었다. 두 사람의 사법처리는 대한생명 회생의 시작이다"라는 얘기와 맞아떨어진다. 신동아 측이 김태정씨와 박주선씨를 최 회장 구속의 원흉으로 여겼음을 알 수 있다. 신동아 측은 두 사람이 '강경파'라는 얘기를 누구에게 들었을까. 신동아 측에 그런 언질을 준 사람이 바로 외압의 주체일 가능성이 높다.

한 가지 단서는 김태정씨의 얘기 중 '정책결정 과정'이라는 표현이다. 재벌에 대한 검찰수사 결정과정에 영향력을 행사할 수 있을 정도의 고위급 인사는 그리 많지 않다. 정일순씨의 증언도 시사하는 바 크다. 정씨에 따르면 이형자씨는 여러 차례 '김태정의 낙마'를 언급했다고 한다. 또 그때그때의 상황에 따라 '일희일비'하는 경우가 많았다고 한다. 즉 어떤 날엔 "이제 다 됐다"며 희망 섞인 얘기를 하다가도 또 다른 날엔 "김태정 때문에 안 된다"고 말했다는 것.

이형자씨에게 정치권 및 검찰의 동향을 귀띔해준 사람은 박시언씨로 보인다. 그렇다면 박씨에게 그런 얘기를 해준 사람이 있을 것이다. 그런 얘기를 해준 사람은 과연 누구인가.

어쨌든 신동사 수사를 유보하고 최 회장 사법처리를 미룬 것은 김태정씨의 아킬레스건이 됐다. 그러잖아도 검찰 안팎에서 정치검사라는 비난에 시달리던 터였다. 시민단체와 언론은 검찰과 정치권, 재벌회장과 검찰총수의 유착의혹을 제기했다. 1999년 1월말에 일어난 '심재륜 항명파동'은 젊은 검사들의 피를 끓게 만들었다. 2월2일 검찰 개혁 방안을 두고 평검사들과 검찰 수뇌부의 난상토론이 벌어졌다. 그 자리에서 한 평검사가 최 회장 사법처리 유보결정에 대해 '정치권 및 재벌과의 유착'이라며 강하게 비판한 것으로 전해진다.

김태정씨는 1999년 9월초 옷로비 사건 청문회가 끝난 후 사석에서 최 회장 사법처리 유보에 대해 "나도 기독교인인데 내 손으로 장로를 구속하고 싶진 않았다"고 털어놓은 적이 있다. 또 "지금 와선 '속았다'는 생각이 든다. 그쪽에서 계속 '곧 외자유치가 되니 조금만 기다려달라'고 부탁해왔다"고 말했다. 그 말이 사실이라면 억울할 만도 하다. 정치권 외압 시비를 떠나 신동아의 외자유치를 위해 수사 보류를 지시하긴 했지만 나중엔 원칙대로 사법처리를 했는데도 온갖 의혹과 비난을 혼자 뒤집어썼다는 뜻이 되기 때문이다.

그러나 최 회장 구속시기에 대해선 검찰 안팎에서 여전히 의혹이 제기되고 있다. 정치권 사정과 관련한 편파수사 시비, 항명파동에 이은 소장검사들의 검찰 개혁 요구, 시민단체의 퇴진 압력 등으로 검찰총장 취임 후 최악의 상황을 맞았던 김씨가 '국면 돌파'를 위해 최 회장을 전격 구속한 것 아니냐는 의혹이다. 매우 그럴 듯한 시나리오이긴 하지만 이는 외자유치 명분으로 사법처리가 유보됐다는 점을 간과한 면이 있다. 그보다는 최고위층과의 교감으로 결정됐다고 보는 편이 맞을 것이다. 그 단서는 옷로비 사건에 대한 사직동팀의 최종보고서. 박주선씨가 김대중 대통령에게 이 보고서를 올린 것은 1999년 2월10일. 최 회장이 구속되기 하루 전이었다. 사직동팀 최종보고서엔 다음의 '건의사항'이 있었다.

'최순영 회장 사건은 미화 1억6500만 달러의 재산 해외도피, 수출금융

1억8500만달러의 편취행위로서 사안이 중대한 점, 공범인 사장 김종은이 구속된 점, 사건처리를 둘러싼 유언비어가 광범위하게 유포돼 있는 점 등을 종합하건대 최순영의 구속으로 사건의 신속한 종결이 바람직하다고 사료됩니다.'

이런 점에 비춰 최 회장 사법처리는 당시 검찰총장이던 김씨가 주도하긴 했지만 독자적인 결정은 아닐 개연성이 높다. 이와 관련해 한 가지 주목할 만한 증언이 있다. 김씨 측근은 최근 "김 총장이 1999년 들어서도 최 회장의 사법처리를 결정하지 못하고 미적거린 것은 옷로비 사건에 대한 부담 때문이었다"고 귀띔했다. 그에 따르면 김씨는 자신의 아내와 관련된 음해성 소문이 도는 걸 알았으며 그 와중에 최씨를 구속하면 '보복'이라는 오해를 살까봐 사법처리를 자꾸 늦추게 됐다고 한다. 말하자면 사직동팀의 내사결과 아내의 '누명'이 벗겨지자 머뭇거릴 이유가 없어졌다는 것. 검찰총수에 대한 '협박용'이던 옷로비 사건이 재벌회장에게 부메랑으로 날아간 셈이다.

김씨는 언젠가 사석에서 옷로비 사건에 대한 '분노'를 감추지 않았다. 그는 내가 옷로비 사건과 최 회장 구속의 연관성을 묻자 이렇게 말했다.

"그럼. 화가 나 구속해버렸지. 누구라도 안 그렇겠나. 명색이 기독교 장로라는 사람이 자기 살겠다고 어떻게 그리 남을 모함할 수 있나. 외자유치한다는 거짓말로 시간이나 벌려 들고."

최 회장 구속 결정에 김씨 개인의 감정도 작용했음을 보여주는 얘기다.

1999년 12월3일 김씨는 집에서 한 원로목사의 기도를 받았다. 바로 한국대학생선교회(CCC) 명예총재로서 한국 기독교계의 정신적 지주인 김준곤 목사였다. 김 목사는 기독교계의 최 회장 구명 로비를 주도한 것으로 알려진 온누리교회 하용조 목사의 신앙적 은사이기도 하다. 최 회장과 하 목사는 동서지간으로 최 회장이 손윗동서다.

이날 김 목사는 김태정씨의 머리에 손을 얹고 간절히 기도했다. "옷로비 사건은 하나님이 한국 기독교계의 교만과 타락을 꾸짖고 깨우치게 하려고…." 김씨 부부는 뜨거운 눈물을 쏟았다. 다음날 김씨는 구속됐다. 그가 구속된 후 신동아 수사에 관여했던 검찰의 한 간부는 이렇게 탄식했다.

"이제 무서워서 재벌 수사 못한다. 막대한 자금과 조직을 가진 재벌이 보복하려 들면 어느 검사가 배겨날 수 있겠나."

***

이 기사가 나간 지 3주쯤 지난 2001년 1월6일 김태정씨는 보석으로 출감했다. 구치소 안에서 이 기사를 밑줄 쳐 읽으며 눈물을 흘렸다는 그는 재판부에 보석신청을 할 때 참고자료로 제출했다고 말했다.

옷로비 사건 특검 특별수사관의 충격 증언

릴레이 경주와도 같은 옷로비 사건 수사의 바통을 마지막으로 넘겨받은 대검의 수사결과는 특검과 차이를 보였다. 특검이 이형자씨의 포기한 로비로 판단한 반면 대검은 이씨의 자작극으로 결론지었다. 2000년 1월11일 대검은 이씨를 국회 위증 혐의로 구속수감했다.

나는 그 무렵 옷로비 사건 특검수사에 참여했던 문병호 변호사를 인터뷰했다. 문 변호사의 증언에 따르면 옷로비 사건 특검 수사팀은 옷값 대납 요구를 받았다는 이형자씨 주장을 충분히 검증하지 못했다. 그에 따라 허구인 '1억원 옷값'의 실체를 찾는 데 지나치게 정력을 소모했다는 것이다. 특검 수사관이었던 그가 내린 결론은 공교롭게도 대검 수사결과와 비슷했다. 일종의 소수의견인 그의 견해를 소개하는 것은 옷로비 사건의 또다른 이면을 엿볼 수 있기 때문이다.

지난 1년 동안 온 나라를 들쑤셔놓았던 옷로비 사건. 사직동팀이라 불리는 경찰청 조사과의 내사를 시작으로 서울지검-국회(청문회)-특검-대검 등 다섯 차례에 걸쳐 조사가 이뤄졌지만 혼돈의 수렁은 깊기만 하다. 아마도 가장 큰 이유는 대검 수사결과가 특검과 적지 않은 차이를 보였기 때문이리라. 이형자씨가 구속된 후 일각에서 '형평성' 시비와 더불어 사건의 본질에 대한 의문이 다시 제기되는 것도, 바로 국민적 기대를 모았던 특검의 신뢰성이 흔들리는 데 따른 혼란 때문이다.

1999년 12월30일. 대검은 옷로비 사건 최종수사결과를 발표했다. 그날 오후 나는 뜻밖의 제보를 받았다. 옷로비 사건 특검수사에 특별수사관으로 참여했던 민변(민주화를 위한 변호사 모임) 소속의 한 변호사가 특검의 잘못을 폭로하는 기자회견을 준비하고 있다는 것이었다. 수소문해보니 그 주인공은 문병호 변호사였다. 민변의 만류로 기자회견을 취소한 그는 한사코 인터뷰를 고사했다. 열흘쯤 뒤 다시 만난 그는 "특검제의 개선과 발전을 위해서"라는 명분으로 인터뷰에 응했다. 그는 4시간 동안 매우 열성적으로 그가 겪은 옷로비 사건 특검 수사과정의 문제점과 그가 파악한 '놀라운 진실'을 말해줬다. 그에 따르면 옷로비 사건 특검이 '실패'한 가장 큰 이유는 이형자씨 주장의 진위를 제대로 간파하지 못한 점이었다. 그가 내린 결론의 상당 부분은 대검의 수사결과와 일치하는 것이었다.

문 변호사는 사시28회 출신으로 1989년 인천시 부평에서 변호사 사무실을 개업했다. 인천지방변호사회 인권위원장, 민변 사법위원장 등을 역임했으며 현재 부평에서 환경 교육 노동 등 각 분야에 걸쳐 다양한 활동을 펴고 있다. 1998년 7월~99년 6월까지 미국 워싱턴의 조지타운대학 로스쿨에서 객원 연구원으로 있을 때 특검제에 관심을 갖고 공부했던 것이 옷로비 특검 수사에 참여하게 된 동기였다.

원래 기자회견을 생각했다면서요.

"가장 큰 동기는 첫째 특검의 수사발표를 보고 경악해서였습니다. 내가 보기에 검증 안 된 내용이 사실인 양 발표문에 들어가 있었습니다. 거기에 특검보였던 양인석 변호사가 신동아그룹과 최순영 회장이 검찰수사를 받던 1998년 신동아그룹 고위간부의 변호를 맡았던 사실이 드러났습니다. 이건 있을 수 없는 일입니다. 그래서 대검의 수사발표 직후 혼란에 빠진 국민에게 진실을 알려야겠다고 결심했습니다. 그런데 민변 측에서 '정치적으로 오해를 살 여지가 있으며 특검제의 존립을 위협할 수도 있다'며 말렸어요."

대검과 특검 수사의 가장 큰 차이점은 정일순·이형자씨의 혐의에 관한 부분입니다. 특검 수사에서는 정씨의 옷값대납 요구가 인정된 반면 대검은 이를 인정하지 않았습니다. 왜 이런 결과가 나왔다고 봅니까.

"옷로비 사건 특검의 가장 큰 문제점은 처음부터 이형자씨의 진술에 너무 기댄 점이었습니다. 이 사건은 크게 두 가지 축으로 구성됐는데, 하나는 연정희-정일순씨의 관계이고 다른 하나는 정일순-이형자씨의 관계예요. 특검의 가장 큰 성과라면 연씨의 옷 구입날짜를 밝힌 것이지요. 반면 옷값대납 요구를 둘러싼 정씨와 이씨에 대한 의혹은 서로 팽팽했어요. 그런데 특검팀은 처음부터 이씨 쪽으로 기울어져 있었습니다."

언제부터 특검 수사방향에 의문을 품었습니까.

"(정씨에 대한) 영장청구 전까지는 큰 불만이 없었어요. 영장이 기각되니까 문제가 커졌지요. (수사를 시작한 지) 4주 만에 영장을 청구했는데 기각됐습니다. 특검팀 주류의 시각은 정씨가 이씨와 연씨 사이에서 옷을 팔아먹기 위해 장난을 쳤다는 것이었지요. 또 정씨가 집권세력에 부담이 되는 일을 많이 알고 있으며 옷로비 사건 당시 장관 부인들이 정씨로부터 옷 하나씩 다 받았다고 믿고 있었습니다. 대신 정씨는 그들 덕분에 세무조사를 피하고 또 그들에게 인사청탁을 했다는 겁니다."

장관 부인들이 가져갔다는 옷이 이형자씨의 로비와 관련됐다고 믿은 겁니까.

"어떤 장관 부인의 진술을 근거로 삼은 것인데, 이 사건과는 관련 없는 일이에요. 특검팀은 정씨를 DJ정권의 고위 로비스트로 생각했습니다. 그래서 정씨를 잡아넣으면 뭔가 나온다고 생각한 겁니다. 연정희씨에 대한 로비의혹보다 다른 장관부인들이 옷을 하나씩 나눠 가졌을 가능성에 초점을 맞췄어요. 연씨에게는 옷이 안 갔을지 모른다는 생각을 하면서."

특검 수사발표 때 나온 코트 6벌의 의혹과 관련된 것입니까.

"그런 인식에서 발표했던 거지요. 문제는 이것이 근거 없는 얘기라는 겁니다."

1999년 12월20일 특검은 수사결과를 발표할 때 밍크코트 6벌의 의혹을 새로 제기했다. 그에 따르면 정씨가 6벌의 코트를 구입했는데 이형자씨에게 판 2벌을 뺀 나머지 코트들의 행방이 묘연하다는 것. 특검은 이 코트들이 고관부인들에게 건네졌을 가능성을 암시했다.

근거 없이 그런 발표를 할 수 있습니까.

"특검팀은 정일순씨를 거짓말쟁이로 여겼어요. 태도나 인상도 안 좋았고. 그건 나도 인정했어요. 그러나 그 거짓말을 따져볼 필요가 있습니다. 기본적으로 정씨는 옷장사입니다. 고객인, 그것도 검찰총장 부인인 연씨가 찾아와 '나 여기서 옷 샀는데 남편한테 혼났으니 몰래 넣어준 걸로 해달라'고 부탁했을 때 옷장사라면 누가 안 도와주겠습니까. 정씨는 연씨와 관련해 거짓말을 한데다 밍크코트 6벌도 도매상에게 반납했다고 거짓말을 했어요. 그런데 정씨에게 코트를 넘긴 도매상은 반납 받은 적 없다고 그래요. 정씨로서는 고객 보호 차원에서 그럴 수도 있거든요. 그런데 특검팀은 정씨의 거짓말이 권력의 큰 비밀과 연결된다고 믿었어요. 그러므로 정씨의 구속영장을 청와대가 기각한 게 됩니다. 그런 논리로 간 겁니다. 영부인과 장관부인들에게 뭔가 의혹이 있는 것처럼. 이형자씨와 관계없이. 그래서 수사기간(60일)의 3분의 2를 정씨 잡아넣는 데 써버린 겁니다."

대검 수사 결과 특검이 의문을 제기한 코트들의 행방이 밝혀졌다. 소유자 중 장관 부인은 한 명도 없었다.

정씨가 입을 열지 않아 특검이 코트 행방을 확인하지 못해 그런 것 아닙니까. 만약 확인했다면 수사 흐름이….

"바뀌었는지도 모르지요. 나도 사실 (정씨에 대한) 1차 구속영장을 청구할 땐 애매한 생각을 갖고 있었어요. 그러나 만약 정씨를 구속했는데도 밍크코트가 안 나오면 '이건 무죄다'라고 생각했습니다. 나오면 유죄지만. 장관 부인들에게 안 간 게 확인되면 무죄지요. 그러니까 이형자씨의 1억원 주장에 맞추기 위해 계속 코트에 집착할 수밖에 없었던 겁니다. 연정희씨와 상관없이. 이 얘기를 아무도 몰라요."

옷로비 사건의 본질 규명보다는 그 이상의 것을 파헤치려고 한 듯싶은데요.

"어찌 보면 너무 크게 본 게 특검팀의 문제였습니다. 연씨가 가져갔다는 것과 상관없이, 연씨가 안 먹었더라도 다른 사람들이 먹었다고, 무조건 먹었다는 생각이 강했어요."

먹었다는 건 이형자씨와 관련된 겁니까.

"그럴 수도 있고 다른 건으로도, 예컨대 인사청탁 같은."

그건 옷로비 사건과 관계없는 일 아닙니까.

"상관없지요. 그런데 그런 근거도 없는 비하인드 스토리, 그걸 공식 판단의 기준으로 삼았으니…."

특검은 정씨에게 알선수재 혐의를 적용해 구속영장을 청구했다. 이형자씨에게 연씨에 대한 청탁 명목으로 금품을 요구했다는 혐의였다. 문 변호사에 따르면 이는 무리수였다.

"특검은 정일순씨를 잡아넣으면 옷로비 의혹도 풀리고 다른 건도 잡을 것으로 기대했습니다. 그런데 이형자씨의 논리를 따라가다 보면 모순이 발생해요. 알선수재란 로비를 하는 사람과 받는 사람을 중간에서 연결해 주는 겁니다. 서로 의사소통이 있어야 해요. 통상 어느 한쪽만이라도 중개인에게 의사 표시가 있어야 합니다. 그런데 이씨는 로비를 안 했다고 하고 연정희씨는 로비사실도 모르고 있었어요. 거기다 정씨는 옷값 대납을 요구한 적 없다고 하고. 그러니까 이건 이상한 거지요. 로비의 주체와 객체가 다 로비를 부인하니. 법리적으로 따져봐도 죄가 될 수가 없어요. 특검은 수사결과를 내놓으며 연씨가 옷로비에 관련되지 않았다고 하면서도 정씨에 대해선 알선수재 혐의를 인정했어요. 이건 모순이에요.

이형자씨 주장에 따르면 정씨가 협박했다는 얘긴데, 문제는 옷이 없다는 거예요. 옷값으로 1억원을 요구했다는데. 이건 굉장히 중요한 문제예요. 라스포사에서 연씨가 치른 옷값은 다해봐야 300만원이 안 돼요. 반납한 호피무늬코트를 400만원으로 쳐 포함해도 1000만원이 안 돼요. 옷도 안 보내고 1억원을 요구했으니 정씨는 사기꾼에 공갈범이 됩니다. 더욱이 이형자씨가 (옷값을) 못 낸다고 했는데도 계속 전화했다는 것 아닙니까. 판사의 영장 기각 사유도 바로 이 점을 믿지 못하겠다는 것이었습니다. 검찰총장 부인, 재벌회장 부인을 상대로 사기·공갈로 등쳐먹는다? 나중에 뒷감당을 어떻게 하려고요. 만약 이형자씨가 옷값을 냈다면 어떻게 됐겠습니까."

내부에서 이 문제에 대해 논의가 안 됐습니까.

"회의를 안 해요. 60일 동안 딱 한번 했어요. 정씨에 대한 1차 구속영장이 기각됐을 때."

왜 그렇게 됐습니까.

"정씨의 잘못이 커요. '12월19일(연씨의 코트 구입일)'에 대해 계속 거짓말하는 겁니다. 연씨와 관련된 건 모두. 오죽하면 내가 따로 불러 얘기했어요. '당신은 이형자씨와 싸워야 한다. 이씨 말에 따르면 연씨에겐 죄가 없다. 당신이 죄가 된다. 그러니 연씨 부분은 사실대로 말하라'고. 그런데 계속 거짓말하는 겁니다. 그 바람에 수사관들이 정씨를 거짓말쟁이로, 정씨가 하는 말이면 무조건 거짓말로, 그리고 그 거짓말은 권력과 관련된 것으로 여겼지요. 그걸 종합적으로 체크해주는 사람이 있어야 했는데…."

아무도 이의제기를 안 했단 말입니까.

"정일순씨의 진술에 대해 좀 다른 얘기를 하면 바로 묵살 당해요. 하지만 연정희씨의 옷 구입과 관련해 거짓말했다고 해 다른 진술을 다 거짓말이라고 할 순 없는 것 아닙니까."

이형자씨의 주장에 대해 특검은 어떻게 판단했습니까.

"옷값 대납을 요구했다는 일시가 왔다갔다하고 옷값에 대한 진술도 몇 번 바뀌었어요. 그런데 특검은 이것을 기억의 불명확성 탓으로 돌렸죠. 그럴 수도 있겠죠. 이형자씨는 사직동팀 조사 때 정씨가 (1998년) 12월20일 저녁에 처음 전화를 걸어 옷값을 요구했다고 주장했어요. 그날이 남편 최순영씨의 회갑날이라 확실히 기억한다고 했습니다. 그런데 검찰 조사 때는 12월18일 오후 8시로, 특검에서는 12월18일 오후 9시 이후라고 말을 바꿨어요. 왜 바꿨냐. 연씨 일행이 라스포사에 간 날이 12월19일이라는 걸 나중에 알았거든요. 아무리 기억이 없다 해도 회갑날만큼은 정확히 기억해야 하지 않겠습니까."

이씨는 사직동팀 조사에서 이렇게 진술했다.

"남편 회갑날인 12월20일 밤 8시경 가족들이 모여 저녁식사를 하고 있는데 정일순씨가 전화를 걸어 '내일 검찰총장 부인이 우리 가게에 오니 당신이 밍크코트 3벌을 사줘라'고 했다. 옷값이 수천만원이라고 해 거절했는데 옆에서 남편이 '잘 했다'고 말했다."

문 변호사는 "이형자씨의 주장은 앞뒤가 안 맞는 게 많다"고 말한다.

"이형자씨와 막내 동생 이형기씨는 그날(12월18일) 저녁 6시쯤 라스포사에 찾아갔다고 주장하는데 이런 의문이 생겨요. 두 사람이 라스포사를 떠난 것은 저녁 8시가 넘어서였습니다. 그런데 정씨가 옷값을 요구하려면 라스포사에서 만났을 때 얘기하지 왜 이씨가 집으로 돌아간 뒤 전화를 했냐는 겁니다. 그날 이씨는 횃불선교원에 찾아왔던 배정숙씨와 싸운 다음 찾아온 겁니다. 연씨가 라스포사에 진짜 옷을 사러 오는지 확인하러. 말하자면 연씨의 뒷조사를 하러 간 겁니다. 정씨 말로는, 와서 연씨 욕만 실컷 하고 갔다는 거예요."

문 변호사에 따르면 더욱 큰 문제는 옷값이었다.

"이씨 자매는 사직동팀과 서울지검 조사 때 정씨가 요구했다는 옷값이 수천만원이라고 했어요. 그런데 국회 청문회와 특검 조사에선 한 장 얘기가 나오더니 슬그머니 1억원으로 바뀌었어요. 그런데 바뀌게 된 근거가 없어요."

이형자씨가 라스포사를 찾은 것은 1998년 10월부터. 10월, 11월 두 달여에 걸쳐 약 8000만원어치의 옷을 샀다. 사직동팀 조사에 따르면 영부인을 잘 알고 있다는 정씨의 환심을 사 정씨를 통해 영부인에게 다가가려는 목적에서였다. 그러나 결과적으로 이형자씨는 옷만 잔뜩 사고 뜻은 이루지 못했다.

"정일순씨 말이, 돈을 챙길 생각이었다면 그때 챙겼을 거라는 겁니다, 영부인을 내세워. 연정희씨는 문제도 아니라는 거죠. 당시 상황을 보면 일리 있는 말이에요. 그런데 (특검은) 정씨 말은 다 거짓으로만 여긴 겁니다."

1999년 10월19일 수사를 시작한 특검은 11월16일 정일순씨를 긴급체포해 구속영장을 청구했다. 그것이 1차 청구였다. 하지만 법원은 이를 기각했다.

“긴급체포를 하자 정씨는 연정희씨의 옷 구입일과 반납일에 대해 실토했습니다. 야, 이거 정일순이 많이 알고 있구나. 사람들이 착각할 만한 분위기였습니다. 그건 이해합니다. 내가 영장 청구에 동의한 것은 정씨의 (국회 청문회) 위증 혐의 때문이었어요. 옷값 대납 요구와 관련된 알선수재 혐의는 애초 힘들 것으로 봤습니다. 영장실질심사 때 정씨의 변호인이 이에 대해 질문하는데 가슴이 덜컹하더라고요.”

이형자씨도 정씨에게 전화한 적이 있지요?

“이형자씨 말로는 정씨가 12월18일에 전화한 다음 12월21일 오전 10시경 자기가 정씨에게 전화를 걸어 배정숙씨에게 전해달라며 ‘옷값 못 낸다’고 그랬다는 거예요. 이씨가 전화로 이 얘기를 한 것은 정씨도 인정합니다. 그런데 가만히 따져보면 이씨 자매 주장이 앞뒤가 안 맞아요. 12월18일 옷값 요구를 거절했는데 정씨가 21일 아침 8시에 이영기씨(이형자씨의 바로 아랫동생)에게 전화를 걸어 또 옷값 요구를 했다 그래요. 그러면 이영기씨가 언니에게 당연히 얘기하지 않았겠어요. 그러면 항의를 해야 마땅한데 그런 얘기는 없고 두 시간 뒤 전화를 걸어 엉뚱하게 배정숙씨 얘기를 해요. 거기다 다음날인 12월22일 아침 정씨가 이영기씨에게 또 협박하는 전화를 했다는 거예요. 상식적으로 납득이 안 가죠. 두 번이나 거절했는데. 더구나 동생한테.”

특검은 이를 어떻게 판단했습니까.

“이 문제를 거론하니까, 질이 나쁜 여자라서 그렇다는 겁니다. 그러니까 할 말이 없지요. 꼭 내 말이 맞다는 건 아니지만 영장이 기각되면 생각을 해봐야지요. 이유가 뭔지. 11월16일 1차 영장이 기각됐을 때가 터닝 포인트였어요. 그런데 특검팀은 워낙 자기 논리에 빠져 있었어요. 한 번쯤 잘못됐을 가능성을 검토했어야 했는데.”

사직동팀 내사 착수시기에 대한 이형자씨의 주장도 논란을 일으켰지요?

"이씨는 (1999년) 1월7일경 조사를 받았다고 주장했습니다. 연정희씨를 겨냥한 것이었죠. 연씨의 코트 반환날짜가 1월8일이니. 그러면 조사가 시작된 걸 알고 반납한 게 되니까. 자기 말로는 1차 조사는 횃불선교원에서 받고 2차 조사는 63빌딩 회장실에서 받았다고 그래요. 그런데 이씨의 안사돈 조복희씨가 이씨와 두 번 다 같은 날 조사를 받았거든요. 조씨한테 물어보니 63빌딩에서 1차 조사를 받았어요. 날짜가 1월15일이고. 첫 번째는 진술서를 쓰지 않았습니다. 두 번째는 1월19일 횃불선교원에서 받았어요. 사직동팀 내사기록에 있는 진술서에도 진술 날짜가 그렇게 돼 있어요. 그럼 상식을 가졌다면 이형자씨가 틀렸다고 보고 이씨를 쪼아야지. 그런데 거꾸로 조씨를 짜댄 겁니다."

이형자씨 쪽 목사가 그에 관해 증언하지 않았습니까.

"이형자씨는 조사가 1월7일경 시작됐다는 주장의 근거로 송 목사라는 증인을 댔어요. 송 목사는 1월11일 미국으로 출국했는데 출국 3~4일 전 횃불선교원에 갔다가 이씨가 조사 받는 걸 봤다는 겁니다. 그런데 외무부 여권과에 확인해보니 송 목사는 1월말에 출국했어요. 송 목사도 특검에 와 이씨의 말을 부인했고."

특검팀은 또 '이 권사'라는 사람을 불렀다. 역시 이형자씨가 증인으로 내세운 여자였다. 그런데 그 여자도 특검 조사에서 이씨의 주장을 부인했다.

"모두 수사 막바지에 밝혀진 일이었지요. 양 특검보도 나중에 발을 뺐잖아요. 이형자씨 말이 틀린 것 같다고."

특검은 수사 발표 때 이 문제와 관련한 이형자씨의 국회 청문회 위증을 언급했다. 특검이 지적한 이씨의 유일한 '잘못'이었다. 그러나 그나마 '현재의 조사결과만으로 위증이라고 단정하기 어려워 추가조사가 필요함'이었다.

다른 수사관들은 이형자씨의 주장을 어떻게 생각했습니까.

"이씨가 거짓말은 했지만 정일순씨의 거짓말이 더 크다고 생각한 겁니다. 이게 굉장히 중요한 문제인데, 처음에 이형자씨의 주장부터 제대로 검증했더라면…. 이 사건엔 여러 가지 경우의 수가 있어요. 연정희씨만 해도 옷을 샀다가 도덕적 비난이 두려워 돌려줬을 가능성, 아니면 로비와 관련된 뇌물로 받았을 가능성. 정일순씨는 옷장사로서의 거짓말 또는 정권 차원의 거짓말. 각 시나리오를 검토해야 하는데 처음부터 한 개의 시나리오만 보고 간 겁니다."

배정숙씨의 혐의에 대해선 특검이나 대검이나 다르지 않지요?

"같은 판단입니다. 여러 정황으로 보면 배씨의 대납 요구는 정씨보다 가능성이 높아요. 우선 옷값이 훨씬 작기는 하지만, 정씨의 경우와는 달리 옷의 실체가 있거든요. 연씨와 함께 앙드레 김에서 산. 그런데 그것도 '배씨의 요구로 2200만원을 준비했다'는 이형자씨 주장이 사실이 아닌 것으로 드러나 법정에서 입증하기가 쉽지 않을 듯합니다. 지난번에 법원이 배씨에 대한 구속영장을 기각한 것도 그런 판단에서였지요. 햇불선교원 경리 관계자와 비서에게 확인하니 이씨 말이 안 맞아요."

정일순씨에 대해 구속영장을 재청구할 때 내부에서 반대는 없었습니까.

"내가 반대했어요. 그러나 단칼에 묵살됐지요. 재청구해도 안 떨어질 것 같아 걱정이 됐어요. 그때까지도 정일순씨 영장에 집착하는 건 명백한 무리수였습니다. 특검팀의 오만이었어요. 겸허하게, 틀릴 수도 있다는 생각을 했어야 하는데, 외압 아니면 판사가 무지해서 기각된 걸로 판단한 겁니다. 11월27일 세 번째로 영장을 청구할 때 사표를 결심했습니다. 이 팀으론 안 되겠다, 이것은 아니다, 해도 너무한다는 생각이 들었어요. 외압설은 난센스예요."

정일순씨의 혐의는 법리적으로 '무조건 무죄'라는 게 문 변호사의 판단이다. 옷값 대납요구를 안 했다면 당연히 무죄지만 설사 요구했더라도 알선수재나 공갈, 사기 등 어떤 혐의도 인정되기 힘들다는 것이다.

"알선수재가 되려면 청탁의 표시가 있어야 해요. 그런데 이형자씨의 말을 들어봐도 정씨가 그런 말은 하지 않았어요. 이것이 3차 영장 기각 사유입니다."

특검팀의 수사방향에 실망한 문 변호사는 12월7일 최병모 특검에게 "내 결론은 다르다"며 "수사보고서 작성 작업에서 빠지겠다"고 말했다. 다만 "밖에서 보는 눈이 있으니 사표를 내지는 않겠다"고 했다. 12월20일 특검의 수사결과를 보고 그는 충격을 받았다. 이형자씨가 사실이 아닌 얘기를 했는데도 수사결과는 여전히 이씨의 진술을 기준으로 삼은 것이었다. 정일순씨에게 알선수재 혐의를 적용한 것 말고도 곳곳에 '부실'이 눈에 띄었다.

연씨의 호피무늬반코트 값이 1380만원으로 발표됐는데요.

"웃기는 얘기입니다. (수사 시작) 45일째 정일순씨에 대한 3차 구속영장을 청구했는데 그때까지 영장엔 400만원으로 기록돼 있었어요. 이것이 보름만에 3배로 부풀려진 겁니다. 그 전에도 1380만원 얘기가 있었지만 인정되지 않았어요. 배정숙씨의 증언인데 착오일 개연성이 컸습니다. 그날 배씨가 라스포사에서 봤다는, 1380원짜리 가격표가 붙은 롱코트는 정씨 남편이 운영하는 클라라 윤 제품으로 연씨의 호피무늬코트와는 다른 것이에요."

문 변호사는 "이 수사의 최대 어려움은 옷이 없다는 점이었다"라고 말했다. 이형자씨의 주장대로 2200만원 또는 1억원어치의 옷값 대납 요구가 있었다면 그 대상인 옷이 나와야 하는데 아무리 찾아도 그만한 가격의 옷이 나오지 않더라는 것. 그래서 옷값에 대한 증언이 사람마다 다르면 그중 가장 큰 수치로 옷값을 계산했다고 한다.

연씨의 옷값이 부풀려진 건 사실이다. 사지도 않은 옷, 반납한 옷도 포함시켰고, 실제 산 값이 아닌 원 가격표로 계산했다. 2000만원이니 3000

만원이니 하는 옷값은 그렇게 해서 나온 '어처구니없는' 수치다.

연씨가 '거저 가져갔다'는 표현도 화제가 됐는데요.

"(정일순씨에 대한) 구속영장엔 판매 목적이라는 표현이 분명히 있었어요. 특검 발표에 따르면 연씨가 이은혜, 전옥경씨에게 '대가 없이 (옷을) 보냈다'는 얘기를 한 것으로 돼 있는데 당사자들은 모두 그 사실을 부인하고 있어요. 수사결과에 그런 추상적 표현을 쓰면 안 되지요, 증거가 없는데."

이은혜씨는 당시 행정자치부 장관이던 김정길씨의 부인이고, 작가인 전옥경씨는 친구의 소개로 연정희씨와 알고 지내던 사이였다. 이씨의 진술에 따르면 연씨의 옷 구입은 '공짜'가 아니었을 개연성이 크다. 이씨는 1999년 1월초 연씨와 함께 기도원에 가기 위해 연씨 집에 찾아갔다. 그때 연씨가 1998년 12월19일 라스포사에서 입어봤던 호피무늬코트를 걸치고 나왔다. 이씨가 깜짝 놀라 물었다. "어머 그 옷 샀어요?" 연씨는 "아니야. 나보고 사래"라고 말했다. "얼마 달래요?" "400이래." 특검이 이씨의 얘기를 귀담아 들었다면 '거저'라는 표현은 나오지 않았을지 모른다.

옷로비 특검수사에 참여한 변호사는 모두 6명. 최병모 특검에 이어 서열 2위인 양인석 특검보가 실질적인 수사책임자였다. 나머지 4명의 변호사와 2명의 현직 검사가 특별수사관으로 활동했다. 문 변호사는 수사팀 4명 중 선임으로 1호 수사관이었다. 그는 옷로비 사건 특검이 '실패'한 원인 중 하나로 최 특검의 '어정쩡한 역할'을 꼽았다.

"최 특검이 홍보를 담당한 게 실책이었어요. 그 바람에 최 특검은 수사팀에서 완전히 배제됐어요. 기자들이나 만났지. 양 특검보에게 수사 전권을 넘긴 건 최 특검의 실수였습니다. 수사 내용을 모르니 수사 방향을 균형 있게 이끌지 못했습니다."

그밖에 특검 활동의 문제점과 한계를 꼽는다면요?

"특검은 검찰에 대한 단순한 비판이 아닌 대안을 제시해야 합니다. 그런데 검찰 출신 변호사와 검사들이 주도함으로써 특검이 특수부 수사로 변질돼 본뜻이 상당 부분 훼손된 면이 있습니다. 언론에 자주 뜨면 우선 수사가 제대로 안 돼요. 언론의 과열보도와 그에 따른 흥분은 차분한 수사와 냉정한 결론을 방해했습니다. 언론의 숱한 오보도 걱정이 됐습니다. 뭣보다 수사기간이 짧았던 것이 가장 큰 한계였습니다. 나중에 이형자씨의 진술에 문제가 많다는 걸 알았는데 터닝하기에 너무 늦었어요. 초반 2주에 제대로 방향을 잡았어야 했는데. 기간이 짧으니 실수를 만회할 시간이 없었습니다. 또 준비기간이 짧다보니 인선 작업에 문제가 있었지요. 한 6개월은 줘야 제대로 할 수 있을 것 같습니다. 여력이 있으면 권력기관의 축소·은폐와 관련해 청와대 법무비서관실에 대해 압수수색을 하고 싶었습니다."

옷로비 사건 특검의 성과를 꼽는다면요.

"무엇보다도 코트 구입 및 반납날짜와 관련된 연정희씨의 위증 혐의를 밝혀낸 점, 그리고 사직동팀 최초문건과 최종보고서를 공개하는 계기를 만들어 권력기관의 개입 의혹을 파헤치는 계기가 된 점을 꼽을 수 있겠지요. 특검이 이 사건에 대한 권력의 개입 및 축소·은폐 의혹까지 다뤘다면 옷로비 사건의 실체가 훨씬 더 선명하게 드러났을 것으로 봅니다. 여기에 대해선 대검도 철저하게 수사하지 않은 듯합니다. 박주선씨 사법처리로 적당히 덮었다는 느낌입니다. 김태정씨가 알려진 것 이상으로 개입했을 가능성도 있다고 봅니다."

문 변호사는 특검 수사를 통해 수사관행의 문제점을 새삼 느꼈다고 했다. 수사관의 고압적 태도와 밀어붙이기식 수사방식, 그리고 참고인을 죄인 다루듯 하는 수사관행은 사라져야 한다고 주장했다.

이형자씨의 구속을 두고 형평성 시비를 제기하고 이씨의 로비 시도를 옹호하는가 하면 이씨가 피해자라고 주장하는 사람들도 있는데요.

"아주 위험하고 수상한 논리예요. 연정희씨와 정일순씨의 거짓말은 도덕적 비난을 두려워 한 방어적인 거짓말입니다. 그런데 이씨의 거짓말은 성격이 다릅니다."

문 변호사는 마지막으로 '이형자 음모론'과 관련해 흥미 있는 얘기를 들려줬다.

"사직동팀 최초문건 중 '조사과 첩보'(1999년 1월15일 작성) 엔 '이형자 음모론'을 입증하는 핵심 내용이 담겨 있어요. 여기서 이형자씨는 연정희씨를 직접 겨냥하고 있습니다. 분명히 이씨가 말한 것으로 묘사돼 있어요. 그런데 내사기록을 보면 1월19일 진술에서는 연씨가 쏙 빠지고 갑자기 옷값 대납 요구의 주체가 정일순씨로 바뀌었어요. 처음에 연씨를 직접 겨냥했다가 겁이 나니 정씨에게 모든 걸 떠넘겼을 가능성이 있어요. 자기가 한 말이 있으니 취소하진 못하고. 어떻게 4일 만에 그렇게 말이 바뀔 수 있습니까. 최초문건이 사직동팀에서 작성한 것이 맞다면, 이건 음모론을 입증하는 명백한 증거입니다. 그게 아니라면 김태정씨가 이씨를 불러 입을 막았다는 얘기인데…. 이건 옷로비 사건의 흐름이나 이씨의 그간 행적에 비춰 가능성이 낮다고 봐야겠지요."

문 변호사가 말하는 '조사과 첩보'의 관련 내용은 다음과 같다.

'평소 알고 있는 논현동 소재 라스포사 의상실 정 사장(성명 미상, 여) 으로부터 전화가 왔는데 검찰총장 부인과 통일원장관 부인 등 2명이 와서 수천만원 하는 외국산 밍크 롱코트 1벌, 소형 밍크 망토, 소형 코트 등 3가지 옷을 외상으로 가져가려고 하는데 그 옷값을 이형자가 부담할 것이라고 하였으니 그 대금을 달라고 연락이 와서….'

***

2002년 7월 대법원은 옷로비 사건에 대한 국회 청문회에서 위증한 혐의로 기소된 최순영 전 신동아그룹 회장 부인 이형자씨와 동생인 영기씨 자매에 대한 상고심에서 무죄를 선고한 원심을 확정했다. 배정숙 정일순 연정희씨 3명은 모두 위증 혐의가 인정돼 나란히 징역 1년에 집행유예 2년을 선고받았다. 배씨의 유죄는 대법원에서 확정됐다. 연씨는 1심 판결 후 항소를 포기했다. 정씨는 항소심에서 유죄판결을 받은 후 상고를 포기했다. 대법원 재판부는 "당사자들의 진술과 태도 등을 종합해볼 때 배씨의 위증 사실은 인정되나 이씨 자매의 공소사실에 부합하는 진술과 증거는 신빙성이 부족하다"고 밝혔다.

박주선과 사직동팀의 진실게임

옷사건 축소·은폐 의혹의 장본인으로 구속된 박주선 전 청와대 법무비서관. 유·무죄를 떠나 그에 대한 사법처리는 여론재판의 성격이 강하다. 그와 사직동팀 간에 벌어지는 진실게임은 옷사건 최후의 미스터리다. 그는 과연 결백한 것일까. 2000년 1월 얽히고설킨 박씨 사건의 실타래를 풀어보았다.

1999년 11월22일 오전 청와대 법무비서관실. 박주선 비서관은 안절부절 못했다. 그날 아침 언론에 사직동팀 최초문건이 공개됐기 때문이다. 그는 특검이 최초문건을 확보했다는 보도가 나온 11월17일부터 공개석상에서 "최초보고서는 존재하지 않는다"며 문서의 존재 자체를 강력히 부인해온 터였다. 문제의 문서를 언론에 넘긴 사람은 통일부 장관 부인 배정숙씨. 박 비서관은 법무비서관실에 근무하는 청와대 파견검사에게 최초문건을 구할 것을 지시했다(청와대 파견검사는 검찰에 사표를 낸 후 청와대 근무를 하기 때문에 엄밀히 말해 검사가 아니지만 일정 기간 근무한 후 다시 검찰로 돌아가므로 통상 파견검사라고 한다). 잠시 후 모 언론사 기자가 팩스로 문서를 보내줬다.

내용을 읽어본 박 비서관은 사직동팀 팀장 최광식 총경을 호출했다. 최 총경이 법무비서관실에 나타난 것은 오전 11시30분께. 박 비서관이 문서를 손에 들고 물었다. "이거 우리 것 아니지요?" "예. 아닙니다." 최 총경이 부인했다. 박 비서관이 다시 물었다. "확실히 아닙니까?" 최 총경의 대답은 마찬가지였다.

이날 두 사람이 나눈 대화는 비밀이 아니었다. 현장에 목격자가 있었기 때문이다. 바로 청와대 파견검사 A씨였다. A씨는 보고할 게 있어 우연히 그 방에 들렀다가 두 사람의 대화를 들었다. 그는 이날 자신이 보고 들은 내용을 자술서 형식으로 작성해 수사를 맡은 대검 중수부에 제출했다.

하지만 검찰은 A씨의 증언을 비중 있게 받아들이지 않았다. 박주선씨와 최 총경의 '짜고 치는 고스톱'쯤으로 여겼다. 박씨의 결백을 입증하는 유력한 정황증거일지도 모르는 A씨의 증언을 검찰은 왜 무시했을까. '박주선 미스터리'에 대한 추적은 이 의문에서 비롯된다.

옷로비 사건 최후의 의혹인 박씨와 사직동팀의 진실 게임. 박씨는 법정에서의 '한판 승부'를 벼르고 있다. 한쪽이 살면 다른 한쪽은 죽을 수밖에 없는, 이 숨 막힌 생존게임의 승자는 누구일까. 박씨는 구속 전 주변사람들에게 "대법원에 가서라도 진실을 밝히겠다"며 결백을 호소한 바 있다. 과연 그는 억울한가.

박씨는 1999년 12월23일 새벽 서울구치소로 향하면서 "편견과 선입견의 늪이 너무 깊다"며 끝까지 억울함을 호소했다. 그에 따라 일부 검사들은 "마지막까지 그토록 항변하는 걸 보면 혹시 수사가 잘못된 것 아니냐"며 혼란스러워했다. 그가 구속되는 데 결정적인 구실을 한 사람은 연정희씨도 이형자씨도 김태정씨도 아니었다. 바로 한때 자신의 지휘를 받으며 옷로비 사건을 내사했던 경찰청 조사과장, 이른바 사직동팀 팀장 최광식 총경과 그 직원들이었다.

박씨는 사직동팀이 모든 혐의를 자신에게 뒤집어 씌웠다며 펄쩍 뛰었다. 그는 자술서에서 "최초문건이 조사과에서 유출된 것으로 확인될 경우 조사과의 존립이 위태로워지고 조사과 직원들에 대한 형사처벌과 문책이 불가피하므로 저에게 모든 책임을 전가하려는 경찰의 조직적인 대응"이라고 주장했다. 아울러 수사팀에 대한 분노도 숨기지 않았다. "검찰이 표적 사정을 하고 있다. 내가 검사일 때도 이런 식의 수사를 했었는지 회한이 든다"고까지 말했다. 결사항전이 아닐 수 없다.

검찰 공소장에 나타난 박씨의 죄목은 세 가지. 공무상 비밀누설과 공용서류 은닉 및 증거 은닉이다. 그중 핵심 혐의점은 공무상 비밀누설. 옷로비 사건 관련자들의 초기 내사 결과가 담긴 사직동팀 최초문건을 김태정씨에게 건넨 혐의다. 내사가 끝난 후 김씨에게 사직동팀 최종보고서를 넘긴 일도 이 혐의에 포함됐다. 공용서류 및 증거 은닉이란 연정희씨에게 불리한 내용이 있는 몇 개의 문서를 빼돌리라고 사직동팀에 지시해 1999년 5월 검찰 조사 때와 11월 특검 수사 때 제출하지 않은 혐의다.

검찰 수사결과 사실관계가 확정된 것은 사직동팀이 최초문건을 작성했다는 점 하나뿐이다. '박주선 미스터리'의 핵심은 사직동팀 팀장인 최 총경이 이 문서를 박주선씨에게 전달했는지 여부다. 만약 전달하지 않은 사실이 입증되면 박씨가 김태정씨에게 이를 유출한 혐의는 자연스럽게 사라진다.

검찰이 물증으로 내세우고 있는 것은 문서보고대장. 사직동팀에서 압수했다는 이 대장엔 최초문건과 관련한 기록이 있는 것으로 알려졌다. 주임검사였던 박만 대검 감찰1과장에 따르면 옷로비 사건 관련 문서뿐 아니라 조사과에서 작성한 모든 문서에 대한 기록이 담긴 것으로, 보고일시, 보고대상자, 주무책임자, 조사과장의 평점 등이 적혀 있다고 한다. 박만 검사는 "이 문서대장을 보면 최 총경이 최초문건을 박주선씨에게 보고했음을 알 수 있다"고 밝혔다.

그러나 문서대장은 그 형식에 비춰 내부보고용일 가능성이 크다. 문서대장 어디에도 청와대 법무비서관 또는 박주선씨의 이름은 적혀 있지 않다. 경찰 정보부서의 한 직원은 이와 관련해 "문서보고대장은 첩보문서들의 제목만 기록된 내부보관용으로 외부보고와는 상관없는 것"이라고 말했다. 그는 또 "이를 근거로 청와대에 문서를 보고했다고 판단하는 것은 무리"라고 주장했다.

게다가 사직동팀의 진술은 여러 차례 바뀌어서 그 신빙성을 의심받고 있다. 최 총경은 1999년 12월1일 특검을 찾아가 최초문건과 관련한 조사를 받았다. 조사가 끝난 후 기자들이 최초문건에 대해 묻자 "그런 문건을 만든 적이 없다. 사직동팀 컴퓨터에는 그런 약물이 없다"고 부인했다. 최 총경의 말을 믿어서였는지 특검은 수사결과를 발표할 때 최초문건에 대해 '사직동팀의 보고에 터잡아 법무비서관실에서 작성한 것으로 판단된다'는 엉뚱한 해석을 내놓았다.

최 총경이 특검 조사를 받는 동안 대검 중수부는 사직동팀 사무실을 압수수색했다. 다음날인 12월2일 그는 검찰에 불려가 조사를 받았다. 문서 작성 사실을 완강히 부인하던 그가 말을 바꾼 것은 12월4일. 최초문건을 박주선씨에게 전달했다고 자백한 것. 박씨의 요청에 따라 12월5일 밤 1시 30분께 두 사람의 대질신문이 이뤄졌다. 그 자리에서 최 총경은 자신의 말을 또 뒤집었다. 박씨에 따르면 최 총경은 대질신문에서 "검사의 협박으로 허위자백했다"고 말했다는 것. 그러나 최 총경은 이를 부인하고 있다.

어쨌든 최 총경의 진술 번복으로 검찰수사는 갈피를 잡지 못했다. 그와 함께 12월2일 검찰에 출두해 조사를 받은 사직동팀 관계자 4명은 문서 작성 사실을 부인하다 다음날 귀가했다. 그 후 이들은 검찰의 소환조사에 응하지 않고 잠적해버렸다. 12월8일 최 총경이 다시 검찰에 불려갔다. 다음날 그는 "박씨에게 최초문건을 서면으로 보고했다"고 자백했다.

잠적했던 사직동팀 관계자 4명이 검찰에 나타난 것은 그 다음날인 12월 10일. 그들은 12일 새벽 문서 작성 사실을 시인하고 자신들의 상관이었던 박씨의 목을 죄었다. "관련자 조사상황을 일일보고와 중간보고 등 수시로 최 과장에게 보고했으며 최 과장이 이를 취합해 박 비서관에게 보고했다." 그러나 박씨는 이들과의 대질신문에서 "내사 중간보고는 구두로만 받았다"는 주장을 굽히지 않았다.

최 총경은 왜 대질신문 때 말을 바꿨을까. 사직동팀이 잠적했던 이유는 무엇인가. 5일 동안 잠적했을 때 어디서 무엇을 했을까. 이처럼 최 총경과 사직동팀의 자백 과정엔 미심쩍은 구석이 많다. 그러나 검찰의 시각은 한가롭다. 수사팀의 한 관계자는 "사직동팀이 초기에 문건 작성사실을 부인한 것은 박 비서관을 보호하기 위해서였다"고 말했다. 또 최 총경의 진술이 여러 차례 바뀐 데 대해서는 "원래 그런 과정을 거쳐 진실에 다가서는 것 아니냐"며 대수롭잖게 여겼다.

이제 박씨의 결백 주장을 뒷받침할 만한 정황증거를 살펴보자. 가장 주목할 만한 것은 글머리에 언급한 대로 최초문건이 언론에 공개된 지난해 11월22일 법무비서관실에서 박씨와 최 총경이 대화하는 걸 들었다는 청와대 파견검사 A씨의 증언. 매우 중요한 증인인데도 검찰은 별도의 조사를 벌이지 않았다. 수사책임자인 신광옥 대검 중수부장은 이와 관련, 1999년 12월30일 옷로비 사건 최종수사결과 발표 직후 "'아' 다르고 '어' 다른 것 아니냐"며 "당시 박 비서관이 최 총경에게 물어본 것은 다짐을 받기 위한 것이었지 진짜 몰라서 물어본 게 아니었다"라는 취지로 설명했다. 즉 "이게 우리 것이냐"와 "이게 우리 것 아니지"라고 묻는 것은 차이가 있다는 것이다. 검찰의 설명대로라면 박씨는 철저하게 '이중 플레이'를 펼친 셈이다.

과연 그럴까. 당시 A씨는 보고를 하기 위해 우연히 법무비서관실에 들렀다. 그렇다면 적어도 박씨가 A씨를 의식해 쇼를 했을 가능성은 거의 없다고 볼 수 있다. 검찰 주장대로라면 두 사람은 최초문건과 관련해선 공범이었다. 서로 짜고 거짓말을 계속해왔던 것으로 봐야 하기 때문이다. 그런 상황에 문건을 들이밀며 맞느냐 안 맞느냐를 새삼 확인할 필요가 있었을까. 공범끼리 굳이 그런 낯 뜨거운 쇼를 할 이유가 있었을까. 만약 최 총경에게 다짐을 받기 위해서였다면 그런 '위험스러운' 방법 말고도 더 적절한 방법이 얼마든지 있지 않았을까.

다음으로 작가 전옥경씨의 증언을 꼽을 수 있다. 연정희씨와 함께 의상실을 돌아다닌 전씨는 1999년 11월18일 한겨레 인터뷰에서 "내가 사직동팀 조사를 받은 직후 연정희씨가 내 진술 내용을 알고 있었다"며 "조사받은 지 2~3일 후 연씨가 전화를 걸어와 진술 내용을 매우 구체적으로 지적하며 '섭섭하다'고 말했다"고 증언한 바 있다.

전씨의 증언은 박주선씨에게 유리하게 해석된다. 박씨는 사직동팀 내사가 거의 마무리되던 시점인 1999년 1월27일 미국으로 출국했다가 1월31일 저녁에 귀국했다. 인권법 연구와 관련한 출장이었다. 박씨가 출근한 것은 2월1일. 그런데 전씨가 옷로비 사건과 관련해 사직동팀의 조사를 받은 것은 1월28일이었다. 전씨 증언대로라면 박씨가 국내에 없는 동안 누군가 조사 내용을 연씨(또는 김태정씨)에게 알려줬을 개연성이 높다. 박씨가 귀국하자마자 그다지 중요하지도 않은 전씨 조사 내용을 챙겨 '허겁지겁' 연씨나 김씨에게 알려줬을 가능성을 빼면 말이다. 게다가 1월31일은 일요일이었다.

전씨의 증언은 최초문건과 직접 관련된 것은 아니다. 그러나 '박주선 미스터리'를 푸는 열쇠가 누가 거짓말쟁이인지를 밝히는 것임을 감안하면 이는 무시할 수 없는 정황증거다. 박씨에게 적용된 공용서류 및 증거은닉 혐의는 공무상 비밀누설 혐의의 연장선에 놓여 있다. 최초문건과 관련해 거짓말을 했으므로 연씨에 불리한 내용이 담긴 몇몇 문건을 당연히 감췄을 것이라는 예단이 작용한 것이다.

1999년 12월30일 최종수사결과 발표 때 검찰은 전씨의 증언과 관련, "불확실한 증언이므로 조사할 필요가 없었다"며 비켜갔다. '조사받은 지 2~3일 후'라는 전씨의 증언이 기억에 의존한 것이어서 정확하지 않다는 것. 다시 말해 전씨의 말대로 '2~3일 후'라면 박씨가 국내에 없었던 때지만 4일 후라면 2월1일 이후, 곧 박씨가 귀국한 이후에 해당하므로 박씨의 알리바이와 상관없다는 것이다. 어쨌든 박씨가 줄곧 결백을 호소하는 마당에 그의 알리바이를 입증해줄지도 모르는 사안을 제대로 조사하지 않고 덮어버린 건 납득하기 힘들다. 전씨는 내일신문 기자에게 "며칠 후였는지 정확하지는 않지만 분명히(조사받은 지) 4일까지는 안 됐다"라고 말한 것으로 확인됐다.

여기서 한 가지 짚고 넘어갈 점이 있다. 사실 사직동팀의 최초문건은 1999년 11월22일 배정숙씨가 처음으로 공개한 것이 아니었다. 그해 6월초 옷로비 사건에 대한 서울지검 수사가 시작될 즈음 조선일보는 옷로비 사건 관련자들의 조사 내용이 담긴 것이라며 모종의 문서를 공개한 바 있다. 뒷날 배씨가 공개한 것, 특검이 확보한 것과 똑같은 내용이었다. 만약 조선일보에 최초문건을 넘긴 사람이 배씨라면 더 따지고들 여지가 없다. 그러나 배씨가 아닌 제3자라면 상황은 달라진다. 검찰은 마땅히 이 문제에 대해서도 조사를 벌였어야 했다.

또 하나의 의문은 이미 언론에 알려진 대로 '김총장'과 '金총장'의 차이점. 배정숙씨가 공개한 문서와 검찰이 사직동팀 컴퓨터에서 확인한 문서의 내용은 같다. 그런데 배씨가 공개한 문서엔 김태정씨가 한자인 '金총장'으로 표기된 반면, 검찰이 압수한 사직동팀 디스켓에서 출력한 문서엔 '김총장'으로 돼 있다.

이에 대해 검찰은 "박씨에게 문서가 전달될 당시 완성본이냐, 작성 단계에 있는 것이냐의 차이일 뿐 대세엔 영향이 없다"고 밝혔다. 반면 박씨는 이 차이점이야말로 자신이 김태정씨에게 문서를 전달하지 않았음을 보여주는 증거라고 주장한다. 즉 사직동팀이 디스켓에 있는 최종본 작성 전에 한자로 기록된 상태의 문서를 출력해 외부에 유출했을 가능성이 높다는 것이다.

박씨의 사법처리 과정을 지켜보면서 많은 사람이 품었던 의문 가운데 하나는 그가 곧 드러날 사실을 왜 그토록 완강히 부인했을까 하는 점이었다. 검찰수사에 따르면 박씨와 사직동팀은 처음부터 철저하게 거짓말을 한 것으로 보인다. 자신들이 입을 다물면 영원히 진실이 묻히리라고 판단했던 것일까. 검찰은 이를 두고 "처음에 대통령에게 문서 작성사실이 없다고 허위보고하고 이를 언론에 공표했기 때문에 그 후 계속 거짓말을 할 수밖에 없었던 것 아니냐"고 해석한다. 그러나 그의 언행을 살펴보면 거짓말에 일관성을 유지하기 위한 행위로만 보기엔 석연치 않은 점이 있다.

1999년 11월17일 특검팀이 사직동팀 최초문건을 확보했다는 사실이 언론을 통해 알려지자 박씨는 문서의 존재 자체를 부인했다. 이어 11월22일 베일에 가려져 있던 문서 내용이 배정숙씨를 통해 언론에 공개됐다. 박씨는 기자들에게 "황당무계한 얘기"라며 "사직동팀 문건에 반드시 들어가는 작성일자가 없으며 양식도 다르다"고 밝혔다.

그는 또 청와대 인사들에게도 같은 주장을 폈다. 박준영 청와대 공보수석의 기억을 들춰보면 최초문건에 대한 박주선씨의 태도는 확신범과도 같은 것이었다.

"최초문건에 대한 언론 보도가 나왔을 때 박씨에게 물어봤다. '그게 어떤 것이냐, 사실이냐'고. 그러면서 '사직동팀을 한번 체크해볼 필요가 있지 않으냐'고 조언했다. 그런데 박씨는 '절대 받은 것 없다'고 강력히 부인했다. 굉장히 강조했다. 그래서 그런 줄 믿었다. 그 뒤 언론에 내용이 공개

돼 다시 물어봤는데 대답은 마찬가지였다. '다시 한 번 챙겨보지 그러냐'고 권했는데 그는 확신에 찬 표정이었다."

박씨는 11월22일 오전 최 총경을 만난 후 점심식사 때 김중권 당시 비서실장에게 최초문건은 사직동팀과 관련이 없다고 보고했다. 또 법무비서관실 소속 직원들에게도 같은 얘기를 했다. 그의 지휘를 받는 직원들은 내심 불안했다. 양식이나 내용에 비춰 사직동팀에서 작성한 것 같았기 때문이다. 그래서 박씨에게 "(사직동팀을) 너무 믿지 말라"는 건의도 했다. 그러나 박씨의 태도는 바뀌지 않았다. "(사직동팀에서) 아니라는데 어떻게 하냐"고 답답하다는 표정을 지었다.

청와대 관계자 중에는 그가 최초문건에 나타난 이혜음씨(라스포사 종업원) 관련 기록을 가리키며 "이혜음은 조사 안 했다고 들었는데…"라고 말한 것을 들은 사람도 있다. 이쯤 되면 '이중 플레이'가 아닌 '삼중 플레이'라 할 만하다.

고개가 갸웃거려지는 또 하나의 이유는 박씨가 최종보고서에 대해선 순순히 시인했다는 점. 1999년 11월26일 박시언씨가 최종보고서를 공개하자 그는 곧바로 김태정씨에게 이를 건넨 사실을 인정했다. 박준영 공보수석에게도 "이거 우리한테서 나간 건데"라며 유출 사실을 시인했던 것으로 알려졌다. 최초문건은 최종보고서보다 나흘 먼저 공개됐다. 박씨가 거짓말을 하기로 작정했다면 뒤에 공개된 최종보고서 유출 사실도 잡아뗐어야 자연스러운 일 아닌가. 어차피 최종보고서 문제로 비서관직에서 물러나고 도덕성에 상처를 입은 마당에 최초문건은 모른다고 우겨 그가 얻을 이익은 뭘까.

박씨의 혐의가 사실일 거라고 믿는 사람들은 그 이유를 최초문건 유출이 최종보고서보다 더 문제가 되기 때문이라고 짐작한다. 내사가 벌어지고 있는데 문서를 유출한 것과 내사가 끝난 뒤 건넨 것은 차이가 있다는 시각이다. 그럴 듯한 추측이긴 하지만 이 또한 다른 각도에서 볼 여지가 없지 않다. 당시 관련자 조사기록과 문서내용을 보면 최초문건이 연정희씨에 대한 조사가 끝난 후 김태정씨에게 넘겨졌을 가능성이 크기 때문이다. 박씨의 변호인 박선주 변호사는 "최초문건이나 최종보고서나 둘 다 당사자 조사가 끝난 다음 유출됐는데 무슨 차이가 있냐"고 말했다.

최초문건의 양식이 보고용으로 적절치 않다는 점도 사직동팀의 진술 내용을 의심케 한다. 최초문건 3개는 상부 보고용으로 믿기 어려운 몇 가지 '요건'을 갖추고 있다. 내용이 체계적으로 정리되지 않은데다 앞뒤가 맞지 않는 부분이 있으며 문장도 보고용으로 적합지 않다. 그중 2개의 문서는 첩보를 나열한 것에 지나지 않는다. 팀장에게 보고하는 데는 아무 문제가 안 되겠지만 청와대 법무비서관에게 보고하기엔 너무 '거친' 문서들이다. 게다가 일부 문서엔 작성 날짜도 잘못 적혀 있는 것으로 밝혀졌다.

경찰 정보부서의 한 직원은 이에 대해 "첩보 수준의 문서를 청와대에 그대로 보고하는 경우는 거의 없을 것"이라고 말했다. 최초문건 수준의 문서라면 내부 보고용일 가능성이 높고 청와대에 보고했다면 팀장이 보고서 형태로 '손질'하지 않았겠느냐는 추측이다.

한층 심각한 논쟁거리는 박씨가 최초문건을 김태정씨에게 전달한 혐의. 이는 박씨가 사직동팀으로부터 최초문건을 보고 받았다는 점과는 별개의 문제다. 수사팀의 한 관계자는 "두 사람의 특수한 친분관계와 최종보고서를 전달한 점에 비춰 최초문건도 박씨가 유출한 것으로 볼 수밖에 없다"고 말했다. 그는 또 "두 사람 관계를 잘 아는 사직동팀이 박씨를 젖혀두고 김씨 측에 직접 전달하는 일이 가능했겠냐"고 반문했다.

그러나 적어도 이 부분에 관한 한 검찰의 공소유지는 위태로워 보인다. 문서를 받았다는 사람이나 줬다는 사람 어느 쪽도 이를 시인하지 않은 탓이다. 증인도 없다. 박선주 변호사는 이에 대해 "최초문건을 (사직동팀으로부터) 받았다는 혐의는 그렇다 치자. 최광식의 진술이 있으니까. 하지만 김태정에게 문서를 건넸다는 혐의는 뭘로 입증할 것인가. 아무런 증거가 없지 않은가"라고 꼬집었다.

사실 김씨가 입을 열면 '박주선 미스터리'의 핵심은 거의 풀린다. 만약 그가 다른 사람의 이름을 댄다면 법정 공방은 검찰의 완패로 끝날 것이다. 박씨가 거짓말을 하지 않았다는 사실이 밝혀질 경우 공용문서 및 증거 은닉 혐의도 인정되지 않을 가능성이 크기 때문이다.

김씨는 알쏭달쏭한 얘기를 되풀이해왔다. "어떤 경로로 입수했는지 잘 기억나지 않지만 박주선이 아닌 것만은 틀림없다"는 게 그 요지. 구치소에 찾아온 수사검사에게도 똑같은 얘기를 들려줬다. 김씨의 한 측근은 "그토록 중요한 문서의 전달자가 누구였는지 기억이 안 난다는 게 말이 되느냐"는 지적에 "말 못할 사정이 있는 것 아니겠나. (전달자가) 박주선은 아니라고 하면 증거가 없으니 (박씨를) 잡아넣지는 못할 것이라고 안이하게 생각했는지도 모르겠다"고 말했다.

김씨는 2000년 1월6일 보석으로 풀려난 직후 내게 박씨가 전달자가 아님을 다시 한 번 확인해 줬다.

"박주선은 아니다. 이제 와 내가 누군가를 거론하면 새로운 파장이 일지 않겠는가. 그것이 나라에 무슨 도움이 되겠는가. 또 다른 희생자가 생기고 나라가 그 사건으로 다시 시끄러워지지 않겠는가. 내가 그만큼 아니라고 그랬는데도 박주선을 잡아넣었으니…."

김씨의 침묵에 대해 옷로비 사건 특검수사에 참여했던 한 변호사는 이렇게 진단했다.

"(최초문건 유출자가) 박주선씨가 아니라면, 김태정씨는 자신의 여죄가 드러날까 봐 입을 열지 않는다고 봐야 한다. 만약 김씨와 사직동팀이 박씨를 젖혀두고 직·간접으로 접촉했다면, 김씨로선 이 사실을 절대 밝힐 수 없는 것이다."

이 사건 주임검사인 박만 검사는 이런저런 의문점에 대한 나의 확인 요청을 달가워하지 않았다.

"우리 조직원이 관련된 사건이어서 말하기가 몹시 불편하다. 재판을 앞두고 증거에 자신 있다고 말할 수 있는 처지도 아니고…. 검찰의 처지를 이해해달라."

박씨의 변호인단에 참여한 변호사 수는 80여 명. 개인 변호인단 규모로는 사상 최대인 것으로 알려졌다. 이에 대해 박씨의 변호인인 박선주 변호사는 "법조인들은 다 말도 안 되는 사건으로 보고 있다. 많은 변호인이 무료 변론을 자청한 것은 검찰에 대한 집단 항의 표시로 볼 수도 있다"라고 말했다.

여론에 떠밀린 검찰이 김태정·박주선씨 두 사람을 사법처리하지 않고선 옷로비 사건이 마무리되지 않으며 그렇게 해야만 국민들에게 투명한 수사로 비친다는 압박감 속에 수사를 진행한 것은 틀림없는 사실이다. 검찰에 애정을 갖고 있는 사람들은 '울며 마속 베기'를 한 검찰의 고민이 법정에서 당혹감으로 바뀌지 않기를 바라고 있다.

사직동팀 팀장 최광식 총경 확인 인터뷰

박주선씨 구속에 결정적인 구실을 했던 최광식 총경은 1월 초 경찰 인사에서 경기도 용인에 있는 경찰대학교 내 치안연구소 연구원으로 발령났다. 요직인 사직동팀 팀장의 다음 자리로는 어울리지 않는다는 게 주변의 평. 그는 만나길 한사코 거절했다. 다음은 지난 1월6일 힘들게 이뤄진 전화 통화 내용.

불편하겠지만, 지난번 사건과 관련해 묻고 싶은 게 있다.

"말하기 어렵다. 법정에서 가려질 것 아니냐."

배정숙씨가 (최초문건을) 공개했던 지난해 11월22일 오전 박주선씨가 불러 문서 작성 여부를 확인한 적이 있나.

"그렇다."

그때 청와대 파견검사가 옆에서 그 얘기를 들었다는데.

"사실이다."

그 목격자가 검찰에 자술서를 제출했다. 최 총경 진술대로라면 박주선씨가 당시 완전한 사기극을 펼쳤다는 것인가.

"지금으로선 그 사건과 관련해 뭐라 할 말이 없다. 누구하고 얘기할 시점이 아니다."

옷로비 사건 내사에 참여했던 사직동팀 직원 정모씨가 검찰에 약점을 잡혔다는 얘기를 들었다. 대검의 압수수색 때 그와 관련된 증거가 잡혔다는데.

"약점은 무슨 약점. 그런 것 없다."

그것 때문에 사직동팀이 진술을 바꾼 것 아닌가.

"그런 것 없다."

뭔가 말 못할 사정이 있는가.

"법원에서 가려지지 않겠는가. 그만한 이유가 있으니 (구속) 영장이 나온 것 아닌가."

허심탄회하게 얘기하자.

"허심탄회하게 말할 상황이 아니다. 사람 만나기도 싫고 여기서 연구에나 전념하려 한다."

청와대 관계자와 진술이 엇갈리는 부분을 어떻게 해석해야 하는가.

"(대검) 중수부에 물어보라."

최초문건을 만든 적이 없다고 그토록 부인했던 이유가 뭔가.

"내가 부인한 게 아니고 박 비서관이 최초문건이 공개되기도 전에 미리 부인한 것이다."

최 총경도 처음부터 부인하지 않았나.

"나는 특검이 압수하기 전까진 최초문건이 어떻게 생겼는지도 몰랐다."

그건 누구도 모르지 않았나. 박씨가 부인한 것도 특검에서 최초문건을 압수했다는 보도가 나온 후가 아닌가.

"중수부에 확인하라"

언론이 하는 일이 뭐냐. 의심이 드니 당사자에게 확인하려는 것 아니냐.

"박 비서관을 도와주려고 그랬다, 처음에."

결과적으로 도와준 게 아니잖은가.

"국민이 납득을 안 하니까."

옷로비 사건 진행과정에 박씨가 여러 차례 최초문건 존재 여부를 확인한 건 전부 쇼인가.

"얘기할 수 없다. (법정에) 증인으로 나가게 되면 말할 것이다."

김태정씨는 박씨에게 받지 않았다고 주장한다.

"난 모르겠다. 그럼 누군가 다른 사람이 전달했겠지."

승진 탈락 때문에 박씨에게 항의했다고 들었다.

"말도 안 된다. (승진 발표가 있던) 다음날 아침에 찾아가 '이런 상황에 조사과장이 승진하면 여론의 화살을 받고 하루도 못 견딘다. (승진) 안 된 게 잘된 일'이라고 박 비서관에게 말했다. 누군가 지어낸 얘기다. 직원들한테도 이 사실을 공개적으로 얘기했다."

(최 총경이 경무관 승진에서 떨어진 날은 공교롭게도 배정숙씨가 최초문건을 공개했던 1999년 11월22일이다. 박씨의 변호인 및 청와대 관계자에 따르면 그는 다음날 박씨를 찾아가 승진 탈락에 대해 거칠게 항의했다.)

1999년 12월5일 새벽 박씨와 대질신문 때 '검사 협박으로 허위자백했다'고 얘기하지 않았나. 그건 기록에도 남아 있을 것 아닌가.

"중수부에 확인하라."

한편 옷로비 사건에 관여했던 사직동팀 직원 정모, 최모씨 등은 전화통화에서 "할 말이 없다" "아는 바 없다" 따위의 말로 답변을 피했다. 검찰 조사 내용에 대해 묻자 "(검찰에) 가본 적도 없다"고 발뺌하기도 했다.

출감한 박주선 격정토로

옷로비 사건으로 구속됐던 박주선 전 청와대 법무비서관이 2000년 1월14일 보석으로 출감했다. 검찰 재직시 특수통으로 날렸던 그는 출감 직후 나와의 인터뷰에서 "검사가 무섭더라"고 털어놓았다.

역사는 승자의 기록이라고들 말한다. 그 논리대로라면 패자의 목소리에 귀를 기울이는 건 어리석은 짓인지 모른다. 자칫 패자의 변명에 놀아날 수 있기 때문이다. 그러나 역사는 영원하지만 승자는 영원하지 않다. 때로 역사는 뒤늦게 승자를 패자로, 패자를 승자로 바꾼다. 그러므로 패자의 얘기를 기록하는 것도 의미 있는 일이 된다.

박주선(51) 전 청와대 법무비서관. 1999년 12월 그가 구속될 당시 몰아쳤던 광풍은 이제 어느 정도 잠잠해졌고 법조계 주변에선 '억울하다'는 그의 호소에 고개를 끄덕이는 사람이 조금씩 늘고 있다. 보석으로 출감한 지 한 달 여. 그의 얼굴은 생각보다 밝았다. 조사받기 위해 검찰에 드나들 때와 비교하면 많이 안정돼 보였다. 가볍게 미소 띤 얼굴엔 여유마저 느껴졌다. 시간이 그의 상처를 아물게 한 것일까…. 아니었다. 그건 겉모습뿐이었다. 인터뷰가 진행되면서, 좁은 독방에서 쇠창살을 바라보며 '치욕감'에 떨던 그의 고통이 응축된 형태로 완곡하게, 때론 격렬하게 꿈틀거렸다.

박주선씨의 총선 출마설이 나돈 것은 2000년 2월초부터. 명예회복 차원에서 고향인 전남 보성에서 출마하는 것을 검토하고 있다는 소문이었다.

총선 출마 결심은 굳혔습니까.

"고향에서 제 총선 출마를 위한 추대위원회를 만들 모양입니다. 고향 사람들이 저를 위하는 마음에서 하는 일이기 때문에 절대 안한다고 단호하게 말할 수 없는 형편입니다. 그저 '고맙다'고만 하고 있는데 대통령을 모셨던 비서관으로서 여러 가지 생각을 하고 있어요. 하지만 진정한 의미의 명예회복은—현재 법률적 제재를 당하고 있기 때문에—사법부의 심판을 통해 이뤄야 한다고 봅니다. 하여간 심사숙고하고 있습니다."

지역 여론은 어떤 것 같습니까.

"들리는 얘기로 나쁘지는 않은 것 같아요. 제가 억울하다는 인식이 널리 퍼져 있는 것 같습니다. 구속됐을 때 고향 주민 1만5000명이 탄원서를 올렸습니다."

사법부 심판을 통한 명예회복을 강조하면서도 총선에 출마하지 않는다는 말은 하지 않는다. 뭐랄까. 여론의 향배를 저울질한다고나 할까. 일종의 잽을 날리는 듯싶었다.

출감 후 대통령과 통화한 적 있습니까.

잠시 뜸을 들이더니 "대통령께서 위로 전화를 주셨다"고 대답한다.

뭐라 말씀하시던가요.

"대통령 말씀을 공개하긴 어렵고… 위로와 격려의 말씀이 있었습니다."

대통령은 옷로비 사건에 대해 얼마나 정확히 이해하고 있습니까.

"전화통화에서 대통령께서는 '나도 과거에 억울한 옥살이를 한 적이 있지 않으냐. 그걸 생각하라'며 위로하시더군요."

대통령이 사건 내용을 정확히 알고 있다고 보십니까.

"제가 허위보고하지 않았다는 점은 알고 계십니다. 지난해 12월에 TV 노정방담에서도 누가 그 문제에 대해 물어보니 대통령께서는 '박 비서관이 허위보고한 적 없으며 중요한 보고는 다 받았다'고 말씀하시더라고요."

권력의 한가운데에 있던 그를 하루아침에 끌어내린 옷로비 사건. 일반 사람들에게는 이제 재미있는 장면이 다 지나간 '한물 간 드라마'에 불과하겠지만 그 드라마로 자신의 삶을 망쳐버린 그에겐 죽을 때까지 잊을 수 없는 악몽이다. 그 얘기를 하려면 김태정 전 법무부 장관을 빼놓을 수 없다. 김씨는 그의 광주고 9년 선배. 장래 총장감으로 검찰 안팎의 기대를 모았던 그에게 청와대행 '외도'를 강권했던 당사자이기도 하다.

김태정씨는 만났습니까.

"아직 안 만났어요. 공범으로 엮여 있는데 만나는 모습이 기자들 눈에 띄기라도 하면 또 무슨 협잡을 한다고 생각할 테니 만나기도 어렵습니다. 전화통화는 했어요."

어떤 얘기를 했습니까.

"그 양반이 먼저 출감해 집사람에게 안부 겸 위로전화를 했다기에 나도 나와서 전화를 드렸지요. '내 실수로 유능한 젊은 사람의 앞길을 막아 미안하다'고 말하더군요. '내 운명이지, 총장이 일부러 내 앞길을 막았겠느냐. 운명으로 당당히 받아들이고 법정에서 시시비비를 가려 반드시 명예회복을 하겠다'고 말해줬습니다."

청와대 들어간 일이 후회되지는 않습니까.

"운명은 알 수 없는 것 아닙니까. 국가원수를 모시고 국정에 깊이 관여한 영광도 있기 때문에 후회는 안합니다. 다만 검찰에서 내 입지를 확실히 펴지 못한 것이 아쉽습니다."

청와대에 들어가면 좋지 않은 일이 생길지 모른다고 생각한 적은 없습니까.

"내게 그런 일이 일어날 줄은 꿈에도 몰랐습니다. 내가 억울하게 여기는 것은 구속이 아니라 공소사실 자체입니다. 증거도 없고 법률상 성립도 안 되고. 내가 국민께 감사하면서도 괴로운 심정이 뭐냐 하면 언론이나 여론의 인식이 잘못돼 있어 다들 내가 저지른 것으로 단정하며 '누가 그 자리에 있었어도 그렇게 했을 것'이라며 동정을 한다는 점입니다. '당연한 의리였다' 이렇게 얘기하는데 그게 더 괴롭습니다.

난 (사직동팀 최초문건을 김태정씨에게) 주지 않았다는데, 남자로서 인간으로서 줄 수도 있는 것 아니냐, 이렇게 보는 겁니다. 또 하나 아쉬운 것은 처리 방법이 여러 가지 있을 텐데—이를테면 사표를 내고 공직을 그만두게 한다거나—그렇게 구속하는 게 과연 온당한 조치였나 하는 겁니다. 참 나…"

한마디 한마디에 탄식이 배 있다. 두 달 전의 악몽이 되살아난 탓일까. 후배검사 앞에서 자신의 부하였던 사직동팀 팀장과 대질신문을 하는 그 치욕스럽던 순간이.

"우스운 것은 법을 아는 검사들인데 어찌 그리 해석을 다르게 하냐는 겁니다. 피고인인 나를 비롯해 90여 명의 변호인이 다 말도 안 되는 사건으로 생각하고 있어요. 수사검사에서부터 결재권자에 이르기까지 어떻게 그렇게 할 수 있었는지, 4시간 반이라는 그 장시간 회의를 하며 수사라인에 있지도 않은 검사장들까지 불러들여 격론을 벌이는, 그런 전례 없는 일이 어떻게 벌어졌는지…. 이례적인 일이 너무 많았습니다."

청와대에서 1년9개월 근무했는데요. 소회가 있다면.

"국가원수를 측근에서 보좌하는 것은 공무원으로서 상당히 영예로운 일 아닙니까. 국가원수를 한 번도 접하지 못하고 공직생활을 끝내는 공직자도 많거든요. 대통령께서 각별한 신임을 주신다고 주변에서 평할 때 가장 보람을 느꼈습니다."

박씨는 수석비서관은 아니었지만 수석 대접을 받았다. 수석회의에도 참가하고 일반 비서관과는 달리 대통령과 이른바 독대를 자주 했다. 대통령은 그를 '박 수석'이라고 불렀다.

"처음에 김태정 총장과 김중권 비서실장이 청와대 근무를 권했을 때 거절했지만 공직자로서 선택의 여지가 없었습니다. 일정 기간 근무를 마치는 대로 검찰로 돌아갈 생각이었어요. 법무비서관 자리는 검찰을 바로 서게 하고 검찰의 결정을 통치권자에게 제대로 전달하는 교각 구실을 합니다. 청와대에 들어가면 무조건 정치검사가 돼 버리고, 청와대에 들어갔다가 다시 검찰로 돌아가면 안 된다는 생각은 잘못된 것이에요. 나야 어차피 돌아갈 수 없는 사람이 돼버렸지만."

옷로비 사건을 계기로 법무비서관 자리를 폐지해야 한다는 주장이 제기됐지요.

"밖에선 대통령이 법무비서관을 통해 검찰총장을 지휘하는 줄 아는데 옛날엔 그랬는지 몰라도 지금은 그렇지 않아요. 나는 한번도 검찰의 소신에 어긋나는 결정을 유도하거나 번복시킨 적이 없습니다. 진짜 없어요."

그렇지만 중차대한 사안에 대해선 서로 협의하지 않습니까.

"물론 국민의 관심이 집중된 사건에 대해선 검찰에 수사 진행사항을 물어보기도 하고, 정보보고 형태로 위에 보고도 하지요. 그렇지만 제 개인의 의견을 개진하지는 않습니다."

옷로비 사건에 대한 사직동팀 최종보고서에 법무비서관의 건의사항을 넣지 않았습니까.

"그건 달라요. 청와대에 탄원이 들어왔기 때문에 담당 비서관으로서 최순영 회장을 구속 조치하는 게 정당하다고 생각해 내가 건의한 거죠."

탄원이라니요?

"대통령한테 최순영을 구속하지 말라는 탄원서가 들어왔다니까요. 그 탄원서도 처리해야 하고 옷로비 사건 관련 첩보도 처리해야 하니 법무비서관으로서 대통령에게 당연히 건의해야 할 것 아닙니까. 그럼 탄원이 있는데 '이거, 대통령이 알아서 판단하쇼' 그렇게 해야 합니까."

옷로비 의혹 사건으로 구속됐던 박주선 의원.
법원은 핵심 구속사유인 문서유출 혐의에 대해 무죄 판결을 내렸다. 동아일보

목사들의 탄원서를 말하는 것이지요?

"목사 6, 7명이 청와대에 찾아와 각자 탄원서를 제출했어요."

애초 박씨는 인터뷰 요청을 달가워하지 않았다. 시기가 적절치 않다는 게 그 이유였다. 재판과 총선 출마 여부를 의식해서였다. 그래서 가급적 옷로비 사건 얘기는 안 한다는 전제하에 만났다. 그러나 나는 그 약속을 지킬 수 없었다. 그도 점차 울분을 쏟아내기 시작했다.

"언젠가 이 사건이 재조명되리라 믿습니다. 도대체 지금 생각해도 그 단순한 사건이 어찌 그렇게 큰 파장을 몰고 와 1년 내내 대통령과 국정의 발목을 잡았는지 이해가 되지 않아요. 언론이 흥미 위주로 대서특필하는 바람에 의혹이 눈덩이처럼 불어난 거죠. 이 사건은 대한민국 최고 수사기관인 검찰, 그 검찰 총수의 부인이 관련된 사건입니다.

청와대에 들어온 첩보 중 중요하다고 판단한 것은 꼭 대통령에게 보고합니다. 그런데 첩보를 보고하기 전 사실일 개연성이 있냐 없냐를 먼저 판단해야 해요. 나는 진짜 공명정대하고 철저한 수사를 하려는 의지로 내사를 지시한 겁니다. 그런데 이걸 축소·은폐 조작이라니…. 최초 내사 당시 제가 최종보고서에 이형자의 자작극으로 보인다고 쓰지 않았습니까. 지난번에 대검도 같은 결론으로 이씨를 구속까지 했잖아요. 그렇다면 도대체 내가 뭘 축소하고 뭘 은폐했다는 건지, 연정희씨에게 무슨 도움을 줬다는 건지, 기가 막힌 일입니다."

옷로비 사건으로 사직동팀 존폐 문제가 거론됐는데요.

"예전엔 사직동팀이 너무너무 나쁜 일을 많이 했어요. 우선 DJ비자금 사건만 보더라도 영장도 없이—그건 실명제의 근간을 무너뜨린 겁니다—1000여 개의 계좌를 2년에 걸쳐 추적했는데 이게 말이 됩니까. 그런 전력이 있으니 전과자가 사회에 발붙이기 어려운 것처럼 지금도 똑같은 일을 자행하는 것으로 의심을 받는 거죠. 그래서 폐지 얘기가 나온 모양인데 제가 있을 때 불법 계좌추적이나 불법 감청은 전혀 없었어요."

그건 모르는 일이지요.

"우선 계좌추적을 하면 당사자들에게 통보를 해야 돼요. 게다가 불법이면 은행에서 절대로 협조를 안 하게 돼 있습니다. DJ비자금 사건으로 은행감독원장이 사표 쓴 이후론. 은행에 가 한번 해봐요. 절대 협조 안 합니다."

대검이 사직동팀을 압수수색했을 때 불법 계좌추적 사실을 적발했다는 얘기가 있는데요.

"불법 계좌추적을 할 수가 없다니까요. 다른 데서 추적한 내용을 얻었는지는 모르지만. 그 사건(DJ비자금사건) 이후론 절대 할 수 없게 해놓았어요. 정권의 도덕성 차원에서나 공직자의 양심에서나 불가능한 일입니다."

한때 자신이 지휘하던 팀에 대한 애정에선지, 아니면 정말 내가 '말도 안 되는' 의혹을 제기해선지 그는 정색을 하며 사직동팀을 변호했다.

옷로비 사건 내사 경위에 대해 말이 많은데요.

"(1999년) 1월14일에 그 내용을 처음 들었어요. 기독교계를 중심으로 그런 소문이 퍼져 있다는 첩보였습니다. 다음날 최광식 조사과장(사직동팀 팀장)이 청와대에 들어와 머리를 긁적거리며 '검찰총장 관련 소문이 쫙 퍼져 있다'며 같은 내용을 보고하더라고요. 온누리교회와 횃불선교원 교인들 사이에 널리 퍼져 있다는 겁니다. '그 정도라면 진위를 가려야 되지 않겠나' 싶어 내사를 지시했어요. 그랬더니 최 과장이 곤혹스러운 표정으로 '검찰총장 관련 부분을 제가 어떻게 조사하느냐'고 하더군요. '내가 책임질 테니 걱정 말고 하라'고 그랬지요."

배정숙, 이형자씨는 국회 청문회와 특검 조사 때 그보다 일주일 전쯤인 1월7, 8일께 조사를 받았다고 말하지 않았습니까. 특히 배씨의 증언은 매우 구체적입니다. 그게 사실이라면 다른 라인에서 사직동팀을 움직였을 가능성도 있는 겁니까.

"둘의 주장은 특검에서도 인정이 안 됐잖아요. 그렇지만 그게 사실이라면,

사직동팀만으로는 조사할 수 없어요. 내가 지시했거나 아니면 또다른 어떤 큰 세력이 나 모르게 사직동팀에 한번 알아보라 했거나 둘 중 하나입니다. 그렇지 않고선 불가능해요. 왜? 아무리 경찰 조사과 직원이라도 일개 경위·경감이 현직 장관 부인을 멋대로 조사할 수는 없기 때문입니다."

김중권 당시 비서실장에게는 언제 보고한 겁니까.

"1월15일 오전에 최광식 과장에게 지시하고 난 뒤 오후에 보고했지요. 자기도 그 소문을 들었다고 그러더라고요. 내가 '이게 사실이면 연정희를 구속해야 한다'고 그랬더니, '김 총장과 사이가 돈독한 걸로 아는데 구속 얘기가 그렇게 쉽게 나오느냐'며 놀라더군요."

박씨는 정말 억울해 했다. 한마디로 죄가 없다는 것이다. 그는 자신을 '패장'으로 여기고 있었다.

"제가 보고한 문서가 밖으로 새나가 큰 문제를 야기해 결과적으로 대통령께 누를 끼쳐서 그렇지, 법률적으로 도덕적으로 저는 책임을 질 일이 없습니다. 다만 아무리 최선을 다한 장수라도 패전하면 책임을 지는 것 아닙니까. 그런 책임이라면 할 말이 없습니다만."

당시 연정희씨의 쇼핑 내용은 정확히 파악했습니까.

"나, 그 점에 대해 얘기 좀 할게요. 내가 내사를 지시한 사항은 연정희씨의 호화사치 생활이 아니었어요. 첩보에 나온 대로 연씨가 최순영 회장에 대한 선처를 부탁 받고 앙드레김과 라스포사에서 그런 거래를 하고 옷값 대납요구를 했는지, 또 이형자씨가 대납요구에 응하지 않아 연씨가 옷값으로 현금 3500만원을 지불했는지, 그런 사실을 조사하라는 것이었습니다. 그러면 앙드레김과 라스포사에 가서 그 사실이 맞는지 틀리는지 확인만 하면 끝나는 겁니다. 앙드레김에선 옷 2벌을 120만원에 산 사실이 밝혀지지 않았습니까. 대금도 연씨가 수표로 결제했고. 라스포사에선 그런 일이 없다고 했는데, 고객 보호 차원에서 정일순씨가 거짓말했을 가능성이 있어요. 그 점을 조사해 보고하면 끝나는 겁니다.

그런데 무슨 나나부티크니 페라가모니 다른 가게까지 돌아다니며 조사를 했더란 말이지. 그건 내가 지시한 사항이 아니란 말이에요. 연씨를 보호하려는 게 아니라 그건 조사대상이 아니었다는 걸 말하는 겁니다. 연씨의 옷 구입 내용을 전부 조사한 저의가 의심스러워요. 이는 경찰과 검찰의 보이지 않는 갈등에서 비롯된 것으로 봅니다. 연씨가 뇌물을 받아먹었다면 또 몰라요. 개인적인 옷 구입 내역을 왜 조사합니까. 내가 당시 이런 얘기는 했어요. 무슨 놈의 여자가—난 그때 연씨가 딸 결혼식을 앞두고 있다는 사실은 몰랐기 때문에—옷을 이렇게 많이 샀다가 또 반납했다가 이 여자가 왜 이러고 다니느냐고. 장관 부인들이 떼거리로 몰려다니며 이게 무슨 짓거리냐고 말입니다.

대통령께도 그렇게 보고했습니다. 경고를 줘야겠다고. 그런데 그건 기본적으로 개인의 옷 거래 명세인데다 실제 옷값을 보면 꼭 호화사치라고 단정하기도 어렵고, 샀다가 반납했고, 반납 명목도 공직자 부인으로서 부담이 돼 돌려줬다는데 그걸 뭐라 그럽니까. 내가 문제삼은 건 공직자 부인들이 고급 의상실에 떼거리로 몰려다닌 일입니다. 한두 번도 아니고. 그게 더 보기가 싫더라구요. 그리고 돌려주긴 했지만 한 달간 거래내용이 1500만원가량 된다는 건 문제였지요. 그 이야기도 최종보고서 올릴 때 대통령께 다 말씀드렸습니다."

연씨의 옷값이 커진 것은 나나부티크에서 산 400만~500만원짜리 니트코트와 라스포사의 400만원짜리 호피무늬반코트 때문이다. 나나부티크 옷은 산 지 일주일쯤 뒤에, 라스포사 옷은 20일쯤 뒤에 반납했다. 이 두 벌을 뺀 연씨의 옷값 총액은 앙드레김과 라스포사 것을 합쳐 300만원이 조금 넘는다. 그중 200만원 어치는 상품권(라스포사)으로 구입한 것이다.

대통령도 연씨의 옷 구입 내역을 정확히 알고 있었습니까.

"그럼요. 대통령께도 그대로 다 보고했습니다."

김태정 연정희씨 부부를 예전부터 잘 알고 지내지 않았습니까.

"잘 알지요. 여섯 번이나 같이 근무했는데."

사석에선 형님 형수님이라고 부른다는 소문이 있던데요.

"제대로 확인해 보세요. 나는 한번도 그렇게 부른 적이 없습니다. 그 양반이 술을 먹으면―특수부에 같이 근무한 검사들은 1년에 한두 번씩 만나거든요―후배들에게 '야 임마, 형님이라고 불러' 그래요. 다른 사람들은 다 형님이라고 불렀어요. 참 나, 형님 형수님이 뭐야. 모시던 상사한테. 난 절대 그렇게 부른 적이 없어요."

평소 왕래가 잦지 않았습니까.

"김태정씨 집에 두 번밖에 안 가봤어요. 그러니 부인에 대해선 잘 몰라요. 검찰에 있을 때 나는 그 양반에 대해 야당 구실을 했지요. 그 양반이 술 드시면 말을 막하는 편이거든요. 그러지 말라고 충고했어요. 내가 뭐 생명 바쳐 그 양반 모실 처지는 아니었어요. 좋아하는 선배긴 했지만 존경하는 선배는 아니었습니다."

야당 구실이라 하면?

"그 양반이 설화를 많이 입잖아요, 설화. 말을 과격하게 하는 탓에. 내가 그 점에 대해 솔직담백하게 직언을 해댔지요."

박씨에 대한 사법처리 과정은 한편의 드라마였다. 몇 차례 반전을 거듭하고도 검찰 수뇌부는 '증거가 부족하다'는 이유로 사법처리를 망설였다. 반면 수사팀은 사직동팀의 진술을 앞세워 구속을 강력히 주장했다. 그 과정에 수사팀을 이끌던 이종왕 대검 수사기획관이 사표를 냈다. 일촉즉발의 긴장이 대검 청사를 에워쌌다. 이 수사기획관의 사표는 박씨에게 매우 불리하게 작용했다.

사법처리를 둘러싸고 검찰 수뇌부와 수사팀의 갈등이 심했는데요.

"수사팀 안에서도 의견이 갈렸다고 들었어요. 내가 지금 얘기를 다 못해서 그렇지 할 말이 많아요."

인간적으로 김태정씨에게 (내사 사실을) 귀띔해줄 만도 한데요.

"내사에 착수하면서 피내사자에게 귀띔해준다면 내사 의미가 없습니다. 연씨가 조사를 받던 (1999년) 1월18일 밤 김 총장이 내게 격렬하게 항의했어요. 그후로는 연씨를 조사한 적이 없어요. 그날로 중요한 조사가 다 끝났거든요. 이 점을 분명히 알아야 합니다. 검찰총장이 다치는 건 정권에 부담이 될 수 있습니다. 그런 점에서 총장에게 사전에 알려줄 수도 있겠지요. 그런데 그것도 미리 막을 수 있거나 적당히 덮을 수 있는 사건인 경우에 한해서지, 도저히 그렇게 안 되는 사건은 어쩔 수 없는 것 아닙니까. 첩보에 적힌 내용이 이미 세간에 상당히 퍼져 있어 적당히 끝낼 사건이 아니었습니다."

(사직동팀) 최종보고서를 통해 최순영 회장 구속을 건의했습니다.

이 사실을 당시 김태정 총장에게 알려줬습니까.

"연초부터 검찰 쪽에서 최 회장을 구속한다는 얘기가 계속 나왔습니다. 그래서 '대통령 연두순시도 안 끝났는데 좀 기다리는 게 좋지 않겠느냐'고 말해줬어요. 그러다 연정희씨 관련 첩보가 들어왔어요. 첩보 내용을 조사한 후 조치하는 게 합당하다고 생각했습니다."

당시 김 총장이 최종보고서에 최 회장에 대한 '구속 건의'가 들어간 사실을 알고 최 회장을 구속한 것입니까.

"김 총장에게 '구속 건의' 부분을 공식적으로 알려준 건 나중에 최종보고서를 건넬 때였어요. 그 전에 정확한 시기는 기억나지 않지만 최종보고서 내용을 대통령에게 보고한 직후 김 총장에게 '최 회장을 구속한다는데 빨리 처리하는 게 좋겠다'고는 했습니다. 구속하는 게 좋겠다고 말입니다."

박씨의 말대로라면 청와대와 검찰이 최 회장 구속 시기를 조율한 셈이다. 또한 검찰은 청와대의 OK 사인이 날 때까지 기다린 것으로 보인다.

대질신문 때 최광식 사직동팀 팀장이 검사의 협박으로 허위자백 했다고 말했다는데 사실입니까.

"정 경감(사직동팀 직원)이 검찰에 약점을 잡힌 탓에 그랬다고 들었습니다. 소송기술상 자세한 얘기는 하지 않겠습니다. 분명한 사실은 최 과장이 '검사가 협박해 허위자백했다'고 진술했다는 점입니다."

검사도 그 얘기를 들었습니까.

"그럼요. 검사와 최 과장이 책상을 두고 마주 앉았고, 나는 한쪽 소파에 앉아 있었어요."

검사와 마주앉은 자리에서 최 과장이 그 얘기를 했다는 겁니까.

"그렇지요. 조서에도 그렇게 나와 있어요. 마주앉은 검사 앞에서."

검사의 반응은요?

"아, 시인합디다. 수사기술상 그렇게 했다고."

그건 참 중요한 문제인데요.

"내가 말을 안 해서 그렇지, 그때 나는 정말 점잖게 대응한 겁니다. 구속될 줄은 꿈에도 몰랐거든요."

'음모'가 있었다고 봅니까.

"몇 가지 짚이는 데가 있지만 소송기술상 문제니 말하지 않겠습니다. 사직동팀 문건이 외부로 도저히 유출될 수 없다는 건 말이 안 되는 얘기입니다. 왜 불가능합니까. 누군가 작성해 바깥사람에게 갖다주면 그만인데."

검찰 주변에선 사직동팀과 검찰의 모 부서가 평소 정보교류를 한다는 얘기가 들리던데요.

"잘은 모르지만 정보장사를 많이 한답디다. 사직동팀의 조사내용이 나를 통해야만 밖으로 나갈 수 있고 논리적으로 그게 인정된다면 당연히 내가 책임져야지요. 그걸 부인하면 나는 나쁜 놈이지, 이렇게 부인만 하고 있으니. 그러나 나를 통하지 않고도 얼마든지 빠져나갈 방법이 있지 않습니까. 최 과장이 나한테 보고했다는 주장은 정황에 비춰 너무 안 맞아요. 그런데 내가 검사에게 이런 문제를 조사해달라고 요구하면 조사를 안 해요. 진술 자체를 받으려 하지도 않고. 내 얘기를 들으려 하지 않아요."

검사들이 혐의사실에 대해 확신을 갖고 있는 것 같았습니까.

"제가 구속 전에 말했잖아요. 편견과 선입견의 늪이 이렇게 깊은 줄 몰랐다고요."

고의성이 있었다는 겁니까. 아니면 잘못 알고 그랬다는 겁니까.

"두 가지 다예요. 그런 느낌을 지울 수가 없습니다. 처음 출두하는 날 바로 피의자 진술서를 받자고 하더라고요. 무슨 근거로 나한테 피의자 진술을 받습니까. 처음 조사 받으러 간 날인데."

놀랐겠습니다.

"놀랐지요. 피의자 조서는 못 받겠다고 거부했지요."

박씨는 긴 한숨을 토해냈다. "그런 놈의 소설이 어디 있느냐"고 목소리를 높였다.

"옷로비 사건 내사 당시 터졌던 대전법조비리 건을 들먹이며 방향을 그쪽으로 몰고 가더라고요. 그 사건으로 김 총장의 검찰 내 입지가 약화됐는데 부인이 관련된 사건까지 터지면 곤란해질까 봐 미리 대비하라는 뜻에서 내가 최초문건을 건네줬다는 겁니다. 그걸 대전 사건에 연관시킬 줄은 꿈에도 생각 못했습니다. 그런데 공소장엔 그렇게 돼 있어요. 내가 김 총장에게 언제 어떻게 줬는지에 대해선 전혀 설명도 없으면서."

그 말대로라면 비애를 느꼈을 법한데요.

"검사가 정말 무섭다는 걸 느꼈습니다. 취사선택할 권리가 있다는 게 얼마나 무서운 일인지. 나중에 진실이 어떻게 밝혀지든…."

박씨에 대한 검찰 안팎의 평은 비교적 좋은 편이다. 검찰에 있을 때 그는 특수통으로 이름을 날렸다. 호남 출신이라는 약점을 극복하고 출세 코스를 달렸다. 강직한 이미지로 선후배 검사들로부터 신망을 얻었다. 그런데 그 모든 것이 한순간에 무너졌다. 그에게 '권력의 옷'은 생래적으로 맞지 않았던 것인지 모른다.

"신이 내게 가혹한 운명을 준 것이라고 생각합니다. 권력의 속성 때문이라고는 생각하지 않아요. 검찰이 제대로 판단했다면, 그런 일이 없었겠지요. 재벌의 거대한 음모가 있었는데 검찰이 제대로 밝히지도 못하고 여론에 휘둘려 검찰권을 바르게 행사하지도 못하고…."

***

1999년 옷로비 사건 특검수사 이후 검찰은 난감한 처지에 빠졌다. 언론은 사건의 본질인 옷로비 자체보다 김태정 박주선씨의 수사개입 의혹에 초점을 맞춰 보도했고 여론도 그 방향으로 흘렀다. 한 사람은 전직 검찰총장이자 법무장관이었고 한 사람은 현직 청와대 법무비서관이었다.

여론에 부담을 느낀 검찰은 강공법을 택해 두 사람 다 구속했지만, 법조계에서는 "구속은 무리"라는 의견이 만만치 않았다. 당시 '중수부로 와서 수사를 맡아 달라'는 대검의 요청을 거절했다는 모 검찰 간부는 뒷날 내게 이런 얘기를 털어놓았다. 그는 김태정씨와의 불편한 관계 탓에 인사에서 몇 차례 불이익을 받았다고 알려진 사람이다.

"그 수사는 어떻게 하든지 욕을 먹을 수사였다. 개인적 감정을 생각하면 수사를 하고도 싶었다. 하지만 법조인의 양심으로 그렇게 할 수 없었다. 두 사람의 혐의는 구속될 만큼 중하지도 않았고 기소가 되더라도 무죄가 선고될 가능성이 높았다. 여론에 떠밀린 수사는 하고 싶지 않았다."

2003년 12월30일은 김태정 전 법무부 장관에게 잊지 못할 날이다. 이날 대법원은 사직동팀의 옷로비 사건 내사보고서를 외부로 유출하고 이를 변조한 혐의로 기소된 김 전 장관에 대한 상고심에서 무죄를 선고한 원심을 확정했다. 재판부는 판결문에서 "내사보고서의 내용이 비공지의 사실이기는 하나 첩보내용이 사실무근이라는 결론을 담고 있어 실질적으로 비밀로 보호할 가치가 있는 것이라고 할 수 없는데다 내사보고서 일부를 가린 채 복사한 행위를 변조라고 볼 수 없다"고 밝혔다.

그에 앞서 박주선씨도 멍에를 벗었다. 2001년 11월5일 서울지법 형사합의30부는 옷로비 사건을 '실체 없는 로비'로 판단하고 박씨에 대한 핵심 구속사유였던 사직동팀 내사보고서 유출에 대해 무죄를 선고했다. 재판부는 "최초보고서가 작성된 것은 사실이지만 경찰청 조사과(사직동팀) 경찰관들의 진술만으로는 피고인이 유출했다고 인정할 증거가 없고 제3자가 유출했을 수도 있다"며 "최종보고서의 경우 김 전 총장에게 준 것은 사실이지만 신동아 측에 유출될 것을 미리 알았다고 볼 수 없어 무죄"라고 밝혔다.

다만 내사보고서 내용 중 일부를 빼서 서울지검 수사팀에 보냈다는 공용서류 은닉 혐의에 대해서는 유죄를 인정해 300만원의 벌금형을 선고했는데, 그마저 선고유예였다. 재판부는 "옷로비 사건에 대한 검찰 및 특검 수사가 시작되자 내사기록 중 일부를 누락시켜 서울지검에 보낸 혐의는 인정된다"면서도 "이는 사건의 핵심 기록이 아니어서 가벌성이 적고 피고인이 당시 법무비서관으로서 의혹을 철저히 조사했다"고 밝혔다.

재판부는 또 "배정숙씨가 김태정씨의 부인 연정희씨가 사지도 않은 옷값을 대납해 달라고 이형자씨에게 무리하게 권유하고, 이를 오해한 이씨가 반발해 주변 사람들에게 말을 퍼뜨려 옷로비 사건이 터지게 됐다"며 옷로비 사건이 '오해'에서 빚어진 해프닝임을 시사했다. 박주선씨는 사실상 무죄를 선고받았다고 보고 항소를 하지 않았고 검찰도 항소를 포기해 판결이 확정됐다.

3부

적과 동지

우리는 무슨 敵이든 敵을 갖고 있다
敵에는 가벼운 敵도 무거운 敵도 없다
지금의 敵이 제일 무거운 것 같고 무서울 것 같지만
이 敵이 없으면 또 다른 敵—내일
내일의 敵은 오늘의 敵보다 약할지 몰라도
오늘의 敵도 내일의 敵처럼 생각하면 되고
오늘의 敵도 내일의 敵처럼 생각하면 되고

오늘의 敵으로 내일의 敵을 쫓으면 되고
내일의 敵으로 오늘의 敵을 쫓을 수도 있다
이래서 우리들은 태평으로 지낸다

– 김수영, 〈敵〉

'평범한 사람의 위대한 승리' 차정일 특검

"평생 제과점 종업원으로 일한
아버지 생각하며 수사했다"

2001년 10월 대검 특별감찰본부는 이용호 게이트에 대한 수사결과를 발표했다. 그 결과 3명의 검사가 문책을 당했다. 주가조작 및 횡령 혐의를 받았던 G&G그룹 이용호씨를 입건하지 않은 데 개입한 혐의로 임휘윤 부산고등검찰청장과 임양운 광주고등검찰청 차장검사가 옷을 벗었고, 이덕선 군산지청장은 직권남용 혐의로 불구속기소됐다. 하지만 이용호씨의 정관계 로비의혹과 김형윤 전 국가정보원 경제단장, 김대중 대통령의 처조카 이형택 예금보험공사 등의 개입의혹을 해소하기엔 역부족이었다. 결국 2001년 12월11일 이용호 게이트 특검이 출범했다. 특별검사는 부장검사 출신인 차정일 변호사가 맡았다. 김대중 정부 출범 후 세 번째로 구성된 이용호 게이트 특검은 노무현 정부 초기의 대북송금특검과 더불어 가장 성공한 특검이라는 평가를 받았다. 2002년 3월25일 특검 수사가 종료된 후 재판에 대비하고 있는 차정일 특검을 만났다. 온화하고 겸손한 이미지의 차 특검은 외유내강의 전형이었다.

1942년 서울 출생/ 서울대 법학과, 사법대학원/ 1967년 사법시험 8회/ 서울지검 부장검사, 대검 중수4과장, 서울지검 북부지청 특수부장, 서울지검 공판부장/ 1990년 변호사 개업/ 2001년 이용호 게이트 특별검사/ 현 법무법인 화우 고문변호사석 달여에 걸친 수사를 끝낸 후 특검팀은 사무실을 서울 삼성동에서 서초동으로 옮겼다. 서울지법 동문 건너편에 있는 건물 9층이다. 겨우내 삭막함과 긴장감에 휩싸였던 특검 사무실에도 봄은 어김없이 찾아왔다. 사무실엔 골치 아픈 수사 냄새가 사라지고 사람 냄새가 풍겼다. 전화를 받는 직원들의 목소리엔 활력이 넘쳤고 표정들도 밝았다.

차정일(車正一, 60) 특검과의 인터뷰는 오전 10시에 시작됐다. "점심을 먹기에 지장이 없도록 오전 중 끝내자"는 약속은 반만 지켜졌다. 12시10분 전에 끝냈으므로 식사를 하는 데는 지장이 없었지만 인터뷰가 끝나지 않았기 때문이다. 각자 식사를 한 다음 오후 2시, 다시 마주앉았다. 시종 정중하고 엄숙한 자세를 유지한 차 특검이었지만 더러 '불만'도 드러냈다.

"많이 물어보고 싶겠지만 나는 말을 많이 하는 걸 좋아하지 않아요." "나 자신을 많이 드러내는 걸 원치 않습니다." "좋은 쪽으로 몇 가지 질문하고 끝낼 줄 알았더니 그게 아니군요."

오전 인터뷰에선 주로 차 특검의 인간적 측면에 초점을 맞췄다. 특검수사와 관련해선 그동안 언론에 이런저런 얘기가 나왔지만 자연인 또는 법조인 차정일의 모습은 베일에 가려져 있기 때문이다. 가정사를 비롯해 검사, 변호사로서 그가 걸어온 길을 살펴보는 한편 법조계 개혁 등 사회 현안에 대한 견해를 들어봤다. 오후엔 주로 특검수사와 관련한 질문을 던졌다.

수사가 끝났다고 해서 특검 임무가 끝난 것은 아니다. 새로 제정된 특검법에 따르면 특검팀은 공소유지 의무가 있다. 즉 법정에 나가 검사 역할을 해야 하는 것이다. 따라서 재판이 끝날 때까지 특검활동은 계속된다. 규정대로라면 7개월 이내에 대법원 확정판결까지 나오겠지만 재판이 꼭 그 기간에 끝난다는 보장이 없으므로 특검 임기는 그 이상 길어질 수도 있다.

현재 특검 사무실에는 차 특검을 비롯해 9명이 출근한다. 이상수, 김원중 특검보 두 사람, 특별수사관 세 사람, 파견 공무원 두 사람, 여직원 한

명이다. 변호사인 특검보 두 사람은 일단 각자의 사무실로 돌아갔지만 공소유지를 위해 특검사무실에 나오고 있다. 차 특검은 이를 '반관반민(半官半民)'이라고 표현했다.

특검팀이 수사에 착수한 것은 2000년 12월11일. 특검법에 따르면 수사기간은 60일 이내지만 1차로 30일, 2차로 15일을 연장할 수 있다. 특검팀은 법이 허용하는 한도인 105일을 다 썼다. 준비기간 10일을 포함하면 총 115일이다.

그동안 격무에 시달리셨을 텐데 수사가 끝난 후 충분히 쉬셨습니까.

"충분히 쉬지는 못했죠. 여행이나 해볼까 생각은 했는데, 재판 준비하느라 별로 쉴 시간이 없었죠."

지난 주말은 어떻게 보내셨어요.

"청계산에 올라갔다 왔습니다. 일요일마다 산에 오르는 산악회 모임이 있는데 제가 회장을 맡고 있습니다. 북한산도 가고 도봉산도 가고, 한 달에 한 번씩은 설악산이나 지리산으로 장거리 산행을 떠나요. 특검수사 기간에는 통 못나갔지요."

휴일에 산으로 떠나면 가족들이 불평하지는 않습니까.

"집에서 좋아하지는 않겠지만, 이것도 여가생활이고 취미니까…. 집사람하고 같이 가고 싶은데, 관절이 좋지 않아 못 가는 처지예요."

자제분들은 다 장성했죠?

"예. 딸 하나 아들 하나 있는데, 딸은 작년 11월에 결혼해 분가했고 미혼인 아들은 같이 살고 있습니다."

수사를 끝내고 나서 부인을 위해서 특별히 하신 일이 있습니까.

"아직 못했습니다. 여행을 같이 할 계획을 세우고는 있죠."

종교활동은 안 하십니까.

"교회에 다니고 있어요. 집사람은 교회 집사고."

일요일마다 산에 오르면 교회는 언제 갑니까.

"새벽에 같이 예배를 보곤 합니다. 어차피 일요일 대예배에는 못 나가니까."

직분은 없으세요?

"저는 독실하지 못해서… 그냥 평신도죠."

무심코 물어본 것인데 얘기가 길어진다. 이런 얘기는 사람의 속을 들여다보는 데 도움이 된다. 특히 차 특검처럼 무뚝뚝하고 점잖게만 보이는 사람에게는.

교회에 다니신 지 오래 됐습니까.

"어렸을 때부터 어머니가 나가라고 해 다니긴 다녔는데, 나갔다 안 나갔다 했죠."

안정된 신앙생활을 못하는 이유가 뭐라 생각하세요?

"신앙심이 부족하기 때문에 그렇겠죠. 신앙심이 있었다면 어떤 환경에서도 교회에 나갔을 텐데…. 하나님이 계시다는 건 믿으면서도 열심히 나가야겠다는 생각이 들지 않아서죠."

차 특검은 이번에 수사를 하면서 신앙의 필요성을 절감했다고 한다.

"수사가 진행되면서 하나님 도움이 필요하다고 절실하게 느꼈어요. 인간의 보잘것없는 능력으로는 이루어지는 일이 없다, 하나님께서 도와주셔야만 임무를 잘 수행할 수 있겠다는 생각이 들었습니다. 그래서 수사기간엔 열심히 교회에 나갔어요. 앞으로는 (신앙생활이) 달라질 것 같은 예감이 들었어요."

누구처럼 한때 이름을 날리거나 고위직에 오르지도 못했던 '평범한' 검사 출신인 그가 특검을 맡은 것은 자신의 표현대로라면 "꿈에도 생각지 못한 일"이었고 "인생을 바꾸는 계기"였다.

"그전까지 나름대로 조용하고 편안하게 살아왔는데 갑자기 세상 밖으로 나오게 된 계기가 됐어요. 어느날 정재헌 변협 회장께서 전화를 걸어와 특

2002년 이용호 게이트를 수사한
차정일 전 특별검사는
역대 특검 중 가장 성공한
특검으로 꼽힌다.
김성남 기자

검을 맡아줬으면 좋겠다고 부탁하시는데, 너무 갑작스러운데다 이건 내가 맡을 일이 아니라는 생각도 들고 맡고 있는 사건도 있어 고사했죠. 그런데 거듭 간청하시기에 함께 활동하는 손진곤 변호사와 상의했더니 '사건은 내가 대신 맡아 처리해주겠다'며 적극 권하더라고요. 또 사시 동기인 반헌수 변협 사무총장도 같은 얘기를 해요. 그래서 가만히 생각하니 이런 기회가 아니면 내가 언제 국가에 봉사하겠냐 싶고 사람은 뭔가 사회적으로 가치 있는 일을 하기 위해서 태어났는데 이런 가치 있는 일을 할 수 있는 기회도 드물 것 같았습니다. 그래서 자의반 타의반으로 맡게 됐죠."

수사를 시작할 때 자신감이 있었습니까.

"자신감보다는 사회적으로 가치 있는 일에 이바지하겠다는 생각이었습니다. 사실 특별히 잘할 수 있다는 생각은 들지도 않았어요. 검찰에서 나름대로 수사를 잘했기 때문에 특검이 해도 별로 나올 게 없을 것 같았습니다. 더군다나 검찰 내 비호세력도 수사대상이니 마음이 편치 않았지요. 그저 최선을 다하면 되지 않겠냐는 생각뿐이었습니다."

김대중 대통령에게 임명장을 받았는데, 과거에 김 대통령과 인연이 있었나요?

"전혀 없습니다. 저야 TV를 통해 알지만 그분은 저를 처음 보셨죠. 악수를 해본 것도 처음이고."

청와대에는 처음 들어가 보셨습니까?

"처음은 아닙니다. 대통령 접견실에는 처음이지만, 검사 시절 민정수석실에는 업무관계로 한두 번 가본 일이 있죠."

검찰수사가 잘못됐다는 여론이 부담스러웠겠습니다.

"부담스럽긴 했죠. 그렇지만 결론이 검찰수사와 같더라도 어쩔 수 없다고 생각했습니다. 진실을 은폐해서도 안 되지만 억지로 만들 수도 없으니까요."

2000년 12월1일 특검에 임명된 차 변호사가 수사준비를 하며 가장 심혈을 기울인 부분은 수사팀 인선이다. 검찰과 경찰, 금융감독원에 '능력 있는 사람 몇 명을 보내달라'고 소극적으로 요구한 것이 아니라 치밀한 사전 조사를 거쳐 아예 이름을 명시해 특정인의 파견을 요구했다. 그 결과 계좌 추적 1인자와 검거실적 1인자 등 '일기당천'의 수사팀을 꾸릴 수 있었다.

"최적의 상태였다고 평가합니다. 두 번 다시 그렇게 모일 수 없을 정도로 유능하고 좋은 사람이 모였어요."

1999년의 파업유도 발언사건이나 옷로비 사건 특검 때는 수사팀 내에 출신성분에 따른 갈등이 만만찮았습니다. 신승남 전 검찰총장 동생을 수사할 때 검찰 출신 변호사나 파견검사들이 이견을 보이지는 않았습니까.

"'검찰팀'은 아예 수사에 참여하지 못하도록 차단했습니다. 검찰에 상당히 민감한 부분인데다 검사들 자신도 심적 부담을 느낄 수밖에 없었기 때문이죠. 이상수 특검보도 제외시켰어요. 검찰 출신이니까. 재조 경력이 없는 김원중 특검보를 중심으로 변호사팀을 가동했습니다. 그런 식으로 수사했어요. 검찰이 관계된 부분은 '검찰팀'에서 일절 관여하지 못하도록 했죠."

수사와 관련된 부분은 뒤에 따로 물어보겠습니다. 이력을 보니 서울지검 공판부장검사를 끝으로 1990년에 변호사 개업을 하셨는데요. 검찰을 일찍 떠나게 된 특별한 동기라도 있었습니까.

"검사나 부장검사까지는 관리자가 아니죠. 부장검사까지는 나름대로 소신있게 검사생활을 했다고 생각합니다. 그런데 관리자가 되면 상당히 정치적인 문제가 생기고, 소신대로 일하는 것이 어렵겠다는 생각이 들었어요. 옳지 않다고 여겨지는 일도 부하직원한테 지시해야 하고. 물론 상부 명령에 불복하면서 충돌할 수도 있겠지만, 저에겐 그런 것이 부담스러웠습니다. 또 하나는 저는 원래 아주 가난한—극빈자라고 할까—환경에서 자라왔는데, 검사가 된 후 우리 식구만 부양하는 게 아니라 부모님 생활비도 부담해야 할 처지였어요. 애들이 커가면서 교육비도 많이 들었고요. 경제적인 측면을 고려할 때 그만두기에 가장 적절한 시기가 아닌가 판단했습니다."

일찍 옷 벗는 검사 중에는 수사를 잘못했다든가 징계를 받았다든가 또는 불미스러운 소문에 휘말린 경우가 많다. 하지만 차 특검에게는 그런 풍문이 뒤따르지 않았다. 사시 8회 출신 중 선두를 달렸다는 얘기가 풍문이라면 풍문이다.

극빈자라는 표현을 쓰셨는데, 집안이 그토록 가난했습니까.

"예. 우리 아버지가 능력이 없었다고 할까, 평생을 제과점 배달원으로 보내셨어요. 제 기억에 다른 일을 하신 적이 없어요. 중학교 때까지는 그런대로 생활비나 학비를 꾸려갈 수 있었는데, 고등학교 1학년 때부터는 집에서 학비를 댈 수가 없었습니다. 그때부터 가정교사 생활을 한 게 고시 합격할 때까지 한 10년간 계속됐어요. 남의 집에 들어가 먹고 자면서 과외교사를 한 거지요. 대학에 들어가서는 학비뿐만 아니라 생활비도 벌어야 했습니다. 친구들 중에서 나처럼 가난한 사람이 없었으니까, 상당히 어려운 생활을 한 것이죠."

차 특검은 1965년 서울대 법대를 졸업했다. 당시 수석졸업생이 바로 5, 6공 때 검찰에 막강한 영향력을 행사했던 박철언 전 의원이다. 차 특검은 2년 후 박 전 의원과 나란히 사시에 합격했다. 역시 법대 동기인 이명재 현 검찰총장은 그보다 3년 늦은 사시 11회 출신. 대학 졸업 후 은행에 다니다 뒤늦게 시험에 붙은 탓이다. 이 총장은 박 전 의원의 경북고 1년 후배이기도 하다. 한편 심재륜 전 고검장은 차 특검의 서울고, 서울대 1년 후배인데, 사시로는 한 기수 빠르다. 차 특검의 서울대 법대 동기생은 약 300명. 학비와 생활비 벌기에 바빴던 그는 동기생들과 어울릴 기회가 별로 없었다.

"저 같은 경우는 가정교사 생활하느라 동기들과 친할 기회가 별로 없었죠. 거기에 법대신문 기자로 활동하다보니 공부할 시간도 별로 없었어요. 동기생들이 도서관에서 공부할 때 저는 바깥에서 맴돌았죠."

그의 얘기를 들어보니 애초 그의 꿈은 판·검사가 아니었다.

"사실 사시 쪽엔 관심이 없었어요. 그걸 위해 (서울대 법대에) 들어간 것도 아니었고. 입학할 때는 신문사 사회부기자를 생각했습니다. 그래서 법률 공부도 특별히 하지 않았죠. 1, 2학년 때는 대학신문에서 일하느라 법률책 한번 펴보지 못했어요. 3학년 올라가 법률책을 처음 사서 만져봤으니까."

사시 쪽으로 생각이 바뀌게 된 계기가 있었습니까.

"특별한 계기는 없었습니다. 지내다보니 학교 분위기가 고시 공부하는 분위기로 바뀌었고 저도 그 분위기에 휩싸였어요. '기왕 내가 여기 들어왔는데 나중에라도 공부 안하고 놀았다는 소리를 들을 수는 없지 않은가. 남들과 같이 해보자'는 생각이 들었습니다."

가난한 집안에서 서울대 법대에 합격하면 기대가 남다르지 않습니까.

"그런 기대가 있었을지도 모르지요. 하지만 우리 집안에서는 아무도 제가 공부하는 것에 관심을 갖거나 충고해준 사람이 없어요. 말하자면 개척자라고나 할까. 부모님은 인수분해도 몰랐던 분들이니까요. 하루 벌어 하루 생활해야 하는 처지였던 아버지에게는 꿈이란 게 없었죠."

그의 아버지는 작고했고 어머니는 현재 여동생과 함께 살고 있다. 여동생은 남편이 젊어서 암으로 죽는 바람에 일찌감치 홀몸이 됐다. 어머니 생활비는 그가 대고 있다. 집안에서 법조인은 그가 처음이다.

집안의 큰 경사였겠습니다.

"경사로 볼 만큼 안목이 있는 사람도 별로 없었어요. 아, 이제 우리 집안도 살게 됐구나, 하는 정도였죠."

우리나라에서 검찰은 대단한 권력집단이고 엘리트 계급이지요.
그 기득권을 버리기가 쉽지 않았을 텐데요.

"저는 그렇게 야심이 있는 축에 들어가지 않았어요. 그냥 하나의 산을 넘으면 또 하나의 산이 나오겠지, 하는 생각으로 살아왔습니다. 당시 저의 선택은 불가피한 것이라고 판단했죠."

혹시 인사와 관련해 검찰 조직에 좌절감을 가진 건 아니었습니까.

"그런 생각이 전혀 없었던 건 아니죠. 부장검사까지는 누구나 능력만 있으면 올라가는데 관리자는 가만히 앉아선 되기 어렵겠다는 생각도 했습니다."

차 특검에 따르면 당시만 해도 서울지검 부장검사를 지내다 변호사 개업을 한 사람이 많지 않았다고 한다. 그런 사람은 검찰에서 뭔가 문제가 있었던 사람으로 여겨지던 시절이었다.

"주변에서 명예보다는 실리를 찾은 것 아니냐는 얘기가 있었지요. 특별히 실익을 추구한 건 아니었지만 봉급 가지고는 살기 어렵다고 생각한 건 사실입니다. 1990년 부장판사를 하던 홍석제 변호사와 함께 개업했는데, 그때까지 부장검사 출신과 부장판사 출신이 공동 개업한 경우가 거의 없었기 때문에 꽤 인기가 있었죠."

그는 변호사 생활을 하며 검사 시절엔 갖지 못했던 만족감을 맛보았다. "억울한 사람을 도와주는 데 따른 성취감"이었다.

"개업 초기 김복수라는 할머니 사건을 맡았어요. 어떤 사람이 이 할머니의 집을 빼앗았는데 적반하장으로 할머니를 횡령죄로 고소까지 한 사건이었습니다. 1심에서 할머니가 패소했어요. 그런데 제가 맡아 무죄를 이끌어내 집을 찾아줬습니다. 재판이 끝난 후 할머니가 사무실에 찾아와 무릎을 꿇고 '이렇게 훌륭한 분인지 몰랐다'며 고마워하더군요. 참 감격스러웠습니다. 변호사라는 직업의 보람도 느꼈고."

검사와 변호사는 많이 다르다는 것을 느끼셨을 법한데요.

"그랬죠. 검사 시절엔 그 사람한테 유리한 점보다 불리한 점을 찾았어요. 그런데 변호사가 되고 나니 같은 사실이라도 그 사람한테 유리하거나 정상 참작이 되는 쪽으로 보게 돼요."

차 특검은 1997년 말 변호사 사무실을 문 닫고 캐나다로 떠났다가 1년 후 귀국했다. 특검 수사기간 중 그에게 따라붙었던 소문은 이와 관련된 것이다. 이민을 준비했다느니 외환위기 때 환차익을 봤다느니 하는 소문이 그것이다.

"함께 변호사 활동을 하던 홍석제 변호사가 골프를 치고 혼자 운전하고 돌아오다가 터널벽을 들이받아 즉사했어요. 매일 보던 친구가 그런 일을 당해선지 한동안 충격이 큽디다. 그후 변호사 업무에 점차 흥미를 잃게 되고 매너리즘에 빠지더라고요. 뭔가 전기(轉機)가 필요하던 차에 딸에게 외국에 나갈 기회가 생겼습니다. 딸이 고려대 경영학과에 다니고 있었는데, 캐나다 밴쿠버에 있는 대학의 교환학생으로 가게 됐어요. 마침 잘됐다 싶었습니다. 딸도 공부하고 나도 외국에 나가 생활하면서 삶의 전기를 마련해보자는 생각에서 떠났죠. 모처럼 자기 과거를 돌아볼 기회도 갖고 그곳 대학에서 경제공부도 하고 1년 만에 돌아왔어요. 이 일을 두고 제가 환차익을 봤다느니 하는 엉뚱한 소문이 났어요. 당시 출입국 비자를 확인해보면 알겠지만 제가 1997년 12월30일에 떠났는데 그때 환율이 1800대 1이었어요. 얼마나 올랐습니까. 그래서 달러도 당장 필요한 것 외에는 바꾸지도 못한 채 출국했어요. 한국인들이 IMF 사태로 고통을 겪는 데 동참하는 뜻으로 캐나다에서 차도 없이 버스 타고 지냈어요. 완전한 낭설이죠."

한편 그의 아들은 고교 졸업 후 미국에 건너가 대학과 대학원을 나왔다. 그후 귀국해 군복무를 마치고 지난해 4월부터 개인사업을 하고 있다.

이민을 생각해보신 적은 없나요.

"내가 거기서 뭘 하고 삽니까. 국제변호사 자격이 있는 것도 아니고 영어를 잘하는 것도 아니고. 뭔가 할 게 있어야 이민을 갈 것 아닙니까. 평생 법률 공부한 것밖에 없는데 외국에서는 그걸 써먹을 수가 없지 않습니까."

캐나다에서 해보실 만한 일이 없던가요.

"내가 해볼 만한 일은 현지 로펌에 들어가는 정도인데 자격이 없으니…. 할 일이 없죠, 노는 것 외에는. 어학도 공부하고 법률공부도 하다 왔습니다."

거기서 살고 싶다는 생각은 안 들었습니까.

"삶의 질은 확실히 여기하고 다르죠. 한국은 좁은 땅에 사람이 많아서인지 바글바글하고 시끄러운데 거기는 조용하고 평화로운 삶을 누린다는 느낌이었어요. 하지만 거기서 살고 싶다는 생각은 할 수 없었죠. 꼭 일 때문이 아니라 사람이란 가치 있는 일을 하며 살아가야 하는데, 빈둥빈둥 놀면서 산다는 건 아무 의미가 없는 것 아니에요?"

'평범한' 검사 출신인 차정일 변호사가 차정일 특검으로 거듭난 데는 검찰의 '공'이 크다. 검찰이 공정하고 불편부당한 수사를 했더라면 특검이 불필요했기 때문이다. 차 특검은 검찰위기의 첫째 요인으로 '정치검사'를 꼽았다.

"검찰이 바로 서려면 정치검사가 사라져야 합니다. 정치적 중립을 유지하고 독자적으로 수사하려면 정치권, 또는 정권 실세들과 단절돼야 합니다. 정권의 방패막이라느니 시녀라느니 따위의 비난도 정치검사 때문입니다. 소수의 정치검사가 지휘체계를 흔드는 것을 막아야 합니다. 정치검사가 사라졌을 때 진정한 검찰 독립이 이뤄질 거로 봅니다."

김 대통령이 검찰을 원망하는 듯한 발언을 하자 검찰에서 불만이 터져 나왔습니다. 청와대의 잘못된 인사가 검찰을 망친 주요인이 아니냐는 비판이었지요. 굳이 잘잘못을 가리자면 어느 쪽에 더 문제가 있었다고 보십니까.

"양쪽 다 문제가 있었다고 봅니다. 정치권에서도 검찰을 활용하려는 생각이 있었고, 일부 검사는 스스로 정치권의 활용 대상이 돼 그것을 출세의 발판으로 삼고 정권 실세와 연결돼 주요 자리를 차지했지요. 어느 일방의 작용이라기보다는 양쪽이 서로 호응해 검찰조직을 망쳐놓았습니다. 과거에도 검찰에 그런 풍조가 있었어요. 청와대나 안기부에 파견되는 것을 기피하는 게 아니라 그런 기관에 파견된 검사를 유능하게 여기는 풍조였지요. 검사는 어디까지나 검찰에서 인정받아야 해요. 검찰권이 엄정하게 행사돼야 국가기강이 서고 나라의 기틀이 잡힙니다. 국민으로부터 다른 기관은 못 믿지만 검찰은 믿는다, 검찰에 가면 정의가 밝혀진다는 신뢰를 얻어야 합니다. 검찰이 망가지면 국가기강이 무너지는 것이므로 국가가 무너지는 거나 마찬가지죠."

현 정권에서 검찰의 정치권 유착이 과거보다 심해졌다고들 하는데요.

"과거부터 누적돼온 결과지 현 정권에서 특별히 두드러진 것은 아니라고 봅니다. 이런저런 문제가 드러나는 것은 그만큼 우리 사회가 민주화됐다는 반증이기도 하지요. 5공이나 6공 때는 지금보다 훨씬 더 정권이 검찰을 휘어잡았지요. 그때보다는 훨씬 나아졌죠."

차 특검은 1993년초 문민정부 사정수사의 신호탄이었던 슬롯머신사건 때 박철언 의원의 변호인으로 활동했다. 무료변론이었다. 당시 박 의원은 슬롯머신업자 정덕진씨 형제로부터 5억원을 받은 혐의로 구속됐다.

당시 박철언씨의 무죄를 확신하셨나요.

"정치가니까 사람들한테 돈을 전혀 받지 않았다고 보기는 어렵지요. 하지만 적어도 그 사건에 관한 한 돈을 받지 않았을 거라고 확신했습니다."

대법원에서도 유죄가 인정됐잖아요.

"유죄가 인정됐더라도 각자의 소신은 있는 거지요. 헌 수표로 건넸다는데, 계좌추적에서 밝혀진 게 없었어요."

당시 여론 때문에 박철언씨를 변론하는 게 부담스럽지는 않았습니까.

"큰 의미를 둔 것은 아니고 동기생이라는 이유로 맡은 것뿐입니다. 또 전적으로 내가 책임진 것도 아니고 대학동기 여러 명이 변론을 맡았기 때문에 크게 심혈을 기울인 사건은 아니었어요. 고등법원 부장판사 출신의 모 변호사가 주전이었고 저는 보조만 했어요."

화제를 변호사업계로 돌렸다. 문민정부 시절 변협은 법조개혁에 반발했다. 당시 핵심 개혁안 중 하나가 사시합격자 정원을 늘리는 것이었다. 차 특검은 이에 대해 "숫자만 늘리는 것이 능사가 아니다"며 다른 견해를 나타냈다.

선진국에 비하면 아직도 국민 1인당 변호인 수가 적다고 하지 않습니까?

"선진국하고 비교만 할 게 아니에요. 왜냐하면 미국 같은 나라는 법이 생활화돼 있기 때문에 웬만한 분쟁은 다 법으로 해결해요. 그런데 우리나라는 법보다는 인간적으로 해결하려는 경우가 많죠. 그러다보니 법정문제가 많이 생기지 않죠. 미국은 또 법무사 관세사 공인중개사가 따로 없고 그 업무를 변호사가 맡습니다."

당시 법조계의 반발에 비난 여론이 일지 않았습니까. 밥그릇 챙기기가 아니냐는.

"찬반 얘기가 있을 수 있겠죠. 그런데 많이 뽑는다고 하니 이쪽으로 생각지도 않다가 해보겠다고 나서는 사람도 생기지 않았습니까. 고시공부를 많이 하는 풍조가 좋은 건 아니잖습니까. 유능한 인재가 몇 년씩 고시에 매달려 끝내 폐인이 되는 경우도 허다하니까."

변협 회원이실 텐데요. 변협이 이익단체로서의 성격이 너무 강한 것 아니냐는 비판도 있습니다.

"최근 활동을 보면 변협에서 변호사이익을 많이 보호해주는 것도 아니에요. 봉사활동을 요구하는 등 오히려 공익적 요소가 강하게 부각된 것으로 보는데요. 또 징계위원회를 통해 자정의 노력을 기울이고 있습니다. 옛날은 모르겠지만 지금은 이익단체적 성격이 약화되고 있지 않은가 생각합니다. 심지어 변호사들 사이에서는 '우리를 점점 힘들게 하는 변협이 뭐 필요하냐'는 얘기도 나오고 있어요."

그는 "변호사업계에 부익부 빈익빈 현상이 심해지고 있다"며 "고소득을 올리는 변호사도 많지만 반수 정도의 변호사는 현상유지가 어렵다"고 말했다.

하지만 서민들한테는 형사사건 수임료가 너무 비싸지 않나 싶습니다. 법적 상한선도 없고, 규제도 없지요. 개선방안이 없을까요.

"자본주의사회니까 수입이 많은 변호사도 있는 반면에 수입이 적어 변호사 그만두고 페인트 장사하는 사람도 있고 택시기사 하는 사람도 나오는 거지요. 수임료를 얼마씩 받으라고 법으로 규정하는 것은 어려울 겁니다."

시장경쟁 원리니 어쩔 수 없다는 거죠?

"다만 그 방법은 공정해야겠죠. 이게 장사는 아니니까. 돈벌이를 위해 브로커를 고용한다든지 하는 일은 안 되죠. 기본적으로 변호사라면 사회에 봉사하는 정신을 갖고 있어야 하겠죠. 그렇다고 먹고살기 어려운 사람한테 봉사를 요구하는 건 무리죠."

차 특검은 "권위자도 아닌 사람한테 자꾸 물어봐서 뭐합니까" 하며 조금 난처한 기색을 보였다.

며칠 전 신문에 보니 최성진 변호사라고, 판사 출신인데 전관예우를 거부해 화제가 됐더군요. 전관예우는 현실적으로 불가피한 면도 있는 것 아닌가요?

"없어져야죠. 지금은 옛날과 달리 전관예우 풍토가 많이 사라진 것으로 알고 있습니다."

차 특검께서는 과거에 전관예우의 덕을 보시지 않았습니까?

"덕을 안 봤다고 할 수는 없죠."

불합리한 일이라고 생각하셨습니까.

"불합리하지만 당시에는 인지상정으로 그렇게 했죠."

전관예우와 더불어 법조계에서 오랜 관행으로 논란이 돼온 것이 전별금 풍습이다. 1999년 대전법조비리사건 당시 이 문제가 여론의 도마에 올라 몇몇 고위직 판·검사가 옷을 벗었다.

검사시절 전별금을 받아보셨습니까.

"받아봤죠."

대전법조비리사건 당시 수사결과에 대해 검찰 내부에서 반발이 심했지요. 심재륜 당시 대구고검장의 항명파동이 있었고, 평검사들이 검찰 지휘부 사퇴를 촉구하는 서명운동까지 벌였지요. 당시 사태를 지켜보며 어떤 생각을 하셨습니까.

"글쎄요. 나는 전별금을 그렇게 나쁘게 보지 않았습니다. 전별금이라는 것은 본래 새로운 임지로 떠날 때 교통비나 이사비에 보태 쓰라고 십시일반으로 건네주는 것이거든요. 상부상조하는 측면이 있었죠. 그 지역에서 알고 지내던 유지들도 석별의 정을 나누는 뜻에서 돈을 주는 것인데, 그게 지나치게 많다면 문제가 되겠지만 몇 만원 정도의 전별금을 받는 것은 나쁘다고 생각지 않습니다. 인간적인 측면이 있죠. 다만 그런 뜻이 아니라 앞으로도 자기를 잘 봐달라는 뜻으로 주는 것이라면 문제지요. 그건 전별금이 아니죠."

변호사들이 판·검사에게 건네는 전별금은 그 의미가 다르지 않습니까.

"사시 동기라든가 가깝게 지내던 사람이 그 지역을 떠날 때 석별의 정으로 전별금을 주는 것이 그렇게 나쁜 것인가, 하는 생각이 듭니다. 대전법조비리사건 당시 그런 경우까지 다 처벌한 것은 너무 가혹하지 않았나 싶습니다. 차라리 그때 검찰 책임자가 '지금까지 이런 풍토가 있었는데 앞으로는 이런 일이 없도록 노력하겠다. 정 처벌이 필요하다면 제가 책임을 지고 물러나겠다'고 말했다면 영웅이 되지 않았을까, 하는 생각을 해봤습니다."

변호사들이 판사와 접촉하는 문제는 어떻게 보십니까.

"글쎄요. 그건 사안에 따라 달리 판단해야 하는 것 아닙니까. 가령 변호사가 자기가 맡은 사건을 해결하기 위해 술자리를 마련해 향응을 베푼다거나 돈을 준다든가 하는 일은 절대로 없어야죠. 하지만 새로운 임지로 떠날 때 주는 전별금, 즉 그동안 우리 지역에 와서 수고했으니 그냥 보내기 아쉽다고 해서 주는 돈마저도 나쁘다고 볼 필요는 없지 않겠습니까."

화제는 다시 검찰개혁으로 돌아갔다. 차 특검은 공정한 인사가 검찰개혁의 열쇠임을 강조했다.

"제일 중요한 것은 인사입니다. 검찰이 정치적 중립을 유지하려면 인사가 공정하고 원칙에 맞게 운용돼야 합니다. 지금은 어떻게 운용되는지 모르겠지만, 예전에 검찰인사위원회라는 게 있었어요. 대검 차장이 위원장이었는데, 자문기관이라 별로 힘을 못 쓰고 유명무실했던 것 같습니다. 이것이 자문기관이 아니라 의결기관이라면 얘기가 달라질 수도 있겠죠. 인사가 제대로 되면 다른 문제는 쉽게 풀 수 있죠. 능력 있고 윗사람 눈치 보지 않고 열심히 일하는 사람이 대접받는 인사가 확립된다면 정권 눈치를 볼 필요가 없죠."

차 특검은 시민단체에서 주장하는 특검제 상설화는 반대했다.

"특별검사는 비상조치적 성격이고 한시적인 제도죠. 검찰이라는 조직에는 고시에 합격한 우수한 인적자원이 몰려 있어요. 전문성도 있고 수사경험도 많이 축적돼 있어요. 이런 조직을 잘 활용해야죠. 일본의 경우 검찰을 국민이 신뢰합니다. 일본에서는 특별검사제를 한다는 얘기가 전혀 나오지 않죠. 그런데 우리는 국민의 신뢰를 얻지 못하니까 특검이 나서면 제대로 되지 않겠냐는 기대감에서 특검제가 도입된 것입니다. 국민의 신뢰를 회복할 때까지 한시적으로. 국가는 정상적인 조치로 운영돼야지 비상조치로 운영되면 안 되죠."

여당 법사위 몇몇 의원도 특검제 상설화를 주장하는데요.

"특별검사제도 입법화에는 두 가지 방법이 있어요. 첫째는 지금처럼 구체적인 사건마다, 가령 '이용호 게이트'라고 하면 이용호 게이트에 관한 특별검사 법률안을 만드는 방법입니다. 또 하나는 일반적인 특별검사법을 만들어놓고 고도의 정치적인 사건이라든지 고도의 권력형 비리사건이 발생하면 국회 의결을 거쳐 특별검사를 임명하는 방식으로 운영하는 것이지요. 이런 식으로 일반법을 만들어 상설화하는 것은 반대하지 않아요. 그런데 검찰이 신뢰를 회복하면, 옥상옥인데, 특별검사제를 할 필요가 없죠."

오전 11시50분이 되자 차 특검은 "식사 약속이 있다"며 "더 할 거냐"고 물었다. "수사와 관련된 얘기를 전혀 하지 않았으니 여기서 끝낼 수가 없다"고 대답하자 그는 어쩔 수 없다는 듯 오후에 인터뷰를 재개할 것을 약속했다. 오후 2시, 특검사무실에 다시 들어서자 직원들이 의아해했다. 안내하는 직원이 "아직 (인터뷰가) 안 끝났냐"며 농담조로 "특검님을 너무 괴롭히지 마십시오"라고 말했다.

이제부터 특별수사와 관련해 여쭤보겠습니다. 특검수사에서 가장 큰 수확이라면 어떤 걸 꼽을 수 있을까요.

"특별히 큰 수확이라고 지적할 만한 건 없다고 봅니다. 열심히 노력한 결과라고 보죠. 수확이라는 말 자체가 이상한 말이에요."

그래도 가장 공을 들인 부분이 있지 않겠습니까.

"특별히 공을 들인 것은 없고요. 우리가 수사의 대가는 아니지만, 수사라는 것은 어떤 목표를 정해놓고 하는 것이 아니라 진상을 발견하기 위해 기초를 쌓아놓고 계속 물 흐르듯이 흘러가는 것이죠. 우리끼리는 실체 진실이라는 표현을 쓰는데, 그것에 최대한 접근하는 것이 수사과정이지요. 그렇기에 어느 부분에 특별히 공을 들였다고 말할 수는 없죠."

우문에 현답인 것 같습니다. 이수동씨는 동교동계 가신 중 최고참으로 오랜 세월 김 대통령을 보좌해온 측근입니다. 청와대에도 자주 드나들고 대통령 내외의 사적 심부름을 도맡아 처리한 것으로 알려져 있어요. 이수동씨를 수사하기 전 그가 어떤 사람인지 아셨습니까.

"잘 몰랐어요. 이수동씨가 이 사건으로 구속되리라고는 전혀 예상하지 못했죠. 이용호 게이트가 경제범죄사건이기에 수사하는 데 가장 역점을 둔 것이 계좌추적이었어요. 이수동씨가 받은 돈의 경우, 이용호씨가 자기 회사에서 현금으로 5000만원을 갖고 나와 은행에서 1000만원짜리 수표 다섯 장으로 바꿔 이수동씨한테 건네준 돈입니다. 회사에서 가지급금이 현금으로 나간 경우는 추적하기가 쉽지 않죠, 본인이 말을 하지 않는 한. 그런데 이 사실을 알게 된 것은 현금 5000만원을 1000만원짜리 수표 다섯 장으로 바꾸면서 수수료를 1000원 낸 사실이 발견됐기 때문입니다. 수표 발행 수수료죠. 이 영수증이 어느 은행 것이냐, 어떤 수표를 발행했냐를 추적했습니다. 그러니까 수표 다섯 장이 나왔고 수표 행방을 추적하니 여자 두 명이 그 수표를 사용한 사실이 확인됐어요. 그 두 여자를 조사해보니 이수동씨가 그 수표를 받은 사실이 드러났죠. 만약 수수료 영수증을 무심코 지나쳐버렸다면 이수동씨 관련 사실은 영원히 발견하지 못했을지 모릅니다."

1000원짜리 수수료 영수증은 이용호씨 회사의 경리장부에서 찾아냈다.

차 특검은 "계좌추적팀이 밤 10시까지 추적한 결과"라고 설명했다. 대통령과 오랜 친분을 쌓아온 이수동씨 수사가 부담스럽지는 않았을까.

"수사결과를 발표할 때도 얘기했지만, 첫째는 성역이 없는 수사를 원칙으로 하고, 둘째는 순리와 정도에 따른 수사를 하자, 이 두 가지 기본방향이 정해졌기 때문에 일절 성역을 두지 않았습니다."

이수동씨가 조사받는 태도는 어땠습니까.

"글쎄요. 제가 직접 조사하지 않아서…. 아주 겸손하고 우호적인 태도였다고 들었습니다."

그런데 수사과정에서 특검팀을 고소했잖아요. 허위공문서 작성과 공무상 비밀누설 혐의인데, 어떤 사정인가요. 일부 진술이 빠진 조서에, 그것도 일정 시간이 지난 후 서명을 강요했다는 주장이죠.

"제가 보고들은 바로는 검사가 이수동씨와 도승희씨 두 사람을 대질조사한 후 각자에게 상대방 진술은 보여주지 않은 채 서명날인하게 했다는 겁니다. 그러니까 이수동씨 불만은 왜 도승희씨 진술내용은 보여주지 않느냐, 왜 한참 있다가 조서를 갖고 와서 서명을 요구했냐는 것이지요. 그런데 우리 입장에서는 조서를 작성하더라도 결재권자인 상관에게 보고하고 부족한 점이 있으면 다시 조서를 받아 보충한 다음 본인 서명을 받아야 하거든요…."

여기까지 얘기한 차 특검은 "공소유지를 안 한다면 모를까, 법정에서 다뤄질 사안에 대해 얘기하는 것은 적절치 않다"며 입을 다물었다.

옷로비 사건 특검 때도 피의자인 정일순씨가 특검을 고소한 적이 있었지요.

"사실 이 문제의 핵심은 다른 데 있어요. 언론 취재가 과열되다보니 우리가 하지도 않은 얘기가 신문에 실렸어요. 이수동씨 입장에서는 만날 특검 관계자의 얘기라며 신문에 자신과 관련된 내용이 보도되는 것이 불만이었던 거죠. 그래서 특검 관계자가 공무상비밀을 누설했다고 고소한 겁니다.

그때 어느 신문에 이수동씨 진술이라며 '청탁을 해오면 대부분 다 들어줬다. 모 검사가 서울지검장이 되지 못했는데, 내가 뛰었으면 됐을 텐데' 이런 내용이 실렸어요. 내가 조서를 다 봤는데 그런 말은 없어요. 이수동씨로서는 '왜 내가 하지도 않은 얘기를 보도해 명예훼손을 하느냐'고 항의할 만한 일이었죠."

이수동씨가 특검팀을 고소한 날 차 특검은 잠을 이루지 못했다. "특검을 맡은 이후 가장 고통스러웠던 순간"이었다. 고뇌 끝에 중간수사결과 발표라는 정공법으로 난관을 돌파하기로 마음먹었다.

"그때 생각엔 이랬죠. 이대로 놔두면 취재경쟁이 과열돼 자꾸 오보가 나올 것이고, 그러다보면 특검 관계자에 대한 고소가 줄을 이어 수사를 더 할 수 없는 어려운 상황에 닥칠지 모른다는 걱정이었습니다. 차라리 지금까지 수사한 내용을 투명하게 밝히고 더는 오보도 없고 고소하는 사태도 없도록 하자. 그래서 원래 계획에는 없었지만 중간수사결과를 발표하게 된 것이죠. 물론 특검법에 1회에 한하여 중간수사결과를 발표할 수 있다는 규정이 있어요."

일부에서는 특검이 이용호 게이트와 직접 관련 없는 부분까지 건드리는 것 아니냐는 불만도 제기됐지요. 언론개혁문건이나 이수동씨의 인사개입 부분은 엄밀하게 얘기하면 수사 본질과 상관없는 것 아닙니까.

"계좌추적 못지않게 중요한 것이 압수수색이에요. 객관적인 물증을 확보하는 데 가장 확실한 방법이거든요. 물론 언론문건이나 인사청탁이 범죄사실과 직접 관련된 것은 아니죠. 이용호씨가 이수동씨한테 주가조작에 대한 금융감독원의 조사를 무마해달라며 돈을 줬어요. 그러면 과연 이수동씨가 그런 청탁을 받을 만한 위치에 있었냐는 것을 확인해야 할 필요가 있죠. 그것 말고 다른 인사청탁도 있었다, 언론문건 같은 것도 갖고 있었다, 이런 점은 중요한 정황증거가 되죠. 그래서 우리 수사범위에 든다고 판단한 것입니다. 특검법에 당사자가 수사범위에 대해 이의신청을 하면 고등법원에서 판단해주도록 돼 있어요. 몇 차례 이의신청이 제기됐는데, 고등법원에서 전부 수사대상에 포함된다는 판결이 나왔죠."

이용호씨와 공범관계로 인정된 김영준씨는 "나는 이용호도 아닌데 이용호 사건을 다루는 특검이 왜 나를 수사하고 구속하느냐"고 이의신청을 했다. 이형택씨도 자신이 개입한 보물선사업은 이용호 게이트와 직접 관계없는 것이라고 항변했다.

"사실 특별수사 명칭으로만 보면 그렇게 볼 소지는 있죠. '이용호 주가조작·횡령' 및 그와 관련된 '정·관계 로비의혹'이 수사대상이니까요. 그런데 그 문구만 두고 김영준씨가 수사대상이 되느냐 안 되느냐 따지는 것은 문제가 있죠. 우리는 이용호씨의 공범도 당연히 수사대상에 포함된다고 판단했고 그것이 법원에서 받아들여진 거죠. 이형택씨의 경우도 마찬가지예요. 이형택씨는 자신은 이용호씨의 주가조작이나 횡령과는 관계없고 보물 찾는 데 동참한 것뿐인데 그것이 어떻게 특검수사대상이냐고 이의신청을 했죠. 그렇지만 우리는 보물을 발굴했다고 신문에 광고 낸 행위를 주가를 조작하기 위한 사전활동으로 봤고, 역시 법원에서 인정됐어요."

지난해 12월11일 수사에 착수한 특검은 20일 후 이기주 전 한통파워텔 사장을 구속하는 개가를 올렸다. 여운환(이용호 게이트 관련, 사기혐의로 구속) 씨에게 1000만원을 받은 혐의였다. 해가 바뀌어 1월13일, 신승남 검찰총장의 동생 신승환씨가 이용호씨로부터 로비자금으로 6000여만원을 받은 혐의로 구속되자 다음날 신 총장이 사퇴했다. 이때부터 특검수사는 불이 붙었다. 대검 중수부의 수사내용이 하나둘 뒤집어졌고 검찰이 밝히지 못했던 사실이 특검에 의해 드러났다. 1월18일엔 검찰이 수배만 해놓고 잡지 못했던 D신용금고 실소유주 김영준씨를 구속했다. 2월1일엔 김 대통령의 처조카인 이형택씨가, 2월28일엔 김 대통령의 가신인 이수동씨가 구속됐다.

대검 중수부는 신승환씨가 이용호씨로부터 받은 돈을 로비자금이 아니라 사장 직위에 따른 급여로 판단했다. 이에 대해 묻자 차 특검은 "법정에서 논쟁이 될 부분이므로 답변하지 않겠다"고 말했다.

일부 언론에 따르면 신승환씨에 대한 구속영장을 청구하고 나서 영장이 떨어질까 안 떨어질까 고민하셨다는데요.

"전혀 근거 없는 얘기입니다. 사람 구속하는 것이 뭐 그렇게 득이 된다고 마음 졸이며 구속되길 바라겠습니까. 그저 법원으로부터 정당한 판결을 받겠다는 심정이었어요."

혹시 영장사유가 불충분하거나 이론의 여지가 있어 고민한 건 아닙니까.

"오히려 반대였죠. 이건 분명히 죄가 된다는 확신이 있으니까 영장을 청구한 거죠. 다만 이것 때문에 검찰이 큰 충격을 받지 않을까 하는 점에서 마음이 편치 않았던 것뿐입니다."

차 특검의 견해로는 이용호 게이트에 대한 대검수사는 특검수사와 비교해 폄훼만 할 게 아니다. 대검에서 광범위하게 수사해놓은 것이 특검수사의 발판이 됐다는 것이다.

"사실 검찰에서 이용호씨를 구속하면서 작성한 수사기록을 보면 그 양이 엄청납니다. 그렇게 만들기도 쉽지 않은 일이죠. 또 신 총장에 대해 나쁜 이미지만 남아있는 모양인데, 사실 그때 대검에서 이용호씨를 구속하지 않았더라면 피해자가 더 늘었을 거예요. 이씨가 구속된 건 신 총장의 공이라고 생각합니다. 서울지검에서는 풀어주지 않았습니까. 대검은 나름대로 수사를 열심히 했어요. 그것을 토대로 우리가 더 일을 할 수 있었던 거죠."

하지만 특검수사가 진행되면서 검찰에서 부실수사를 했다는 것이 드러나지 않았습니까. 신 총장 말이 나왔으니까 하는 얘기인데, 언론보도에 따르면 신 총장은 대검수사가 끝난 다음에 "특검 아니라 특검 할애비가 와도 더 나올 게 없다"고 장담했다는 것 아닙니까.

"수사결과에 대해 나름대로 자신감을 가졌던 게 아닌가 싶어요. 제가 특검을 맡은 후 예전에 저와 함께 근무했던 검사도 '검찰이 최선을 다했기 때문에 더 나올 것이 없을 것'이라고 얘기하더라고요. 그렇지만 수사라는 것은 100% 완벽하게 할 수는 없는 거죠. 우리 수사도 마찬가지예요. 다른 수사팀이 다시 하면 또다른 것이 나올 수 있겠죠."

그런 일반론적인 얘기 말고요. 예컨대 옷로비 사건 때 김태정씨가 법무장관인데 검찰이 그 부인을 수사한 것을 두고 말이 많지 않았습니까. 마찬가지로 현직 검찰총장 동생을 총장 직속인 대검 중수부가 수사하는 데는 한계가 있었을 것 아니냐는 지적이지요.

"언급하지 않겠습니다."

실제로 수사를 해보시니 어떻던가요. 당시 대검 수사팀이 총장 동생 문제로 발목이 잡혀 수사에 제약을 받은 정황이 드러나지는 않았습니까.

"글쎄요. 나는 신 총장을 잘 모릅니다. 그런데 전해 듣기로는 상당히 결백한 사람이라고 합니다. 뭘 알면서 일부러 은폐할 사람은 아니라고 봅니다."

이런 문제를 제기할 수 있죠. 특검팀은 계좌추적을 했잖아요, 신승환씨에 대해. 그런데 대검은 안했죠. 수사의지가 크게 다르지 않습니까.

차 특검은 "내 입으로 얘기하기는 적절치 않은 것 같다"며 비껴갔다.

"계좌추적, 압수수색을 상당히 활용했죠. 이용호나 김영준 같은 사람이 조금만 입을 열어줬어도 우리가 좀더 많은 일을 할 수 있었을 텐데 너무 협조를 안 해줬어요. 그런 점에서 최악의 상황에서 수사했다고 할 수 있죠. 현금 수십억원의 흐름을 어느 정도 파악했는데도 당사자들이 입을 열지 않아요. 사실 현금에 대해서는 당사자가 입을 열지 않으면 추적이 불가능하거든요. 그 점에서 아쉬움이 있습니다."

대검에서 이수동씨와 이용호씨 관계를 수사했던가요.

"안했어요. 이용호씨는, 이수동씨가 돈을 받았다는데도 자기는 준 적 없다고 주장한 사람이에요. 수사기간 내내 철저히 입을 다물었어요."

김영준씨와 정상교(L가구 이사)씨는 검찰에서 못 잡았던 것 아닙니까. 특별한 방법이 있었나요.

"그 점에서는 유영돈 경위를 칭찬할 수밖에 없어요. 강남경찰서 강력반장인데 특검팀에서 검거조로 활약했지요. 그 사명감이라는 건 대단했어요. 밤잠을 설치면서 사람 잡는 데만 몰두했으니까. 대여섯 사람이 할 일을 혼자 해냈습니다. 휴대전화 발신지를 확인해 사람을 추적하는데, 정말 눈부신 활약을 보였죠."

이형택씨 수사에는 보물발굴수익 지분 관련자료를 찾아낸 SBS 특종보도가 한몫했다. SBS 보도 때문에 이씨에 대한 수사가 예정보다 빨라졌다.

이형택씨는 국가기관에 로비한 사실을 끝까지 부인했죠?

"부인한 건 아니죠. 이기호 청와대 경제수석에게 부탁하고 해군을 찾아가 관계자들에게 얘기한 것은 시인했죠. 다만 대가성을 부인했을 뿐입니다."

보물선사업 자체는 문제 삼을 것이 아니지 않습니까. 국익에 관계된 것이라면 국가기관 간에 업무협조를 할 수도 있지 않나요.

"적절치는 않다고 보죠."

이기호씨는 최근 오마이뉴스 인터뷰에서 자기가 이형택씨 얘기를 듣고 국정원에 연락한 것은 정당한 업무였다고 주장했어요. 보물선사업이 국익 측면에서 관심을 가질 만한 일이기 때문에 업무협조 차원에서 국정원에 얘기했다는 주장입니다.

"글쎄요. 그 분은 그렇게 얘기할 수 있겠지만 경제수석이 국정원 차장한테 직접 얘기한 것은 적절한 업무협조가 아닌 것 같은데요. 왜냐하면 그런 취지라면 개인적으로 업무협조를 구할 것이 아니라 공식회의를 통해 조직적으로 해야죠."

특검수사가 끝난 것은 3월25일. 야당과 언론에서는 수사기간을 연장할 것을 주장했다. 하지만 정작 특검팀은 이에 반대했다. 이를 두고 특검수사에 비판적인 사람들은 "특검이 이것저것 잔뜩 벌여놓고 뒷감당이 안 될 것 같으니 수사기간 연장에 반대한 것 아니냐"고 말했다. 이런 얘기를 꺼내자 차 특검은 조용히 웃기만 했다.

대통령 아들 문제가 막 불거지는 시점에 수사가 끝나니까
아쉬움이 있었던 것 같습니다.

"우리는 나름대로 끝나는 날까지 최선을 다했어요. 그리고 실제로 해보지 않은 사람은 느끼지 못할 텐데, 105일 동안 거의 매일 밤잠을 설치고 공휴일에도 쉬지 못하는 것이 보통일이 아닙니다. 아마 취재기자들은 잘 알 겁니다. 우리가 하는 걸 옆에서 지켜봤으니까. 기력이 탈진됐어요, 우리 팀 전체가. 그리고 또 한 가지는 이 사람들이 특검에 파견돼 올 때는 최대 105일이면 끝난다, 105일이 지나면 각자의 일터로 돌아갈 수 있다는 생각을 갖고 있었어요. 그에 맞춰 각자의 일정을 조정한 상태에서 특검일을 시작했거든요. 사정이 이렇기 때문에 수사를 더 하라고 하면 몇 사람은 사표를 내고 돌아가야 할 형편이었죠. 신체적으로 지쳐있는데다 각자의 계획이 있으므로 어쩔 수 없는 일이었죠."

야당이나 언론의 태도가 야속했겠습니다.

"좀더 해주기를 바란다는 건 사실 우리한테는 고마운 일이죠. 그만큼 좋게 평가해준다는 얘기니까요. 우리 형편이 그렇지 못하기 때문에 도저히 못한다는 것뿐이지 야속할 건 없지요."

대통령 아들 문제가 초미의 관심사였지요. 특검이라면 그것을 밝힐 수 있을 거라는 기대감이 컸던 것 같습니다.

"토대를 만들어놓은 것으로 우리 임무를 다하지 않았나 생각합니다. 검찰 간부 수사기밀누설 문제는 어떻게든지 마무리를 지어서 검찰에 부담을 주지 않으려 했는데 그것까지 넘겨주게 돼 검찰에 미안한 심정입니다. 마지막까지도 이수동씨를 불러 그에 관한 진술을 확보하려 했죠. 그런데 나중에는 이씨가 몸이 아프다며 링거를 맞고 휠체어를 타는 상황이 벌어졌어요. '더는 말하지 않겠다'고 버티는 바람에 어쩔 수가 없었죠."

수사팀에서 잠정결론을 내린 걸로 들었는데요.

"심증으로는 그렇지요. 하지만 심증만으로 수사할 수는 없지요."

언론보도에 따르면 차 특검은 수사팀에 자비로 보너스를 지급했다고 한다. "수사활동비가 부족하지 않았냐"는 물음에 그는 "국가 예산이라는 게 다 어려운 것 아닙니까" 하고는 허허 웃었다.

국가에 봉사하는 건데 사재를 털어서 하는 것은 문제가 있지 않습니까.

"자신을 희생하는 데 가치가 있는 것 아닙니까? 길가에 민들레가 꽃을 피워 사람들을 즐겁게 함으로써 자기 직분을 다하는 것처럼, 사람은 누구나 사회를 위해 가치 있는 일을 하라고 태어났다고 보거든요. 뭔가를 할 수 있는 위치에 있을 때 자기희생도 하는 거지요. 자신의 사회적인 가치를 세상에 드러낼 때 세상사는 보람이 있는 것 아니겠습니까. 아무런 가치 없이 살다가 죽는 건 의미 없는 일이죠."

사람들에게는 이중적 잣대가 있는 것 같아요. 큰 정의는 지켜야 한다고 생각하면서도 작은 정의는 가볍게 여기는 경향이 있습니다. 이를테면 사회정의를 부르짖다가도 자신의 이익이 걸린 문제 앞에서는 정의에 대한 시각이 달라지지요.

"저는 성악설을 믿지 않습니다. 사람은 날 때부터 착하다고 보기 때문입니다. 비록 이중적인 태도를 보인다고 해도 근본적으로는 선한 사람이라고 봐요. 사회적으로 보람되고 가치 있는 일을 하고 싶어하는 마음은 누구에게나 다 있다고 보거든요. 만약 그런 마음이 없는 사람만 모였다면 사회가 발전하겠습니까."

차 특검은 아내 사랑이 남다른 것으로 알려져 있다. 한 남자가 한 여자를 만나 평생 사랑하는 것은 사회적으로 가치 있는 일을 하는 것 못지않게, 아니 그 이상으로 가치 있고 아름다운 일인지 모른다. 인터뷰 초점이 '특검 차정일'보다 '인간 차정일'에 맞춰진 만큼 마지막으로 이와 관련된 질문을 던졌다.

부인과는 어떻게 만나셨습니까.

"사법대학원 1학년 때 친구 소개로 만났죠. 지금은 사법연수원으로 불리는데, 그때는 서울대학교 사법대학원으로 2년 코스였어요. 아내는 그때 한국은행에 다니고 있었는데, 오래 사귀었죠. 그쪽이야 결혼할 조건을 다 갖추고 있었지만 우리 집안이야 아까 얘기한 것처럼 집도 없던 처지였기 때문에 결혼하기까지 꽤 시간이 걸렸어요. 한 4~5년 사귀었나 봐요."

부인 집안은 부유한 편이었습니까.

"아주 부유한 편은 아니었지만, 그래도 상중하로 따지면 상에 속했죠."

처음 봤을 때 '이 사람'이라는 생각이 드셨습니까.

"저는 첫눈에 반한다는 건 별로 믿질 않아요. 오랫동안 서로 지내보면서 얼마나 교감이 오가느냐를 중요하게 생각합니다. 처음에는 좋다가 나중에 싫어지는 사람이 있고, 만날수록 좋은 사람도 있잖아요. 후자에 속한다고 봐야죠."

젊었을 때 부인에 대한 느낌과 지금 느낌이 어느 정도 달라졌습니까.

"달라진 것이 거의 없습니다. 전혀 달라진 게 없다고 봐도 좋을 정도로, 전적으로 나를 이해해주고 영원히 내 편이라는 느낌이죠."

누군가가 자신을 전적으로 이해해준다는 것은 여간한 축복이 아니다.

차 특검은 "어떤 점을 보고 평생 반려자로 삼아도 좋겠다는 생각을 굳혔냐"는 질문에도 같은 대답을 했다. 거기에 '헌신적'이라는 표현을 덧붙였다. 그의 부인은, 말하자면 전업주부다. 한때 학교에서 강의한 것을 빼곤 특별한 직업을 가져본 적이 없다고 한다.

집안일은 좀 도와주시는 편인가요?

"그건 우리 집사람도 불만스럽게 생각하는 점이에요. 저는 한 가지 일을 하면 다른 걸 못하는 성격입니다. 그래서 집에서는 못마땅해 하죠. 뭐 하나 하면 항상 그것만 생각하고 있으니까. 집안 잡일은 거의 도와주지 못하죠."

혹시 살아오면서 부인 이외의 다른 여자를 생각해보신 적은 없습니까.

그가 웃었다. "대답하지 않겠다"는 대답이 돌아왔다.

스스로 생각하기에 아이들한테 좋은 아빠 노릇을 해오신 것 같습니까.

"부모님한테 내가 별로 받질 못했기에, 자식한테 고통을 주면 안 되겠다고 생각해 신경은 많이 썼습니다. 정신적으로나 물질적으로나 부족함 없이 잘 뒷바라지했다고 생각합니다."

아이들과 대화는 자주 하십니까.

"과거에는 자주 했죠. 지금은 성인이 됐으니 자주 하진 않지만, 항상 대화의 문을 열어놓고 있습니다."

사람들의 주 관심사가 건강과 재산증식인데요. 건강은 어떻게 관리하십니까.

"건강에 신경을 쓰는 편입니다. 일주일에 몇 차례 헬스클럽에 들러 운동하고 일요일마다 등산을 빼놓지 않죠. 그런데 재테크 측면에서는 둔재죠. 아주 둔해요. 계산에 어두운데다 기본적으로 먹고 살 재산만 있으면 되지 그 이상 뭐가 필요하겠냐고 생각하니까요. 그리고 어렸을 때에 비하면 지금은 잘사는 거니까."

주식 투자는 안하십니까.

"전혀 해본 적이 없어요. 검찰에 있을 때 재형저축은 했지만 그것을 주식 투자라고 할 수는 없겠죠."

주변 법조계 인사들은 대체로 그런 성향인가요?

"사람에 따라 다르지요. 제 주변에도 재테크나 이재에 수완이 있거나 관심을 보이는 사람이 꽤 있어요. 하지만 저 같은 경우 차라리 술 마시는 걸 좋아하지 그런 건 별로 좋아하지 않아요."

차 특검은 담배는 안 피웠다. 검사 시절엔 하루에 세 갑까지 피웠는데 끊은 지 10여 년 됐다고 한다.

수사를 하면서 많이 외로우셨을 법한데 어떻게 극복하셨는지요?

"계속 외로웠죠. 전화를, 사무실에서건 집에서건 일절 안 받았죠. 그렇게 수도승처럼 지냈어요. 뭐든지 최종결정은 지휘관이 해야 하잖아요. 처음엔 워낙 바빴던 탓인지 외로움을 느끼지 못했는데 갈수록 외롭다고 느꼈죠. 특히 마지막 단계에서 그랬어요. 어떨 때는 누구와 얘기하고도 싶었지만 끝까지 스스로 판단해 결정하는 자세를 잃지 않으려 애썼습니다."

마지막 질문을 던지고 나면 어떤 운명을 예감하듯 서늘한 느낌에 젖을 때가 있다. 그는 어떨까. 자신에 대해 많은 얘기를 하고 난 후 찾아들기 마련인 허탈감을 맛보고 있을까. 그의 부탁에 따라 여직원이 차를 한 잔 더 내왔다. 세 번째 차다. 차를 마시며 10여 분 가량 여담을 나누었다. 그의 표정이 편안해 보였다. "검사라면 누구나 한번쯤 검찰총장을 꿈꾸지 않느냐"는 물음에 "누울 자리를 보고 발을 뻗어야지요" 하고 웃었다. 사무실 벽에는 한 시민이 보내온 족자가 가로로 길게 걸려 있었다. '여러분은 바로 우리 모두의 희망'이라는 문구가 눈에 띄었다.

'참여검찰' 주창한 참여정부 첫 서울지검장 서영제

"SK수사, 국익 위한 건지 아닌지 판단 어려워"

2003년 3월 헌정사상 처음으로 '대통령과 검사의 대화'를 촉발한 노무현 정부 첫 검찰인사는 신선하면서도 파격적이었다. '평범한 수사통'인 서영제 청주지검장이 '검찰의 꽃'이라는 서울지검장에 임명된 것도 화제였다. 검찰 인사 관행에 비춰 서 지검장처럼 이른바 출세코스인 법무부나 대검의 요직을 거치지 않은 검사가 서울지검장에 오른 것은 매우 이례적인 일이었다. 내가 기억하는 그는 서울지검 강력부장과 대검 마약부장에 딱 어울리는 이미지를 갖고 있었고 실제로 두 직책을 맡았을 때 주변의 평가도 나쁘지 않았다. 그는 서울지검 강력부장 시절부터 알고 지내던 나의 인터뷰 요청을 거절하지 않았다. 인터뷰에서 그는 대기업 수사는 경제상황을 감안해야 한다는 소신을 폈다. 기사가 나간 후 시민단체인 경제개혁연대는 이를 '재벌수사 속도조절론'으로 규정하며 강하게 비판했다.

1950년 충남 서천 출생/ 성균관대 법정대, 법과대학원/ 1974년 사시 16회/ 대전지검 강경지청장, 대검 공안3과장, 서울지검 강력부장, 서울지검 서부지청장, 대검 마약부장, 청주지검장, 서울지검장, 대전고검장, 대구고검장/ 현 법무법인 산경 대표변호사, 충남대 법과전문대학장

한바탕 폭풍우가 지나갔다. 사상 최초의 여성 판사 출신 법무장관, 서열·기수파괴 인사, 좌천된 간부들의 공개적 반발, 평검사들과 대통령의 TV토론회….

노무현 정부가 출범한 지 두 달. 검찰은 이제 적어도 겉으로는 안정돼 보인다. 물러난 사람들의 항변은 잦아들고 새로운 사람들에 의한 새 체제가 자리를 잡아간다. 관료조직의 생리란 본래 그런 법이다. 새롭고 낯선 것에 곧잘 반발하지만 저항은 이내 진압된다. 힘의 논리에 익숙한 조직원들은 언제 그랬냐는 듯 새 체제에 빠르게 적응해간다.

'양은이파 두목 조양은씨를 구속하고 대검 초대 마약부장을 맡는 등 강력통이다. 미국 특검제를 연구해 박사학위를 갖고 있다. 활달한 성품이나 처신이 비교적 가볍다는 평도 있다.'

'인간관계가 원만하면서도 시시비비가 분명한 스타일.'

'할 말을 하는 깐깐한 성품이지만 업무 스타일은 무색무취하다는 평.'

'구권화폐 사기사건으로 장영자씨를 구속한 강력 수사통. 두뇌회전이 빠르다는 평이다.'

이른바 '검찰 개혁 인사'에서 가장 눈길을 끈 사람 중 한 명인 서영제(徐永濟, 53) 서울지방검찰청장에 대한 몇몇 일간지 프로필 기사다. 법조계 관련 인터넷 사이트인 '오세오닷컴' 인물평에는 '정치색이 없고 오로지 수사에만 전념해온 수사통' '강직한 성격에 수사검사들의 의견을 상당 부분 수용하면서 수사를 독려하는 편이며 외부인사와는 거의 만나지 않는 등 스스로의 관리에 철저함'이라고 적혀 있다.

현재 서울지검은 SK수사의 파장과 더불어 세풍, 한나라당 이회창 전 총재의 20만달러 수수설, 국정원 도청의혹 등 대형사건 수사로 세간의 이목을 집중시키고 있다. 하나같이 정치색 짙은 이 사건들에 대한 서울지검의 수사결과는 노무현 정부 검찰의 '색깔'을 가늠하는 잣대가 될 것으로 보인다.

4월8일 오후 취임 한 달째를 맞은 서영제 서울지검장을 만나 서울지검에서 진행되는 수사와 검찰 개혁, 인사 파동을 화제 삼아 2시간 동안 얘기를 나눴다. 그는 서울지검장에 취임한 후 분란에 휩싸였던 조직을 조용히 안정시키고 있다는 평을 듣고 있다. 검찰 일부에서는 그를 역대 서울지검장 중 가장 정치색이 없는 검사로 꼽는다. 반면 그가 충남 출신이라는 점을 들어 '지역 안배 케이스'라고 깎아내리는 시각도 있다.

분명한 것은 서울지검 서부지청 특수부장, 서울지검 강력부장, 대검 범죄정보기획관, 대검 마약부장 등의 경력이 말해주듯 그가 수사통이라는 점이다. 특별한 '정치적 연줄'도 없는 것으로 알려져 있다. 예상을 뛰어넘어 그가 '검찰의 꽃'이라는 서울지검장에 오르게 된 데에는 바로 이 점이 크게 작용했다는 분석이 유력하다.

서 지검장은 자신이 서울지검장에 임명되리라고는 전혀 생각지 못했으며 사전에 아무런 통보도 받지 못했다고 했다.

"전혀 몰랐어요. 청주지검장으로 있으면서 서울에 잘 올라오지도 않았기 때문에 인사와 관련해선 아무것도 몰랐지요. 그런데 인사 발표 며칠 전 부속실 계장이 모 인터넷신문에 내가 서울지검장에 내정됐다는 기사가 실렸다고 알려줬어요. 깜짝 놀랐어요. 내가 무슨 서울지검장이냐. 이게 도대체 뭔 일인가 하고 지켜보고 있었죠. 인사 발표된 날 YTN 보도를 보고 확정된 줄 알았어요."

어느 조직이나 인사는 비밀리에 이뤄진다. 그래야 인사권자의 권위가 서기 때문일까. 검찰도 예외가 아닌 모양이다. "지금까지 인사 때 단 한 번도 사전에 통보받은 적이 없다"는 그는 "인사철만 되면 사실 기분이 나쁘다"고 했다. "어디로 날아갈지 모르기 때문"이란다.

"정말 예상치 못했습니다. 서열로 봐서도 아직 아니잖습니까. 청주지검

참여정부 출범 직후 서울지검장에 오른 서영제씨. "경제수사는 국익을 감안해야 한다"고 주장해 시민단체의 반발을 샀다.
김성남 기자

장 지내고 잘되면 인천이나 대구 또는 광주(지검장)로 가고 잘못되면 대전 정도 가는 게 관례입니다. 아니면 대검 공안부장이나 중수부장으로 가는 거지요. 서울지검장은 생각도 못했지."

강금실 장관과는 안면이 없었나요?

"전혀. 그 분이 판사를 했고 더욱이 (사시) 기수도 워낙 차이가 나니까…."

얘기도 못 들어봤습니까.

"못 들어본 것 같아요. 언론에서 장관 후보로 거론된 뒤에야 들어봤지요."

강 장관이 후보로 처음 거론될 때만 해도 다들 반신반의하지 않았습니까.

"나는 그렇게 생각지 않았어요. 신 정부가 출범했기 때문에 뭔가 파격적인 검찰 개혁 조치가 있지 않을까 예상했어요. 통상적인 인사는 안 할 것이다, 짐작했습니다. 나도 보따리 싸야 하는 것 아니냐는 생각까지 했지요."

엘리트 의식이 무척 강한 검찰은 위계질서가 군대 못지않은, 배타적이고 보수적인 집단이다. 판사 출신에 사시 기수도 한참 후배인 여성 법무장관을 상전으로 모셔야 하는 검찰 간부들의 마음이 편치는 않으리라. 이 문제를 거론하자 서 지검장은 고개를 흔들었다.

"장관 내정 사실이 알려진 후 청주지검 조회 때 전 직원에게 이런 얘기를 했습니다. 첫째, 변화의 물결을 받아들여야 한다고. 불교의 기본 원리는 무상, 즉 모든 것은 변한다는 것입니다. 흔히 나라는 존재는 변하지 않는다고 생각하기에 변화를 느끼지 못할뿐더러 변화를 거부하게 됩니다. 집착과 소유욕은 그래서 생깁니다. 하지만 나라는 실체를 부인하면 그런 것이 없어지고, 모든 것이 변한다는 점을 인식하면 행복해집니다. 마찬가지로 검찰도 시대상황에 따라 변할 수밖에 없다는 사실을 인정하면 저항하거나 반감을 품을 이유가 없죠.

둘째로 미국 클린턴 대통령 시절 검찰총장을 지낸 재닛 리노를 예로 들었습니다. 미국엔 법무장관이 따로 없고 검찰총장이 장관 노릇까지 합니다. 흔히 법무장관이라고 하는데 그것은 잘못된 번역입니다. 미국의 검찰총장은 상원의 동의를 얻어야 하며 임기는 대통령과 같은 4년입니다. 클린턴은 그 막강한 권한을 가진 자리에 여성을 임명했습니다. 당시 재닛 리노는 마흔 살밖에 되지 않았어요. 클린턴이 재선됨에 따라 리노는 총 8년 동안 검찰총장을 지냈습니다.

우리나라라고 못할 게 없죠. 결점이나 능력 부족을 문제 삼아 반대한다면 또 모르겠습니다. 하지만 여성이라는 이유로, 나이가 적다는 이유로, 후배라는 이유로 거부한다는 것은 변화의 물결을 수용하지 못하는 불행의 시작이라고 말했습니다."

그는 강 장관에 대한 인상을 묻자 이렇게 평했다.

"인사 파동을 수습하는 걸 보며 참 대단한 분이라고 느꼈습니다. 초지일관 과감하게 일을 추진하는 걸 보고 놀랐습니다. 사심이 없고 강한 추진력을 갖추고 있기에 가능하지 않나 싶습니다."

검찰 개혁과 인사파동에 대한 얘기는 뒤에 하기로 하고 서울지검의 수사상황에 대해 물어봤다.

새 정부 출범 초부터 서울지검에 큰 사건이 많이 걸려 있습니다. 민주당 설훈 의원이 주장한 이회창 전 한나라당 총재의 20만달러 수수설 수사는 마무리 단계죠?

"마무리된 거죠. 청와대 민정비서관이 개입한 의혹이 남아 있는데, 명예훼손사건은 반의사불벌죄이므로 피해자가 처벌을 원하지 않으면 조사를 못 합니다. 고소인이 처벌을 원하는 고소장을 제출해야 수사가 가능합니다. 그런데 아직 한나라당에서 이 부분에 대해 고소를 하지 않고 있어요."

김현섭 전 청와대 민정비서관의 개입의혹은 어떻습니까.

"아직 모르죠. 수사한 적이 없으니. 설 의원의 명예훼손혐의만 조사한 거죠."

서울지검 특수2부는 지난 2월 설 의원의 주장에 근거가 없다며 그를 명예훼손 및 선거법위반 혐의로 불구속기소했다.

최규선씨는 이회창씨에게 돈 줬다는 설 의원의 폭로내용을 부인했죠?

"그렇죠. 자기는 20만달러 준 일이 없다고."

(인터뷰 다음날인 4월9일 한나라당은 이 사건과 관련해 검찰에 추가로 고소장을 제출했다. 김현섭 전 청와대 민정비서관과 김한정 전 청와대 제1부속실장이 고소 대상이다. 그에 따라 폭로 배후 및 청와대 기획설에 대한 수사가 불가피할 전망이다).

국정원 도청의혹 수사는 진전이 있습니까.

"계속 수사하고 있습니다."

수사하는 데 어려움이 있다면요?

"이 사건의 핵심은 국정원이 과연 도청을 했느냐 하는 것입니다. 그동안 수사팀이 많이 애썼습니다만 아직 결론을 못 내리고 있습니다. 고발인 측에서 제보자를 보내주면 쉽게 풀릴 수 있는데 협조해주지 않아 수사하는 데 어려움이 있습니다."

서 지검장에 따르면 이 사건을 수사하고 있는 서울지검 공안2부는 압수수색을 통해 국정원 내부까지 조사했지만 도청 여부를 파악하지 못했다고 한다. 물증이 없다는 것이다.

지난 대선 때 한나라당이 폭로한 도청 관련 문건이 원자료가 아니라 그것을 보고 따로 정리한 자료라면서요?

"아니, 그것도 확실히 모르죠. 수사를 더 해봐야 압니다."

도청이 기관 차원인지 개인 차원인지도 모르고요?

"아직 판단할 수 없습니다."

검찰간부들조차 국정원의 도청을 의식한다는 얘기가 있는데요.

"과장된 얘기입니다. 우리 사회에 도청 공포증이 널리 퍼진 탓인데 검찰엔 그런 것 없습니다. 우리가 도청당할 이유도 없지만 도청할 만한 시설도 없을 거예요."

특수1부가 맡고 있는 '세풍' 수사는 정치 공방의 대상이 되고 있다. 수사결과 서상목 전 한나라당 의원으로부터 지원을 요청받은 이석희 전 국세청 차장이 1997년 9월 이회창 전 한나라당 총재의 동생 회성씨와 공모해 대선 직전까지 23개 기업으로부터 166억3000만원을 불법 모금한 사실이 드러났다.

이회창 전 총재는 '세풍'과 관련이 없다는 결론을 내렸다고 들었습니다.

"지금은 결론을 내릴 수 없습니다."

무엇이 문제입니까.

"이회성씨 등 관련자들이 출두를 안 하고 있습니다."

강제로 구인할 수는 없습니까.

"안 돼요, 이미 기소가 됐기 때문에. 기소가 된 이후엔 강제로 구인할 수 없습니다."

서 지검장에 따르면 이회창 전 총재의 개입 여부는 이회성씨를 조사해 봐야 알 수 있다고 한다. 그런데 그가 소환에 응하지 않기 때문에 조사가 힘들다는 것이다. 법논리대로야 맞는 얘기겠지만 일반인이 듣기엔 답답한 구석이 있다.

참고인이 출두를 안 해 수사를 못한다… 검찰의 실력이 그 정도는 넘지 않습니까.

"추측수사를 할 순 없습니다. 근거를 갖고 해야지. 수사는 마술이 아닙니다."

정치권을 의식하는 건 아닙니까.

"지금 정치권을 의식할 이유가 전혀 없잖아요. 선거도 끝났고. 오로지 법적 관점에서 수사를 어떻게 할 것인가만 생각할 뿐 다른 고려사항은 없습니다."

서 지검장은 이회창 전 총재에 대한 서면조사를 검토하고 있다고 밝혔다.

SK수사 때 여권과 금감원 고위관계자 등이 직·간접으로 수사팀에 우려의 뜻을 전달한 사실이 드러났습니다. 간섭이나 압력으로 비쳐질 만하지요. '세풍' 수사와 관련해 한나라당에서 무슨 얘기는 없었습니까.

"없었어요. 부임한 후 수사와 관련해 외부로부터 전화 받은 적이 없습니다. 나는 이제껏 검사 생활하면서 외부로부터 청탁전화나 정치적 압력을 받아본 적이 없어요. 도대체 왜 외압이라는 말이 나오는지 모르겠어요. 나는 원래 아는 정치인도 고위층도 없습니다. 대인기피증이라 할 정도로 바깥출입을 안 합니다. 그래서인지 전화 같은 게 일절 없습니다."

3월13일 부임한 서지검장은 취임사에서 '경제발전과 국제경쟁력 강화에 도움이 되는 검찰권 행사'를 언급하는 한편 기자간담회에서 "국가를 망하게 하는 기소는 할 수 없다'고 말함으로써 '재벌수사 유보' 논쟁을 일으켰다. 노 대통령과 여권 일각에서 SK수사를 못마땅해했던 사실을 감안하면 '오해'를 살 만한 발언이었다. 언론은 이를 '재벌수사 유보'로 해석했고 참여연대를 비롯한 시민단체들은 크게 반발했다.

이에 대해 묻자 서 지검장은 "사실 내가 꼭 하고 싶었던 얘기"라며 탁자에 취임사를 펼쳐놓고는 길게 설명했다.

"그 문제는 내가 인터뷰에 응한 이유이기도 해요. 취임사를 읽어보면 알겠지만 그런 뜻이 아니에요. 저는 원칙을 얘기했을 뿐입니다. 검사가 수사하고 기소할 때는 가능한 모든 사항을 고려해야 한다는. 국익이라든가 국가경제의 균형발전이라든가 서민의 고충이라든가 이 모든 걸 고려해야 합니다.

형법에 규정된 '양형의 조건'에 따르면 형을 결정할 때는 범행동기 등 여러 사항을 고려해야 합니다. 그것을 수사할 때도 원용하도록 법에 규정돼 있습니다. 1원짜리라도 죄가 되면 무조건 기소하는 단세포적 사고방식은 법정신에 맞지 않아요. 예컨대 어떤 사람이 10억 사기를 쳤다고 합시다. 그런데 구속하려 보니까 언제 죽을지 모르는 말기암 환자란 말입니다. 주변 정황을 일절 생각지 않는다면 무조건 구속해야겠지요. 10억이니까. 그러나 내일 죽을 사람을 구속할 필요는 없지 않습니까.

국가도 마찬가지거든요. '국가를 망하게 하는 기소는 할 수 없다'고 말한 것은, 예컨대 외환위기 등으로 경제가 아주 안 좋은 상태에서 대기업 관련 수사를 잘못하면 나라가 망할 수도 있다는 거죠. 그런 수사는 주변 상황을 봐서 속도를 조절할 필요가 있다는 겁니다. 국민의 공감대를 얻는 수사와 기소를 하기 위해선 시대 상황과 경제사정을 감안하지 않을 수 없습니다.

SK수사가 국민의 공감대를 얻었느냐 못 얻었느냐를 따지자는 게 아닙니다. 형사9부(SK수사팀)가 재벌기업의 분식회계를 적발한 것은 대단한 개가입니다. 분식회계를 적발했기 때문에 앞으로 다른 재벌기업들이 분식회계를 하지 않는다면, 국익을 위한 수사로 볼 수 있을 겁니다. 그렇지 않고 지금 경제가 어렵고 제2의 외환위기가 온다고 하는데 재벌수사를 해 그 기업이 망하고 외국자본이 다 빠져나간다면, 그건 국익을 해치는 수사가 되는 거지요."

오비이락이라고, 노 대통령이 인수위 시절 자기도 모르게 검찰이 전격적으로 SK수사를 벌인 데 대해 불쾌감을 드러내고 여권 일부에서도 수사에 우려를 나타내지 않았습니까. 그걸 의식한 발언은 아닌지….

"전혀 그렇지 않습니다. 기자들이 그렇게 쓴 거지, 나는 재벌수사 유보라는 말을 한 적이 없어요."

SK수사를 어떻게 평가하십니까.

"나는 지금도 그 수사가 국익을 위한 것인지 그렇지 않은 것인지 판단하지 못하겠어요. 미래지향적으로 보면 잘한 수사이고 단기적으로 보면 경제에 나쁜 영향을 줬기 때문에…. 헤럴드트리뷴지에 보니 SK사태로 외국 자본 180억달러가 빠져나갔다고 합니다."

검사 출신인 홍준표 의원은 검찰의 사명은 오로지 수사이고 수사유보란 있을 수 없다고 주장하던데요.

"그건 수사만능주의지. 죄가 되면 무조건 수사하고 기소하는 줄 아는데 그렇지 않다니까. 그건 단세포적인 사고방식이에요. 수사를 위한 수사, 기소를 위한 기소지. 법에도 어긋나요."

서 지검장은 답답하다는 표정을 지으며 법전을 펼쳤다.

"여기 봐요. 형법 51조 '양형의 조건'. 형을 정함에 있어서는 다음 사항을 참작해야 한다. ① 범인의 연령, 성행(性行), 지능과 환경 ② 피해자에 대한 관계 ③ 범행 동기, 수단, 결과 ④ 범행 후 정황. 이 조항을 수사할 때도 원용하게 돼 있어요."

이어 형사소송법 247조를 읽어 내려갔다. '검사는 형법 51조의 사항을 참작해 공소를 제기하지 않을 수 있다.'

경제사건 수사도 여기에 해당됩니까.

"모든 걸 고려해야 하니까. '범행 후 정황'이 바로 경제상황 아닙니까."

언론이 서 지검장의 발언을 '재벌수사 유보'로 해석해 보도하자 참여연대는 서울지검에 항의서한을 보냈다. 이에 서울지검은 참여연대에 답변서를 보내 진의가 왜곡됐다고 해명했다. 이를 두고 일부 언론은 사설을 통해 '검찰도 시민단체 눈치를 보냐'고 비판했다. 그 사설을 못 봤다는 서 지검장은 "내가 무슨 눈치를 본다는 거냐"고 되물었다.

해명서 보냈다고….

"아, 그럼 해명해야지. 왜 해명을 안 해. 잘못 알고 있으면 적극적으로 해명해야지요. 참여연대가 항의서에 그렇게 썼더라고. 기사에 따르면 서울지검장이 재벌수사를 유보한다는데 무슨 근거로 유보하냐, 근거를 밝히라고. 그래서 '그런 사실 없다. 원칙론만 얘기한 거다'라고 답변을 보냈어요. 그랬더니 '그렇다면 안도한다'고 답이 왔더라고. 뭐가 잘못됐어요?"

재벌수사 유보가 아니라니, 한 가지 짚고 넘어갈 게 있다. SK뿐 아니라 삼성 한화 두산 등도 참여연대에 의해 고발돼 있기 때문이다. 그런데 검찰이 나머지 재벌기업들을 수사한다는 얘기는 들리지 않는다. 이를 들어 SK 측에서는 수사 초기 '형평성'을 문제 삼기도 했다. 다른 재벌기업 수사 여부를 묻자 서 지검장은 "아직 보고를 받지 못했다"고 비켜갔다.

"재벌수사를 하겠다, 안 하겠다를 말한 것이 아닙니다. 국가 경제와 국익과 서민들의 삶을 고려해 수사를 하겠다는 겁니다. 재벌수사는 '케이스 바이 케이스'입니다. 그때그때 상황을 봐서 할 것입니다."

취임사에서 논란이 된 표현은 또 있다. 바로 '참여검찰'이다. '참여정부'와 딱 맞아떨어지는 표현이 아닌가. 새 정부를 의식한 표현이 아니냐고 의심받을 만했다.

"그 문제는 저도 해명하고 싶었습니다. 취임사를 보면 '참여검찰'에 앞서 '열린 검찰'이라는 표현이 나와요. '어떠한 형태로든지 국민을 검찰권 행사에 직접 참여케 해 공정성과 신뢰성을 검증받는 열린 검찰로 나아가야 할 것'이라고 말했습니다.

미국이나 영국 등에서는 재판 때 일반 국민이 유·무죄를 결정하는 배심제가 운용되고 있습니다. 수사하고 기소할 때도 그랜드 쥐리(grand jury·대배심)라고 민간인들이 관여합니다. 그런데 우리나라는 법에 배심제가 없으니 그와 비슷한 국민참여제도를 만들자는 겁니다.

예컨대 항소심 재판이나 항고 심사위원회에 민간인을 참여시키거나 국민적 의혹을 받는 주요 사건 수사과정을 민간인이 감시할 수 있는 수사참관인 제도를 생각해볼 수 있어요. 그게 '열린 검찰'이고 '참여검찰'이라는 거지. 참여정부와 코드가 맞는다는 뜻이 아니라. 아첨하는 게 아니라니까요."

서 지검장은 검찰 내 특검 반대파로 유명하다. 미국 특검제를 연구해 책을 펴낼 정도로 이 분야에 전문가인 그는 특검 위헌론을 쟁점화하는 데 앞장서기도 했다.

검찰의 대북송금사건 수사유보를 어떻게 생각하십니까.

"언급할 위치에 있지 않습니다. 내가 오기 전 일이라."

그 사건은 특검이 맡게 됐습니다. 특검제 반대 소신을 갖고 계신 걸로 아는데.

"언급하고 싶지 않습니다."

특검제 반대의 핵심 논리는 무엇인가요.

"반대라기보다는 하려면 미국식으로 하자는 게 제 소신입니다. 미국에서는 대통령 측근이나 고위층 범죄의 경우 검찰총장이 90일 동안 내사를 벌인 후 특검제 도입 여부를 결정합니다. 내사 결과 검찰이 수사할 경우 신뢰성을 확보할 수 없다는 결론이 내려지면 검찰총장이 연방항소법원에 특별검사 임명을 제청합니다. 수사권을 박탈당하는 것이 아니라 스스로 양도하는 것이기에 3권분립에 위반되지 않지요. 그나마 그것도 문제가 있다며 1999년 6월에 폐기하고 검찰총장 임의로 특별검사를 임명할 수 있는 임의적 특별검사 규정을 만들어 시행하고 있습니다. 그런데 우리나라에서는 검찰총장이나 법무장관이 그런 권한을 갖고 있지 않지요. 헌법상 수사권은 행정부에서 갖고 있는데 입법부인 국회에서 발의해 특검제를 도입하기 때문에 3권분립에 어긋나고 위헌이라는 겁니다."

말 많았던 검찰 인사파동으로 화제를 돌렸다. 서 지검장은 취임사에서 "검찰개혁은 거스를 수 없는 대세이자 시대적 소명"이라고 말한 바 있다.

새 정부의 첫 검찰 고위간부 인사에 대해 검찰 내에서 반발이 심하지 않았습니까. 좌천된 고위 간부들이 퇴임사나 언론을 통해 강한 불만을 드러내고 거칠게 비난했는데요. 이번 인사를 어떻게 보십니까.

"서울지검장으로서 뭐라 평할 처지가 아닙니다만, 인사권은 바로 대통령의 최고 통수권에 해당하는 겁니다. 검찰은 행정부에 속해 있고 행정부의 최고 수반은 대통령입니다. 대통령이 인사철학과 개혁철학에 따라 고유의 권한을 행사하는 데 대해 이의를 제기해선 안 된다고 봅니다. 인사권자가 권한을 행사하겠다는데 어쩌겠습니까."

대통령이 평검사와의 TV토론회 때 한 얘기와 비슷하네요. '인사권자는 나다. 내가 하겠다는 데 웬 말이 많냐'는 투로 말하자 검사들이 할 말을 잃었지요.

"그랬습니까. 그런데 그게 법률적으로 맞는 얘기예요. 회사 사장이 자신의 경영철학에 의해 인사권을 행사하는데 회사원이 반발할 수 있습니까. 똑같은 얘기지."

좌천된 고위간부들이 다 선배들인데, 인사를 비난할 때 심정이 어땠습니까.

"선배님들이 정년을 채우지 못하고 나가게 된 데 대해선 안타깝고 가슴이 아픕니다. 저도 앞으로 그럴 수 있으므로 남의 일이 아니라는 생각입니다. 그러나 변화의 물결을 수용하지 않으면 안 된다고 봅니다. 검사는 법률가로서 인사권 행사에 승복해야 합니다."

명로승 전 법무부 차관은 "이번 인사파동은 밀실인사에서 비롯된 것"이라고 주장했는데요.

"그 의미를 잘 모르겠습니다. 미국에선 검사장이 검사들 인사를 다 해요. 인사권 행사에 대해선 그것이 어떤 형태든 법률적으로 항의할 수 없어요. 다만 공정하지 않은 인사라면 국민의 심판을 받게 되겠지요."

그는 자신의 서울지검장 임명을 '지역안배' 차원으로 보는 시각도 있다는 나의 지적에 허허 웃기만 했다.

지역 불균형 문제가 심각해요. 3월13일 발표된 검사장급 이상 검찰 간부 인사를 보면 전체 승진자 13명 중 6명이 영남 출신입니다. 반면 좌천된 10명 중 5명이 호남 출신이에요.

"충청도에 태어난 게 행운이네. 하여튼 그건 모르겠어요. 나는 내가 어떻게 여기 왔는지 지금도 모르니까. 아는 정치인도 없고 대인기피증 같은 게 있어 밖에서 사람 만나는 걸 아주 싫어합니다. 모임 나가는 것도 꺼리고. 퇴근하면 집에 돌아가 책을 읽거나 음악을 듣는 게 취미입니다."

지난 5년 동안 지역간 불균형을 시정한다는 명분으로 호남 편중 인사가 이뤄진 것은 인정하시지요?

"노코멘트."

검찰 안팎에선 벌써 PK 득세를 우려하는 목소리가 나오고 있습니다. 역대 정권은 검찰을 정권의 칼로 삼아왔습니다. 정권이 바뀔 때마다 대통령과 같은 지역 출신들이 인사에서 우대를 받아왔지요.

"노코멘트."

검찰 인사파동의 또 다른 주인공은 바로 대통령과 TV토론을 벌였던 평검사들이다. 판사 출신의 강금실 변호사가 법무부 장관에 임명된 데 이어 이른바 서열파괴 인사소식이 전해지자 서울지검의 평검사들은 회의를 소집해 검찰 인사제청권을 검찰총장에게 넘길 것을 요구하는 강경한 성명을 발표했다.

그들은 이를 계기로 평검사회의 상설화까지 계획했으나 TV토론 후 여론이 그다지 우호적이지 않자 뒤로 물러섰다. 서 지검장은 취임 직후 기자간담회에서 "검사들이 몰려다니며 밖에 대고 목소리를 높이는 것은 바람직하지 않다"며 평검사회의에 대해 부정적인 시각을 드러냈다.

평검사회의를 반대하신다고 들었습니다. 평검사회의가 열린 것은 평소 검찰 상층부와 평검사들 사이에 의사소통이 제대로 이뤄지지 않은 데도 원인이 있지 않을까요.

"이해는 가요. 윗사람한테 건의하면 받아들여져야 하는데 언로가 부실하니 평검사들이 그런 방식을 취할 수밖에 없지 않았나 하고. 그렇긴 해도 평검사들이 의견을 취합해 언론에 전달하는 것은 반대합니다. 밖에 얘기하기 전에 우선 검찰 내부에서 해결하려는 노력이 필요합니다. 그러기 위해선 평소 검찰 간부들과 평검사들 사이에 대화가 활발해야 합니다. 저는 (서울지검) 서부지청장과 청주지검장을 지낼 때 점심은 꼭 구내식당에서 검사들과 함께하며 많은 대화를 나눴습니다.

여기(서울지검) 와서도 검사들과 직접 대화해야겠다고 생각해 점심은 구내식당에서 검사들 또는 검찰 직원들과 같이하고 있습니다. 단 한번도 밖에서 식사한 적이 없었어요. 서울지검 소속 검사가 176명인데 거의 한 번씩 돌아가며 함께 식사했습니다. 앞으로도 계속 하려고 합니다. 검사들에게 이렇게 말했습니다. 인사에 대한 불만이나 제도개혁 건의는 검사장인 나한테 하라, 검사장실 문을 발로 차고 들어와 얘기하라. 옳은 얘기를 듣고도 내가 반영하지 않으면 내 멱살을 잡아라, 그래도 안 되면 밖에 얘기하라. 지금은 아주 분위기가 좋습니다."

TV토론회 이후 검사에 대해 부정적 시각이 담긴 '검사스럽다'는 말이 유행어가 됐습니다. 아버지한테 대드는 버릇없는 자식, 한 말 또 하고 짜증날 때까지 말하는 사람 등 몇 가지 특징이 있지요. TV토론회를 어떻게 보셨습니까.

"검사는 법률가입니다. 항상 법에 따라 행동하고 법에 어긋나는 일을 하면 안 됩니다. 그것을 염두에 뒀다면 좀더 세련되고 국민으로부터 비난받지 않는 토론이 됐을 텐데, 하는 아쉬움이 있습니다. 법규정에도 없는 얘기를 한다면 법률가라 할 수 없죠."

법에 없는 얘기라면?

"예컨대 인사권(인사제청권)을 넘겨달라는 건 법에 맞지 않는 얘기입니다. 우리나라는 3권 분립에 의해 고위공직자의 인사권은 행정부의 수반인 대통령에게 있습니다. 법에 보장된 대통령의 인사권 행사를 두고 왈가왈부할 순 없습니다."

평검사들과 식사하면서 그 문제에 대해 얘기해보셨습니까.

"검찰이 정치적으로 중립을 지키려면 인사권을 가져야 한다는 생각에서 그런 요구를 했다고 해요. 내가 '그건 법률적 얘기가 아니다'라고 설명해줬더니 대체로 수긍하는 분위기였습니다."

서 지검장에 따르면 평검사들은 TV토론을 다룬 언론보도에 불만인 모양이다. 자신들의 진의를 왜곡하고 과장했다는 것이다. 하지만 토론 자체에 대해선 대체로 만족해하는 분위기라고 한다. 할 말을 다 했고 대통령이 직접 검사들의 얘기를 들어준 데에 큰 의미를 부여하고 있다는 것.

검사들 요구의 핵심은 크게 두 가지였다고 봅니다. 법무부 장관의 인사 제청권을 검찰총장에게 넘기라는 것과 검찰인사위원회가 실질적인 심의기구가 돼야 한다는 거죠. 검찰인사위원회에 심의 기능을 부여하자는 데는 서로 생각이 다르지 않은데, 위원회 구성을 두고는 이견이 있는 것 같습니다. 대통령과 장관은 인사위원회에 외부인사를 많이 참여시켜야 한다는 입장이고 검사들은 검찰 내부 인사들이 인사위원회를 주도해야 한다고 주장하고 있지요?

"일장일단이 있다고 봅니다."

검찰의 자기반성이 아쉽습니다. 좌천된 고위간부들의 항변도 그랬지만 평검사들도 TV토론에서 검찰이 오늘날 국민으로부터 불신을 받게 된 것을 정치권 탓으로 돌리더군요. '검사스럽다'는 말에는 검찰에 대한 불신과 원성이 담겨 있는 듯싶습니다.

"내가 취임사에서 언급한 '무소신의 검찰'이 바로 그거지요."

'무소신의 검찰'이라면?

"정치검찰이죠. 그래서 검찰이 비난받아온 것 아닙니까. 외부에서 압력이 들어온다고 그대로 받아들이면 안 되죠. 압력을 넣은 사람을 설득해야죠. 그래야 정치검찰 소리를 듣지 않습니다. 정치권 압력에 굴복해 수사를 제대로 하지 못했다는 건 있을 수 없는 일이고 있어서도 안 됩니다."

그는 또 '부드러운 검찰'을 강조했다.

"청주지검장 시절 대학총장을 구속한 일이 있었습니다. 조사하기 전 담당부장에게 체포할 때 예의를 갖춰 데리고 와라, 방에서 차를 대접하라, 직접 검사에게 안내하라, 얘기를 다 들어주라, 시간이 되면 돌려보내라고 지시했습니다. 그런데 어떤 검사들은 조사할 때 반말 짓거리에 욕하고 소리 지르고 다음날 다시 불러 조사해도 되는데 안 돌려보내고 붙잡아둡니다. 겉으론 강한 검찰로 보이지만 실은 욕먹는 검찰일 뿐이죠. 이런 나쁜 관행을 고쳐야 '부드러운 검찰'로 거듭날 것입니다."

4월6일 KBS '일요스페셜'은 서울지검 강력부를 다뤘는데 국내 조직폭력 수사의 베테랑으로 꼽히는 검사들이 상당수 출연해 화제가 됐다. 조승식(사시19회) 서울고검 형사부장, 김홍일(사시25회) 서울지검 강력부장, 남기춘(사시25회) 대검 중수1과장, 박충근(사시27회) 부산지검 강력부장, 안희권(사시28회) 울산지검 특수부장이 그들이다. 이 중 조폭수사의 원조로 꼽히는 조승식 부장을 제외하고는 모두 서 지검장이 서울지검 강력부장을 할 때 밑에 근무했던 검사들이다. 서 지검장은 "이번엔 강력부 출신 검사들의 인사가 대체로 잘 된 것 같다"고 흡족해했다.

지난해 서울지검 강력부에서 발생한 피의자구타사망사건 이후 강력부가 많이 위축됐지요. 하루아침에 인권의 사각지대로 낙인찍히고 사람이나 잡는 무식한 부서로 인식됐는데요. 이런 이미지를 개선하고 강력수사를 지원할 방안이 있습니까.

"검사는 자백을 받으려 하면 안 됩니다. 증거를 수집해야지. 계좌추적이나 감청 등 과학 수사로 승부를 내야 합니다. 피의자구타사망사건도 무리하게 자백을 받으려다 생긴 사고입니다. 그런 수사는 앞으로 지양해야 합니다. 또 효율적 수사를 위해서는 유관기관과의 공조가 중요합니다. 조직폭력 수법이 더욱 교묘해지고 다양해지는 추세이므로 검찰 힘만으로 안 됩니다. 국세청이나 경찰 등 타 기관과 합동수사본부를 만들어 공조수사해야 합니다."

초대 대검 마약부장도 지내셨는데요. 마약검사들은 수사장비와 시설 미비, 수사비 부족을 호소하고 있습니다.

"수사를 많이 하면 예산도 많이 딸 수 있어요. 그래도 예전보다는 많이 좋아졌고 다른 부서에 비하면 지원이 괜찮은 편입니다. 마약수사도 관세청 경찰 등 유관기관과의 공조가 필수입니다. 미국 마약청처럼 우리도 전문요원을 양성해야 합니다."

그밖에 서울지검장으로서 포부나 목표가 있다면요?

"검사의 존재가치는 수사입니다. 수사를 더욱 활발히 해 범죄를 많이 없애는 것이 첫째 목표입니다. 검사들이 일선에서 수사에만 전념할 수 있도록 격려하고 지원할 계획입니다. 둘째로 청주지검장 시절 시도해 좋은 반응을 얻었던 것인데, 사무직의 승진제도를 개선할 생각입니다. 검찰 간부들과 하급직원들이 참여하는 승진심사위원단에서 무기명 비밀투표로 승진심사를 하는 겁니다. 이미 50명의 사무직 직원들에 대해 이런 방식으로 인사를 했습니다.

서 지검장은 오페라 애호가다. 3월28일 오후 7시30분 서울 서초동에 있는 '예술의 전당'에서 '춘희'라는 이름으로 널리 알려진 베르디의 대표작 '라트라비아타' 공연이 있었다. 이날 그는 2층 VIP석에서 일행도 없이 홀로이 공연을 관람했다.

VIP석엔 이상수 민주당 총무를 비롯해 여야 국회의원 10여 명의 모습이 보였다. 서 지검장은 이들과 인사를 나누긴 했지만 어울리지는 않았다. 총 3막으로 구성된 이 오페라의 공연시간은 3시간. 막간 쉬는 시간에 정치인들은 따로 마련된 휴게실에서 음료를 들며 얘기를 나눴다. 하지만 서 지검장은 그 근처에는 얼씬도 하지 않고 공연장 입구에 있는 기다란 의자에 일반인들과 함께 앉아 있었다는 게 목격자의 전언이다.

오페라 좋아하십니까.

"굉장히 좋아해요. 60편의 오페라 CD가 담긴 스크립트를 사서 한 편에 7~8번씩 들었어요. 라디오에서 오페라가 나오면 무슨 곡인지 알 정도예요. 돈이 없어 공연은 자주 못 보지만."

그날 공연은 어땠습니까.

"그리스 여자가 주인공 비올레타로 나오고, 일본 사람이 비올레타의 남편인 알프레도 역을 맡았는데 상당히 잘하더군요. '라 트라비아타'는 마지막 3악장이 압권입니다. 3악장은 소품도 없고 다른 배우도 등장하지 않고 순전히 주인공의 연기와 목소리만으로 이뤄지거든요. 그런데 일품이었어요."

그는 전에는 베르디나 푸치니 등 대중적인 작품을 좋아했는데 오페라의 깊이를 알게 되면서 '니벨룽겐의 반지' '탄호이저' 등 바그너에 빠졌다고 말했다. 또 다른 취미는 독서인데, 종종 영어 원서를 읽는다고 한다. 최근 감명 깊게 읽은 책은 *I Witness To Power* 라고. 사람 사귀길 꺼리고 홀로 오페라를 즐기는 이 독특한 취향의 수사통 검사장이 '검찰 개혁'의 소신을 구현할지, '말잔치'로 끝낼지 궁금했다.

'국민검사' 안대희 대법관

"국가보안법? 만든 국회가 보수적이지,
적용하는 검찰이 왜 보수적인가?"

안대희 대법관은 검사 재임 중 나와 두 차례 공식 인터뷰를 했다. 한 번은 2003년 11월 대검 중수부장 시절이고 또 한 번은 2005년 12월 서울고검장에 재직할 때였다.

첫 인터뷰를 한 2003년 11월 그는 서슬 퍼런 칼잡이였다. 사상 초유의 대선자금 수사로 검찰과 여권은 날카롭게 대립하고 있었고 야당인 한나라당도 턱밑으로 치고 들어오는 검찰의 예리한 칼끝에 초상집 분위기였다. 소용돌이치는 전장의 한가운데에 그가 우뚝 서 있었다. 나는 지금도 그날 인터뷰 때 대검 중수부장실에 감돌던 팽팽한 긴장감을 잊지 못한다.

두 번째 인터뷰는 그의 동기생인 정상명 대검 차장이 검찰총장에 오른 직후에 성사됐다. 사실 2003년 인터뷰는 고작(그로서는 많은 시간을 낸 것이었지만) 30분 동안 대화한 것이기에 아쉬움이 많았다. 제대로 한 번 해보자고 벌인 두 번째 인터뷰는 두 시간 넘게 진행됐다. 그가 자리를 박차고 일어날 정도로 몇 차례 언쟁이 벌어졌으나 다행히 판이 깨지진 않았다. 기사가 나간 후 사석에서 그는 내게 "후배 검사들이 '이번 인터뷰는 하지 않은 만 못한 것 같다'고 하더라"며 다소 불만스러운 기색을 보였으나 자신의 운명으로 받아들이기라도 하듯 이내 허허 웃고 말았다.

김대중 정부와 노무현 정부 시절 대형 정치권 수사로 이름을 떨친 한 특수통 검사는 안 대법관을 '현존하는 최고의 특수통 검사'라고 칭송했다. 그밖에도 내가 그에 대한 인물탐구기사를 쓰기 위해 취재하는 과정에 접촉했던 수십여 명의 전·현직 검사가 그를 '진정한 검사' '이상적인 검사'로 인정하기를 주저하지 않았다.

1955년 경남 함안 출생/ 1975년 사시 17회/ 1976년 서울대 법학과 중퇴/ 인천지검·부산지검 특수부장, 대검 중수3·1과장, 서울지검 특수3·2·1부장, 대검 중수부장, 부산고검장, 서울고검장/ 2006년 대법관

대선자금 수사 사령탑 안대희 대검 중수부장 "측근비리 수사로 청와대와 여전히 대립 중"

'몸값'이 천정부지인 안대희(安大熙·48) 대검찰청 중앙수사부장과 단독 인터뷰가 이뤄진 것은 인물탐구 기사 덕분이었다. 2003년 11월 나는 안대희 중수부장에 대한 인물탐구 기사를 준비하고 있었다. 인물탐구 기사에 주인공 인터뷰가 들어가면 금상첨화가 아닐 수 없다. 하지만 그는 예상한 대로 인터뷰 요청을 거절했다. 전화통화에서 "나는 입이 있어도 말하지 못하는 처지니 이해해달라"고 했다. 하지만 결국 그는 인물탐구 기사를 뒷받침하는 최소한의 얘기를 한다는 조건으로 인터뷰에 응했다.

그는 "나는 수사 실무책임자일 뿐이다. 검찰 조직이 하는 일을 개인이 하는 걸로 보지 말아달라. 개인적으로 주목받는 게 상당히 부담스럽다"고 입을 열었다.

"그동안 서민의 편에 서서 수사를 해왔다는 자부심을 갖고 있습니다. 저질연탄 사건을 비롯해 학원비리 사건, 시내버스 비리 사건, 바다모래 불법

채취 사건 등에 대한 수사가 다 그런 것이었습니다."

빨리 몇 마디 하고 끝낼 요량인 듯 그는 전혀 다른 성격의 얘기를 끄집어냈다.

"과거에 두 차례 (검사장) 승진에서 탈락했지만 불만은 없었습니다. 외부에 그런 표시를 한 적도 없고. 지금은 이 자리에 있는 것을 영광으로 생각하고 있습니다."

"공정하게 수사하고 있다, 우리는 나오는 대로 다 한다, 이걸 꼭 써 주십시오."

무슨 선언문을 듣는 듯한 기분이다. 이제 질문을 던질 차례다.

주변에서 이 질문을 꼭 하라고 하더군요. 도대체 안대희는 무슨 배짱으로 그토록 마구 일을 벌이냐고요.

"사심이 없기 때문에. 욕심이 없기 때문이에요. 이 자리 끝난 다음엔 뭘 하겠다든지 하는. (서울지검) 특수부장 할 때도 그랬습니다. 그리고 제발 '서민'이라고 쓰지 마세요. 난 잘 살아요. 부자입니다. 53평짜리 아파트에 살아요."

일부 언론의 오보를 염두에 둔 발언으로 들렸다. 그의 말마따나 그가 살고 있는 서울 홍은동의 S아파트는 53평형이다. 하지만 서울의 다른 지역을 생각하면 평수에 비해 값이 많이 싼 편이다.

시세가 낮잖아요?

"시세는 2억8000만원 정도 하지."

강남에 산 적은 없습니까.

"아주 오래 전에."

그가 틈을 봐 또 한 마디 했다.

"덧붙여 얘기하면 총장님이 검찰을 바로세우려는 바른 마음을 갖고 바른 길로 이끌어주니 그게 큰 힘이 되고 있죠. 보호막이 돼 주니 검사들도 종전과 달리 굉장히 원칙적으로 수사하고 있습니다. 그 중간에 내가 있습니다. 내가 잘나서가 아니라 조직 분위기가 이런 일을 가능하게 하는 겁니다."

정권 초기엔 대통령과 검찰 간에 갈등이 심하지 않았습니까. 대통령이 검찰을 공격하고, 검사들도 반발하고.

"지금도 갈등 양상 아닙니까. 정치적으로 이상하게 해석해서 그렇지. 대통령 측근들 수사를 계속하는데 갈등이 없을 수가 없죠. 그런데 측근수사를 하는 것에 대해 대통령이 좋다 나쁘다 입장을 표명할 수도 없지 않습니까. 우리는 우리대로 일하는 거고."

검찰이 진정 정치적으로 독립했다고 볼 수 있습니까.

"그럼. 그건 자신 있게 얘기할 수 있지요."

그것이 사실이라면 현 정권도 기여한 바가 크지 않나요?

"그렇죠. 그런데 내가 그런 얘기를 하면 국민이 오해할까봐…. 속으로는 그렇게 생각하지만, 그렇게 얘기하는 것 자체가 오해를 부를 거요."

젊은 검사들도 그렇게 생각합니까.

"예. 다들 그렇게 생각하고 있습니다. 원칙대로 가는 거죠. 독립을 강조할 필요도 없고. 법률대로 하는 거지요. 범죄 혐의 있으면 수사하는 거고."

수사와 관련해서는 청와대와 완전히 단절됐나요?

"그렇죠. 법무부 외에는 통로가 없죠. 법무부 장관에게는 주요 사건들을 보고 드려야 하니까. 그 외 다른 통로에 대해서는 아는 바가 없습니다."

지난번 국감에서 함승희 의원이, 전직 국정원장이 SK 측으로부터 수십억대의 돈을 받았다고 폭로했는데….

"그런 얘기는 안 하겠습니다."

처음부터 선을 긋긴 했지만 그는 "진행 중인 수사와 관련된 사항은 얘기하지 않겠다"고 다시 한 번 강조했다.

2003년 사상 초유의
대선자금 수사를
성공적으로 이끌어
'국민검사'로 불린
안대희 대법관.
김성남 기자

내사는 했다면서요?

"아니오. 사건에 대해 자꾸 물으면 (얘기를) 더 못합니다."

그 건에 대해 들은 얘기가 있어서요.

"그렇다 하더라도 안 됩니다. (그 건에 대해서는) 모르겠어요."

그가 슬쩍 말을 돌렸다.

"할 일이 너무 많이 밀려 있습니다. 국민은 빨리 결과를 내놓으라 하는데. 외국의 경우 이런 종류의 큰 수사가 완료되는 데는 2년쯤 걸립니다. 그런데 우리는 몇 달 안에 끝내야 해요. 그래서 검사들과 직원들이 휴일도 없이 쉬지도 못하고 강행군을 하고 있습니다. 저는 실무책임자로서 이들을 보호해야 하는데, 사실 걱정스럽죠."

정치권의 특검 논쟁을 어떻게 보십니까.

"내가 얘기할 게 아닙니다."

검찰 입장에서는 기분이 좋지 않을 듯싶은데요.

"말을 안 하겠습니다."

그는 "수사 중인 사건이니까… 그 정도로만 얘기하고 이제…" 하고 인터뷰를 끝내려는 듯한 제스처를 취했다.

검사가 되겠다는 생각은 언제부터 했습니까.

"자연스럽게 검사의 길을 가게 됐습니다. 딱히 언제라기보다는."

그는 대학 3학년 때 사법시험에 최종 합격했다. 그 기수의 최연소 합격자다.

대학 입학해서는 고시만 팠습니까.

"이것만 얘기할게요. 내가 학교 다닐 때는 데모가 워낙 잦아 휴강을 하는 경우가 많았어요. 그 와중에 우연히 법서를 구해 읽어본 것이 고시공부의 시작이었습니다. 주변의 선배들이 여러 해 동안 고생하는 것을 보고 '이거 빨리 끝내야겠다'고 생각했습니다. 그런데 운 좋게 빨리 붙었죠. 사시에 빨리 붙은 것은 장점도 있지만 단점도 있어요. 학문 깊이가 얕다고 생각해 꾸준히 공부해 왔습니다. 그래도 여전히 모자라다는 생각입니다. 아무래도 오랫동안 사시공부한 사람보다는 못하지 않나 싶어서요.

일찍 되다 보니 나이에 걸맞지 않은 경력을 갖게 됐습니다. 많이 조심했지만, 아무래도 다른 분들에게는 기분 나쁘게 보이는 면이 있었던 것 같아요. 출발점이 그렇다 보니 개인적으로 어려운 점이 있었습니다. 그런 걸 자꾸 의식하게 되니 행동도 부자연스럽고 갭을 느끼게 됐죠. 마음은 아래로 가는데 보직은 위로 가고. 공식적으로는 의연한 척했지만 속으로는 신경이 쓰였죠.

하지만 나이가 어리다는 것의 장점 중 하나는 지금도 젊은 평검사들과 소주 한 잔 하면서 자연스럽게 얘기가 통한다는 점입니다. 기자들과도 (나이가 많은 경우보다) 더 가까이 지낼 수 있고요. 형식적 관계가 아니라 서로 대화를 나누는."

고교 시절엔 웅변반과 독서반에서 활동했던데요.

"나는 뛰어난 사람도 아니고 모자란 사람도 아닙니다. 그저 평범한 직업인이라고 생각합니다. 검찰에선 나 같은 관리 책임자보다는 일선 수사검사가 중요하죠."

안 부장에 대해 수사만능주의에 빠져 있다는 평도 있습니다.

"전혀 안 그래요."

그가 정색을 했다.

"따뜻한 휴머니티 없이 어떻게 수사를 합니까. 인간애가 수사의 출발점이죠. 그런 게 없다면 공명심 수사죠. 사회에 대한 애정, 국가에 대한 애정 없이 수사하는 것이 수사만능주의죠. 그런 건 위험해요. 그런데 이를 거꾸로 해석하면, 이런 얘기가 나오는 것은 한국사회에 그만큼 수사할 게 많기 때문이죠. 개선해야 할 구조적 모순이 많다는 겁니다. 수사만능주의라고 비판하는 데에는 수사를 무서워하는 측면도 있다고 봅니다."

1997년에 서울지검 특수1부장으로서 설계감리비리사건을 수사하다 김태정 검찰총장에게 바로 이런 논리로 질책 당하지 않았습니까.

"그렇죠. 증거 잡기가 참 힘듭니다. 증거가 있는 수사를 안 한다는 건 법을 다루는 법률가로서 받아들이기 힘들죠. 물론 그분(김태정) 생각도 틀리다고는 생각지 않습니다. 어찌 보면 인생관의 문제겠죠."

안 부장 주변에서는 그 사건이 향후 안 부장의 인사에 좋지 않은 영향을 끼쳤다고 보던데요.

"그 사건만이 원인은 절대 아니죠. 그때 김 총장은 격려금도 줬습니다. 수사 잘했다고."

혼내면서도 한편으로는 격려했다는 얘기인가요?

"예."

그는 "혼자 불평한 거지, 공식적으로 총장한테 불만을 표시한 적이 없다"라고 말했다. 하지만 그의 답변에는 아픔이 배어 있었다.

"(검사장 승진에서 두 차례 탈락한 것은) 제가 모자라고 저보다 뛰어난 사람이 많았기 때문이겠죠."

어쨌든 그때는 사표 낼 생각도 했었지요?

"지나간 얘기는 하지 말죠. (사표) 안 냈으면 그만이지."

노무현 대통령과 사시 동기잖아요. 대통령이 되기 전까지 서로 잘 몰랐나요?

"특별한 인연은 없었습니다. 좋은 분이라는 생각은 갖고 있었지만…. 이런 얘기도 오해받을까봐 못하겠다니까."

사시 17회 최연소 합격자인 안 중수부장과 검정고시 출신인 노 대통령은 여덟 살이나 차이가 난다.

최도술 전 청와대 총무비서관 수사를 하면서 많이 괴로웠겠습니다.

그 일로 노대통령의 재신임 발언이 나오고….

"바로 그런 게 검찰의 어려운 처지를 말해주고 있습니다. 동기생임을 떠나 대통령과 가까운 분을 수사한다는 건 편치 않은 일이죠. 그런데 이건 개인적 소견이고. 공식 방침은 범죄가 되면 누구든 수사한다는 거죠."

갈등과 부담이 컸을 것 같은데요.

"얘기하기 곤란합니다. 공무원에 대한 평가는 그 사람이 하는 일로 해야 되지 않습니까. 심정에 대해선 물어볼 필요가 없죠."

공무원 이외에 다른 직업은 생각도 안 해봤습니까.

그는 "이제 생각할 때가 됐지, 이제는" 하며 허허 웃었다.

"이 말을 행여 정치와 관련짓지는 말아요."

유명세를 타고 국민적인 관심이 커지면 자신의 뜻에 상관없이….

"그게 싫다는 거지. 조직이 하는 거지 내가 하는 게 아니란 말이죠. 조직적으로 검찰을 이해해야지. 솔직한 얘기로 이 자리는 의무밖에 없는 자리라고. 뭘 누리는 자리가 아니고. 그렇게 부담스러운 자리라고."

입이 무거운 편으로 알고 있는데, 해외 빌딩 얘기는 어떻게 하게 됐지요?

"분명히 '소문'이라고 했죠. 정치자금 수사 결과가 일부 나오긴 했지만 정치인들이 거액을 챙기는 문제점을 간과하지 말라고, 개인적으로 얘기한 겁니다. 외국에선 실제 그런 소문이 돌아요."

그 문제와 관련해 검찰에서 구체적인 얘기가 나오는 것 같던데요.

"수사 중이기 때문에 말할 수 없습니다."

대선자금 수사에 임하는 각오가 어떻습니까.

"각오야 강하지. 얼마나 증거가 뒷받침되느냐가 관건이지요. 최선을 다해 수사하고 있습니다."

수사결과에 따라서는 거취 문제를 고민할 수도 있겠네요.

"그럼요. 그런 각오로, 굉장히 굳은 각오로 수사하고 있습니다."

한나라당에서 원안대로 대선자금 수사를 포함하는 특검법을 밀어붙였다면 송 총장과 함께 사표 내려 했다면서요?

"아니에요. 그런 가정을 갖고 얘기할 순 없지. 우린 열심히 하는데요, 뭐."

수사하는 데 가장 힘든 부분은 무엇입니까.

"각 당이 자신들의 이해관계에 따라 수사의도를 오해할 때가 참 힘들어요. 우리는 법규정에 의해 수사하는데 (정당들은) 결과에 따라 일희일비하고, 반발하고. 우리보다 높은 분들이 그러니 힘들죠. (수사) 결과를 보고 말하면 좋겠습니다."

대선자금 수사는 정치적인 수사라고도 할 수 있는데요.

"우리가, 정확히 말하면 총장과 나와 수사검사들이 비정치적인 사람들이기 때문에 이런 정치적인 수사를 할 수 있는 거요."

말투와 표정에서 그가 대선자금 수사에 대해 강한 자부심을 갖고 있음을 느낄 수 있었다.

전례 없는 일 아닌가요? 집권 1년 만에 여권의 대선자금을 수사하는 건.

"초유의 일이죠."

재벌들이 비협조적이죠?

"그런 얘기는 안 하겠습니다. 수사와 관련된 것이니."

현대비자금 수사에 대해 물어보는 건 괜찮습니까.

"공판 중이니 얘기 못합니다."

노 대통령 측근 안희정씨에 대해 두 차례나 구속영장을 청구했는데 법리적으로는 무리가 아니냐는 의견이 있었죠. 또 한쪽에서는….

"쇼한다고 그랬죠. 두 번이나 낸 것은 그 사건에 대해 누군가 책임지는 사람이 있어야 한다는 뜻을 강하게 표시한 거죠. 사실 법원에서 (영장을) 기각했을 때 좀 섭섭했죠."

안 부장의 결벽증에서 기인한 것 아니냐는 얘기도 나왔는데요.

"그렇게 볼 수 있을까요?"

그는 "더 이상은 고문"이라며 "이제 정말 일해야 한다"며 인터뷰를 끝낼 것을 제의했다.

새가슴이라면서요?

"아, 참새가슴이지. 키도 작고. 그릇도 작고. 조그만 사람이라니까."

일처리를 세심하게 한다는 뜻에서….

"그렇다기보다는 그릇이 작아 그런 거예요. 나는 작은 사람이요. 내 본분을 알아요. 그러니 인터뷰도 제대로 못하지. 큰 사람이라면 대범하게 할 텐데."

안 중수부장과의 인터뷰는 이것으로 끝이 났다. 물어볼 것이 많았지만 그의 처지를 생각하면 이해 못할 바도 아니었다.

'국민검사' 안대희 서울고검장
"강정구 교수 구속에 찬성하지 않는 검사도 많다"

안대희 서울고등검찰청 검사장은 2005년 11월17일 스탠퍼드대에서 '불법 대선자금 수사가 한국 사회에 미친 영향'이라는 주제로 강연했다. 한국 검사가 미국 대학에서 수사와 관련해 강연을 한 것은 유례없는 일이다.

초임검사 시절부터 특수통으로 이름을 떨친 그에게 대선자금 수사는 운명과도 같은 것이었다. 새 정부가 출범한 지 1년도 안 돼 사상 처음으로 여야의 대선자금을 파헤친 수사는 그의 특별수사 인생의 하이라이트이자 라스트 신이었다. 한국 검찰사에 큰 획을 그은 이 수사로 그는 검사로서 누릴 수 있는 최고의 영예를 누렸고 팬클럽까지 생기는 대중적 인기도 누렸다. '대선자객' '국민검사'라는 애칭도 얻었다.

그러나 영광의 뒤안길은 쓸쓸한 법. 정치권과 기업체의 검은 거래를 샅샅이 파헤친 '공로'로 그는 대검 중수부장에서 부산고검장으로 영전했다. 일선 지검장 한번 못해보고 고검장으로 올라간 것이다. 군대로 치면 사단장을 안 거치고 곧바로 군단장이 된 것이나 마찬가지다. 그가 '검찰의 꽃'으로 불리는 서울중앙지검장을 원했다는 얘기는 검사들 술자리에서 소소한 안줏거리가 됐다.

2005년 4월 김종빈 검찰총장 취임 직후 그는 서울고검장으로 옮겨갔다. 수평이동이긴 했지만, 검찰 2인자로 불리는 대검 차장과 더불어 총장에 이르는 가장 빠른 두 길목 중 하나이기에 그를 따르는 후배검사들로서는 기대를 걸 만했다.

그러나 검찰 주변에서는 그가 총장이 되는 '불상사'는 일어나지 않으리라는 얘기가 불온한 삐라처럼 난무했다. '예지력'이 있는 검사들 사이에서는 오래 전부터 '상식'으로 통하는 얘기였지만. 그는 김 총장이 '수사지휘권 파동'으로 물러난 후 사법시험 동기인 현 정상명 총장과 함께 유력한 총장후보로 언론에 이름이 거론되는 데에 만족해야 했다.

안 고검장은 인터뷰 중간에 "더 이상 얘기하지 않겠다"고 손을 내저으며 '약속된 범위를 넘어선' 질문공세를 여러 번 차단하려 했다. "(그런 얘기라면) 그만하겠다"며 몇 차례 자리에서 일어났다가 내가 만류하자 다시 앉기도 했다. 총장 탈락 사유, 노무현 대통령과의 관계 등 몇 가지 민감한 사안에 대한 질문에 이르러서는 "(지금까지 얘기한 것) 다 무효다. 안 써도 좋으니 그만하자"고 으름장을 놓기도 했다.

나는 준비한 질문 중 일부를 거둬들이는 '양보'의 미덕을, 그는 '인내'의 미덕을 발휘했다. 스탠퍼드대 강연주제인 대선자금 수사내용을 비롯해 법무부 장관의 지휘권 파동, 검경 수사권 조정 등 검찰의 주요 현안에 대해 논쟁적인 대화가 오갔다. 여기에 그의 인간적인 면모를 엿볼 수 있는 '부드러운 얘기'가 덧붙여졌다.

스탠퍼드대 강연은 이 대학 부설 국제학연구소 내 한국학연구소의 초청으로 이뤄졌다. 강연 6개월 전에 제의를 받고 수락했다고 한다. 그가 스탠퍼드대 강단에 선 날은 공교롭게도 정상명 총장 내정자에 대한 국회 청문회가 열린 날이었다.

"대선자금 수사가 한국 사회에 미친 영향에 대해 말해달라고 하더군요. 그동안 공식석상에서 그런 얘기를 한 적이 없었기에 좋은 기회라 생각했고, 미국이라는 나라에 우리가 잘하고 있는 부분을 알릴 필요도 있겠다 싶어 응했습니다."

청중은 대부분 한국학연구소 교수와 학생들. 한글로 써놓은 원고를 영어로 번역해 강연했다는데, 그의 표현대로라면 '거의 읽는 수준'이었다. 질의응답 시간에는 동행한 통역이 도왔다. "하나만 더 받고 끝내겠다"고 '잘라야' 할 정도로 질문이 많았다고 한다.

기억에 남는 질문이 있다면요?

"강정구 교수 사건과 (법무부 장관의) 지휘권 발동에 대한 질문이었어요. 검찰 견제방안에 대한 질문도 있었고요."

답변하기 곤란했겠습니다.

"그만큼 미국인들이 한국 사정을 잘 알고 있다는 뜻으로 받아들였습니다."

뭐라 답변했나요?

"직접적으로는 표현하지 않았습니다. 다만 '그런 건(지휘권) 자주 행사돼서는 안 되는 것 아니냐' '최후에 강구해야 할 방법이 아니겠느냐'라고 답변했습니다. 그리고 검찰은 법률에 의해 충분히 견제 받고 있다고 했지요."

그 얘기는 이따 다시 하기로 하고, 먼저 대선자금 수사가 한국 검찰사에서 갖는 특별한 의미를 짚어보기로 했다.

"수사는 검찰이 했지만, 그 배경엔 국민의 염원이 있었지요. 수사를 할 만한 여건도 됐고. 영어로 말하자면 'must'이자 'can'인 상황이었어요. 총장을 중심으로 검사, 수사관 등 검찰 전체가 일체감을 갖고 조직적으로 움직였습니다. 대선자금 수사의 의미는 첫째, 정치개혁입니다. 깨끗한 선거, 돈 안 드는 선거풍토를 만드는 데 이바지했습니다. 둘째는 투명한 회계처리 등 기업문화 개선입니다. 셋째는 법치주의 확립입니다. 검찰에 대한 국민적 신뢰가 높아졌고 정의라는 가치가 존중되는 사회 분위기가 조성됐습니다. 물론 갈등 요소가 남아 있습니다만."

안 고검장은 두 손을 가지런히 포개놓은 채 눈길을 아래쪽으로 두고 있었다. 얼굴에 살이 오른 탓인지 작은 눈이 더 작아보였다. 어눌한 말투와 굵직한 목소리는 여전했다.

"이런 것에도 역사가 있는 것 같아요. 1987년 대선 당시 법무부에 근무하고 있었는데, 여의도에서 열리는 여당 후보 유세에 청중으로 참가하라는 지시가 내려왔어요. 물론 나를 비롯한 대부분의 검사는 가지 않았지만, 간 사람도 있었던 걸로 압니다. 법무부 검사한테 공공연히 그런 지시를 할 수 있는 시대였죠. 그때만 해도 국민은 공무원이 여당 편드는 것을 여당 프리미엄으로 생각했지 범죄로 여기지 않았습니다. 그후 시대가 바뀌면서 그런 행위가 커다란 국가범죄로 규정되지 않았습니까. 그만큼 선거문화가 발전한 거죠. 수사팀 모두 과거의 불행한 역사가 되풀이돼서는 안 된다는 점을 명확히 인식하고 최선을 다해 수사했습니다. 국민 앞에 평가를 받아야 한다는 생각에 형평성에도 신경을 많이 썼고요."

외압은 전혀 없었습니까.

"그건 분명 말씀드릴 수 있습니다. 언론에서 가끔 형평성 문제를 지적했지만, 외압은 전혀 없었어요. 이 정부의 참을성이랄까, 그 비슷한 것으로 이해하고 있습니다. 아마도 그래서는 수사가 제대로 안 될 것이라고 인식했던 것 같습니다.”

법무부 장관 외 다른 사람에게는 수사 내용을 보고하지 않았습니까.

“강금실 장관에게는 독대 보고를 자주 했습니다. 주요 사안에 대해서는 알려주라는 총장님 지시가 있었죠.”

강 장관이 자신의 의견이나 대통령 뜻을 전달한 적은 없나요?

“없었던 것 같습니다. 다들 강금실 장관을 좋아하는 이유가 그런 것 아닌가요. 저희가 일하는 데 지장이 없도록 많이 배려했던 것으로 기억합니다.”

불편한 점이 없지 않았을 텐데요.

“100% 없었다고는 할 수 없지요. 그러나 강 장관께서는 할 얘기 하면서도 수사에 간섭하지는 않았고 우리도 안 되는 건 안 된다고 얘기했습니다. 불협화음이란 게 없었어요.”

정권 초기 대통령 측근비리 수사를 한다는 게 여간 힘들지 않았을 텐데요. 심적 부담도 컸을 테고. 사법시험 동기생인 대통령을 의식하지 않을 수 없었을 테고요.

“제가 의식한다고 달라질 일이 아니었죠. 검사와 수사관들이 의식을 안 하는데…. 검찰이라는 조직이 하는 일이었지, 저 개인이 하는 일이 아니었잖습니까.”

집권한 지 1년도 안 된 대통령의 최측근들이 무더기로 사법처리된 것은 기존 권력구도에서는 상상하기 힘든 일이었다. 야당은 형평성을 문제 삼았지만, 여당은 여당대로 검찰수사에 분통을 터뜨렸다. 여당 의원들은 이상수 정대철(서울지검 특수2부 구속) 등 ‘대선공신’을 지켜주지 못한 청와대를 원망했다. 청와대는 검찰을 원망했다. ‘대통령의 왼팔’이라는 안희정씨를 비롯해 ‘집사’ 최도술, ‘그림자’ 여택수, ‘후견인’ 강금원·문병욱씨가 앞서거니 뒤서거니 구속되는 걸 속수무책으로 지켜봐야 했다.

여권에서는 수사팀이 야당을 의식해 대통령 측근비리에 대해 더 가혹하게 수사한다는 불만이 터져나왔지요.

"그렇게 볼 여지도 있었지요. 역(逆)형평성이랄까…. 당시 야당이 받은 (불법 대선자금) 액수가 더 크지 않았습니까. 그걸 의식하지 않았다면 이상한 일이지요. 여하튼 (대통령 측근비리를) 철저하게 수사했던 건 사실입니다."

안 고검장은 이와 관련해 "처음 밝히는 것"이라며 이런 얘기를 들려줬다.

"대통령 측근 강모씨를 수사할 때였습니다. 담당 부장이 강씨 형제들—5남매로 기억되는데—전원에 대해 압수수색을 하겠다고 하기에 '좀 가혹하지 않냐, 보류하자'고 했더니, (강씨의) 큰형 집에서 삼성 채권이 발견됐기 때문에 다른 형제들 집에도 감춰져 있을 가능성이 있다며 (압수수색을) 해야 한다고 해 결국 영장청구서에 서명했습니다. 뒤에 생각하니, 수색 명분이야 있었지만 당한 측에서는 가혹하다고 생각하지 않았을까 싶더라고요. 본인 집도 아니고, 사건에 연루되지 않은 형제들 집까지 뒤졌으니. 좀 심했다는 생각입니다. 다른 사건에 대해서는 그런 기억이 없는데, 유일하게 과했던 수사가 아니었나 싶습니다. 당시 수사가 워낙 급하게 진행되긴 했습니다만."

언제 일이죠.

"2004년 1월경입니다. 야당 측에서 '몇 대 빵'이니 하면서 형평성 문제를 제기해 여당 측 정치자금을 찾아내야 한다는 압박감이 수사팀을 짓누를 때였습니다."

압수수색해서 뭐가 나왔나요.

"특별한 건 나오지 않았습니다만, 삼성 채권 수사를 더욱 철저히 하는 계기가 됐습니다."

강씨의 큰형 집에서 나왔다는 삼성 채권은 안희정씨가 넘긴 것이었다.

안씨는 삼성 측으로부터 30억원을 받았는데, 반은 채권, 반은 현금이었다.

수사결과 야당이 기업체로부터 받은 돈은 823억원, 여당은 119억원이었다. 4대 기업 기준으로는 730억 대 30억이었다. 야당과 언론은 여야 형평성을 문제 삼았다.

"대통령께서 '10분의 1' 발언도 했지만, 실제로 수사해보니 여당 쪽이 어느 정도 적게 받은 것은 사실인 듯싶었습니다."

'어느 정도'라고 하기엔 차이가 너무 컸지요.

"우리로서는 최선을 다한 수사였습니다. 수사 내용을 물으면 곤란합니다."

기업들이 '살아 있는 권력'에 돈 준 것에 대해 쉽게 입을 열지 않은 면도 있겠지요.

"그 점을 감안해 여당 대선자금의 경우 돈을 준 쪽보다 받은 쪽 위주로 수사했습니다. 준 쪽에서 진술하지 않을 가능성이 있었기 때문이죠. 그러다 보니 심하다 싶을 정도로 여당을 압박하게 됐습니다. 기업들이 100% 진실을 말하지 않았는지 모르겠지만, 우리로선 증거가 나온 것만 얘기할 수밖에 없으니…."

내 입에서 '삼성 X파일' 소리가 나오자 그가 황급히 손을 내저으며 얼굴을 찌푸렸다.

그 사건 얘기가 아니라, 당시 대선자금 수사 막바지에 삼성 관련 수사가 관심을 끌지 않았습니까. 그때 수사팀 내부에서 수사범위를 둘러싸고 이견이 있었고 상부와 갈등을 빚었다고 들었는데요.

"그때도 분명히 얘기했지만, 대선자금 수사는 정치권을 겨냥한 수사였습니다. 처음부터 끝까지. 기업들에 대해서는 '자복하면 감면 조치한다' '처벌을 최소화한다'고 약속했고요. 그런 범주에서 이해해주십시오."

삼성 수사를 놓고 수사팀 내에 이견이 있었다면서요?

"이견이 있을 수 없죠."

이학수 부회장 구속과 이건희 회장 조사 여부를 놓고….

"당시 수사팀에 확인해보세요."

그가 허허허, 하고 특유의 너털웃음을 터뜨렸다.

이학수 부회장의 진술에 따르면….

"구체적인 수사 내용에 대해서는 얘기하지 않겠습니다."

삼성이 전달한 대선자금이 회사 비자금이 아니라 이건희 회장 개인 돈이라는 이학수 부회장의 진술 내용을 의심하지 않았습니까.

"그래서 삼성 채권 매입에 관련된 직원 한 사람을 기소중지 해놓았잖아요. 얼마 전 대검에서 조사했던 최모씨라고."

이건희 회장 개인 돈이라면, 이 회장을 조사할 필요는 없었나요?

"이 회장뿐 아니라 다른 재벌그룹 회장도 마찬가지였는데, 직접 간여했다는 증거가 있는 경우에만 조사했습니다."

당시 이건희 회장은 이번(X파일 사건)처럼 외국에 나가 있었지요?

"그건 잘 기억나지 않습니다. 중요한 문제도 아니었고. 이미 정치권에 돈이 전달된 사실이 확인됐기 때문에 특별히 그 사람 진술이 필요치 않았습니다."

그는 당시 수사가 '정치 수사'였다는 점을 거듭 강조했다.

만약 정치에 초점에 맞춘 특별한 수사가 아니라 일반적인 수사였다면,
이 회장을 조사하는 게 맞겠죠?

"일반적인 경우라면 수사 자체가 힘들었을 겁니다. 기업 측에서 아예 그런 진술을 하지 않을 테니."

회계장부를 다 조사해보면 개인 돈인지 회사 돈인지 규명할 수 있지 않나요?

"정확한 제보 없이는 불가능합니다. 삼성전자를 압수수색해 한 2년 수사하면 모를까. 그 경우 국가경제에 큰 손실을 끼치게 되겠죠. 매출 규모가 수십조에 이르는 대기업을 그런 식으로 조사하려면 엄청난 수사인력이 필요

할 텐데, 우리 현실에서는 힘들죠. 수사의 상당성 원칙에도 반하고."

'안희정 채권'은 막판에 확인된 것인가요?

"그렇죠. 그게 삼성 채권수사와 관련된 것이죠. 자꾸 수사 내용 물어보면 그만하렵니다."

한 가지만 더 여쭤보죠. 수사하면서 삼성과 현 정권의 특별한 관계가 포착된 게 있었을 법한데요.

"전혀. 물어보지 마세요. 나는 객관적인 사실만 얘기합니다."

(삼성) 채권 부분은 아쉬운 면이 있죠. 시간이 더 있었다면….

"추적이 더 안 돼요. 당시 추적할 건 다 했는데, 미진하면 미진한 대로 관련 기록을 다 남겨뒀습니다."

추적할 방법이 전혀 없었습니까.

"당시뿐만 아니라 지금도 불가능합니다. 최근 대검 중수부가 추적한 것도 증권예탁원에 입고된 채권에 한해서잖아요."

한나라당 권영세 의원은 삼성 채권 중 일부가 대선 이후에 현금화됐다며 '당선축하금' 의혹을 제기했는데요.

"당시엔 그런 것 없었어요. 우리가 확인한 채권은 다 선거 전에 전달된 것이었습니다."

"강연 내용을 중심으로 인터뷰한다고 해놓고 수사내용을 자꾸 물어본다"는 그의 '항의'를 한 귀로 흘리고 질문을 이어갔다.

이른바 3대 무죄사건이 있습니다. 박주선, 박지원, 이인제 사건이죠.

그의 표정이 일그러졌다. 손사래를 쳤다.

듣기 싫겠지만, 한마디만 하시죠.

그는 베드로가 예수를 세 번 부인했던 것처럼 "할 말 없습니다"라는 말을 정확히 세 차례 되풀이한 뒤 한마디 덧붙였다. "한 건만 무죄가 확정됐고, 나머지는 아직 재판 중인 사건입니다. 대선자금 수사도 아니고."

맞물려 있지요. 대선자금 수사를 하는 데 동력이 되기도 했고.

무죄가 확정된 박주선 사건에 대해서만이라도 얘기하시죠.

"할 얘기 없어요. 할 수도 없고."

이번엔 대검 중수부 수사와 관련된 세 건의 자살사건에 대한 그의 소회를 물었다.

"돌아가신 분들, 다 안됐죠. 사찰에 가 기도하면서 그분들 생각을 가끔 하는데, 뭐라 말씀드릴 게 없습니다. 그렇지만 우리가…. 그만하죠."

강압수사 의혹이 일었지요.

"그런 건 전혀 없었습니다. 예상치 못한 일이었죠."

돌발적인 사고로 봅니까.

"뭐라 하기가 좀 그렇습니다. 마음에 안됐다는 거지…."

대선자금 수사의 긍정적이면서도 부정적인 유산은 이후 검찰권이 세져 정치권에서 검찰을 상당히 견제하고 압박하고 있다는 거죠.

"진정한 개혁은 문제점을 찾아내는 데서 비롯됩니다. 그리고 문제점 발굴은 검찰수사로 시작되는 경우가 많습니다. 최근 항운노조에 대한 검찰수사만 봐도 그렇죠. 검찰의 수사의지가 약하고 힘이 없으면 불가능한 일입니다. 검사의 권한남용이나 월권을 견제해야지, 문제점을 찾아내고 사건의 진상을 규명하려는 의지를 제약해서야 되겠습니까. 저도 기회 있을 때마다 내부 정화를 강조합니다. 수사여건이 전보다 어려워진 게 사실입니다."

대선자금 수사의 역풍으로 봅니까.

"역풍이라기보다는 흐름이지요."

작용이 있으면 반작용이 있다?

"그렇게 단순하게 말할 건 아니고요. 밖에서 지적하는 것도 맞아요. 우리에게도 문제점은 있다고 봅니다."

정치권과 검찰의 긴장관계를 촉발한 당사자라 할 수 있는데요.

"돈 안 드는 선거풍토를 조성하는 데 일조했다는 자부심을 갖고 있습니다. 이제는 정치인이 기업에 돈을 요구할 수 없죠. 합법적인 후원금 등 건전한 자금으로 정치를 해야죠. 나도 친구들 만나면 정치인들에게 공식 후원금을 내자고 제의합니다. 국회의원 급여와 활동비도 올려줘야죠. 나라를 위해 중요한 일을 하는 분들인데."

좀 전에 '흐름'이라고 했는데, 검찰권의 비대를 우려하는 시각도 있습니다.

"전혀 비대해지지 않았습니다. 수사권 조정 논란으로 수사환경은 더 나빠졌고. 첨단과학수사 등 수사방법 개선이 필요한데, 관건은 인력과 예산이지요. 수사의 순기능이 활성화되기 위해서는 좀더 과감한 투자가 필요한 시점입니다. 예컨대 유전자은행에 대해 인권단체 등에서 반대하는데, 살인범 등 강력범을 잡는 데 꼭 필요하거든요."

화제를 바꿨다.

고검장께서는 뜻하지 않게 검찰 원로가 됐습니다. 지휘권 파동으로 김종빈 총장이 갑작스레 물러났기 때문인데요.

"그 문제에 대해서는 총장님이 청문회에서 다 말씀하셨기에 제가 말하는 것은 적절치 않습니다."

총장과 같은 의견입니까.

"같든 다르든 얘기하기 곤란합니다."

정상명 검찰총장은 국회청문회에서 "법무부 장관의 수사지휘권 행사는 신중하게 해야 한다"고 밝힌 바 있다.

고검장이신데, 소신을 밝힐 수 없나요?

"(지휘권 발동 말고) 다른 방법이 있지 않았을까, 생각하고 있습니다."

법에 명시돼 있지만 실제로 발동하면 안 된다는 건지, 아니면 발동 사유가 적절치 않다는 건지, 어느 쪽인지 궁금하군요.

그는 난감한 표정으로 아무런 말을 하지 않았다.

김종빈 총장도 사퇴하기 전 인정했지만, 법적으로는 (지휘권 발동을) 문제 삼을 수 없는 것 아닌가요.

"일본에서도 그런 사례가 없다는 것 아닙니까."

예전부터 총장은 장관의 지휘를 받지 않았다는 얘기인가요. 중요 사안을 결정할 때도.

"지시나 지휘라기보다는 의견전달로 봐야겠지요. 모르겠습니다, 정확히는. 난 그런 데 개입한 적도 없으니."

과거에 검찰 상층부에서 어떤 일들이 벌어졌는지 가만히 생각해보면 기억날 텐데요.

"대한민국 검찰은 주임검사가 다 결정합니다. 위에서 어떤 지시나 지휘가 있더라도."

수사와 관련해서는 어떠한 통제나 지휘도 받아서는 안 된다는 얘기인가요.

"검사동일체 원칙이 있잖습니까."

그건 그렇죠. 그런데 법무부 장관은 검찰이 속한 법무부라는 행정기관을 지휘하는 사람이잖아요.

"지휘권 문제는 그만 묻죠."

진짜 궁금해서 그럽니다. 검찰수사권은 어떠한 경우에도 제한을 받아서는 안 된다는 논리인지.

"글쎄, 어려운 문제인데…. 다 상식적으로 판단할 문제 아닐까요."

검찰의 정치적 중립성이나 수사의 독립성은 어느 수준이어야 한다고 봅니까.

"그것이 권한남용이나 월권, 자의적인 권한행사를 말하는 건 아니겠죠. 하지만 법률에 의한 권한행사인 만큼 부당하게 제약돼서는 안 될 것입니다. 총장님이 국회 청문회 때 말씀하신 게 검찰의 견해 아니겠습니까."

저는 지금 안대희 고검장 인터뷰를 하고 있습니다.

잠시 침묵이 흘렀다.

고위공직자비리수사처 신설이나 사개추위(사법개혁추진위원회)의 형사소송법 개정, 검경 수사권 조정 문제 등 검찰의 이해관계가 걸린 일에 대해 검사들은 집단반발하는 모습을 보여왔습니다. 검찰이 정부 소속의 행정기관이고, 검사가 국가공무원이라는 점에서 이를 비난하는 시각도 있습니다.

"상당히 잘못 이해하는 면이 있군요. 그런 일이 발생할 때마다 내부 게시판에 올라온 글들을 보면 자성을 촉구하는 내용도 적지 않습니다. 우리도 잘못된 건 고쳐나가자는 얘기죠. 말씀하신 대로 검사는 국가공무원으로서 국가를 위해 일하고 있습니다. 그런데 제도를 개혁한다는 명분으로 그 일을 제대로 못하게 해서는 안 되죠. 검사들이 반대하는 건 제도개혁의 역효과나 부작용을 우려하기 때문입니다. 그리고 제가 알기로 집단반발과 같은 단체행동은 없었습니다. 다만 언론에서 검사들의 마음을 그렇게 표현한 것뿐이지."

평검사회의가 그런 것 아닌가요?

"논란의 여지가 있는 사안인데, 집단행동을 한다는 의식은 없었던 것으로 알고 있습니다. 현실 여건을 생각지 않는 것이 모든 논란의 원인입니다. 사개추위도 결국 나중에는 검찰 주장이 맞다고 인정하지 않았습니까."

거기엔 법원의 행정편의주의도 작용했죠.

"어쨌든 사법현실을 감안한 결정이라고 봅니다. 수사권 조정 문제만 해도 그렇습니다. 몇십년 간 유지돼온 제도를 바꾸려면 그만한 이유가 있어야 해요. 우선 검찰이 그동안 무엇을 잘못했는지 돌아봐야겠지만, 무엇보다도 국민에게 절실하게 필요한 것이 무언지 살펴봐야 합니다. 경찰의 법률 적용이나 증거판단에 대해 자문 비슷한 지휘를 하는 것이 경찰 업무에 얼마나 큰 불편을 주는지는 모르겠습니다. 저는 현재의 시스템을 개선해야 한다고 봅니다. 경찰에 대한 불신을 전제로 했던 제도는 개선하고 각종 보고절차도 간소화하자는 거죠.

그런데 경찰도 검찰을 배제하는 듯한 발상은 지양해야 합니다. 본래 검찰이라는 조직이 경찰의 막강한 권한에 대한 국민적 감시나 통제 차원에서 생겨난 겁니다. 형식적이든 상징적이든 최소한의 지휘권을 갖고 있는 것이 국민을 위해 바람직하다고 봅니다. 경찰이 지금 불편한 게 없어요."

2005년 12월8일 조선일보에는 검경 수사권 조정과 관련해 연세대 법대 한견우 교수의 기고문이 실렸다. 제목은 '수사권 갈등, 사후통제 강화로 풀자'. 안 고검장은 그 글을 읽지 못했다고 했다.

수사권에는 수사개시권, 수사진행권, 수사종결권, 영장청구권, 수사지휘권이 있습니다. 그중 경찰이 갖겠다고 하는 것은 수사개시권과 수사진행권이지 수사종결권은 아니거든요. 검찰이 영장청구권이나 기소 여부를 결정하는 수사종결권을 갖고 있는 한 사후적으로 경찰수사를 감독하고 통제할 수 있다는 게 한 교수의 논리입니다. 즉 사전적 통제보다 사후적 통제를 강화하는 선에서 수사권 조정의 해법을 찾아야 한다는 거죠.

"그 점은 그럴 수도 있겠네요. 그런데 검찰의 수사지휘권에는 상징적 의미가 있습니다. 강정구 교수 사건만 해도 경찰 사건인데, 검찰총장이 책임지고 있지 않습니까. 수사권이 양분되면 이런 경우 어느 쪽이 책임져야 하는가 하는 문제가 발생합니다."

우리나라 수사체계가 독일식에 가까운데, 사실 우리처럼 검찰권이 센 나라도 없지 않습니까.

"우리처럼 검찰 수사지휘권이 약한 나라도 없어요. 특히 유럽은 (검경 사이에) 완전한 일체감이 형성돼 있습니다."

유럽 어느 나라가요?

"프랑스에 가보니, 거기선 검사가 현장에 나타나면 사법경찰의 권한이 아에 정지되더군요."

프랑스 검찰은 수사를 안 하지 않습니까. 경찰이 다하지.

"지휘는 100% 하지. (경찰에서) 파견도 늘 받고. 우리는, 경찰이 검찰에 직원 파견하는 것을 거부하고 있지 않습니까. 유럽의 검찰제도는 공권력의 대관(代官)이라는 상징적 의미를 갖고 있습니다."

그가 담배를 꺼내 물었다. 이때까지 어떻게 참았나 싶을 정도로, 쫓기듯 불을 지폈다. 이윽고 한숨처럼 연기를 내뿜었다.

검찰이 수사권 조정을 반대하는 이유는, 단순히 말하면 경찰의 수준을 못 믿겠다는 것 아닌가요?

"경찰의 수준이 높다면 지금과 같은 논쟁을 벌일 필요가 없겠죠."

수사기능을 다원화하는 차원에서 경찰에 대한 지휘권을 놓으면 안 되나요?

"놓으니 안 놓으니 하는 차원의 문제가 아닙니다. 검찰을 없애버리자는 얘기나 똑같지."

아니, 영장청구권과 수사종결권을 쥐고 있는데, 꼭 그렇게까지 해석해야 합니까.

"우리도 현행대로 유지하자는 건 아닙니다. 민생침해 범죄에 대한 독자적 수사개시권 인정 등 어느 정도까지는 개선하려고 합니다."

그는 검경 수사권 조정문제를 '생존의 문제'로 규정했다.

"생존의 문제이고, 존립의 문제입니다. 검찰 제도 자체가 막강한 경찰권에 대한 사법적 통제 차원에서 생긴 것인데 그걸 못하게 한다면 말이 안 되지."

동기인 노 대통령이 지난번에 "검찰이 제도 이상의 권력을 갖고 있다"고 했는데요.

"기억나지 않습니다."

분명히 그렇게 말했습니다.

"잘 모르겠습니다."

그는 굳은 표정으로 짧게 끊어 답했다. 또다시 침묵. 뭔가 걸리는지 잠시 후 그가 덧붙였다.

"아마 일반적인 우대를 말씀한 건지도 모르겠습니다. 사회적인 우대나 특혜. 기득권층이라 불리는 사람들에 대한. 그건 검사뿐만 아니겠지요."

납득이 되지 않는 견해였지만, 넘어가기로 했다.

유력한 총장 후보이셨는데….

그가 손사래를 치며 신음하듯 내뱉었다. "하지 마요."

그 얘기를 안 할 순 없죠.

그가 자리에서 벌떡 일어나면서 "그럼 안 할래. 다 무효다" 하고 소리쳤다. 나는 "그런 게 어디 있느냐"며 질문을 이어갔다.

총장이 안 된 것에 대해 대선자금 수사의 후유증이라는 시각도 있습니다.

"할 수밖에 없는 일을 한 건데, 무슨 후유증이 있습니까. 누가 해도 할 일이었는데."

어쨌든 그게 총장이 안 된 중요한 이유라고 생각지 않습니까.

"그걸 그렇게 수긍하면 되지. 불만 가질 것도 없고. 허허허."

가만히 보니 그는 어색한 순간에 너털웃음을 터뜨리는 버릇이 있다. 그가 다시 자리에 앉았다.

정 총장이 사법시험 동기들과 집단지도체제로 검찰을 이끌겠다고 해서 화제가 됐는데요. 실제로는 어떤가요.

"말하고 싶지 않은데요."

중요한 사안을 결정할 때 자문하는 정도인가요?

"자문이야 언제나 할 수 있는 거지."

집단지도체제가 아니라는 얘기입니까.

"내가 알기로는 총장이 공식적으로 그렇게 말씀한 바가 없습니다."

언론에는 그렇게 보도됐는데요.

"일부 신문만 그랬지. 그거, 아니에요. 그리고 그렇게 될 수도 없고. 법에 없는 일을 어떻게 합니까."

지난번에 동기인 검사장 대여섯 분이 모여 주요 사안에 대해 논의하지 않았습니까.

"거기서 뭔 얘기를 했든, 내게 무슨 책임이 있고 권한이 있겠어요. 의견이야 변호사가 돼서도 낼 수 있는 거고."

사표 내려고 하셨죠?

그가 또다시 팔을 내저었다. 또 침묵. 그의 얼굴을 똑바로 쳐다봤다. 약간 상기된 표정으로 그가 반문했다.

"있는 사람, 사표 내라고 묻는 거요, 지금?"

그건 아니고요.

"그럼 됐어요, 묻지 마세요."

정 총장을 비롯한 노 대통령의 사시 동기 모임이라는 '8인회'에 대해 묻자 그는 "나는 모르는 일"이라고 딱 잘랐다.

노 대통령과는 정권 출범 후에….

그가 후닥닥 자리에서 일어났다.

"아, 이제 그만하자고…."

마무리를 해야죠.

"마무리 됐어. 이제 됐어요. 안 써도 좋아."

마무리를….

"이렇게 써요. '아직 나갈 생각 없다'고."

대통령께서….

"이제부터 얘기 안 하겠습니다. 내 입에서 대통령 얘기를 들으려는 건 무리야. 그건 안 돼요."

알겠습니다. 대통령 관련 질문, 더 안 할게요.

서성거리던 그가 다시 자리에 앉았다.

국민 사이에서는 검찰이 우리 사회에서 가장 보수적인 조직으로 인식돼 있습니다.

"그 의견에 찬동할 수 없습니다. 다른 사람들은 나를 보수로 안 봐요. 아주 개혁적이라고 하는데. 나도 그렇게 생각하고. 젊은 검사들 중에도 개혁적인 사람 많아요. 검찰은 항상 올바른 사회 발전 방향이 무엇인지 생각해왔기 때문에 보수적이라고 할 수 없습니다."

보수에 맞서는 개념은 진보지요. 개혁은 또 다른 개념이고.

"그런 점에서 보수와 진보를 구분하는 것은 의미가 없다고 봅니다. 보수 진보를 떠나 더불어 잘살고 남한테 피해를 끼치지 않는 것이 중요하지 않겠습니까. 검찰수사권도 그런 방향으로 행사돼야지요."

기본적인 가치관 차이가 있죠. 사상이나 이념에서.

"질서유지를 하다 보니 그렇게 비친 면이 있는지 모르겠지만, 보수적이라고 재단하는 데는 찬성하기 어렵습니다. 범죄행위를 처단하는 게 왜 보수적입니까. 국가보안법만 해도, 굳이 따진다면 만든 국회가 보수적인 거지, 그걸 적용하는 검찰이 왜 보수적이라는 소리를 들어야 합니까."

검찰의 정의란 것은 시대정신이나 시대 흐름, 국민의 의식변화에 따라 바뀔 수 있겠지요.

"당연하죠. 그런데 그 전에 법이 바뀌어야죠."

법을 집행하는 검찰의 기능 때문인지, 검사 개개인의 가치관도 대체로 기존 것을 지키려는 보수성향이 강하지 않습니까.

"검사들을 보수나 진보로 가르는 시각엔 동의하기 어렵습니다. 검사들도 사회발전과 개혁에 대해 굉장한 열정을 갖고 있습니다. 다를 게 없어요."

'강정구 파동' 때 제가 아는 검사들 얘기를 들어보니, 역시 구속해야 한다는 의견이 많더군요. 하지만 굳이 구속하지 않아도 얼마든지 수사할 수 있다는 견해를 가진 검사도 있던데요.

"공식입장이 있으므로, 개인적인 의견을 말하는 것은 부적절한 것 같습니다. 사건 담당검사도 아니고 현재 진행 중인 사건인데."

그는 자신의 의견을 밝히는 대신 2005년 10월18일 조선일보에 실린 박효종 서울대 교수의 인터뷰 내용을 소개했다. 나도 읽은 기사였다. '생각 달라도 관용의 잣대로 보자'는 제목이 달린 이 기사에 따르면, 박 교수는 "민주사회의 특징은 관용"이라며 "강 교수의 주장은 사상의 시장에서 승패가 결정돼야 한다" "사법적 처벌은 보수주의자가 신봉해온 자유주의 철학에 맞지 않는다" "국가의 형벌권은 학문과 사상의 자유에 개입하지 않는 것이 옳다"고 강 교수 구속에 반대했다.

검찰 내에 박 교수와 생각이 같은 사람도 있다는 겁니까.

"그런 견해를 가진 검사, 많습니다. 그것이 구속할 만한 사안인지, 또 사태를 그렇게 키울 필요가 있었는지 의문이라는 거지."

뜻밖이었다.

강정구 교수 사건

2005년 7월 동국대 사회학과 강정구 교수는 인터넷매체 데일리서프라이즈에 기고한 '맥아더를 알기나 하나요'라는 글에서 6·25전쟁을 후삼국시대의 전쟁에 빗대어 "북한의 지도부가 시도한 통일전쟁이었다"라고 주장했다. 검찰이 국가보안법 위반 혐의로 구속하려 하자 천정배 법무부 장관이 수사지휘권을 발동해 불구속 수사 지시를 내렸다. 김종빈 검찰총장은 천 장관의 지시를 받아들인 후 항의 표시로 사직했다. 그가 기소되자 동국대는 2006년 2월 그를 직위해제했다.

대통령 얘기를 못하게 하니….

"그건 안 돼요. 공무원으로서 예의가 아니지."

이런 질문은 괜찮겠지요. 대통령이 취임 초 강한 어조로 검찰 독립을 약속했잖습니까. 그 약속이 지켜졌다고 보시는지.

"그건 잘 진행되고 있습니다. 불법 대선자금 수사만 봐도 그렇고. 이제는 외부 압력 같은 것이 안 먹히는 분위기입니다. 검사들이 그걸 받아들이지 않아요. 이 정부의 공이라 할 수 있는 부분이죠."

그는 김종빈 전 총장의 사퇴에 대해 "아쉬움이 크다"고 했다.

"총장 임기는 검찰의 정치적 중립성이나 독립의 상징입니다. 어떤 연유에서든 중도에 물러나는 것은…."

검찰 고위직 출신인 모 변호사는 당시 김 총장이 어정쩡하게 행동했다고 비판하던데요.

"당시 상황이…. 김 총장의 선택을 뭐라 할 수는 없지요."

그는 2005년 3월 《조세형사법》이라는 책을 펴냈다. 5년간 틈틈이 써왔다는 이 책에 대해 서울대 법대 명예교수인 이태로 변호사는 그에게 편지를 보내 "학문의 사각지대를 깼다"고 높이 평가했고, 서울대 법대 이창희 교수는 잡지에 책 소개 글을 써줬다. 검사와 검찰 직원 70여 명은 '조세연구회'라는 걸 만들어 그를 고문으로 모셨다. 법무연수원은 그를 강사로 초빙했다.

그가 사법시험에 최종 합격한 것은 대학 3학년 때다. 사시 17회 합격자 중 최연소자였다. 그는 판사도 훌륭한 직업이지만 기질에 맞지 않고 좀 답답하다는 생각에 검사를 선택했다고 한다.

"검사를 선택한 사람 마음 한구석에는 권력에 대한 욕구나 집착이 있다는 분석이 있는데, 어느 정도는 맞는 얘기인 것 같습니다."

그는 서울지검 특수부에 근무하던 초임검사 시절 '저질연탄 사건'을 수사해 세상을 발칵 뒤집어놓은 후 프랑스에 2년간 유학했다. 국립사법관학교 연수과정이었다. 그는 그곳에서 '원 오브 뎀(one of them)'의 정신을 체득했다고 한다.

"한국에 있을 때는 검사라고 어디 가도 줄을 서지 않았거든요. 그런데 거기서 영주권을 얻으려고 다른 사람들과 같이 몇 시간씩 줄을 서는데, 솔직히 적응이 잘 안 되더라고요. 그런 일을 몇 번 겪고 나니 권력이란 게 별것 아니라는 생각이 들고 자연스럽게 소탈해지더군요. 그후 익명성이 보장되는 자리에서는 즐겁고, 검사라는 신분이 알려진 자리에서는 불편함을 느꼈습니다. 요즘엔 자리가 높아져 자연스럽게 여러 자리에 참석하지만 예전엔 밥집에 가서 직업뿐 아니라 성(姓)까지 숨겼습니다."

나는 2년 전 그에 대한 인물탐구 기사를 쓴 바 있다(신동아 2003년 12월호). 취재과정에 법조계에 있는 그의 지인을 다수 만났는데, "정의감이 남다르다"는 것이 거의 공통적인 평이었다. 이런 평에 대해 그는 굳이 부인하지 않았다.

"나름대로 원칙을 지키면서 살아왔습니다. 법률의 최고 가치는 형평성입니다. 정의가 바로 형평성이거든요. 그걸 저버리면 법률가가 아니죠. 그렇게 살다보니 까다로운 사람이라거나 나쁜 사람이라는 원성도 들었습니다. 저는 직업정신에 충실했을 뿐인데."

특별히 기억나는 일이 있습니까.

"한 예로, 검찰에 있을 때 나를 지도했던 아주 가까운 선배가 변호사가 되고 나서 전화로 사건에 대해 물어본 적이 있습니다. 피의자의 신병처리에 관한 문제였는데, 구속할 수밖에 없는 사유를 자세히 설명하는 도중 그 선배가 전화를 확 끊어버렸어요. 그러나 세월이 흐른 후 저를 이해하고 지금은 좋은 관계를 유지하고 있습니다."

가족이나 친척 등 집안사람들의 부탁을 거절하는 게 만만치 않을 텐데요.

"거의 부탁을 받지 않습니다. 어머님이 워낙 확실하게 막아놓아서. 물론 억울한 경우라면 나서지만, 친척이라고 특별히 봐주거나 부탁을 들어준 일은 없습니다. 그 점에서 바보 같고 무심하다는 소리를 많이 들었습니다."

변호사 개업을 하면 본인의 뜻과 상관없이 전관예우를 받을 가능성이 큰데요.

"실은 그래서 걱정이 큽니다. 변호사를 해도 돈을 많이 벌 수 있을지."

이름값이 있으니.

"변호사로서 열심히 일하면 되지 않겠나 싶습니다. 이름의 영향력으로 할 게 아니라."

돌이켜보면, 정의감이 지나쳐 과한 수사를 벌인 적은 없습니까.

"있다고 봅니다. 나는 정의감으로 생각했지만, 남 보기엔 지나친 점이 분명히 있었을 겁니다."

가슴 아팠던 수사 사례를 말해달라고 하자, 그는 잠시 생각한 후 "돌려서 말하겠다"고 했다.

"부장검사 시절 행정부 소속 공무원을 구속한 적이 있습니다. 그후 7~8개월쯤 지나 비슷한 사안으로 또 다른 공무원을 구속하게 됐습니다. 수사팀에서 그의 호적등본을 떼 왔는데, 알고 보니 두 사람이 처남매부지간이더군요. 마음이 안 좋았지만, 이미 수사가 진전된 터라 구속하지 않을 수 없었지요. 아마도 동시에 조사를 받았더라면 고려할 수도 있었을 겁니다. 그 사람은 지금도 나를 원망하겠지만 나로서는 어쩔 수 없었습니다. 부장검사의 재량을 벗어난 일이었거든요."

고검장께서는 인권과 정의 중 어느 것이 더 앞서야 한다고 보십니까.

"같이 가야죠. 정의의 개념에는 인권과 인간의 존엄성이 포함돼 있습니다."

검찰 고위직을 지낸 어떤 분은 인격수사론을 펴면서 "수사성과보다 더 중요한 건 인권이다. 인권은 정의보다 훨씬 더 보편적인 가치다"라고 주장했습니다. 그 분은 변호사를 하면서 검찰수사의 문제점과 인권의 중요성을 절실하게 느꼈다고 하더군요.

"이제껏 인권을 무시하면서 수사한 적은 없습니다. 고검장 취임사에서도 밝혔는데, 인권은 더 없이 중요한 가치지만 그것을 이유로 정의실현을 하는 수사를 방해해서는 안 된다는 게 제 생각입니다."

2005년 1월 김승규 당시 법무부 장관이 신동아 인터뷰 때 했던 얘기입니다.

"그 분의 신념이죠."

그는 사표 제출을 결심한 적이 세 번 있다고 털어놓았다. 두 번은 인사 문제, 한 번은 수사 문제 때문이었다고 한다. 자세한 사연은 밝히지 않았다.

경남 함안에서 태어난 그는 부산에서 중학교를 다니다 서울로 전학, 숭문중·경기고를 졸업하고 서울대 법대에 진학했다. 중고교 시절에 대해 묻자 "어릴 때 마음고생을 많이 했다"고 털어놓았다. 집안사정인가 싶었는데, '문화적 충격' 때문이었다고 한다.

"중2 때 서울로 올라와 숭문중을 다녔는데, 거기선 친구들과 친하게 지냈어요. 배운 점도 많았고. 그런데 경기고에 들어가서는 문화적 충격을 받았습니다. 좋게 말하면 세련되고 합리적인 것이고 나쁘게 말하면 개인주의적인 것인데… 적응하는 데 시간이 좀 걸렸습니다."

학교 다닐 때 그는 자신의 표현대로라면 "키도 작고 별 볼일 없는 가냘픈 학생"이었다. 내성적인 성격이라 혼자 지내길 좋아했다. 운동도 특별히 한 게 없고 그저 공부를 좀 잘했을 뿐이라고 한다. 남들을 압도할 만큼 잘한 것은 아니지만.

한 가지 뿌듯한 기억으로 간직하고 있는 것은 책을 많이 읽었다는 사실. 기억나는 책을 묻자 헤세의 《나르시스와 골드문트》, 스탕달의 《적과 흑》,

카뮈의 《페스트》 등 명작소설을 꼽았다. 또 《대망》을 비롯한 일본 소설과 《삼국지》, 《열국지》 등 동양 고전도 섭렵했다고 한다. 좋아하는 여학생이 없었냐고 묻자 "없었다고 할 수 없지…" 하면서 말끝을 흐렸다. 그러고는 "이제 그만" 하면서 자리에서 일어났다. "마무리를 해야 한다"는 상투적인 명분으로 간신히 그를 주저앉혔다.

정의감 못지않게 그의 남다른 점 중 하나로 꼽히는 것은 부부애다. 소문난 '잉꼬부부'로 통한다. '아내에게 사랑받는 비결'을 묻자, 경상도 사내 아니랄까봐 "잘해주는 거지" 한마디 하고 만다.

어떻게 잘해주는데요?

"자상하게. 다 품성이지 뭐. 부부간에 서로 사랑하는 마음이 가장 중요하지 않겠습니까."

요즘도 많이 돌아다니고 외식 자주 합니까.

"그럼요. 홍대 앞에 자주 가죠."

최근 부부가 함께 본 영화는, 십자군과 이슬람군의 예루살렘 공방전을 다룬 '킹덤 오브 헤븐(Kingdom of Heaven)'이다. 상암동 월드컵경기장 내 극장에서 봤다는데, 그는 좋았던 반면 부인 김수연(42)씨는 재미없어 했다고 한다. 재미있게 본 이유가 내가 예상한 대로다.

"원칙을 지키기 위해 희생당하는 사람들이 나오잖아요. 예루살렘 성벽을 지키는 사람들의 희생정신이 돋보이죠. 또 아랍 측이 약속을 지켜 성벽에서 살아남은 사람들을 내보내는 모습도 감동적이고요."

마지막 장면에서 주인공이 모든 걸 깨끗이 버리고 대장장이로 되돌아가잖아요.

"그것도 멋있고."

그 모습에서 뭔가 동일체 의식을 느꼈습니까.

"아, 그것까지는 못 느꼈어요, 허허허. 어차피 그렇게 살고 있는데 뭐. 그걸 뭐 그렇게 강조해요. 자연히 갈 때가 되면 가지."

혹시 눈물을 흘렸나요?

"흘렸던 것 같기도 하고."

평상시 감동적인 장면을 보면 눈물을 흘리는 편입니까.

"조금 그런 편입니다. 눈물샘이 약해서. 펑펑 우는 건 아니고 찡한 느낌이랄까…."

그는 '글래디에이터' '벤허' 등을 감명 깊게 봤다고 했다. '액션'에 '정의로운 주인공'이 등장하는 영화라… 그답다는 생각이 들었다. '벤허'는 10번 가까이 봤다고 했다.

종교적 메시지가 강한 영화인데, 기독교인입니까.

"'가톨릭 냉담자'죠."

'냉담자'란 영세받고 성당 안 나가는 사람을 그렇게 부른다는데 공식용어라고 한다.

"영세 준 신부님이 연하장을 보낸 적이 있는데, 대선자금 수사가 성공하기를 기도하셨다고 하더군요. 나중에도 몇 분 있었고요. 또 형편이 몹시 어려운 사람들이 수사를 지지하는 편지를 보내오기도 했습니다. 수사가 성공한 것은 다 그런 분들의 염원 덕분이 아닌가 싶습니다. 수사가 성공한 것이라면 말이죠."

최근 그는 '불미스러운 소문'에 휩싸였다. 서울 홍은동에 있는 그의 집은 그랜드힐튼호텔에서 가깝다. 가끔 아내와 함께 이 호텔 바에 들러 맥주를 마시곤 하는데, 어느 날 누군가 이 광경을 보고는 이런 소문을 퍼뜨렸다. '안대희가 총장 안 되더니 아주 망가져서 30대 여자와 호텔에 드나든다.'

"10월말엔가 갔었어요. 홍대 앞 가듯이 가끔 가는 곳이거든. 만약 다른 여자였다면 거기로 갔겠습니까. 허허허. 이런 소문까지 도는 건 좀 억울하네요. 집사람이 좀 젊게 보이긴 하지만…."

(이거 뭐야, 은근히 아내 자랑하고 있네.)

집안일은 통 도와주지 않는다면서요?

"집안일 할 만큼 한가하지 않아요. 허허허."

간 큰 남자네요.

"우리가 어릴 때 잘못 배운 것 중 하나가 한 번에 여러 일에 집중할 수 없다는 겁니다. 맞벌이를 하면 당연히 도와줘야겠지만."

남녀문제에 대해 보수적인 편이죠?

"다 성격 아니겠습니까. 배우자 고를 때 그런 걸 감안했다고 봐야죠."

부인께서도 아무런 불만이 없고?

"없지. 그런 걸 기대할 수 없게 돼 있지."

페미니즘 운동을 못마땅하게 여기시겠네요?

"할 건 해야지. 나도 페미니스트라는 소리를 들어요. 다른 면에서 잘해주거든요. 허허허."

'리쌍 부르스' 이후 어디까지 진도가 나갔습니까.

"요즘은 별로 못 배웠어요. 애들과 놀 시간이 별로 없어서. 랩송은 모임에 가면 가끔 한번씩 불러요. 싸이의 '낙원' 정도. 벌써 몇 년 지난 노래지요."

그는 평소 인터넷에서 노래를 내려받는 것을 즐긴다. 아이들 영향이긴 하지만, 그 덕분에 신세대 노래도 많이 알고 있다. '리쌍 부르스'는 2인조 남성 힙합그룹 '리쌍'의 2집 앨범에 담긴 곡으로, 그가 2년 전 아이들과 함께 즐겨 부르던 노래다. 아들, 딸 하나씩 뒀는데, 아들은 고1이고 딸은 중2다. 예전과 달리 요즘엔 아이들과 놀 시간이 별로 없어 불만이다.

"공부하는 데 너무 시간을 뺏기니. 걱정이야. 아들놈은 거의 얼굴도 못 봐요."

아이들에 대한 소망이 있다면요?

"아들이 애초 법대를 지망했는데, 최근 상경대로 진로를 바꿨습니다. '잘했다'고 말해줬습니다. 지나치게 경쟁에 치여 사는 게 안타까워서요. 나는 절대로 아이들에게 공부 잘하라는 소리 안 합니다. 잘하면 좋겠지만 못하면 못하는 대로 자기 몫을 찾아가면 되죠."

아이들이 커가니 쓸쓸하시죠?

"맞아요. 허허허. 원로가 되는 건 쓸쓸한 겁니다. 허허허. 나이는 많지 않지만 조직에서는 원로니까."

그의 웃음에 공허감이 묻어났다.

솔직히 많이 섭섭했죠?

그가 또 손사래를 쳤다.

그런데 진짜 궁금합니다. 대통령이 전화 한 통화쯤 했을 법한데.

"안 했어요. 안 했으니 그렇게 수사할 수 있었던 것 아닙니까."

이후에는요?

"묻지 마세요. 일절 얘기하지 않을 겁니다. 결례예요."

사법시험 동기생이니 물어보는 거지요.

"…"

연수원 시절 그다지 친하지는 않았다면서요?

"58명밖에 안 됐으니, 서로 알기야 다 알았지. 그분은 형님이었으니…."

사시17회처럼 한 기수가 무더기로 검찰 지휘부에 포진한 것은 전례 없는 일이지요.

"전임 총장께서 6개월 만에 나가시는 바람에 그리 됐죠. 조직안정 때문에 남아 있는 것입니다. 나도 그렇고."

안 고검장은 사생관을 묻자, "고시공부 할 때 이순신 장군의 '사즉생 생즉사(死則生 生則死)'와 '인(忍)'자를 써 붙여뒀었다"고 했다. 인터뷰가 끝난 후 그는 "조직에 누를 끼칠까 걱정된다"며 "시끄럽지 않게 써 달라"고 부탁했다.

안대희 서울고검장 美 스탠퍼드대 강연 전문
'불법 대선자금 수사가 한국 사회에 미친 영향'

이 자리에 참석하신 여러분! 우선 제가 이번 세미나에 참석해 강연할 수 있게 초대해주신 스탠퍼드 국제학연구소의 아시아태평양연구소 한국학 연구소장 신기욱 교수님과 관계 당국자 여러분에게 감사의 말씀을 드립니다. 아울러 저는 미국 내 한국학 연구에 가장 권위 있는 이 연구소의 전문가와 학생들 앞에서 강연하게 된 것을 매우 영광스럽게 생각합니다.

불법 대선자금 수사가 어느 정도 진행 중이던 2004년 1월 저는 LA타임스 한국특파원과 전화 인터뷰를 했습니다. 그는, 한국에서는 1996년에도 전직 대통령 2명을 불법자금 수수혐의로 기소하고, 이를 제공한 재벌그룹 총수들을 기소한 사실이 있는데, 다시 대규모의 불법 정치자금 수수 문제가 반복해 발생하는 것은 한국에 구조적 문제점이 있는 것이 아닌가, 그러므로 이 수사 이후 또다시 같은 문제가 발생할 수 있는 게 아닌가, 라고 질의했습니다.

매우 날카로운 질문이라 느끼면서 이렇게 답했습니다. 이번의 불법 대선자금 수사는 과거와의 단절을 통한 정치개혁을 이루겠다는 국민적 성원 속에 진행되고 있고, 수사담당자인 검찰도 불행한 과거 관습과의 청산을 요구하는 시대적 열망에 따라 진상을 철저히 밝혀 잘못된 정경유착이 재발하지 않도록 수사하고 있기 때문에 과거 수사와는 다를 것이다, 라고.

아울러 이번 수사가 과거와 다른 점은 대통령 측근을 비롯해 입법, 행정권력을 현재 행사하는 측을 대상으로 한 진상규명이라는 점에서도 잘 알 수 있을 것이라고 말했습니다. 당시 LA타임스는 저의 답변과 수사내용과 더불어 검찰이 옛날과 달리 공정하고 엄정하게 수사하고 있어 국민이 신뢰를 보내고 있다는 점을 보도했습니다.

그렇습니다. 한국에서 있었던 불법 대선자금 수사는 잘못된 관행을 타파하고 불행한 과거를 정리해 한국 사회가 나아갈 방향을 정하는 중요한 역사적 사건이었습니다.

한국 대검찰청 중앙수사부가 2003년 8월부터 2004년 5월까지 진행한 불법 대선자금 수사는 수사규모와 수사대상 면에서 사상 최대의 부정사건 수사였습니다. 수사 결과 증거에 의해 밝혀진 진상은 국민에게 충격을 주기에 충분했습니다. 2002년 대통령선거에서 합법적인 정치자금 이외에 불법으로 모집한 정치자금은, 언론 집계에 따르면 야당이 7800만달러, 여당이 1000만달러 상당이었습니다. 대통령선거에 사용되는 언론홍보비와 공식적인 선거운동비가 전부 정상적인 후원금과 국고보조금으로 충당하게 돼 있는 만큼 그 돈은 모두 불법적인 활동과 관련되거나 정치인의 개인적 용도로 사용된 것이었습니다. 모금 수법도 추적을 피하기 위해 거액의 현금을 상자에 담아 대형 트럭에 실어서 운반하거나 거액의 무기명 채권을 교묘하게 전달하는 등 부끄러운 방법이 동원됐습니다.

주요 역할을 한 정당의 지도자들과 대통령의 최측근을 포함한, 무려 40명의 정치인과 정치 관련자가 기소됐습니다. 그중에는 국회의원 다수가 포함돼 있었고, 여야 대선후보 2인을 제외한 선거캠프 지도부가 대부분 기소, 처벌됐고, 그중 13명은 구속됐습니다.

기소된 사람들 이외에도 지구당을 포함해 대부분의 정당인사가 이러한 불법자금 사용에 관행적으로 관여한 것이 밝혀졌습니다. 이러한 불법자금을 제공한 한국의 10대 그룹을 포함한 많은 기업이 수사대상이 됐고 주요 경영인 21명이 기소됐습니다.

실로 이 수사는 한국의 정치, 경제계 전반에 대한 수사였고, 그 결과 정경유착이라 일컬어지던 최고지도층의 비리가 적나라하게 드러났습니다. 검찰의 철저한 진상규명을 통해 국민은 최고지도자를 선출하는 선거에도 도저히 상상할 수 없는 더러운 일이 일어났다는 사실을 알게 됐습니다.

한국민은 왜 그런 일이 일어났는지 잘 알고 있었습니다. 정치인들은 선거에서 승리하기 위해서나 개인적인 목적으로 불법적인 돈을 관행적으로 받아 불법적인 방법으로 사용했고, 기업들은 자기의 이익유지나 권력으로부터의 보호를 위해 불법적인 돈을 조성해 이를 제공했다는 것을 알게 된 것입니다.

그동안 민주화 과정에서 점점 나아지긴 했지만, 여전히 많은 사람이 선거에 공식적으로 충당할 수 없는 비공식적인 청중동원비, 조직유지비가 소요될 것이라고 의심한 것이 사실입니다. 그러나 밝혀진 사실은 국민이 상상하던 이상으로 충격적이었고, 불법자금의 실체가 규명되자 더 이상 잘못된 관행은 용납할 수 없다는 것을 깊이 인식하게 됐습니다.

그동안 성숙한 민주사회 시민으로 성장한 한국민은 한국이 더 이상 이러한 과거의 잘못을 반복해서는 진정한 민주주의가 실현될 수 없고 나라의 발전도 없다는 것을 깨달았습니다.

그리하여 다시는 이런 잘못이 되풀이되지 아니하도록 관련자들에 대한 철저한 처벌과 재발방지를 위한 제도개혁을 요구하게 된 것입니다. 여론은 진상을 규명하는 검찰에 박수를 보내고, 정치인들에게는 선거제도 개혁을, 기업인들에게는 투명한 기업운영을 요구했습니다.

저는 수사 도중이나 종결 이후에 저와 수사팀의 성공적인 수사를 위해 기도했다는 사람을 많이 보았습니다. 이것은 저희 팀에 대한 개인적인 성원이라기보다는 정말 이번 기회에 정치, 경제의 고질적인 문제를 해결하고자 하는 희망 때문이었을 것으로 생각합니다. 이에 정치인들과 기업인들은 국민의 이러한 요구를 무시할 수 없게 됐습니다. 정치, 경제 모든 면에서 과거의 잘못에 대한 철저한 반성과 재발방지를 위한 제도개혁이 뒤따랐습니다.

그야말로 이 사건 수사는 한국사회에서 과거를 청산하고 새로운 시대로의 발전을 위한 계기가 됐고, 한국의 민주주의와 법치주의는 이 사건 수사를 통해 더욱 견고하게 발전하게 된 것입니다.

구체적으로 이 사건 수사의 영향을 보자면, 우선 정치 개혁과 변화입니다. 한국의 국회는 이 사건 수사 중에 정치자금 소요를 줄이기 위해 지구당을 폐지하고, 정치자금 조달과 수입·지출이 투명하게 드러나도록 해 음성적 정치자금을 원천적으로 차단하기 위한 정당법과 정치자금에 관한 법률을 개정했습니다. 그리고 고비용 선거구조를 혁신하고, 선거비용 지출의 투명화를 꾀하는 선거법 개정 등 깨끗한 정치와 선거를 위한 제도개혁을 이뤄냈습니다.

이제는 일반 청중을 모집해 진행하는 합동연설회와 정당연설회 등이 없어지게 됐고, 법인으로부터 일체의 후원금을 받지 못하도록 했습니다. 대부분의 정치자금 기부와 사용명세가 투명하게 드러나도록 했고 위반시 제재도 강화했습니다. 음식을 접대 받은 사람은 그 수십 배에 달하는 벌금을 내게 됐고, 반대로 이를 신고한 사람은 10배의 포상금을 받았습니다.

제도개혁뿐 아니라 국민의 요구에 따라 과거 청산도 이루어졌습니다. 2004년 5월에 있었던 국회의원 총선거에서는 불법자금 수수와 관련된 정치인들을 포함해 오랫동안 정치를 해온 사람들의 상당수가 공천이나 선거에서 탈락하고 새로운 인물이 전체 의원의 3분의 2를 차지하게 됐습니다. 정치적 거물들은 낙선하고, 민주노동당이 국회 의석을 차지해 소수당이지만 제3당이 됐습니다.

옛날 선거 같았으면 도저히 당선될 수 없는 돈 없는 사람이 곳곳에서 당선됐습니다. 물론 돈 안 드는 선거의 결과였습니다. 저는 가끔 이런 국회의원들을 만날 때 고맙다는 말을 듣는 적이 있었고, 기업인들로부터도 지난번 선거에서는 정말 정치인들이 선거자금 기부를 요구하지 않았다는 치하를 들었습니다.

물론 이 선거가 깨끗하게 된 데에는 사법기관과 선거관리위원회 등 법 집행기관의 엄정한 선거법 집행도 한 몫을 했습니다. 그러나 무엇보다도 중요한 것은 국민 모두가 깨끗한 선거를 통해 선진사회를 이루자는 데 공감했기 때문에 이 모든 것이 가능했던 것입니다.

불법 대선자금 수사로 기업도 변할 수밖에 없었습니다. 기업도 이제는 정치권의 정치자금 제공 요구를 수용할 수 없음은 물론 기업의 건전한 회계와 지배구조 개선을 요구하는 국민의 목소리를 외면할 수 없게 됐습니다. 거액의 정치자금을 제공할 수 있는 기업환경을 개선하지 않을 수 없게 된 것입니다.

종래 'Korea Discount'라는 말이 한국의 주식시장에서 통용됐습니다. 한국 기업의 생산성이나 기업가치에 비해 주식이 저평가돼 있다는 의미입니다. 외국의 투자가들은 그 주요한 원인으로 북한의 존재와 함께 기업회계가 투명하지 않다는 의심을 꼽았습니다. 이제 국민은 기업이 거액의 정치자금을 제공하는 환경에 대한 개선을 요구하고, 기업이 분식회계를 통해 불법자금을 만드는 것을 용납하지 않습니다.

법 집행기관은 기업의 불법 자금조성에 대해 엄격하게 조사하고 처벌하게 됐고, 기업 관계자들도 불법자금 조성에는 필연적으로 처벌이 따른다는 점을 인식하게 됐습니다. 저평가의 한 원인이었던 회계의 불건전함이 최소한 상장회사에선 해소되고 있다고 전문가들은 말하고 있습니다. 경제당국도 분식회계 적발과 처벌은 물론 소액투자가의 집단소송제 도입, 회사 임원의 책임강화 등의 제도를 통해 이를 뒷받침하고 있습니다.

최근 기업의 불법자금이 문제된 사례가 없는 것은 아니나 이것은 소규모의 회사이거나 불법대선자금사건 발생 전의 사례가 대부분입니다. 한국의 기업은 이제 회계부문에서는 선진 제국과 같이 건전성을 갖출 토양을 마련했고, 또 그렇게 되지 않으면 살아남을 수 없다는 것을 잘 알고 있습니다. 이제 대기업의 지배구조 개선만 이루어진다면 명실상부한 국제적인 기업으로 제대로 평가받을 것입니다.

이번 수사의 또 하나의 의미는 한국민이 법치주의를 신뢰하고 법 집행기관인 검찰의 중립과 독립을 이루는 계기가 됐다는 것입니다. 이제는 법을 위반한 사람이 최고 지도자이건 경제계 거물이건 누구나 법에 의한 처벌이 따른다는 인식을 하고 있습니다.

한국 검찰은 수사대상에 집권층 핵심인사들을 포함시킴으로써 예전부터 국민이 품었던, 정권에 편향적이라는 의심에서 벗어났습니다. 대통령중심제 국가에서 대통령의 영향을 받을 수밖에 없었던 것으로 의심받던 검찰이 정의와 형평성을 최고가치로 삼아 수사하면서 국민으로부터 신뢰를 받게 된 것입니다. 수사 도중 여야의 정파적 이해득실에 따라 정치권에서 검찰수사를 폄훼하고 공격하기도 했으나 수사가 종료된 지금 그 형평성에 의심을 제기하는 사람은 많지 아니합니다. 오히려 수사 도중 나타났던 여론과 언론의 성원은 한국 검찰 역사상 특기할 만한 것이었습니다.

이러한 최고지도층에 대한 수사는 물론 사회 전반적인 부정부패 구조를 해결하는 데도 기여할 것입니다. 한국 속담에 '윗물이 맑으면 아랫물도 맑다'고 했습니다. 최고지도층에 대한 이번 검찰수사는 실로 윗물을 맑게 함으로써 사회 전반의 건강함을 도모하게 된 것입니다.

이제 이번 수사로 발생한 다소의 부작용과 문제점에 대해 저 나름대로의 의견을 말씀드리고 싶습니다.

우선 민주적 리더십에 필요한 권위의 상실입니다. 이번 수사로 정치, 경제계 지도자들의 비리가 부끄러울 정도로 많이 노출됐습니다. 국민은 이러한 지도자들의 권위를 인정하지 않고 정치와 대기업에 대한 불신을 강하게 표현하고 있습니다. 그들이 국가 발전에 기여해온 사실마저 인정하지 않으려는 기류가 있습니다. 이것은 계층간 갈등을 심화시키고 사회의 상류를 이루는 기득권층에 대한 반발로 이어졌습니다. 일부 사람들은 법률과 제도에 관계없이 부의 공정한 분배와 기득권층의 더 많은 양보를 요구하고 있습니다.

검찰에 대한 불만도 자주 표출됐습니다. 검찰도 기득권의 한 축으로서 비록 불법대선자금 수사를 담당했지만 그 권한도 제약되고 통제돼야 한다는 논의가 정치권에서 있었습니다. 그리고 급작스러운 과거와의 단절에 따른 정치권과 경제계의 반발도 있습니다. 돈 안 드는 새 정치에 익숙지 아니한 정치인들은 너무 어렵다는 불만도 표시하고 있습니다.

그러나 이러한 모든 어려움에도 이 사건 수사로 표출된 깨끗한 정치를 이루겠다는 한국민의 의지와 염원은 계속 효력을 발휘할 것이고, 이제 막 발을 떼기 시작한 진정한 민주주의로의 행로는 뒷걸음칠 수 없을 것입니다. 그것은 한국민 모두 이러한 발전을 간절히 바라고 있기 때문입니다.

한국의 어느 선각자는 "그 나라의 역사는 결국 그 나라에 살고 있는 국민의 생각과 행동에 달려 있다"라고 말한 적이 있습니다. 이제 한국민도 더 이상 정치, 경제의 부패를 일반적으로 용인하지 아니할 것입니다.

짧은 기간에 놀라운 경제 성장과 민주주의 발전을 이룬 우리 한국민은 특별한 장점이 있다고 합니다. 바로 과감하게 결정해 행동에 옮기는 것입니다. '다이내믹'이라고 표현되는 이러한 장점은 과거의 잘못을 적발하고 개선해 나가는 데도 발휘될 것입니다. 이번 수사에서의 성원도 그 표현일 것입니다.

세계 어느 나라도 짧은 기간에 이렇게 과감하게 잘못을 밝혀내 고쳐나가는 일을 쉽게 할 수 없을 것입니다. 그러나 한국민은 하나가 돼 이것을 해냈습니다. 이것이 한국민의 힘과 능력으로서, 이제 정치·경제 전반에서 투명성을 확보해 진정한 선진 민주주의국가로 발전하는 데도 그 힘이 발휘될 것입니다.

물론 이번 수사로 모든 문제가 한번에 해결된 것은 아닙니다. 아직도 많은 진통과 갈등이 남아 있습니다. 그러나 저는 역사의 물줄기를 뒤로 돌릴 수 없듯이 이번 수사로 표출된 역사 발전의 방향은 분명히 유지될 것이고 여러 가지 어려움은 반드시 극복돼 한국이 진정한 민주법치국가가 될 것으로 확신합니다. 장시간 경청해 주셔서 감사합니다.

'인기 폭발' 강금실 법무장관의 산중(山中) 찻집 고백

"사랑… 기회가 온다면 마다하지 않겠다"

2003년 노무현 정부의 초대 법무부 장관인 강금실씨는 스타 연예인과 같은 인기를 누렸다. 강 장관에 대한 대중의 지대한 관심은 광풍과도 같았다. 가수 이효리씨에 빗대 '강효리'라는 별명이 붙은 데서 알 수 있듯 그녀의 일거수일투족은 매일같이 언론의 주목을 받았고 정치권에서도 그녀의 언행은 늘 화제였다. 인터넷 포털사이트 다음에 생긴 팬클럽이 8개로 늘어날 무렵 그녀를 못마땅하게 여기던 검찰 내에서도 지지세력이 생기고 있었다.

2003년 12월 나는 강 장관의 개인 e메일로 인터뷰를 요청했다. 그녀의 마음을 사로잡기 위해 장황하게 썼는데, 내용이 지금 전혀 기억나지 않는 걸 보면 상당한 가식이 있었던 모양이다. 며칠 후 그녀가 호의적인 답장을 보내왔고 나는 그녀의 요청에 따라 질문항목을 정리해 보냈다. 인터뷰 장소(북악산 기슭 미술관)는 그녀가 잡았다.

그녀는 우아한(문화예술적인) 인터뷰를 기대했지만, 오랫동안 사건기자로 길들여진 나는 검찰과 정치권에 관한 질문을 많이 던짐으로써 그 기대를 저버렸다. 화젯거리를 끄집어내야 한다는 강박관념에 사로잡혔던 나는 그녀의 예술적 감성에 부응할 준비가 안 돼 있었던 것이다.

하여간 원고지 150매 분량의 이 인터뷰 기사는 제법 큰 반향을 일으켰다. 거의 모든 일간지와 스포츠신문들이 상당한 분량으로 인용보도했고(매체마다 각자의 구미에 맞는 부분을 발췌하는 바람에 다양한 내용이 소개됐다), 인터뷰 내용 중 사랑과 이혼에 관한 부분 때문에 베일에 가려져 있던 그녀의 전 남편이 스포츠신문과 인터뷰하는 일까지 벌어졌다. 법무부와 검찰 주변에서는 "장관이 배석자 없이 야외에서 혼자 인터뷰에 응하고 차에 기자를 태운 것은 문제가 있다"는 수군거림이 있었다. 청와대 쪽에서는 그녀가 참여정부의 능력 부족을 지적한 것에 대해 불쾌해했다는 후문이 들리기도 했다. TV의 한 개그프로에서는 이 기사의 제목을 패러디해 강 장관 흉내를 내는 코너가 인기를 끌기도 했다.

뒷날 나는 이 인터뷰 기사를 다시 읽으면서 강금실 장관이 진보주의자이자 원칙주의자인 노무현 대통령과 달리 진보 성향의 자유주의자라는 사실을 뒤늦게 눈치 챘다. 이 기사에는 판사 출신의 첫 여성 법무부 장관으로서 검찰개혁을 추진하는 데 따른 고충과 청와대를 뒤흔드는 대선자금 수사를 하릴없이 지켜봐야 하는 무력감, 검찰개혁을 둘러싼 청와대, 법무부, 검찰 간의 갈등, 검사들에 대한 부정적인 선입견의 변화 등이 나타나 있다. 물론 이런 딱딱한 얘기보다 훨씬 더 오랫동안 내 가슴을 점령한 것은 "판사가 안 됐다면 춤꾼이 됐을 것"이라는 그녀의 인간적인 고백이었지만.

1957년 제주 출생/ 서울대 법학과/ 1981년 사시 23회/ 서울지법 남부지원, 서울가정법원, 서울민사지법, 서울고등법원 판사/ 1988년 우리법연구회 창립회원/ 1996년 변호사 개업/ 법무법인 지평 대표변호사, 민주사회를 위한 변호사 모임(민변) 부회장/ 2003년 2월~2004년 7월 법무부 장관/ 외교통상부 여성인권대사/ 2006년 5월 열린우리당 서울시장 후보/ 대통합민주신당 최고위원/ 2008년 법무법인 원 변호사

미시마 유키오의 소설 중에 〈사랑의 목마름〉이란 게 있다. 오래 전에 읽은 터라 자세한 줄거리는 기억나지 않지만 제목이 시사하는 대로 한 여자의 사랑에 대한 갈망이 애잔하게 흐르는 작품이다. 강금실(康錦實, 46) 법무부 장관과 인터뷰하고 난 다음 문득 그 소설이 생각났다.

스산한 날씨였다. 바람이 가볍게 일었고 햇볕은 인색했다. 싸늘하지만 부드러운 12월의 공기가 목젖을 건드렸다. 강 장관은 인터뷰 장소인 환기미술관에 약속시간 5분 전에 도착했다. 청와대 뒤편 북악스카이웨이 근방에 있는 이 미술관은 우아하면서도 화려하지 않아서 좋았다. 마른 대지에 물을 뿌려놓은 듯 차분하게 가라앉은 분위기. 오직 새소리만이 태엽처럼 한낮의 적막을 감고 있다.

그녀는 지난해 가을 이곳을 처음 알게 된 후 혼자 가끔 들른다고 했다. 무엇에 이끌렸냐고 묻자 "그림보다 미술관이 좋아서"라고 말했다. 말 맺음새가 간결하고 깔끔하다. 상대에게 틈을 허용하고 싶지 않아 하는 듯한. 단아한 기품이 배어 있는 얼굴이다. 마른 탓인지 인상은 생각보다 딱딱하고 날카롭다. 절제되고 응축된 힘이 느껴진다.

경내 찻집에서 작품집과 스카프를 둘러본 그녀는 "건물이 참 좋더라구요" 하면서 밖으로 나갔다. 정장에 걸친 망토가 그녀의 작은 체구를 부지런히 감쌌다. 3층짜리인 전시관 건물은 고풍스러운 계단과 포근한 느낌을 주는 곡선미가 일품이다. 맞은편 고목에 까치집이 보였고 그 너머로 북악산 자락이 눈에 들어왔다. 강 장관이 감탄조로 말했다. "저기 새집 좀 봐요. 어떻게 저런 데 집을 짓고 살까." 시골에서 자란 나는 거기에 대해 의문을 품어본 적이 없었으므로 가슴이 뜨끔했다. 그래서 엉뚱하게도 "시골에서 산 적이 없느냐"고 물었고 그녀는 "서울에서 죽 자랐다"고 답했다.

이날 인터뷰는 조금 색다르게 진행하고 싶었다. 공식적이고 딱딱한 얘기보다는 정서나 가치관, 사생활 등 인간적 측면을 엿볼 수 있는 사적인 대화 말이다. 애초 강 장관에게 e메일을 보내 인터뷰를 요청할 때도 그런 취지를 밝혔고 그녀도 그에 호응했다. 하지만 그렇다고 법무부 장관을 상대로 검찰 개혁 문제나 현안인 특검(대통령 측근비리의혹 특검) 얘기를 안 할 수도 없는 노릇 아닌가. 그러기엔 지난 10개월 동안 강 장관이 이룬 성과가 만만찮다. 게다가 강 장관과 정치권, 검찰의 관계는 또 얼마나 관심을 끌었던가. 그런 까닭에 인터뷰 약속이 잡힌 후 강 장관에게 보낸 질의서에는 정작 이런 분야에 대한 질문이 잔뜩 적혀 있었다.

전시관을 둘러본 후 찻집에 다시 마주앉았다. 다른 손님은 없었다. 인터뷰 배석자도 없었다. 강 장관이 차를 샀다. 소리가 조금 낮으면 더 좋을 듯싶은 여가수의 재즈풍 노래가 나른한 주말 오후를 붙들고 있었다. 이때만 해도 이날 인터뷰가 예정된 세 시간을 넘겨 서초동 약속장소로 향하는 그녀의 차 안에서까지 진행될 줄은 두 사람 다 전혀 짐작하지 못하고 있었다.

"오늘은 좀 자유로운 분위기에서 비공식적인 인터뷰로 하고 싶었어요. 그런데 질의서를 받아보고 놀랐어요." 그녀가 실망감을 감추지 않고 말했다. "음악에, 풍경 좋고, 무슨 검찰 얘기를 하겠어요, 이런 데서. 검찰의 '검'자만 들어도 지겨워."

화랑에 왔으니 그림 얘기부터 해야겠다. 법무부는 최근 강 장관의 아이디어로 과천 청사 1동 2, 3, 4층 복도에 그림 85점을 전시했다. 유치원생, 소년원생, 교정시설 수용자들의 그림이 대부분인데 기증받은 기성 작가의 그림도 15점 포함돼 있다. 전시 제목은 '모든 경계에는 꽃이 핀다.' 함민복 시인의 시 제목에서 따온 것이다.

"제가 좋아하는 시예요. 개혁, 개혁 하는데 시스템을 바꾸는 것 못지않게 중요한 것이 문화적인 접근이에요. 일하는 것이 즐겁도록 공간환경을 꾸며주고 창의력을 계발할 수 있는 정서적 분위기를 조성해주는 거죠. 또 하나 있어요. 교정시설에 있는 사람들한테 음악을 들려주는 거예요. 반경환 시인이라고, 클래식 음악에 일가견이 있어 책도 낸 분이죠. 옛날에 실형을 산 적도 있고. 그분이 한 달 동안 아침저녁으로 들을 수 있는 클래식 음악 곡목을 짜주셨어요. 이것을 곧 교정시설에서 활용하도록 하려고요.

딱딱한 교육도 필요하지만 정서적 접근을 통한 교화가 굉장히 중요하다고 보거든요. 아직은 많이 미흡하죠. 시간도 너무 없었고요. 너무 일할 시간이 없어요. 지치고. 법무부 안에서 법무부 일만 하면 좋겠는데."

춤과 음악에 일가견이 있으시죠?

"이 세상에서 제일 좋아하는 것을 꼽으라면 춤이고 그 다음이 노래예요."

노래, 직접 하는 것도 좋아하십니까.

"좋아하죠. 잘은 못하지만."

애창곡은요?

"많죠. '고향의 노래'도 좋아하고. 가요는 김광석 것 좋아하고. 최근 CD 전집 사서 듣는데, 계속 들어도 편안한 특징이 있더라고요."

2003년 11월29일 강 장관은 과천 청사에서 전국 일선 지검장들과 워크숍을 가졌다. 이날 회의가 끝나고 국무위원 식당에서 점심 먹는 자리에서 강 장관이 초청한 실내악단이 현악4중주를 연주한 것이 언론의 관심을 끌었다.

"반응이 좋았어요. 오신 분들도 좋아하고. 회의하면서 문화행사 하는 건 보편적인 거라 보거든요. 그런데 법무부나 검찰에서 그런 예가 없었는지 국무위원 식당 역사상 처음 있는 일이라고 얘기하더라구요. 저는 참 좋던데요."

검사장들이 머쓱해하지 않던가요.

"좋아하시던데요."

익숙지 않을 텐데요.

"좋아했어요. 모르죠, 속으론 어땠는지. (웃음)"

장관님을 보면, 몸속에 끼가 흐르는 것 같아요. 예술적 끼.

"누구나 다 있잖아요."

노무현 정부
초대 법무부 장관으로 임명돼
검찰 개혁을 적극 추진했던
강금실 변호사.
김성남 기자

정열적인 끼가 느껴집니다. 내림인가요.

"예술적 재능이 유전되긴 했어요. 아버지가 음악선생이었거든요. 바이올린 하셨어요. 손재주가 뛰어났지요. 자식들이 음악적 소질은 있는 것 같아요."

다룰 줄 아는 악기가 있습니까.

"북 두드리는 걸 좋아하는데, 하도 배우다 말고 배우다 말고 해서. 대학 2학년 때 탈춤반에서 활동했는데, 법대 왔으니까 이런 건 그만둬야 한다, 뭐 이런 생각에 사로잡혀 그만두고. 그런 식으로 20년, 30년 가버린 거죠. 전 타악기를 좋아해요. 장고도 배우다 말았는데. 북은 나중에 다시 배워야죠."

춤은 인간문화재한테 배우셨죠?

"계속 배우지 못해 아쉽죠. 85년에 처음 배웠는데 80년대 후반과 90년대 초에 배우다 말고. 그 후에 또 한 차례 배우다 말고."

춤을 추면 기분이 어떻습니까.

"정신이 산만하면 춤을 못 춰요. 머리를 비워야 춤을 출 수 있어요. 너무 피곤하거나 신경 쓸 일이 많고 잡념이 있으면 못 춰요. 손발은 움직이지만 몸이 무겁죠. 오래 추다 보면 호흡이 저절로 배 밑으로 가라앉거든요. 명상 호흡법과 원리가 같죠. 명상 수준에 이르러야 제대로 몰입해 출 수 있어요."

판사 시절 춤을 배우다 만 게 못내 아쉬웠던 그녀는 변호사 개업 후 제대로 배우겠다는 의욕에 경기도 도살풀이 인간문화재인 김숙자 선생의 딸한테 1년 가까이 춤을 배웠다. 그런데 생각과는 달리 잘 늘지 않았다.

"96년인가 97년에 배웠는데, 영 안 되더라구요. 정신이 산만하니까. 변호사 개업한 다음 계속 돈 문제, 사건에 신경을 쓰다 보니 명상 수준에 이르지 못한 거예요. 처음엔 그냥 배우고 싶어 배웠는데 추다 보니 명상 효과가 있다는 걸 느꼈어요. 내가 한 일 중 가장 잘한 일 같아요. 춤 배운 게. 사람들한테 권하고 싶죠. 차분해지죠, 이런 공간처럼."

현대 댄스와는 많이 다르죠?

"요즘 유행하는 검도나 단전호흡, 요가와 원리가 같다고 봐요."

첫 직업이 판사인데, 판사가 안 됐다면 어떤 일을 하셨을 것 같아요?

"하고 싶은 대로 했다면 춤을 본격적으로 배우거나 그 주변을 왔다갔다 했겠죠. 무용평론을 했던지. 불교에도 관심이 많았죠. 대학교 1, 2학년 때는 불교와 신학에 관심이 많아 그쪽 책을 많이 봤죠. 그 후 사느라고 바빠 불경도 안 보고 절도 안 가게 됐지만. 지금 생각하면 30, 40대가 가장 세파에 시달리는 나이가 아닌가 싶어요. 그러다 50이 지나 늙으면 옛날로 돌아가 명상도 하고, 그런 것 아니겠어요."

저도 시집을 제대로 읽은 지 한 10년 되지 않았나 싶은데요.

"난 또 시집을 냈다고 그러는 줄 알았네. (웃음) 국문과 나오면 다들 시집 안 내나."

아닙니다. 국문과 나왔다고 다 시집 내나요?

법대 나왔다고 다 사법시험 보는 게 아니듯.

"어떤 시, 누구 시 좋아해요? 나는 기형도 시 좋아해요. 특별한 느낌이 있는 시예요."

저는 예전엔 김수영을 좋아했고….

"저도 좋아해요. 대단한 시인이지요."

그녀는 문학 얘기를 더 하고 싶어하는 눈치였지만, '갈 길이 먼' 나는 화제를 바꾸었다. 내심 나중에 틈 봐 다시 얘기해야지 하고는. 하지만 문학 얘기를 더 할 기회는 찾아오지 않았고, 나는 후회했다. 특검 얘기를 덜 하더라도 문학 얘기를 더 하며 그녀의 정서를 더 깊이 들여다봤어야 했다.

법대는 어떻게 가게 됐습니까.

"고등학교 때까지 잘 모르잖아요. 자신이 어떤 사람인 줄. 자기가 무엇을 원하는 사람인 줄을. 10대는 자기 확인을 잘 못하는 나이 아닌가요. 인생에 대해 종교에 대해 관념적인 번민은 많았지만 구체적인 직업 선택에 대한 계획은 없었던 것 같아요. 뭐 이것도 하고 싶고 저것도 하고 싶고. 대학 때도 마찬가지였어요. 데생도 배우러 다니고, 사진도 찍고, 연애도 하고. 진짜 내가 원하는 게 뭔지 확인이 안 됐던 것 같아요. 미학 강의도 듣고, 종교학 강의도 듣고. 그때만 해도 서울대 법대에 여학생이 세 명 들어갈 때였으니까. 객관적으로 성적이 너무 좋았거든요. 집에서 기대가 너무 크고 법대 가라고 주문하니까. 판사 하라고."

성적이 좋은 게 문제였다?(웃음)

"공부를 너무 잘한 게 문제였죠. 그렇다고 머리가 좋은 것도 아닌데. 하여튼 1등을 너무 많이 한 거예요. (웃음) 그래서 법대에 들어간 거예요. 사실 갈등이 있었어요. 다른 것을 할까 말까. 10년쯤 지나니 갈등이 없어지더라구요. 예술도 현실 속에서 할 수밖에 없잖아요. 생활의 문제를 해결해야 하는 거고. 우리 삶이라는 게 직업을 통해 생계도 해결하고, 전문성도 갖추고, 신분도 보장받고, 사회에도 기여하고, 그런 구도잖아요. 먹고 사는 문제가 중요하죠. 누구나 현실과 접점을 이루고 살아야 한다는 의미에서 법대 가서 법률전문가의 길을 걸어온 것에 대해 고맙게 생각하죠. 살아가는 데 큰 힘이 되죠. 다른 직업을 딱히 잘했을 것 같지도 않고."

전문성을 가진 직업이 부럽더라고요, 살다 보니.

"깔끔한 면이 있어요. 조 기자께선 아직 젊은데요. 이제 뭘 새롭게 시작해도 전혀 늦지 않은 나이인데."

그녀도 음악소리가 크다고 느낀 모양이다. 종업원에게 부탁해 음악소리를 조금 낮췄다. 법치주의에 대한 얘기가 나왔다.

"우리 사회에는 실질적 법치주의가 정착이 안 돼 있죠. 게임의 법칙이 없고. 룰을 지키면서 전술전략을 써야 하는데 룰을 안 지키거든요. 제가 해야 될 일이나 참여정부의 역할도 법치주의의 정착이죠. 대통령 말씀이 잘 전달이 안 돼요. 공동체나 집단의 리더그룹, 특히 오피니언 리더들이 법에 의한 룰의 정치를 인정하지 않기 때문이죠. 이해관계나 역학관계에 의해서만 사물을 보니까. 법률가이시기도 한 대통령께서는 뭐든지 룰에 의해 얘기하는데, 사람들에게 이게 안 먹히죠. 무슨 엉뚱한 소리 하냐고.

특검도 마찬가지예요. 어저께도 아는 변호사님이 저한테 권한쟁의심판 청구하지 않는 건 직무유기라고 야단 치셨는데, 어떤 측면이 있냐 하면 검찰이 잘하든 못하든 한 나라엔 일반적인 수사 시스템이 있다는 거죠. 지금 수사를 하고 있어요. 근데 국회가 나서서 중단시켜 (수사권을) 가져간 거예요, 이번 특검이란 것이. (수사가) 끝났는데 이러이러한 점이 문제니 특별 기구를 만들어 대책을 세우자는 게 아니라 일반적인 수사 시스템을 중단시키고 특별 시스템으로 넘기는 거잖아요. 이건 국가 시스템을 흔드는 거예요. 이런 상황에서 대통령께서 법무부 건의를 받아 '수사 중인 사건이니 다시 한 번 검토해달라'고 국회에 재의를 요구하는 것은 합법적인 절차예요. 그런데 이게 정치적 역학관계로만 해석되잖아요."

강 장관에 따르면 노무현 대통령이 그녀보다 더 강한 원칙주의자다.

"저는 어떤 문제를 풀 때 꼭 원칙만 고집하지 않고 여론이나 역학관계를 감안하는 좀 온건한 입장이거든요. 성격 자체가 그래요. 그런데 대통령은 안 그러시거든요. '죽어도 나는 원칙을 지키겠다'고 하시거든요. (웃음) 저보고 '법무부가 훨씬 정치적'이라고 뭐라 그러신 적도 몇 번 있었죠. 그럴 땐 저도 혼란스러워요. 원칙만 갖고는 해결되지 않는 경우가 많거든요. 인간관계를 감안하면서 균형점을 찾아야죠. 법치주의이면서도 인간적인 따뜻함과 정서가 살아 있는. 막스 베버가 정치 발전 단계에 대해 인치에서 법치로, 법치에서 다시 예술로서의 정치로 넘어가야 한다고 말했다는데, 제가 원하는 것도 한 단계 진전된 상태죠. 법만 요구하는 것도 답답한 노릇이죠.”

어차피 수사가 끝난 다음 특검을 할 바에야 아예 처음부터 특검을 하는 게 낫지 않았을까요.

“차라리 그랬다면 좋았죠. 이런 식으로 수사 도중에 특검 할 바엔. 그런데 정치권에서 진정으로 대통령 측근비리 특검을 해야겠다고 생각했다면 최도술 사건이 터질 때부터 그런 얘기를 했어야죠. 하지만 한나라당 (대선자금에 대한) 수사 이후잖아요. 한 달 가량 간격이 있어요. 최도술 건이 터진 게 10월 초이고 특검 얘기가 나온 게 10월 말이거든요.”

강 장관은 특검에 대해 부정적인 견해를 밝혔다. 자신은 애초부터 특검 반대론자라고 했다.

“일반적 수사 시스템을 정상화하는 데 주력해야지 문제가 있다고 자꾸 특별검사제를 도입하면 부작용이 생기죠. 설렁탕집에서 ‘특’을 주로 팔면 보통 설렁탕은 없어져버리잖아요. ‘특’이 일반화되고 또 다른 ‘특’이 나오겠죠. 검찰이 수사를 잘못한다면 바로잡아주는 쪽으로 접근해야지, 이거 안 되겠다, 빼버려야겠다고 하면 곤란하죠. 그러려면 차라리 검찰 없애버리지, 특별검사가 다 하게. 그럴 순 없거든요, 국가기관이라는 건.”

시민단체 등에서는 오래 전부터 특검제 도입을 요구해오지 않았습니까.

“나무가 제대로 못 자란다면 약을 뿌리고 고쳐줘야 튼튼해지죠. 다만 시간이 좀 걸려요. 50년 동안 쌓인 검찰 조직의 문제가 3개월 만에 해결되겠냐구요. 5년 이상 천천히 가야죠. 그런데 한국사회는 그걸 못 참아요. 나무가 시들시들하면 당장 뽑고 새 걸 심으려 해요. 고치는 과정을 지켜보는 인내가 없어요. 법무부 장관으로 온 이후 생각이 바뀐 게 아니라 원래 제 생각이 그래요. 형사법 시스템에도 심각한 문제가 있어요. 특가법이란 게 특별법이잖아요. 국가보안법도 그렇고. 이와 관련된 형법이 사문화되다시피 했지요. 가치가 인플레된 사회예요. 차분하게 원형을 찾기가 어려운 지경에 처해 있죠. 저는 그런 점에서 보수적인지도 모르겠어요."

여론조사 결과를 보면 대통령 측근비리에 대해 특검 해야 한다는 의견이 더 우세하죠.

"국민 여론이 그렇다면 해야죠."

그녀는 길게 한숨을 내쉬었다.

검찰이 독립적으로 수사할 여건이 갖춰졌다고 보십니까.

"그것보다는 원칙에 반한다는 생각에서 (특검에) 반대하는 겁니다. 정말 목숨 걸고 수사하고 있는데 '너 안 되겠다'며 도로 빼앗는 꼴이잖아요. 아직 결과도 안 나왔는데. 수사검사들이 가질 낭패감을 생각해봐요. 일반 국민의 시각과 전문가 시각엔 갭이 있어요. 검사들은 수사에 대한 전문성을 갖고 있어요. 수사에 대한 철학이랄까 방법론이랄까. 저는 여기 와서 그걸 이해했거든요. 여론이 일일이 전문가 영역에 개입하는 건 문제가 있어요."

모양은 더 안 좋아진 것 같아요. 거부권이 행사되고 재의결되는 바람에.

"특별히 더 나쁠 게 뭐 있겠어요. 이렇게 하나 저렇게 하나."

그녀가 냉소적으로 말했다.

"결국 검찰과 특검을 경쟁시키자는 것 아니에요? 이제 대선자금 수사와 측근비리 특검수사가 같이 가게 생겼잖아요. 어떻게 할 거냐구요. 수사로 도배질하게 생겼는데. 세계적으로 이렇게 특검 하는 나라는 없어요. 특검을 정략적으로 이용하는 건 옳지 않죠."

강 장관은 내가 검찰이 최근 일부 인사를 대선자금과 관련 없는 개인비리로 구속한 것을 거론하자 "특검 얘기 그만하죠" 하며 말을 잘랐다. 표정이 밝지 않았다.

"솔직히 말해 혐오감이 일어요. 외형상 특검법 발의는 합당하고 타당해요. 법률적 구성요소도 갖추고 있고. 검찰 인사권자의 주변 사람들 문제니까 다른 데서 수사하자, 좋아요. 그런데 이것을 도입하는 과정에 대해 혐오감을 갖는다구요. 그런 순수한 의도에서 특검을 하자는 게 아니잖아요. 얘기하다 보니 기분 나빠지네요. 상대방 약점을 잡아 자기 힘 과시하는 것과 뭐가 달라요."

그녀는 특검을 추진한 정치권을 강한 톤으로 비난했다. "기사엔 넣지 말라"며 거친 표현도 사용했다.

"도대체 뭐가 정의냐구요. 절차상 충분히 얘기할 수 있는 것이라면 동기와 의도는 아무래도 괜찮다는 건가요. 동기와 의도가 명백한데. 총선 때까지 특검을 끌고 가 시끄럽게 만들고 망신 주겠다는 건데. 도대체 측근비리가 있는 대통령이 나쁜 거예요, 그것을 이용하는 한나라당이 더 나쁜 거예요? 어떻게 생각해요?"

그녀는 측근비리라는 용어의 문제점도 지적했다.

"측근비리라는 것은 대통령 재임 중 측근들이 권력과 지위를 이용해 이익을 챙기는 행위를 말해요. 그런데 지금 문제가 되는 건 대선 때 일이에요. 측근비리라는 말 자체가 안 맞는 거죠. 우리 사회엔 이런 식의 용어 인플레가 많아요."

"특검 얘기 너무 오래했죠" 하고 강 장관이 제지하지 않았다면 특검 관련 질문을 더 던질 뻔했다. 기분 전환도 할 겸 '부드러운' 얘기로 넘어갔다.

대중적 인기가 대단합니다. 일거수일투족이 언론에 보도되는 걸 보면.

"자꾸 드러나는 게 뭐가 좋겠어요."

한편으로 생각하면 기분 나쁠 것도 없을 것 같은데요.

공직자에 대한 관심이 높다는 건 긍정적 측면이 있죠.

"나쁠 건 없지만 특별히 좋을 것도 없어요. 나하고 관련짓지 말았으면 좋겠어요."

효리요?

"인기를요. 어느 정도인지 실감도 잘 못하겠구요. 신문에 매일같이 사진이

나더군요. 공직자의 업무수행에 대한 국민의 평가라고 받아들이고 싶어요. 인기가 있으니 별명도 붙었겠죠."

화내셨다면서요?

"그건 공보관이 잘못 전달한 거예요. 강효리라고 해서 화낸 게 아니고 공식 업무수행을 다룬 기사에서 제목을 강효리라고 붙인 건 곤란하지 않느냐는 뜻이었죠. 그런 경우 외에는 맘대로 불러도 상관없어요."

드라마 '대장금'에 빗대 강장금이라고도 하지요.

"상관없어요. 부르고 싶은 대로 부르면 되죠. 그 드라마, 초기에 한두 번 봤는데 눈에 띄게 재미있더라. 움베르트 에코의 《장미의 이름》 같은 느낌을 받았어요. 추리적인 요소가 있어요. 그래서 재미있는 거예요."

강 장관의 높은 대중적 인기를 두고 여성적 리더십이 한국 사회에 먹히는 것 아니냐는 분석이 있더군요. 장관께서 생각하는 여성적 리더십엔 어떤 특징이 있나요.

"한국 사회가 급속도로 변하고 있는데, 본의 아니게 제가 그 변화의 한 축에 서 있는 거죠. 그런 거지, 그것이 저와 바로 일치된다는 느낌은 못 받고 있어요. 젊은 여성이 법무부 장관에 취임했다는 게 일종의 사건이었던 데다 변화에 대한 요구, 특히 검찰개혁에 대한 요구가 강했잖아요. 그것이 상승작용을 일으킨 게 아닌가 싶죠."

여성성이라는 걸 의식하는 편인가요?

"그냥 편한 대로 살아요. 좋아하는 대로. 더 좀 그러고 싶은데, 사실은. 직업이 하도 얌전하게 지내야 하는 직업이라 맘 놓고 못 그러죠."

국회에서 화장하는 것까지 화제가 됐었지요.

"점심 먹고 와서 잠깐 카메라가 안 보이기에 얼른 콤팩트를 했는데 찍혔더라구요. 아직 카메라를 의식하지 못해요. 그래서 실수를 많이 하는 거죠. 기도하는 듯한 모습도 찍히고. 맘 놓고 킥킥거리다가 녹음 당하고. 좀 둔

해요.”

대중적 인기라는 게 공인들한테는 긍정적 부정적 양면이 있을 텐데, 관심이나 기대나 크면 그만큼 실망도 크지 않겠습니까. 부담스럽지 않으세요?

“의식하지 않아요.”

시민들한테 편지도 옵니까.

“그건 모르겠고. 오다가다 잘해주죠. 물건값도 깎아주고. 선물도 주고. 핸드백 사면 지갑도 주고. (웃음) 고맙죠. 미장원에서 머리도 잘라주고 화장도 고쳐주고. 잘해줘서 고마워요.”

인터넷 포털사이트 다음(daum) 카페에는 강 장관 팬클럽 모임이 8개나 있다. 그중 ‘강금실 법무장관을 좋아하는 사람들’의 경우 회원 수가 5000명을 넘는다.

인터넷 팬클럽 사이트에 들어가본 적 있습니까.

“어쩌다 한번요. 집에 인터넷이 깔려 있지 않아 자주 볼 수는 없고.”

‘강금실 장관 5년 재임을 위한 모임’도 있는데요. 미국 클린턴 행정부 때 여성 법무장관인 재닛 리노는 8년간 하지 않았습니까.

“사람 뜻대로 되겠어요?”

그녀는 “법무장관이라는 자리가 이토록 많은 일을 하는 자리인 줄 미처 몰랐다”고 말했다. 여기서 잠깐 강 장관이 지난 10개월간 추진한 개혁 관련 업무를 살펴보자.

먼저 검찰 인사위원회 운영 개선. 자문기구에 불과하던 위원회를 심의기구로 격상해 실질적인 권한을 갖도록 했다. 또 검사장급 이상에만 해당되던 위원 자격을 평검사에게도 부여하고 외부인사를 2인 이상 참여토록 해 검찰 인사의 공정성과 객관성을 갖추게 했다.

다음으로 철저한 상명하복으로 검사의 독립성을 침해한다는 논란이 일었던 검사동일체 원칙을 폐지했다. ‘검사는 검찰사무에 관해 상사의 명령에 복종한다'는 규정을 '상급자의 지휘·감독을 받는다'로 개정했다. 또 위법하거나 부당한 지시에 대한 이의제기권을 신설했다.

양심의 자유를 침해한다는 비판을 받아온 준법서약서도 과감히 폐지했다. 아울러 인권보장기관으로서의 위상 확립을 위해 구속 전 피의자 심문제도를 개선하고 국선 변호 대상을 확대하는 한편 변호인의 피의자 신문 참여제도를 도입했다.

수사권 남용을 방지하는 방안도 마련됐다. 검사적격심사제를 도입해 검사 임관 후 일정 주기마다 직무수행능력을 심사토록 했다. 말하자면 검사 재임용 심사인 셈이다. 또한 '제 식구 감싸기' 시비에 휘말려온 감찰제도를 강화할 방침이다. 법무부 감사관실을 장관 직속 감찰실로 격상시키고 장관 자문기구로 감사위원회를 설치하기로 했다. 대검 감찰부가 1차 감찰기구라면 법무부 감찰실은 2차 감찰기구가 되는 셈이다.

검사 직급 폐지와 단일호봉제 도입도 눈에 띄는 개혁방안이다. 검찰의 수직적 구조를 개선하고 검사의 신분보장을 강화한다는 취지로 현재 검찰총장-고검장-검사장-검사 4단계로 구성된 검사의 직급체계를 2단계로 축소, 고검장과 검사장 직급을 폐지했다. 그에 맞춰 검찰총장을 제외한 모든 검사의 보수 체계를 단일호봉제로 변경했다.

대단한 변화가 아닐 수 없다. 수십 년 동안 쌓인 과제들을 부임 1년도 안 돼 성공적으로 추진하고 있는 것이다. 하지만 검찰 내부의 반발도 만만찮다. 그 탓에 강 장관은 지난 10개월 동안 보이지 않는 전쟁을 치러야 했다. 현재 개혁업무를 총괄하는 부서는 법무부 정책기획단. 여기에 최근 검찰 내·외부 인사 13명으로 구성된 '제도개선연구팀'이 장관 직속기구로 발족돼 인사·조직 개편안을 연구하고 있다.

"하는 데까지 하다 가야죠. 일 자체는 재미도 있어요. 검찰 개혁과 관련한 제도개선 방안이 시행되고 정착되기까지는 몇 년 걸릴 것 같아요. 적어도 정착할 때까지는 지켜봐야 하지 않나 하는 생각도 들어요. 교정행정도 개선할 게 많고. 그래서 주변사람들에게 오래 있겠다고 했는데, 사실은 내일 그만둬도 좋거든요. 편하죠 뭐, 내일 당장 그만두면. 가장 고통스러운 게 새벽에 일어나는 거예요."

보통 몇 시에 일어나시는데요.

"아침 약속이 있으면 7시 반에 나서야 되니까."

원래 야행성이신가 보죠.

"예."

그러면 보통 일이 아니네요.

"보통 일이 아니에요, 진짜로. 가을 들어와 체력도 많이 떨어지고. 고민이에요. 잠 때문에."

잠이 최대 걸림돌인가요, 장관직 계속하는 데.

"예. 잠하고 식사. 음식을 많이 먹어야 하니까. 아침 회의가 많으니 꼭 먹게 되죠. 점심때도 회의 끝나면 먹어야 하고. 저녁때 회식하면 또 먹어야죠."

식사량을 조절하시면 되잖아요.

"그게 안 돼요. 음식을 앞에 두고 안 먹을 수가 없어요. 아무래도 이것 때문에 오래 못할 것 같아. 오래하면 좋겠다는 생각은 있는데, 오래하겠다고 공언했는데…. 어찌 보면 검찰 제도개혁은 이제 시작이거든요."

가장 큰 목표가 그것이군요, 검찰개혁.

"검찰개혁이 가장 중요하죠. 검찰이 제대로 돼야 나머지도 원활하게 돌아가죠. 2~3년은 해야 어느 정도 체계가 잡힐 것 같아요. 검사들한테는 한 3년 하겠다고, 2006년까지 있겠다고 얘기했죠. 그런데 있고 싶다고 있을 수 있는 자리가 아니더라구, 와보니까."

우리도 이제는 대통령과 임기를 같이하는 장관이 나올 때가 됐지요.

"내가 검사들에게 2006년까지 있겠다고 얘기한 것을 대선 출마와 연결시키기도 하더라구요. 2007년 12월에 대선 있으니 1년쯤 전에 장관 그만두고 대선 준비한다는 거지."

그때 가서 어떻게 될지 알 수 없는 일 아닙니까.

"사람 팔자는 하늘의 뜻에 맡기는 게 좋아요."

그녀는 "내일 당장 그만둔다 생각하면 너무 즐거워요" 하면서 웃음을 터뜨렸다.

"아무래도 공직자 생활보다는 개인 생활이 훨씬 낫거든요. 놀아야죠. 놀 것 생각하면, 그만둬야죠."

몇 년 전 미국에서 한 장관이 아이들로부터 아빠 노릇에 충실해달라는 얘기를 듣고 곧바로 사표를 내 화제가 됐죠.

"장관직에 업무수행 이상의 의미는 두지 말아야 돼요. 거기다 자신의 퍼스낼러티를 실으면 안 된다는 거죠. 내일 당장 그만둘 수 있을 정도로 태도가 객관화돼야 해요. 내가 장관이 됐으니까 무조건 오래 해보고 싶다는 태도는 촌스러운 것 아닌가요? 아까 인기에 대한 부담이 없냐고 물었는데 인기나 평가는 국민의 몫이고 나는 나대로 일을 하면 그만이에요. 인기가 떨어지면 할 수 없지, 내가 왜 부담을 가져요. 일 못하면 인기 떨어질 거고, 그럼 그만둬야지. 환기미술관에 와 즐기는 건 내 일이지. 하지만 공직이란 건 내 일이 아니잖아요. 국민의 일을 대신하고 있단 말이에요. 그러니 일 못한다는 평이 나오면 빨리 그만둬야지, 더 잘할 수 있는 사람이 하도록."

최근 그녀와 관련된 기사 가운데 화제가 된 것 중 하나가 민주당 추미애 의원과의 비교다. 강 장관이 나이와 사시 기수로 1년 선배다.

추미애 의원과 비교하는 기사를 보면 솔직히 기분이 어떠세요.

"아무 생각이 없어요. 뭐 언론 나름대로 사정이 있겠죠. (웃음)"

기사거리 없으니까?

"글쎄, 언론 나름대로 사정이 있는 것 아니겠어요. 본인의 의사와 관계없이 기사화되는 걸 보면."

자꾸 건드리니 추미애 의원 쪽에서 반응을 보이는 것 같던데요.

"총선 지나면 조용해질 거예요. (2004년) 2월15일 지나면. 2월15일이 총선에 출마하려는 공직자의 데드라인이거든. 그때 되면 안 나가는 게 확실해지니까 잠잠해지겠죠. (웃음) 어쩌려고들 그러는지 몰라, 내가 안 나가면. 그것 좀 물어보고 싶어요. 언론에선 어떻게 생각하는 거예요? 나갈 거라고 보고 있어요?"

그녀가 장난기 어린 표정으로 되물었다. 내가 "언론의 희망사항일지도 모르겠다"고 하자 또다시 "언론 나름대로의 사정 때문에 그런 것 아니겠냐"며 한참 웃었다.

예전에 국민회의에서 영입하려고 한 것은 사실인가 보죠?

"거짓말은 아니죠. 근데 나 궁금해. 나 안 나가면 어떡할라 그래요."

그녀가 또 웃어젖혔다.

말씀하시는 게 꼭 나갈 것 같네요.

"아니, 재미있어서. (내가 나간다는 얘기를) 너무 퍼뜨려놓아서. 안 나가면 어쩌려고 저러나 하는 생각이 들어서."

그녀는 재미있어 죽겠다는 듯 웃음을 멈추지 않았다.

안 나가면 안 나가는 대로 또 기사 만드는 거죠 뭐.

"혹시나 했더니 역시나, 뭐 이렇게?"

바람만 잡았다고.

"바람만 잡고…."

정계 소식통에 따르면, 열린우리당이 최근 서울 강남 모 지역을 대상으로 강 장관 출마를 전제로 여론조사를 실시한 결과 한나라당 중진인 모 의원을 더블 스코어로 눌렀다고 한다. 이 얘기를 들려주자 그녀는 "우와, 진짜 인기가 있구나" 하고 즐거워했다.

열린우리당의 구애 공세가 대단할 것 같은데요.

"그렇지도 않아요. 하도 내가 시큰둥하니까. 이해를 하시죠, 제 성격을."

공식 제의는 없었나요.

"예. 괜히 그러는 거죠."

그녀의 제의로 차를 더 시켰다. 이번엔 내가 샀다. 머리 스타일이 화제에 올랐다.

"파마머리 때문에 난리가 났었지요. 동네 미장원 갔다왔냐, 웬 아줌마냐 하며. 저는 미장원에 가면 따로 주문을 안 해요. 그냥 가만히 앉아 있으면 미용사가 알아서 해주거든요. 지난번엔 미용사가 한번 심하게 볶은 거지."

삶의 계획표라 할까, 나는 몇 살 때 뭘 하고 뭘 성취하고,
이런 계획표를 작성한 적이 있습니까.

"한 번도 없었구요. 아무런 계획 없이 사는 사람이에요, 어릴 때부터 지금까지. 계획 세우면 얼마나 좋겠냐만. 여기서 이제 잘 해봐야지 하고 맘먹으면 꼭 다른 데로 옮기게 되더라고요. 판사 시절 초기엔 갈등이 많았는데 10년이 지나면서 어느 정도 방향을 잡았지요. 비로소 법률 전문가로서 기량도 쌓고 정진하겠다고 맘먹었는데 그때부터 가세가 기울어서 등 떠밀리다시피 개업을 하게 됐어요. 비참하게 개업한 거예요."

1981년 사시에 합격한 그녀는 2년 후 서울지법 남부지원 판사로 부임했다. 이듬해인 1984년 운동권 출신으로 출판업을 하는 김모씨와 결혼했다. 변호사 개업을 한 것은 1996년. 남편의 출판사가 부도난 것이 원인이었다. 두 사람은 2000년에 협의이혼했다.

"빚 때문에 허덕지덕 변호사 하다가 로펌으로 옮겨가 대표까지 맡았죠. 원래 제 성격이 사교적이지 못해요. 개인 변호사 시절엔 민변을 통해 인권

분야 일만 했을 뿐 거의 대외활동을 안 했죠. 그런데 로펌 대표가 되니 비즈니스 관계로 사람을 많이 만나야 했어요. 다보스포럼도 다니고 경제인들도 만나고 골프도 했죠. 2003년 들어와 이제 본격적으로 잘해보자고 맘먹고 영어도 시작하고 골프도 죽어라 배우고 있는데…."

영어회화요?

"그래요, 영어회화. 해야만 하니까. 외국 손님 만날 때도 많고. 그런데 갑자기 장관으로 오게 된 거예요. 여기서 열심히 해봐야지 하면 꼭 옮기게 되더라구요. 그런데 지금 자리는 좀 다르죠. 언제 그만둘지 알 수 없는 상황이니. 여기는 임기가 하루 이상 5년 미만이잖아요. 로펌 대표 할 때도 소원이 50살까지 돈 열심히 벌어 빚도 갚고 외국에 나가 공부도 하고 노는 거였어요. 노는 게 꿈이야, 진짜로. 지금도 이 꿈엔 변함이 없어요. 50살 이후엔 정말 다르게 살고 싶어요. 60, 70살 돼서 다른 생활 한다는 건 말이 안 되고요."

구체적으로 생각해둔 게 있습니까.

"생각 중이에요. 일단 직업은 안 가질 생각인데."

그녀는 혼잣말처럼 "생각 중"이라고 되뇌었다.

그러려면 돈을 엄청 벌어야 할 텐데요.

"어떻게든지 생활은 할 수 있으면서 노는 방법을 찾아야죠. 법률가 말고 딴 것. 지금은 방향만 생각해둔 상태죠."

자유롭게 사는 것?

"일단 자유롭게 사는 것."

춤도 마음대로 추고.

"응. 맘대로 추고. 잘 아시네."

연애도 하시고.

"마다할 리는 없죠."

그녀가 크게 웃었다.

때가 있잖아요.

"때가 있으니 더 늦기 전에. 50대에. 60대는 너무 늦잖아."

그녀의 대중적 인기가 높아지게 된 데는 국회의원들의 공(?)을 빼놓을 수 없다. 의원들은 국정감사와 대정부질의 때 강 장관을 유난히 자주 야단치고 호되게 추궁함으로써 그녀의 존재를 더욱 돋보이게 했다.

장관들이 본 업무 외에 시달리는 게 많죠. 특히 국회에 불려가는 게 큰 비중을 차지하죠?

"굉장히 많이 차지하죠."

지난번 국감 때 김기춘 의원이 강 장관께 퀴즈를 냈죠?

"초대 법무장관과 검찰총장 이름."

그때 어떠셨어요. 당황했을 법한데.

"당황했다기보다는 답을 모르니까. (웃음) 지금도 몰라요."

심하다는 느낌이 들지는 않았습니까.

"모르겠어요. (웃음)"

그럼 "코미디야, 코미디"는?

"한심하다는 뜻이 아니라 그때 (의원들끼리) 주고받은 말 자체가 정말 웃겼어요. 그래서 웃은 거예요. 말이 너무 웃겨서."

2003년 11월14일 강 장관은 문제의 '코미디' 발언 때문에 국회 법사위에 나와 의원들에게 "죄송하다"며 머리를 조아렸다.

"잘못한 건 사과해야죠. 그런데 또 사과 너무 자주 한다고 (웃음) 법사위 의원 한 분이 야단치시던데요. 법사위 계신 분들은 남다르게 느껴져요. 묘하데요, 그게 참. 예결위 있다가 법사위 가면 꼭 고향에 온 기분이 들고. 의원들이 야단치는 것, 다 일리가 있어요."

예를 들면요.

"대법관 자문회의 도중에 퇴장한 것 때문에 많이 혼났지요. 법사위에서 잘못한 게 없다고 대답했더니 다들 제가 잘못했다고 말씀하시더라구요. 듣고 보니 제가 잘못한 것 같더라구요. 일종의 비판기능이죠. 견제기능이고. 굉장히 도움이 되죠. 업무 점검하는 데."

대체로 수긍하신다는 거죠?

"틀린 말 한다고는 생각지 않아요."

의례적인 사과가 아니고요?

"내가 잘못했다고 인정해서 사과한 거예요. '코미디야 코미디'도 내가 혼자 한 말이지만 그게 공개되면 실수가 되는 거잖아요. 거짓말로 사과한 적은 한 번도 없어요."

그녀가 웃음기 가득한 얼굴로 혼잣말처럼 말했다.

"근데 사과를 너무 자주 하는 건 문제네. 사과할 일이 많으면 안 되지 않나. (웃음) 이상하네. 거짓말로 사과한 적은 없는데, 웬 사과가 그리 많았지. 그럼 안 되잖아. 왜 만날 나는 사과만 하냐고."

저는 장관께서 어떤 의도를 갖고 그러는 게 아닌가 싶었는데요.

"어떤 의도가 있어요?"

적을 무력화시키는 방안이 아닌가, 사과로써.

"전혀."

특유의 여성성으로.

"고도의 정치적 전략 아니냐고? 전혀 그런 것 없어요. 일할 때도 없고. 국회 갈 때도 없고. 가능하면 진심으로 살려고 노력해요. (웃음) 모든 사람한테 마음을 열고 솔직하게 대하려고 노력하죠. 성격이 그렇다 보니 공사 분간이 없어 보이죠. 그래서 사과도 자주 하게 되는 것 같고."

장관이 몸담고 있는 참여정부 지지도가 역대 어느 정부보다 낮은데, 원인이 뭐라고 보십니까.

"두 가지인 것 같아요. 첫째는 일 못하는 것이고요. (웃음)"

대통령이 들으면 섭섭해하겠는데요.

"솔직하게 말해 사실인 걸 어떡해요. 말하지 말까, 그러면."

아니, 말씀하세요.

"참여정부가 형식과 내용 모두에서 법치주의에 부합할 만한 전문성을 보여주지 못했다고 봐요. 일 처리하는 데 원숙함을 보여주지 못했고 기량도 떨어졌죠. 또 하나 원인이 있다면 법치의 형식은 갖춰졌지만 실질적 법치가 구현될 기반이 약하다는 점이죠. 그 점에서 참여정부는 소수자정부로서 상당히 열악한 상태에 놓여 있죠. 참여정부가 가진 원칙과 철학이 바람직하다면 잘못해도 조금 기다려주고 격려해줘야 하는데 그게 아니거든요. 이 기회에 너 죽어라 하고 두들겨 패잖아요, 맘에 안 드니까."

그녀는 잠시 쉬었다가 말을 계속했다.

"원래 못할 때는, 인기 없을 때는 남 탓하면 안 되거든요. 자기 탓을 해야지. 대통령이 내리는 결정과 제 생각이 맞지 않을 때가 종종 있어요."

예를 들자면요?

"특검이 그렇잖아요. 북송(대북송금) 특검이 도입될 때 저는 국회에 재의요구를 해야 한다고 주장했는데 대통령께서 그냥 수용하셨죠."

그 뒤에 특검을 연장할 때는 그 반대였죠? 장관은 특검이 끝까지 마무리해야 한다고 연장을 주장했고….

"(연장)해야 한다고 건의했는데 반대하셨죠. 그럼에도 대통령을 굉장히 존경하고 신뢰해요. 참 특이한 분이에요. 나름대로의 정치철학을 갖고 진실만을 말하거든요. 정치꾼적인 발언을 전혀 하지 않으세요. 잘 되도록 도와드려야 하는데, 마음이 무겁죠."

인터넷에 이런 얘기가 있던데요. 노 대통령이 인기가 없으니 강 장관이 더 인기가 있는 거라고.

"그런 면도 있다고 봐요. 왜냐하면 법치주의를 원칙으로 삼는 정부에서 대통령 인기가 낮으면 각료들한테 인기가 쏠릴 수 있죠."

만난 지 2시간이 지났다. 그녀는 "여기 와 있으니 굉장히 기분이 좋아졌다. 훨씬 즐거워졌다"며 흡족해했다.

지난번에 검사들한테 e메일 편지를 보내신 게 화제가 됐는데 나중에 쑥스럽다는 생각은 들지 않았습니까.

"그런 생각 안 했는데. (웃음)"

조금 과하지 않았나 싶던데요.

"그래요?"

검사들에게 친근감과 애정을 표시한 건 이해되지만….

"다시 한 번 읽어볼게요."

그 편지를 두고 말이 많더라고요.

"과하다고?"

그렇죠. 평소 검찰에 대해 비판적인 사람들이 그런 글을 많이 올렸던 것 같던데요.

"그럴 수 있겠죠."

민변 소속의 인권변호사 출신이 어떻게 검사들에게 그토록 강한 호감을 표시할 수 있냐는 거죠.

"정서적 측면을 이해하지 못한 결과라고 봐요. 나쁜 사람을 좋아하면 안 된다는 생각이 머릿속에 있는 게 아닌가요. 몇몇 동료·후배 변호사들도 그 문제로 저를 비판하더라구요. 부정적 측면이 크다고. 나를 지지하는 사람들이 매우 실망하고 있다고. 그 비판은 충분히 공감해요. 다만 이성의 공간에서 누군가에 대해 좋다 나쁘다 하는 평가와 인간적 측면은 구분해야 하지 않을까요. 정서의 흑백논리가 존재하는 사회는 굉장히 편협한 사회이고 갈등 해결이 잘 안 되는 사회죠. 근데 그건 일반적 얘기고요. 제가 원래 성격이요, 성향이나 입장으로 사람을 가르지 않고 생각이 어떻든 직업이 어떻든 봐서 좋으면 좋아해요. 아마 과하다 생각됐다면 느낌이 강렬했기 때문일 텐데."

취지는 충분히 이해합니다. 제가 문제 삼는 건 표현이에요. 조금 절제했으면 좋았겠다 싶던데요.

"취향이 그런 걸 어떡해요. 내 글이 원래 그런데요."

사신이라면 또 다른데, 공개됐으니….

"공개를 전제로 한 건 아니잖아요. 남의 편지 들여다보고 욕하는 것과 똑같아요."

대상이….

"대상이 뭐 어때서요. 남이 편지 쓰든 말든 왜 밖에서 문제 삼죠. 검사가 어때서요. 얘기해보세요. (웃음)"

다수를 상대로 한 거니까.

"나는 그냥 내키는 대로 한 건데. 그러니까 내가 이상한 행동을 하는 사람인가 봐, 상식으로 볼 때. 그런 것 아니에요?"

답장 많이 왔죠?

"많이 왔죠. 유출될 가능성이 있다고는 생각했지만 사신 오간 걸 들여다보고 감 내놔라 콩 내놔라 하는 건 웃기는 일 아니에요? 어떻게 생각하세요?"

맞죠. 그런데 공개가 됐으니까.

"검사들이 또 쓰라고 하는데 어떡하지. 또 공개될까봐 못 쓰겠네. 연하장을 쓸까."

비판적인 견해를 보낸 검사는 없었습니까.

"비판하는 사람이 답장 보내겠어요. 가만히 있지."

실내 음악이 언제부터인지 피아노곡으로 바뀌어 있었다. 요란하지도 착가라앉지도 않은, 편안한 느낌의 곡이다.

부임 초기와 달리 현재 검찰에는 강 장관을 인정하고 지지하는 검사가 많다는 게 중론이다. 일부에서는 그녀의 조직 장악력에 의문을 표시하지만 새 정부 출범 직후 소용돌이쳤던 검찰 조직이 안정을 찾고 있다는 징후는 곳곳에서 느낄 수 있다.

제가 들은 얘기로는 검사들의 반 정도는 강 장관께 호감을 가진 것으로 보이는데, 최근 만난 한 검사는 "반 되려면 멀었다. 이제 30% 정도"라고 깎아내리더군요. 어떻게 느끼세요, 검사들과의 관계?

"초기와는 많이 달라졌죠. 그때는 살벌했지만 지금은 분위기가 많이 부드러워졌구요. 일단 내가 신경 안 쓰게 되고 편안해진 게 바뀐 거죠. 자기와의 싸움이 가장 중요해요. 상대방이 받아들이느냐 마느냐에 개의치 않고 마음이 편한 상태가 된다는 게 중요하죠. 그래야 자유로워지죠. 결국 사람한테 자유라는 건 마음의 구애를 극복해가는 과정이 아닌가 싶은데요."

송광수 총장을 비롯한 대검 간부들과 보신탕집에서 만났을 때
폭탄주를 대여섯 잔 하셨다고 들었는데요.

"그 정도 먹었죠."

원래 폭탄주를 좀 하셨나요?

"그 전에도 먹었는데, 요즘은 안 먹어요. 힘들어서. 와인만 먹어요."

그날 회동 결과는 만족하세요?

"내 마음의 문제죠. 만족하냐 아니냐를 떠나."

송 총장과 따로 얘기하는 시간이 있었는데 그때 무슨 얘기가 오갔는지.

"그 얘기는 안 하는 게 좋겠어요."

그녀는 "그러니까 검사들에게 메일 보낸 것, 보신탕집 회동… 전부 사건이구만. 사건에 관심이 많구만" 하면서 약간 못마땅해하는 기색을 비쳤다.

딱딱한 얘기를 조금 더 해야겠는데, 송광수 총장이 장관과의 인사협의를 명문화해달라고 공개적으로 요구했지요.

"나올 수 있는 얘기죠."

그거, 계속 갈등이죠?

"갈등이랄 것까진 없구요. 총장님하고도 얘기를 충분히 했어요. 과거에 인사 난맥상이 있었기에 장관이 가진 인사권—엄밀히 얘기하면 인사 제청권인데—에 대한 견제랄까 인사권을 공정하게 하기 위한 장치는 필요한 거죠. 그 방법의 하나로 검찰에서는 총장 협의 명문화 얘기가 나오는 거고."

장관님 생각은 어떻습니까.

"저 혼자 결정할 순 없죠. 왜냐하면 인사위원회를 심의기구화했잖아요. 또 청별 보직인사는 지검장에게 맡기는 등 인사권을 분산하는 시스템을 연구하고 있어요. 지금은 인사제도의 틀을 어떻게 짤 것인가, 그에 대한 큰 그림을 그리는 상황이에요. 협의권만 딱 떼내 생각할 단계가 아니죠."

지검장한테 인사권을 나눠준다는 얘기는….

"지금은 법무부가 '서울지검 형사1부'까지 발령을 내요. 그러지 말고 '서울지검'까지만 발령을 내자는 거죠. 부 배치는 검사장한테 맡기고. 지금도 평검사 보직인사는 검사장이 하는데 부장급 이상은 법무부에서 하거든요. 인사위원회 심의기구화도 선례가 없어 어떤 식으로 갈 건지 답이 안 나와 있는 상황이에요. 인사위원회에 총장을 대리한 대검 차장이 참석해요. 고검장, 지검장 대표, 부장검사 대표도 오죠. 평검사 대표도 와요. 그러면 인사위원회에서 심의하는 건 뭐고, 총장 협의는 또 뭐냐는 거지."

인사위원회가 있지만 실질적으로는 뒤에서 장관이 인사권을 주무르는 것 아니냐는 의구심 아닐까요.

"장관이 갖는 게 당연하지."

당연하죠. 그런데 과거 관행으로 보면 총장 몫이란 게 있다는 거죠.

"과거 관행이란 게 실은 파워게임이었어요. 총장한테 굉장히 많은 부분을 준 적도 있고 하나도 안 준 적도 있죠. 그러면 협의권을 명문화하면 그 몫을 줘야 하나. 협의권 명문화에 인사권 일부를 주는 게 포함되나요? 협의라는 게 뭔데. 정치적 발언이라고 봐요. 의미가 명확하지 않잖아요. 뭐를 말하는 걸까요, 협의라는 게. 협의의 명문화가."

인사에 대한 검찰의 불만과 불안을 나타내는 발언이 아닌가 싶은데요.

"그럴 이유가 뭐 있어요."

잘은 모르겠지만, 기업을 보면 노사간 협의라는 게 있잖아요.
협의만 돼도 어느 정도 견제가 된다고 보거든요.

"저도 고민을 많이 하고 있어요. 그렇지 않아도 법률상 협의의 개념이 살아 있는 곳이 노동조합밖에 없는 것 같아 연구해보려구요. 합의라고는 할 수 없는 것 아니에요. 인사권이 장관한테 있으니."

노사관계에서도 노상 다투는 게 그거잖아요. 단체협상할 때 노조는
합의 수준으로 끌어 올리려 하고 회사는 협의 수준을 유지하려 하고.

"이렇게 하면 되지 않나. 인사안을 만들어 (총장에게) 보여주고, 가능하면 그쪽 의견을 받아들이고. 이게 협의 아닐까. 모르겠네."

참여정부에 대한 비판 중 하나가 공권력의 권위가 서지 않는다는 것이다. 언론과 야당은 화물연대 파업, 조흥은행 파업, 한총련 문제, 양대 노총 시위, 부안사태 등 힘과 힘이 부딪치는 사건이 발생할 때마다 정부가 공권력을 제대로 행사하지 못한다고 비판해왔다.

법질서에 관해 몇 가지 묻겠습니다. 공권력 약화로 인한 국가질서의 혼란을
지적하는 목소리가 높은데요.

"무엇이든 공권력으로 제압하는 사회는 바람직하지 않죠. 그 단계를 뛰어넘으면 좋겠어요. 아직도 우리 머릿속에 과거의 망령이 살아 있다고 봐요.

용어의 오·남용도 문제고.”

정부가 대화와 타협을 강조하다 보니 점점 행동강도나 요구하는 바가 커진다는 비판이 있죠.

“그렇다고 억압을 하겠어요? 억압한다고 해결되나요? 억압하면 화염병 나오는데. 우리 사회에 법치주의가 정착되지 않은 큰 원인 중 하나가 실정법이 굉장히 무시당해왔다는 거예요. 정부로부터도 실질적 정의가 무시당하고, 노동자나 정부에 대항하는 세력도 실정법은 지킬 필요도 없는 것처럼 무시해왔고. 법에서만 해결방식을 찾아선 안 된다고 봐요.”

해결책을 찾는 게 쉽지 않아 보여 걱정스럽습니다.

“정부는 노사정 합의 정책으로 문제를 해결하려 하는데, 우선 우리 사회가 매우 비정상적이라는 걸 알아야 해요. 파업이 이렇게 많은 나라가 없어요. 노동자가 이렇게 많이 구속된 나라도 없고요. 파업 나면, 물론 공권력이 제압해야겠지요. 악순환이죠. 공권력 투입, 아무 때나 할 수 있는 게 아니잖아요. 그런데 국민 의식 속에는 우르르 몰려가 막 때려잡는 공권력만 있거든요. 아무리 답답해도 법절차라는 게 있는데. 저도 고민이에요, 파업 문제는.”

우리 사회의 법질서 의식이 어느 수준에 이를 때까지는 혼란이 불가피하다는 건가요?

“불가피하긴 한데 다른 해결방식을 찾아야지. 정치파업화됐거든요, 지금은 무조건 하지 말라고 할 것이 아니라 그게 왜 생겼는지 알아보고 풀어줄 건 풀어줘야지. 선거법 개정이 필요하다고 봐요. 국회가 (의석 배분이) 국민의 지지도에 맞게 구성되는 게 맞지 않나요? 선거법을 바꿔 노동자들이 파업을 통해서가 아니라 합리적 정책대결의 공간에서 정치적 주장을 하도록 하는 게 근본 해결방식이 아닐까요.”

외국인 노동자 불법체류와 중국 동포의 국적 요구 문제에 대해 얘기하고 있는데 종업원이 다가와 "문 닫을 시간이 됐다"고 말했다. 오후 5시였다. 강 장관은 이 문제에 대해 "단속만으로는 안 된다"면서도 "불법체류를 마냥 내버려둘 수만은 없다"고 말했다. 내가 인권 문제를 제기하자 "인권만 강조해서는 일이 풀릴 수 없다"라고 반박했다.

"인권의 문제라기보다는 정책의 문제죠. 인구 문제, 영주권 허용 문제, 고용허가 문제 등 여러 측면에서 종합적이고 장기적인 대책을 세워야 해요."

그녀는 약속이 있다며 일어설 채비를 했다.

얘기 좀더 해야 하는데요.

"약속한 세 시간이 지났는데. 다른 약속이 있어서요."

처음에 전시관 둘러보고 사진 찍는 데 잡아먹은 시간은 빼야죠.

"서초동 가야 하는데. 차에 타실래요? 차 타고 가면서 하죠."

나는 길이 많이 막히길 바라며 그녀의 차에 올랐다. 앞좌석엔 비서가 탔다. 그녀는 "특검 얘기하느라 시간 낭비했다"며 특검 얘기에 대한 부담감을 드러냈다.

송두율 얘기는 피곤하시죠?

그녀가 고개를 끄덕였다.

그런데 진짜 궁금하거든요, 송두율 문제는. 장관님이 애초 관용적인 말씀도 하고 해서.

"나도 모르겠는데, 지금은. 하도 볶여서 생각도 하기 싫은데. (웃음) 심지어는 친척 중에 송씨가 있지 않냐는 얘기까지 들었잖아요."

국회의원이 그런 질문을 했던가요.

"예."

정말 수준 낮은 질문이네요.

"나름대로 다 이유가 있겠죠. 정치인들 수준 욕하는 것에 나는 별로 동의 안 해요. 자기네는 뭐 얼마나 고상하다고 만날 정치인들 욕하나. (웃음)"

그녀가 변호사 시절 수임한 사건 중 가장 돋보이는 게 작가 장정일씨의 음란문서제조죄 사건이다. 문제가 된 작품은 나중에 영화로도 만들어진 《내게 거짓말을 해봐》. 온통 섹스 얘기인데다 직설적인 성기 표현과 포르노를 무색케 하는 성행위 묘사로 간행물윤리위원회에서 검찰에 제재를 권고해 사건화됐다.

저도 그 책을 봤는데 거의 포르노에 가깝지 않나요.

"독일에서는 포르노라 해도 음란물은 아니라고 봅니다. 포르노의 사회적 가치를 인정하는 거죠. 그 사건에서는 포르노냐 아니냐가 문제가 아니라 사법처리 대상이냐 아니냐가 관건이었죠. 이제는 검찰이 사법처리 한다고 하면 내가 안 된다고 반대할 수 있겠어요. (웃음) 그때는 변론하는 입장이었고 지금은 지휘감독자인데."

결국은 표현의 자유 문제인데, 검찰의 잣대도 바뀌어야 하지 않겠습니까.

"검찰이 앞으로 업무 전문성을 갖추는 것과 관련된 문제예요."

검찰에서는 구속을 안 시키면 자기네가 할 일을 제대로 안 한 걸로 여기는 풍토가 있는 것 같아요.

"구속재판 문제는 워낙 오래된 문제예요. 불구속재판으로 가야 하는데, 쉽지 않죠."

검사들 의식도 문제 아닌가요.

"국민들도 구속돼야만 처벌을 받는 것으로 생각하니."

2001년 출간된 《장정일, 화두 혹은 코드》라는 책은 여러 작가들이 장정일의 작품세계에 대해 평한, 일종의 장정일론이다. 이 책에는 당시 '지평' 대표변호사이던 강 장관의 변론기 '장정일을 위한 변론'도 실려 있다. 법적인 분석 외에 문학적 해석도 곁들였는데 그 수준이 웬만한 문학평론 뺨친다.

그녀는 이 글에서 '재판 당시 내가 도달한 생각의 끝지점은 장정일의 소설이 표현에서 외설(음란)이기는 하지만 예술이므로 형법에서 말하는 음란에는 해당할 수 없다'며 무죄를 주장했다. 특히 마지막 부분에 있는 다음의 글이 눈길을 잡아끈다.

> 나는 모든 사물과 사람을 그의 이름으로 부르고—우리 사회 호칭의 복잡한 권위적 구조, 성기를 공개적으로 그 이름으로 부르지 못하는 은폐성을 생각해보라—가능한 한 육체가 자연스럽게 그 자리에 놓여 원하고 충족하고 사랑하며 서로가 타인의 육체를 존중하고 배려하는 그런 사회에서 살고 싶다. 아마도 이것은 나만의 꿈이 아니며 삶에 지친 몸을 달래는 모든 사람이 밤마다 혼자 잠들면서 꿈꾸는 사회일 것이다. 앞선 사람인 작가로서 그와 같은 꿈에 도전한 장정일을 위하여, 이 사회의 모든 장정일을 위하여 나는 변론하고 싶다.

강 장관은 재산 공개 때 9억원대의 빚을 신고해 화제가 됐다. '지평' 퇴직금 등으로 일부를 갚아 현재는 6억원 가량 남은 것으로 알려졌다.

빚 갚으려면 멀었죠?

"예. 빨리 (장관) 그만두고 빚 갚아야죠. 미련이 없어요."

그녀가 힘없는 목소리로 대답했다. 다소 지친 기색이다. 그녀는 현재 언니와 함께 서울 강남의 64평형 빌라에 살고 있다. 지난해 그녀가 언론에 밝힌 바에 따르면 그녀의 언니는 동생의 빚을 갚기 위해 자신의 명의로 돼 있는 이 집을 시가에 조금 못 미치는 6억5000만원에 내놓았다는데, 아직 팔리지 않은 상태다.

"나는 왜 빚만 있고 재산이 하나도 없을까. 참 특이한 일이죠. 경제활동을 그렇게 오래했는데. 신기하죠, 저 말이에요."

그런데도 사회생활 하는 데는 전혀 지장 없지 않습니까.

"지장은 없죠. (웃음) 화사하게 호화롭게 살고 있죠. 어떻게 이럴 수 있는지, 원."

많은 채무자한테 희망을 주는 분이지요.

"호의호식에 호화롭게 사는데, 어떻게 재산은 하나도 없지."

매달 꼬박꼬박 갚고 있나요?

"은행 이자 부담하고 있죠. 원금은 못 줄이고 있고."

참 태평하시네요.

"(웃음) 성격이 태평하니 이렇게 됐겠죠, 그죠? 내가 봐도 신기하긴 해. 어떻게 이 나이에 고급생활 하면서 재산이 하나도 없을까."

그게 어쨌든 전 남편 빚이라는 건데, 그토록 사랑했던 사람과도
그런 문제가 생기면 헤어지게 되나 보죠?

"사랑은 하는데 돈 때문에 헤어진 게 아니구요, 그 문제를 겪는 과정에 사랑이 깨져나간 거죠. 사랑하지 않는다는 걸 깨달은 거지. 사랑한다면 그렇게 행동할 수 없죠. 고통을 주는 거죠, 상대방한테. 내가 깨달은 것은 진정한 사랑은 상대방에게 고통을 줄 수 없다는 거예요. 결혼 전 연애할 때도 사랑과 고통의 문제가 해결이 안 됐는데, 사랑한다면 고통을 줄 수 없는 거예요. 고통스러울 때는 이미 사랑이 아닌 거예요."

그녀는 "아 이게 사랑이 아니구나, 깨달았을 때 이혼을 했다"며 씁쓸한 웃음을 지었다.

"가해를 할 수 없는 거예요, 사랑이라는 건. 많은 사람이 사랑하기 때문에 고통을 감수한다고 착각하는 거지. 그걸 깨달았어요."

현실적으로 쉽지 않을 것 같은데요, 서로에게 고통을 주지 않는다는 게.

"종교적 생활 하는 사람들 봐요. 고통을 주지 않잖아요. 종교적 사랑이 충만하면 남한테 해도 안 끼치고."

남자라면 지긋지긋하십니까.

"아뇨. 한 사람과의 사랑이 실패한 문제지, 남자이기 때문에 싫다는 건 아니잖아요. (웃음)"

살다 보면 생기는 문제니 사랑하고 있을 때는 예상할 수 없는 것 아닌가요.

"그러니까 사람들이 온전치 못한 사랑 속에서 살다 가는 거죠. 사랑이라는 게 있긴 있는데 가슴속에 온전하게 느끼지 못하잖아요. 보통은 그러다 가는 거 아니에요? 사랑이 찾아올 때는 행운이 온 거지."

외로움을 느낄 때는 어떻게 극복하십니까.

"그거 어떡해야 하나. 어떡해요? (웃음) 원래 다 고독한 것 아닌가."

누구나 고독하죠.

"그냥 받아들여야 할 것 같아요."

대개는 관계에 의해 고독을 나누거나 덜거나 하죠.

"저는 깊이 천착하는 편이에요. 없애려고 노력하는 게 아니라 그 속에 파고들어 어디까지 가나 하면서. 그것이 인간의 원 상태라면 피하기보다는 수용해야죠. 그런 상태가 좋더라구. 자연스러운 상태이기 때문에 편안함을 주죠."

시오노 나나미는 《남자들에게》라는 책에서 '자기 냄새를 피울 줄 아는 남자' '스스로 생각하고 판단할 줄 아는 남자'를 매력 있는 남자로 규정했다. 이 얘기를 꺼내며 그녀에게 물어봤다. 어떤 남자가 매력적이냐고.

"따로 생각해둔 바는 없지만 만나서 매력을 느낄 때는 있죠. 자기 나름대로 갖고 있는 완결성이랄까. 나는 순수한 사람이 좋더라. 마음이 맑은 사람 만나면 기분이 좋구. 그렇지 않은 사람은 만나도 재미없고, 시큰둥하고, 헤어져도 기분이 안 좋고."

전에 사랑했던 남자분들은 어땠어요.

"딱히 뭐 만족스럽지는 않았는데. (웃음). 사랑했다기보다도 사랑에 대한 생각을 많이 했던 것 같아요."

앞으로 진짜 사랑을 하셔야겠네요.

"앞으로 기회가 있다면. 마다할 리가 없다니까. 제일 중요한 건데."

혼자 계시는 게 불편한 것 같지 않네요.

"아주 편안하고 좋아요. 공간이 넓어지니 너무너무 좋더라구요. 특히 목욕탕을 혼자 쓰니 좋아. 집에 목욕탕이 2개 있는데, 전에는 언니가 하나를 쓰고, 다른 하나를 남편과 같이 썼거든요. 근데 혼자 쓰니 너무 좋은 거예요. 방도 혼자 쓰고."

독신인 강 장관의 언니는 1994년 어머니가 돌아가신 이후 강 장관 부부와 죽 한 집에서 생활해왔다. 강 장관은 인터뷰 시작 전 미술관 경내를 둘러볼 때 독립하고 싶은 뜻을 내비치기도 했다.

"이 동네(부암동)에 한번 와보고 나서는 반했어요. 새소리 들리고 공기도 좋아 혼자 전세로 오고 싶은데 언니가 반대해요. 떨어져 지내기 싫다고."

학교 다닐 때나 판사 할 때 여성차별을 겪어본 적이 있나요?

"없다고 할 수 없죠. 심하게 겪은 건 아니지만. 그런데 저는 있을 수밖에 없어 있는 차별에 대해선 분노하지 말자는 입장이에요. 성차별을 인정하자는 게 아니라 성차별이 있다는 사실 자체에 화낼 필요는 없다는 거죠. 분노한다고 해결되는 것도 아니고. 냉정해져야지. 아까 말한 인간적 정서에서의 흑백논리와도 관련된 얘기예요. 피해를 입은 입장에서 분노하지 않고 증오하지 않는 건 몹시 힘들죠. 그걸 이겨내면 이긴 거예요. 그 상태에서 벗어나면."

지금은 양상이 좀 바뀌었지만 초기 페미니즘 운동은 남성들을 적으로 규정하는 등 과격한 면이 있었죠.

"운동의 발전사로 봐야죠. 처음엔 분노하죠. 증오하고. 싸워나가고. 다치고. 그러다 평화가 찾아오고. 제 얘기도 분노하고 증오하면 안 된다는 게 아니라 그것을 극복하는 지점까지 가야 한다는 거죠."

페미니스트들의 주장 중 사회적 쟁점이 되는 것으로 간통죄 폐지, 낙태 권리, 일부일처제 반대 등이 있습니다. 장관님 생각은요?

그녀는 간통죄 폐지와 관련해 "장관으로서 적절치 않은 발언이 될 수 있다"는 이유로 말을 삼갔다. 대신 이에 대한 법리논쟁을 소개했다.

"반사회성의 문제죠. 간통죄 폐지론자들은 남녀의 성교 행위를 반사회성 범죄로 처벌하는 것이 형사상 범죄구성요건에 맞지 않는다고 보죠. 행위 자체엔 범죄성이 없다는 거예요. 반면 존속을 주장하는 측에서는 그것이 가정을 파괴하는 행위이므로 범죄성이 인정된다고 보는 거죠. 폐지론자들은 이에 대해 가정을 지키는 문제는 서로 의무를 다하는 도덕적인 문제지 형사처벌 대상은 아니라고 보죠. 또 의사결정 자유를 침해한다는 견해도 있고."

그녀는 낙태 문제에 대해선 "인간 생명권과 관계된 것으로 법률적으로 접근하기 어려운 문제"라며 "답이 없다"고 말했다.

개인적 시간을 별로 못 갖죠?

"바쁘니까."

일요일은 좀 쉬세요?

"가끔은 일요일도 일해요."

영화에 대해 묻자 얼마 전 '코난'을 재미있게 봤다며 웃었다. 또 '매트릭스' 시리즈를 좋아해 1·2편을 다 봤고(2편은 중간부터 봤다고 함) 곧 3편을 보러 극장에 갈 예정이라고 했다.

3편은 워낙 기대치를 높여놓아서 그런지 재미없다는 사람이 많던데요. 저는 그런 대로 봤지만.

"찬반양론이 있데."

책은요?

"머리가 차져야 읽지. 머릿속에 빈 공간이 있어야 남의 것을 볼 거 아니에요. 거의 못 봐요. 원래도 많이는 안 보지만. 요즘엔 다 귀찮고 미련이 없네요. 책 읽고 싶은 마음도 없고 공부하고 싶은 마음도 없고. 아무것도 하기 싫네."

이러다 어느날 갑자기 그만두시는 것 아니에요?

"모르죠. 지금은 의무감을 갖고 있는데, 더 있어야 한다는."

비가 적당히 내리고 누군가와 한잔 하고 싶은 기분이 들 때는요?

"요즘 술 먹기가 싫어서요. (웃음) 그런 느낌 없는데."

그녀는 요즘 가까운 친구들도 얼굴 본 지 오래됐다.

"내가 지쳐 있고 머릿속에 다른 생각이 가득 차 있으니 친구들도 재미없어 하고 부담스러워하는 것 같아요."

차가 그녀의 약속장소에 도착했다. 약속시간인 6시까지는 이제 10여 분 정도밖에 남지 않았다. 그녀는 "마무리 질문을 하게 해달라"는 나의 요청을 받아들여 차를 약속장소 뒤편 골목으로 돌렸다. 차는 천천히 움직였다. 누군가가 강 장관에게 전화를 걸어왔다. 통화가 끝난 후 그녀는 "권력이 뭔지. 권력무상이에요"라고 중얼거렸다.

나중에 대선후보로 추대하는 분위기가 형성되면 어쩌시겠습니까.

"내면에서 계기가 있어야 하지 않겠어요."

권력에 대한 욕망은 누구에게나 잠재돼 있지 않나요?

"전 없어요."

그녀가 단정적인 어투로 말했다.

"권력의 문제는 내가 평생 고민하는 화두 중 하나예요. 인간이라는 존재를 근본적으로 이해하자면 고민하지 않을 수 없는 게 권력의 문제, 자유의 문제, 사랑의 문제, 그런 것 아닌가요."

차가 약속장소 앞에 되돌아왔다.

"이제 헤어져야 할 시간이에요."

차에서 내리자 세찬 바람이 달려들었다. 황량하기 짝이 없는 주말 오후 강남의 거리는 혼잡했다. 반대편 도로는 아예 주차장이었다. 정확히 6시에 차에서 내리려는 건지, 강 장관의 차는 도로 한 편에 서서 비상등을 깜박거리고 있었다. 강북으로 되돌아가야 하는데 방향을 종잡을 수 없었다. 문득 쓸쓸함과 그리움이 밀려왔다.

검찰과의 충돌에 대한 강금실 전 장관의 회고

2006년 4월 나는 한 번 더 강금실씨를 인터뷰할 기회를 가졌다. 당시 강씨는 열린우리당 서울시장 후보였다. 서울시장 출사표와도 같던 이 인터뷰에서 강 전 장관은 검찰개혁을 두고 대검 측과 충돌했던 당시의 심경을 털어놓았다. 다음은 관련 내용이다.

지금도 많은 검사가 강금실 전 장관에 대해 높게 평가하는 부분은 대선자금 수사과정에서 철저하게 정치적 중립성을 지키고 수사의 독립성을 확보해준 점이다. 오죽하면 여권에서 "검찰 개혁하라고 보냈더니 검찰에 동화됐다"는 비판까지 나왔을까.

하지만 그것과 별개로 그녀는 검찰 개혁방향을 놓고 대검 수뇌부와 지속적으로 힘겨루기를 해야 했다. 그녀가 중점을 둔 개혁은 검찰 조직의 민주화였고 대검 측이 원한 개혁은 정치권으로부터의 독립이었다.

"검찰수사의 독립성 확보와 검찰의 민주화라는 이중 과제를 수행하는 것이 쉽지는 않았어요. 개혁 방안에 대한 생각도 좀 달랐고요. 송광수 검찰총장과 내가. 그러니 갈등이 있을 수밖에 없었죠. 대검 측은 검찰 독립을 앞세우면서 장관의 고유권한인 인사권에 저항하기도 했죠."

충돌이 벌어질 때마다 매번 물러나는 모습을 보였는데요.

"지휘감독하는 위치에서 싸울 수는 없는 거죠. 사실 부당한 점이 많았어요. 대표적인 게 법무부 정책기획단장에 대한 징계 청구였어요. 증거도 없이 그랬으니. 중대한 시국사건인 촛불시위 대표자들에 대해 체포영장을 청구하면서 사전에 보고하지 않고 사후에도 보고하지 않았어요. 규정을 어긴 거예요. 하지만 참았죠."

그걸 두고 '조직장악력에 문제가 있다'는 비판이 제기됐죠.

"대통령 지휘를 받아 검찰총장을 감독하는 사람으로서 갈등이 생겼다고 공개적으로 그 부당함을 지적하고 잘못을 다스리려 한다면 국민 눈에 어떻게 비치겠어요. 권력기관 간의 분란으로 비칠 테니 국민이 불안해할 것 아니에요. 중간에 있는 제가 참을 수밖에 없는 거죠. 검찰은 다른 조직과 달리 정점에 있는 지휘자가 2명이에요. 검찰 수장인 총장이 장관급이므로 법무부 장관과 상하관계가 아니에요. 다만 장관이 총장에 대한 지휘감독권을 갖고 있는 거죠. 장악력이 없다는 건 상당히 부적절한 평가인 것 같아요. 송 총장과 저는 각자의 소임을 다한 거죠."

재임 초만 해도 그녀는 사면초가였다. '검사와의 대화'는 불편한 동거의 선언식이었다. 이후 대통령과 법무부 장관, 검찰총장, 검사들 사이에는 팽팽한 긴장이 지속됐다. 어느 날 그녀는 검사들에게 편지(e메일)를 보냈다. 김수영은 자신의 시 〈더러운 향로〉가, 수십 년의 세월이 흐른 후 법무부 장관과 검사들의 교감수단으로 활용될 줄 알았을까.

김승규 법무부 장관의 인격수사론

“어느 검사가 존경받고, 욕먹는지 다 알고 있습니다…”

2004년 7월 강금실 법무부 장관 후임으로 취임한 김승규 장관은 유난히 인격수사론을 강조해 눈길을 끌었다. “인품 좋은 검사들을 특수부에 배치하겠다”는 취임 일성은 검찰 안팎에서 잔잔한 파문을 일으켰다. 이에 대해 일부 검사들 사이에서는 ‘수사현실을 무시한 발언’이라는 비판이 제기되기도 했다. 2005년 1월, 취임 6개월을 맞은 김 장관을 인터뷰했다. 인터뷰에서 그는 “수사성과보다 더 중요한 것은 인권”이라며 “인간존중, 인권보호가 정의보다 훨씬 더 보편적인 가치”라고 일반적인 검사들과는 다른 검찰관을 내비쳤다.

그의 인권존중 수사철학은 기독교 신앙의 영향을 받은 것으로도 보인다. 독실한 기독교 신자인 그는 검찰 재직시 기독교세진회 이사, 홀리클럽 이사, 기독교교도소 이사, 애드보켓코리아 감사 등 기독교와 관련된 직함을 많이 가진 걸로도 유명했다. 기독교 검사들의 모임인 신우회의 구심점 노릇도 했다. 뒷날 국정원장이던 그가 간첩단 의혹 사건과 관련해 조선일보 기자와 인터뷰해 물의를 일으킨 장소도 자신이 다니는 교회였다.

1944년 전남 광양 출생/ 서울대 법과대/ 1970년 사시 12회/ 대검 감찰부장, 수원지검장, 광주고검장, 법무부 차관, 대검 차장, 부산고검장/ 2003년 법무법인 로고스 대표변호사/ 2004년 7월~2005년 6월 법무부 장관/ 2005년 7월~2006년 11월 국가정보원장/ 현 법무법인 로고스 고문변호사

"아, 양반이지요. 인품 훌륭하고. 요즘 시류에 딱 맞는 장관입니다. 장관의 '인격수사론'에 반발하는 검사들도 있는데, 이제는 수사관행이 바뀌어야 합니다. 무리한 수사를 하지 말라는 건 간섭이 아니라 지도편달이라고 봐야지요."

특수부 검사 출신인 모 변호사의 김승규(金昇圭·61) 법무부 장관에 대한 평이다. 그의 말이 아니더라도 김 장관은 검찰 재직시 온화하고 겸손한 성품으로 선후배 사이에 신망이 높았다. 또 변호사들이 보내온 전별금과 촌지를 모두 돌려보낼 정도로 청렴하다는 평도 들었다. 1999년 대검 감찰부장이던 그가 대전법조비리사건에 대한 감찰결과를 발표하면서 보인 눈물은 두고두고 화제가 됐다.

2005년 1월12일 오후 경기도 과천에 있는 정부종합청사 법무부 청사에서 김 장관을 만났다. 장관실 문밖으로 나와 나를 맞은 그의 첫인상은 선입견 때문인지 몰라도 부드럽고 후덕해보였다. 인터뷰는 예정시간을 넘겨 2시간 반 가량 진행됐다. 길태기 공보관과 이영렬 검찰4과장이 배석했다. 약 1년 전인 2003년 12월, 강금실 당시 법무부 장관과는 엄숙한 장관실이 아니라 북악산 기슭의 미술관 찻집에서 인터뷰를 했다. 배석자도 없었다. 이 얘기를 꺼내자 김 장관은 "그래요. 그렇게 해야 편하게 얘기할 텐데…" 하며 웃었다. 하긴 관가(官家)에서는 이런 식의 인터뷰가 정상일 것이다. 강 전 장관의 자유로운 스타일은 예외적인 것이고. 이렇게 보면 법무부와 검찰은 예외와 파격의 나들이에서 평범한 일상으로 돌아온 것인지 모른다. 다만 김 장관은 강 전 장관과는 또 다른 방식으로 변화의 바람을 일으키고 있다고나 할까.

취임 6개월을 맞았는데, 그동안 가장 보람 있었던 일은 무엇인지요.

"취임 후 법무·검찰 행정업무의 품격을 높이고, 인간을 존중하는 수사관행을 정착시키겠다는 방침을 세웠습니다. 특히 수사관행 개선과 관련해 실력도 있고 인품도 좋은 검사가 수사를 해야 한다고 강조했습니다. 이 말에 일부 검사들이 거부감을 드러내기도 했습니다. 하지만 이는 시대 흐름과 국민의 요구를 잘 모르기 때문입니다. 밖에서 보니(변호사 경험) 검찰 수사가 국민의 가슴을 아프게 하는 경우가 참 많더군요. 그래서 검사들을 설득하고 이해시키기 위해 대화를 많이 하고 편지도 보냈습니다. 고맙게도 요즘은 많은 검사가 제 말뜻을 이해하고 잘 따라주고 있습니다. 인격수사는 검찰이 앞으로 나아가야 할 길입니다."

그와 관련된 질문은 이따가 좀더 구체적으로 하겠습니다. 장관께서는 범죄피해자 보호와 지원문제에도 관심이 많은 걸로 알려져 있습니다. 어떤 대책을 세우셨는지요.

"부임해보니 피의자와 피고인, 수용자 인권보호방안은 잘 마련돼 있고 실제로 많이 향상됐는데, 정작 범죄피해자 보호문제에는 소홀한 것 같았습니다. 그래서 이를 연구케 해 지난해 9월 범죄피해자보호 종합대책을 발표하고 관련법을 만든 후 각 검찰청에 담당관을 두도록 했습니다. 올해 안에 지원센터를 만들 계획입니다. 예컨대 살인사건이 나면 지원센터 직원이 피해자 집에 찾아가 집안정리도 하고 청소도 하고 상담도 하면서 도와주는 겁니다. 또 범죄피해자에게 가해자가 제대로 재판을 받고 있는지, 형은 얼마나 받았는지 등 궁금한 사항을 알려주게 됩니다."

법무부의 주요 업무 중 하나가 인권보호입니다. 이를 위해 특별히 추진하는 정책이 있다면요.

"먼저 잘못된 수사관행부터 고쳐나갈 생각입니다. 피의자심문 때 변호인의 참여권을 확대하고 긴급체포권 남용을 방지하고 불구속수사 관행이 자리잡도록 하겠습니다. 한마디로 인간을 배려하는 수사관행 정착이지요. 사회적 약자인 여성과 아동, 장애인 전용조사실도 늘릴 것입니다. 또한 법률

노무현 정부에서
법무부 장관과 국정원장을 지낸
김승규 변호사.
그는 법무부 장관 재임 중
유난히 인격수사를 강조했다.
김성남 기자

구조 범위를 확대해 소득이 월 평균 200만원 이하에 해당하는 국민이라면 누구나 법률구조공단의 무료 소송대행 서비스를 받도록 할 계획입니다."

그밖에도 법무부는 여러 가지 획기적인 인권향상 정책을 추진하고 있다. 수용자 거실환경 개선방안으로 감방에 온돌과 개수대를 들여놓을 계획이다. 현재 일부 교도소에서 시범적으로 운용하고 있다. 또 모든 재소자가 실질적으로 건강검진을 받을 수 있게 지원책을 마련하고 있다. 아울러 인권교재를 만들어 법무부 산하 모든 기관의 직원들에게 교육을 할 작정이다. 김 장관은 "법무부의 모든 제도와 관행을 인권 측면에서 낱낱이 검토해 잘못된 것은 고쳐나가겠다"고 밝혔다. 내가 "이 모든 일을 다 추진하려면 장관 오래 하셔야겠다"고 농담을 건네자 웃음으로 화답했다.

"씨를 뿌리면 거두어집니다. 강 장관이 씨를 뿌린 것도 얼마나 많이 거두어지고 있습니까."

민영교도소 운영도 그가 의욕적으로 추진하는 법무행정 개선안 중 하나다. 금년에 경기 여주교도소에서 수용자 50명을 선정해 이들을 대상으로 민영교도소 프로그램을 시범 운영한 후 정식으로 민영교도소를 세울 계획이다. 다만 교도소 설립에 반대하는 주민들을 설득하는 과제가 남아 있다.

"1972년 브라질에서 판사 변호사 범죄심리학자 세 사람이 민영교도소를 창안해 휴마이타교도소가 탄생했습니다. 브라질 전체 교도소 출소자의 평균 재범률이 75%였는데, 이 교도소 출소자들의 재범률은 4% 미만이었습니다. 교정 사상 유례 없는 기록이었지요. 이 교도소의 자원봉사자들은 자기가 맡은 재소자를 주기적으로 면회해 대화하고 상담하면서 교화에 애썼습니다. 미국에도 이걸 본뜬 민영교도소가 4개 생겨났는데 성공적으로 운영되고 있습니다. 우리도 7~8년 전부터 이를 준비해왔고 현재 아가페라는 재단이 만들어져 있습니다."

외국인 불법체류자 문제는 뾰족한 해결책이 없어 보이는데요.

"맞습니다. 매우 머리가 아픈 문제죠. 근본적인 대책을 찾고 있습니다. 이를 위해 실무자들이 조선족 교회도 가보고 고용주들도 만나 실상을 파악하고 있습니다. 현재 18만명인데 이를 12만명까지 줄일 계획입니다. 학대나 임금체불, 폭행 등 인권침해를 막아주되 체류질서만큼은 철저히 세운다는 게 법무부 방침입니다. 또 그렇게 해야 고용허가제가 정착될 것이고요."

화제를 법무행정에서 검찰 쪽으로 돌렸다. 지난해 검찰은 여권이 추진한 공직부패수사처(공수처) 설립에 강하게 거부감을 드러냈다. 수사권과 기소권이 다툼의 핵심이었는데, 공수처에 기소권을 주지 않는 선에서 절충이 이뤄졌다.

공수처 설립 논의단계에서부터 검찰이 심하게 반발했는데요.
공수처에 대한 장관님 생각은요.

"부패척결은 참여정부의 주요 국정과제입니다. 검찰이 선뜻 수사하기 어려운 부분을 공수처가 수사한다는 데 공감합니다. 그동안 정부 내에서 헌법정신과 형사소송법 원칙에 맞도록 협의하고 조정하는 노력이 있었습니다. 입법과정에서도 그렇게 될 것으로 기대하고 있습니다."

검찰에서는 공수처를 검찰에 대한 견제기구나 정권의 통제수단으로 여기는 시각이 있는 것 같습니다. 검찰도 지금 고위공직자에 대해 수사할 수 있지 않습니까. 그래서인지 공수처가 검사들을 주 수사대상으로 삼으려는 것 아니냐는 의구심도 있는 것 같습니다.

"글쎄, 수사를 받아야 할 정도로 검사들에게 문제가 있다고 보진 않습니다."

수사기관이 또 하나 생기는 데 대한 거부감이 있는 것 같습니다.

"기소권 문제가 정리된 이후 검찰 내에서는 어느 정도 합의가 이뤄졌습니다. 어차피 검찰이 기소권을 갖고 (공수처에 대해) 영장 지휘를 하기 때문에 큰 문제가 없을 듯합니다."

그래도 마찰의 소지가 있을 것 같은데요.

"운용의 묘를 발휘하면 잘될 것입니다."

국가보안법 문제는 법무부에서 '뜨거운 감자'다. 강금실 전 장관은 국보법 폐지론에 가까웠던 반면 김승규 장관은 이 문제에 대해 가장 보수적인 견해를 가진 집단 중 하나인 검찰의 중론을 반영하는 듯한 발언을 한 바 있다.

취임 직후 기자간담회에서 "튼튼한 안보형사법을 갖고 있어야 한다"고 듣기에 따라서는 국보법 존치를 지지하는 듯한 발언을 하셨는데요. 이에 대해 여권의 방침과 맞지 않는 것 아니냐는 지적이 있었지요.

"기본 원칙에는 변함이 없습니다. 그것은 곧 국가 존립이나 안정을 위협하는 세력을 방어하는 법적인 시스템, 곧 안보형사법은 갖추고 있어야 한다는 겁니다. 또 개폐논의를 하는 과정에 법적인 안보공백이 있어선 안 된다는 거죠. 국회에서 여야가 충분히 협의를 하고 국민의 의견도 잘 반영해 만들되 인권침해나 남용 소지가 없고 한편으로 국가안보 위해행위를 충분히 처벌할 수 있는 법, 죄형법정주의에도 맞는 법을 만들어달라는 게 법무부의 원칙입니다.

국민들 사이에도 다양한 의견이 있으므로 정치권이 통합지향적인 사고로 이 문제를 해결했으면 합니다. 국민통합도 이루고 인권침해 소지도 없애고 국가안보도 잘 지키고."

여당에서 말하는 국보법 폐지 후 형법보완과는 조금 다른 개념인 것 같네요.

"입법 형식과 내용이야 어떻든 국회에서 판단해 결정해달라, 다만 우리가 얘기하는 원칙은 지켜달라는 것입니다."

참여정부 출범 후 법무부는 다양한 검찰개혁방안을 마련했는데 중수부 기능 재조정도 그 중 하나였다. 지난해 송광수 검찰총장은 정치권과 법무부 주변에서 중수부 폐지론이 고개를 들자 "중수부를 없애려면 먼저 내 목을 치라"며 공개적으로 반발해 파문을 일으켰다. 노무현 대통령이 이를 질책하자 강금실 장관이 기자회견을 열어 사태를 수습했다. "중수부 폐지는 공식 검토된 바 없다"는 강 장관의 발언 이후 갈등국면은 사라졌다. 하지만 말 그대로 봉합일 뿐 문제가 근본적으로 해결된 것은 아니었기에 대검은 정치권과 법무부에 대한 경계의 눈길을 거둬들이지 않았다.

김 장관은 취임 후 이 문제를 비교적 '매끄럽게' 정리했다. 중수 1, 2, 3과 중 3과를 없앴다. 또 첨단범죄수사과를 신설하는 대신 컴퓨터수사과와 특별수사지원과를 폐지하기로 했다. 폐지되는 두 과의 기능은 기획조정부 산하에 신설되는 과학기획수사관실로 옮기기로 했다.

대검 중수부 존폐에 대해 검찰 안팎에서 오래 전부터 논의가 있었는데요. 김 장관 취임 후 일부 부서를 통폐합해 기능을 재조정하는 것으로 정리됐습니다. 중수부 폐지론을 어떻게 생각하시는지요.

"중수부 문제는 검찰에서 전부터 많이 연구해왔지요. 이제는 어느 정도 정리됐습니다. 중수부는 전국의 특별수사를 지휘하는 부서로서 검찰의 주임무인 부패척결의 상징적 의미를 갖고 있습니다. 마치 집안의 엄중한 할아버지 노릇을 한다고 할까요. 우리 사회에 부패가 존재하는 한 중수부는 존치돼야 합니다. 또 지검 단위에서는 수사하기가 어려워 중수부가 나서야 하는 사건도 있습니다. 다만 시대상황에 맞게 가능하면 직접 수사를 자제한다는 뜻에서 일부 과를 없애는 대신 첨단기술유출 같은 광역화 고도화된 범죄 수사를 직접 담당하고 일선의 특별수사를 지도하는 기능을 강화하기로 한 것입니다. 앞으로도 운용만 잘하면 별 문제가 없으리라 봅니다."

대검 중수부장과 서울지검장을 지낸 유창종 변호사도 중수부 폐지론자더군요. 대검 중수부를 폐지하고 특수부는 축소하고 형사부 기능을 강화해야 한다는 겁니다.

"원래 검찰의 주 기능은 경찰 수사를 지휘하고 감독해 인권침해를 막는 것입니다. 수사라는 게 본질적으로 인권을 침해하기가 쉽거든요. 그렇기에 검찰이 1차 수사, 특히 특별수사를 하는 것은 검찰이 생긴 취지에 안 맞는다는 얘기지요. 유 변호사는 그에 대한 소신이 강한 분입니다. 그렇지만 우리나라에서는 그동안 검찰이 다른 수사기관이 제대로 못하는 수사를 잘 해왔기 때문에 국민이 오히려 검찰에 수사를 요구하는 경우도 있었습니다. 그래서 (검찰의 특수수사 기능을) 완전히 없앨 수는 없지요. 다만 인권보호적인 수사가 되도록 하고 남용이 없도록 조심해야겠지요."

중수부 폐지론자들의 논리는 검찰조직이 장기적으로 수사보다는 수사지휘 기능이 강화되는 쪽으로 개편돼야 한다는 것이죠.

"우리 사회는 10년 전, 20년 전에 비하면 많이 깨끗해졌습니다. 선진국으로 다가갈수록 점점 부패가 없어질 것이고, 그렇게 되면 검찰의 기능도 자연스럽게 조정되겠지요. 하지만 먼 장래의 얘기죠."

검찰 내부에서는 중수부 폐지론에 대해 부정적인 시각이 많다. 대검의 한 간부는 "과거 검찰에서 중수부 폐지 여론이 있었던 것은 중수부 수사가 검찰조직과 총장에게 부담을 주는 경우가 많았기 때문이다. 하지만 지금은 대선자금 수사 이후 정치권이 검찰의 힘을 빼는 차원에서 거론하는 게 문제"라고 비판했다.

법무부의 감찰관실 신설을 두고 대검과 갈등이 있었지요. 대검에 감찰부가 있는데 굳이 법무부가 감찰권을 행사할 이유가 없다는 거죠.

"갈등이라기보다는 의견 차이죠. 법무부 감찰관실은 대검 감찰부가 비위감찰을 제대로 하는지 지켜보고 잘못된 게 있다면 보충적으로 감찰을 하게 됩니다. 대검 감찰부가 잘하고 있습니다만 국민의 눈에는 '제 식구 감싸기'로 비칠 소지가 있습니다. 그런데 법무부에서 이를 감시하면 국민에게 신뢰감을 주겠지요. 감찰을 하더라도 검찰수사의 중립성이나 독립성을 훼손하는 일은 없을 겁니다."

'수사중 사건은 감찰대상에서 제외해야 한다'는 게 대검 요구였지요?

"'구체적 사건에 대한 수사, 소추, 재판에 관여할 목적으로 감찰을 하면 안 된다'고 규정해 놓았습니다."

김 장관은 신년사에서 2005년을 '수사관행 혁신의 원년'으로 삼겠다고 밝혔다. 그가 강조하는 수사방식은 한마디로 인간을 존중하는 수사다. 장관 취임 일성이던 "인품 좋은 검사를 특수부에 배치하겠다"는 발언은 검찰 안팎에 잔잔한 파문을 일으켰다.

검찰 일부에서는 장관이 강조하는 인격수사에 대해 현실을 무시한 발언이라는 비판이 제기됐습니다. 특히 이른바 특수통 검사들 사이에서는 '인권 존중은 옳은 얘기지만 앞으로 수사하기 힘들어졌다'는 볼멘소리가 나오는데요.

"1995년 안우만 법무부 장관 시절 검찰에서 '대친절운동'이 전개됐어요. 처음 시작할 때 검찰 일선에선 '수사하는 입장에서 어떻게 친절운동을 벌이느냐'고 반발하기도 했습니다. 그러나 내가 수원지검 차장검사로 있을 때 검사들을 지켜보니 그게 가능하더라고요. 인격수사도 마찬가지입니다. 검사가 검사답게 수사하고 사람대접하면서 수사하려면 시간이 걸려요. 인권을 존중하는 수사기술을 새로 개발하고 정신자세를 바꿔야지요. 마인드를 바꾸면 충분히 가능합니다. 또 과학수사를 해야지요. 빠른 시간 내에 성과를 얻기에 급급하면 무리한 수사를 하게 됩니다. 피의자가 쉽게 자백을 안 한단 말이에요. 그럼 '빨리 보따리 갖고 와서 풀어라. 그렇지 않으면 회사에 불이익을 주겠다'고 겁을 줍니다. 그러면 피의자는 일단 위기를 모면하기 위해 자백을 하긴 하는데 허위사실이나 범죄가 아닌 내용을 자백하는 경우도 있습니다. 그걸 증거로 삼아 기소유지를 하려니 쉽지 않지요. 그러면 기소유지 과정에 또 무리하게 되고, 무리가 무리를 낳는 겁니다. 결국 재판에서는 무죄가 나오고."

김 장관의 인격수사론은 교과서 같은 얘기지만 묘한 감동을 줬다. 그의 목소리가 조금씩 높아졌다.

“인격수사, 과학수사는 시대의 흐름이고 국민의 요구입니다. 밖에 나가면 다 존경받는 사장이고 회장이고 선생님인데 그에 맞는 대접을 안 해주면 감정이 상하지요. 사람대접하면서 수사해야 합니다. 제 경험에 비춰 그것은 가능한 일입니다. 이명재 전 검찰총장의 경우 조용조용 수사를 했습니다. 언제 했는지도 모르게. 그분이 기소한 사건은 재판에서 다 유죄판결이 나왔습니다. 구속된 사람들이 나중에 출소해 고맙다고 인사도 하고. 이런 수사가 가능하다 이거에요. 그런데 노력도 안 해보고…. 물론 힘들죠. 이제까지의 관행과 다르게 수사하려니. 그래서 처음엔 거부도 하고 불평도 했지만 이제는 다들 이해하는 분위기입니다. 시대와 국민이 요구하는 것이므로 그대로 따라가지 않으면 국민의 신뢰를 얻을 수 없어요.

중요한 사건에서 증거법상 무리한 기소를 하면 법정에서 무죄가 나오게 마련입니다. 그러면 검찰수사에 대한 국민의 신뢰가 무너지죠. 기소할 때는 요란했는데 재판에서 무죄가 나오니…. 특별수사일수록 재판에서 반드시 유죄판결이 나올 수 있게 확실한 증거를 확보한 후 기소해야 합니다.”

피의사실 공표의 문제점도 지적했다. “국민의 알 권리와 충돌하지만 피의자 인권을 존중해 기소가 되기 전까지는 피의사실을 공표하면 안 된다”고 강조했다. 이와 관련해 대검은 올해부터 청사 안에서 피의자의 사진을 못 찍게 한다는 방침을 정했다. 없던 규정을 새로 만든 건 아니고 원래 있는 규정을 올해부터는 철저하게 지키겠다는 뜻이다.

“사실 수사를 하다보면 무리할 수도 있지요. 검사들의 정의감 때문일 수도 있고 공명심 때문일 수도 있습니다. 어느 쪽이든 수사성과보다 더 중요한 것은 인권입니다. 인간존중, 인권보호가 정의보다 훨씬 더 보편적인 가치입니다. 인권은 적어도 정의와 같이 가거나 그 이상이어야 합니다. 그런 정신으로 수사에 임해야 해요. 그래야 국민으로부터 신뢰를 얻고 존경받을 수 있습니다. 그것이 검찰이 사는 길입니다. 이렇게 되도록 여러 가지 조치를 취해야겠죠."

'조치를 취한다'는 말이 예사롭지 않게 들렸다. "그런 지침을 따르지 않는 검사에게는 인사상 불이익을 주겠다는 뜻이냐"고 묻자 김 장관은 잠시 침묵한 후 대답했다.

"아마 잘 따라올 겁니다. 요즘은 다들 그렇게 하고 있습니다. 제가 또 관심을 갖고 지켜보고 있고요. 처음엔 오해도 있었지만 이제는 많이들 이해하고 따라오고 있습니다."

장관께서 유난히 인권수사를 강조하는 데는 변호사 경험이 상당한 영향을 끼친 것 같은 데요. 사례를 들어 설명해주시면 좀더 쉽게 이해할 것 같습니다.

"변호사를 하면서 수사현장이나 공판정에 가볼 기회가 많았습니다. 검찰뿐 아니라 경찰서 공정거래위원회 관세청 등 여러 국가기관에 여러 차례 가봤습니다. 아울러 검찰에서 나간 사람들, 변호사들, 또 국민들 얘기를 직접 들으면서 검찰수사의 문제점을 피부로 느꼈습니다. 물론 대부분의 검사는 잘하고 있습니다. 그런데 몇몇 특별수사사건의 경우 조사받은 당사자들로부터 사람대접을 제대로 받지 못했다, 조사 받고나서 너무 마음이 아팠다는 얘기를 들었습니다. 이런 게 고쳐지면 정의를 실현하면서도 국민 신뢰도 얻고 존경도 받을 수 있을 텐데요. 밖에서 많이 체험했지요."

변호사를 하면서 검찰이 진짜 이렇게 하면 안 된다는 것을 뼈저리게 느낀 경험도 있을 법한데요.

"그런 경험, 많이 있지요. 그런데 얘기하기는 좀…."

김 장관이 망설이자 배석자들도 거들었다. 장관이 변호사 시절 겪은 사건을 얘기하면 해당 검사가 불필요한 걱정을 하게 될 우려가 있다는 이유에서였다. 나는 "남의 경험을 얘기해도 되겠냐"는 장관의 '타협안'을 무시한 채 "가능하면 직접 경험한 일을 얘기해달라"고 재차 요구했다.

예컨대 검사가 상당히 강압적으로 조사를 했다거나 변호인을 심문과정에 참석하지 못하게 했다거나 몇 시간씩 밖에서 기다리게 했다거나….

김 장관은 웃기만 하고 대답을 하지 않았다. 결국 '남의 경험'을 듣기로 했다.

"전에 어느 피의자가 조사를 받다가 식사 때가 돼 자장면을 먹는데 포승과 수갑을 찬 상태였어요. 제대로 먹을 수 있게 수갑을 풀어달라고 부탁했는데 안 들어주더래요. 이런 것이 바로 인간에 대한 배려가 없는 경우지요. 사람을 존중하면 어떻게 수사해야 할지 답이 다 나옵니다. 밖에서는 다 알아요. 누가 어떻게 수사하는지. 어떤 검사가 존경받고 어떤 검사가 욕을 먹는지."

대형사건에 연루된 몇몇 정치인과 기업인 변호를 맡으셨는데요. 검찰 고위직 출신으로 부담스럽진 않았습니까.

"변호사란 사형수에 대해서도 변론을 하는 사람입니다. 잘 아는 사람을 통해 변호를 부탁하면 거절하기가 힘듭니다."

범죄사실에 대해 친정인 검찰의 판단과 크게 달랐을 때 어떤 생각이 들었습니까.

"몹시 답답하지요. 변호사라면 누구나 느끼는 거지만. 하지만 관점에 따라 의견이 다를 수 있다는 걸 인정해야지요. 검사적 정의와 판사적 정의, 변호사적 정의가 다르다는 얘기가 있지 않습니까."

조금 불편할지 모를 질문을 하겠습니다. 장관께서 대검 과장 두 명을 직접 불러 보고 받은 것을 두고 말들이 있더군요.

"수사관행을 바꾸는 문제를 밖에서도 많이 고민했습니다. 결국 과학수사를 해야 하는데, 과학수사는 제가 (2001년) 광주고검장을 지낼 때부터 관심을 가졌던 사안입니다. 그래서 도움을 받고자 만난 거예요. 장관이 과학수사를 강조하려면 예컨대 조사실에 녹음·녹화시설이 얼마나 설치돼 있는지 알아야 할 것 아닙니까. 그런데 검사들이 별로 안 좋아하는 것 같아 그 후로는 (부르는 것을) 그만뒀어요."

장관이 검사를 직접 부르는 것을 통제나 간섭으로 여기는 시각이 있는데요.

"아이, 그건 아니죠. 검찰도 법무부의 외청입니다. 인사권을 갖고 있는 장관으로서 어떤 문제에 대해 깊이 알고 싶어 직원을 부른 게 뭐 문제가 되나요. 저도 대검에 근무할 때 장관한테 보고했는데요. 아무 문제가 안 되죠."

수사와 관련해 보고를 받는 것은 문제의 소지가 있겠지요.

"그것도 못할 것도 없지. 보고를 받는 의도가 중요한 거지요."

장관은 검찰총장을 통해 검사들을 지휘해야 하지 않습니까.

"그건 구체적인 수사에 대해 장관이 검사에게 직접 이래라저래라 못한다는 얘기지요. 총장을 통해서만 지휘하라는 거지. 하지만 일반적인 사안의 경우 장관이 얼마든지 검사들에게 얘기할 수 있어요. 장관이 꼭 총장을 통해서만 얘기해야 하는 걸로 잘못 이해하고 있는 사람이 많아요."

검찰 일부에서는 강금실 장관 때가 더 좋았다는 얘기도 흘러나옵니다.

혹시 그런 얘기 들어보셨는지요.

"나한테 그런 얘기를 누가 해주겠습니까."(웃음)

강 전 장관의 경우 검찰수사의 독립성을 철저하게 보장하고 정치권 공세에 대해서도 확실하게 차단해줬는데, 김 장관의 경우 그런 부분에 대한 생각이 조금 다른 것 같다는 거죠. 검사 부르는 것도 그런 시각에서….

"장관이 검찰 돌아가는 일을 알아야지요. 검찰 마음대로 하라고 내버려두는 것이 꼭 좋은 건 아니지요. 검찰업무도 국정의 일부예요. 따로 동떨어진 게 아니고. 국정운영 방침에 맞춰야지요."

2004년 3월 법무부와 대검은 촛불시위 주도자 체포영장 문제로 갈등을 빚었다. 대검의 지침에 따라 서울지검 공안부가 종로경찰서에 체포영장 청구를 지시하면서 사전에 법무부에 보고하지 않은 것이 시비의 발단이었다.

촛불시위 주도자 체포영장 사태 때 대검은 사후보고로 충분하다는 논리를 폈고 법무부는 왜 주요 시국사건 관련사항을 사전에 장관에게 보고하지 않느냐고 불쾌해했습니다. 만약 그때 장관이었다면 어떤 판단을 하셨을 것 같습니까.

"당연히 사전에 알아야지요."

사전에 보고를 받을 경우 영장 청구가 적절치 않다고 판단되면 검찰에 영장을 치지 말라고 지시할 수도 있을까요.

"사전에 보고는 받되 판단은 검찰에 맡겨야지요. 일반적인 사안에 대해서는 보통 사후에 보고를 받는데, 최근 있었던 전공노 파업 관련 영장청구 같은 중요 사안의 경우 사전에 보고를 받지요. 그런 중대한 일을 장관이 신문 보고 알면 되겠어요? 관련규정에도 중요한 사안은 보고하도록 돼 있습니다."

인권수사나 인품 강조로 검사들의 수사의지가 좀 위축되지 않았나 싶은데요. 사기진작 방안을 고려하신 적은 없는지요.

"글쎄요. 인권강조와 사기가 관계가 있나. 봉급을 파격적으로 올릴 수도 없고. 훌륭한 수사를 하면 칭찬하고 격려하는 것만으로도 충분한 보상이 됩니다. 또 인권보호적인 수사를 하면 국민으로부터 칭찬을 받겠지요. 그게 사기 진작이에요. 그리고 인사를 통해 보답을 받을 겁니다. 진짜 국민이 고마워하는 수사를 하면 돼요. 적법절차 지키고 강압수사 하지 않고도 좋은 수사결과를 낼 수 있거든요. 자연히 좀더 세련된 수사기술을 개발하게 될 겁니다. 이것이야말로 진짜 수사지요. 반드시 그렇게 될 겁니다."

김 장관은 김대중 정부에서 대검 감찰부장, 법무부 차관, 대검 차장, 부산고검장 등 요직을 두루 지낸 후 참여정부 출범 직후인 2003년 3월 변호사로 변신, 법무법인 로고스 대표변호사로 활동했다. 널리 알려졌다시피 김대중 정부 때 검찰은 '호남검찰'이라 불릴 정도로 지역편중인사 시비에 휘말렸다. 또한 불미스러운 사건에 연루돼 옷을 벗거나 구속된 검찰 고위직 인사 중에 유난히 호남 출신이 많았다. 김 장관도 호남 출신이다. 전남 광양에서 태어나 순천매산고를 나왔다. 그렇지만 그는 호남출신 고위직 검사로는 드물게 구설 한 번 오르지 않을 정도로 자기관리를 잘했고 평판도 좋았다.

김대중 정부 시절 유난히 검찰을 망신스럽게 하는 사건이 많았는데요. 원인이 무엇이라고 보십니까.

"당시 검찰 고위직을 지낸 사람으로서 유감으로 생각합니다. 검찰이 시대흐름과 국민의 요구를 제대로 파악하지 못한 채 잘못된 관행을 답습한 탓도 있었습니다. 다만 일부 사건에서는 여론을 지나치게 의식한 나머지 사건에 연루된 검찰간부에 대해 가혹할 정도로 엄격하게 단죄한 측면이 있었다고 봅니다. 뒷날 법정에서 무죄판결이 나온 걸로 봐서도. 어쨌든 과거의 잘못을 거울삼아 제도와 관행뿐만 아니라 의식까지도 변화시켜 국민의 기대를 저버리지 않도록 노력하겠습니다."

김대중 정부 검찰의 호남편중인사에 대해선 어떻게 생각하십니까.

"그런 비판이 있긴 했지요. 어쨌든 공정한 인사는 저의 소신입니다."

'딱딱한' 얘기를 하는 데 예상보다 많은 시간이 흘렀다. 뒤늦은 감이 있지만 '부드러운' 질문으로 넘어갔다.

검사가 된 특별한 동기가 있습니까.

"연수원 다닐 때 좋아서 선택했습니다. 적극적으로 정의를 찾아 실현하는 것이 마음에 들었습니다. 사법업무 중에서도 가장 활동적이고 적극적이고 창조적이잖아요."

성품이나 이미지로 보면 판사가 더 어울릴 듯도 싶은데요.

"당시 시대에 맞는 검찰 이미지가 있었지요. 하지만 시대가 바뀌면 나 같은 스타일이 검사직을 더 잘 수행할 수 있으리라 생각했습니다. 검사를 천직으로 알고 30년 앞만 보고 살다 보니 어느덧 퇴직을 맞게 되더라고요."

검사가 된 걸 후회하신 적은 없는지요.

“몇 번 있었지요. 인사가 상당히 불공정하다는 생각이 들 때 몹시 힘들었습니다. 평검사 때 광주에서 2년4개월, 목포에서 2년8개월, 인천에서 2년 11개월 연속 지방에서 근무했습니다. 주변부만 맴돈 거죠. 나름대로 열심히 일했는데도. 그때부터 공정한 인사가 참 중요하다고 생각했습니다. 일이 지나치게 많을 때도 괴로웠습니다. 1993년 8월 서울지검으로 발령이 났는데, 첫 달에 800건을 배당받았습니다. 형사3부 수석이었지요. 매일 아침 7시에 출근해 밤 10시에 퇴근했습니다. 한 1년7개월 그렇게 일하니 무릎이 내려앉더라고요. 걸음도 제대로 못 걷고.”

김 장관은 이와 관련해 수사비화 한 가지를 들려줬다.

“피의자에게 돈을 받았다고 오해 받았을 때도 참 견디기 힘들었어요. 검사직에 회의가 들더라고. 인천지검에 있을 때인데, 재산다툼과 관련된 고소사건이었습니다. 고소인이 매일같이 찾아와서 나를 째려보고 가더라고요. 한 달간 열심히 수사해 고소인이 억울하다는 걸 밝혀냈습니다. 그리고는 서울지검으로 발령이 났는데 어느 날 그 고소인이 담배 한 보루를 들고 인사하러 왔더라고요. 와서 하는 말이 당시 고소 상대방이 자신한테 ‘검사에게 약을 먹였으니 네가 아무리 애써도 소용없다’고 말했다는 겁니다. 그 말을 들은 이후 조사하는 게 영 불공평해 보여 나를 사람으로 여기지도 않았다는 거예요. 그런데 나중에 결론 나는 걸 보고 미안해서 담배를 사왔다는 겁니다. 담배는 정중히 사양했습니다. 어쨌든 그 사람 때문에 여기저기서 나에 대해 좋지 않은 얘기가 들려올 때는 정말 괴롭더라고요.”

김대중 정부 때 건강을 이유로 서울지검장과 검찰총장 제의를 고사한 것으로 알려졌는데요. 지금 장관직 수행에는 문제가 없는지요.

“아무 이상 없습니다. 서울지검장 내정 소식을 들은 바로 그날 위(胃)에 문제가 있다는 걸 알았습니다. 의사가 수술을 하고 한 달은 쉬어야 한다고 하더군요. 그래서 인사권자에게 사실대로 말하고 고사했던 겁니다. 그리고 다른 사람이 맡아서 하면 되지 꼭 제가 해야만 한다는 법칙이 있나요. 공직자로서의 자세라고 봅니다. 당연한 얘기 아닙니까. 제가 (병을) 몰랐다면 몰라도."

이 자리를 빌려 부인과 자식 자랑 좀 해주시죠.

"마누라 자식 자랑은 팔불출이라 하는데…."

팔불출 좀 되시죠, 뭐.

"(웃음) 우리 집사람이 덕이 있어요. 어려운 공직생활에도 잘 참아주고 불평 안 하고. 나이 들수록 고맙다는 생각이 듭니다. 남편 흠이 있어도 밖에 나가서 절대 얘기 안 하고 덮어주고 조언도 해주고. 조강지처죠."

2003년 봄 김 장관이 변호사 개업을 하자 부인은 자유로움을 느끼고 무척 행복해했다고 한다. 그동안 못 가본 데를 함께 다녀오기도 했다. 어느 아내나 그렇겠지만, 남편과 함께 여행하는 것만큼이나 즐거운 일도 별로 없을 것이다.

부인과 마지막으로 영화를 보신 게 언제쯤이죠.

"한 3년 됐습니다. 영화관보다는 음악회를 자주 가는 편입니다. 올해 초에도 신년음악회에 다녀왔습니다."

김 장관은 아들만 셋 두었다. 다들 이과를 선택했다.

"적성과도 관계가 있지만, 그보다는 아버지의 공직생활이 맘에 안 들어 그런 선택을 한 것 같아 제 마음이 좀…."

씁쓸하시겠네요.

"(웃음) 씁쓸하죠. 큰아이는 결혼해 애 둘을 낳았습니다. 둘째는 미국 UCLA에서 나노 기계공학 박사과정에 있고, 셋째는 LG연구원에 있습니다. 둘 다 미혼입니다."

김 장관의 삶에 가장 큰 영향을 끼친 사람이 누군지 물어봤다. 잠시의

틈도 없이 답변이 나왔다.

"아버님입니다. 아버님은 교직에 몸담기도 하셨는데 제게 아주 훌륭한 가르침을 주셨습니다. 삶 자체가 모범이었습니다. 제게 신앙을 가르쳐줬고 늘 큰 꿈을 가지라고 말씀해주셨습니다. 욕설과 거짓말을 용납하지 않았고 도덕적인 삶을 실천하셨습니다."

마지막 질문. 김 장관의 다음 일정이 빠듯한 탓에 서두르지 않아야 할 질문임에도 서둘러 물어야 했다.

향후 꼭 하시고 싶은 일이 있다면 무엇인지요.

"공직에서 물러나면 사회에 유익한 봉사활동을 할 겁니다. 아내를 위해 외국 여행도 좀 하고요."

과학수사 강조한 박영수 대검 중수부장

"뇌물사건, 공여자 진술만으로는 기소 안 한다"

2005년 7월 박영수 대검 중수부장을 인터뷰할 당시 검찰은 변화와 개혁이라는 화두에 사로잡혀 있었다. 정치인 뇌물사건에 대한 법원의 잇단 무죄판결은 자백에 의존하던 검찰의 오랜 수사관행을 뒤흔들었다. 대검 강력과장과 서울지검 강력부장을 지낸 강력통이자 SK 비자금 수사를 성공적으로 지휘해 대선자금 수사의 길을 열었던 박영수 중수부장은 인터뷰에서 품격수사와 첨단기법의 과학수사를 강조했다. 국민을 고객으로 삼는 업무혁신운동을 전개하겠다는 의지도 밝혔다.

1952년 제주 출생/ 서울대 철학과, 고려대 대학원(형사법)/ 1978년 사시 20회/ 서울지검 강력부장, 대검 공안기획관, 청와대 사정비서관, 서울지검 2차장검사, 대검 중수부장, 대전고검장, 서울고검장/ 2009년 법무법인 대륙아주 대표변호사/ 2010년 법무법인 산호 대표변호사

대검 중앙수사부는 6월26일 일선 검찰청에 '무죄선고 방지대책'을 내려보냈다. 최근 뇌물수수와 불법정치자금 사건으로 기소된 정치인들에게 잇달아 무죄판결이 내려진 데 따른 대응책이다. '무죄선고 방지대책'의 주요 내용은 공소심의위원회 강화, 수사검사의 특별공판팀 배치, 특별수사평가위

원회 설치 등이다.

7월6일 오후 박영수(朴英洙·53) 대검 중앙수사부장을 만나 검찰수사 개선방안을 중심으로 검찰의 현안에 대해 물어봤다. 박 중수부장은 서울지검 강력부장 재임 시절 조직폭력범죄에 관한 논문을 저술할 정도로 조폭수사에 일가견이 있다. 또 1993년 대검연구관 재직 때는 21세기 검찰기획단 초대 팀장을 맡아 중장기 개혁과제의 밑그림을 완성하기도 했다. 인터뷰에는 민유태 수사기획관과 봉욱 첨단범죄수사과장이 배석했다. 본론으로 들어가기에 앞서 중수부의 기능과 조직 문제부터 짚어봤다.

중수부의 수사기능이 과거에 비해 축소됐지요?

"편제상 수사3과가 없어졌으니 그렇게 볼 수도 있겠죠. 직접 수사를 담당하던 중수 1, 2, 3과 중 3과가 없어지고, 첨단범죄수사과가 생겨난 대신 컴퓨터수사과와 특별수사지원과가 폐지됐으니 전체적으로 2개 과가 없어진 셈이지요. 하지만 조직의 효율성을 위한 개편이지 수사기능을 축소한 것은 아닙니다."

지난해 정치권을 중심으로 중수부 폐지 논의가 일었습니다.

과거 검찰 내에서도 그런 논의가 있었던 적이 있고요.

"중수부 수사권을 없앨 수는 없어요. 전국 규모로 해야 할 수사나 고도의 독직부정사건, 경제사건은 중앙수사조직이 맡아야 효율적입니다."

검찰권을 견제하는 차원에서 나온 얘기라고 봅니까.

"그런 면도 있겠죠."

외국 검찰에도 우리의 대검 중수부와 같은 조직이 있나요.

"물론 모든 나라에 다 있는 건 아니지만 미국, 중국 등 주요 국가 검찰엔 중앙수사조직이 다 있습니다. 공직자비리수사처도 그런 개념 아닌가요?"

검찰은 그게 대검 중수부 기능과 겹친다고 반대하고 있죠?

"그렇죠. 중앙수사 기능이 이원화할 필요는 없지요."

박 중수부장이 취임 후 역점을 둔 것은 첨단범죄수사 역량 강화다. 범죄수법이 날로 정교해지는 만큼 수사기법도 고도의 전문성과 과학성을 갖춰야 한다는 취지에서다.

"이제는 과학수사를 하지 않으면 수사 성과를 내기 힘듭니다. 컴퓨터도 알아야 하고 회계와 증권, 금융 흐름도 알아야 합니다. 압수수색할 때도 컴퓨터와 DB(데이터베이스)분석 전문가가 따라가야 제대로 할 수 있어요. 또 압수수색은 최소한에 그쳐야 합니다. 아무것도 모르는 사람이 가서 이것저것 다 가져와버리면 그 회사 영업을 망치게 돼요. 요즘 강조되는 인격수사, 품격수사를 하기 위해서라도 첨단수사기법을 알아야 합니다.

첨단범죄수사과의 가장 중요한 기능이 일선청의 특별수사를 효과적으로 지원하는 것입니다. 대검에 회계분석팀이 있는데 상반기 중 한 개 팀을 더 만들 예정입니다. 종전에는 첨단범죄수사기법을 배운 사람들이 업무가 힘드니까 그 분야에 종사하기를 꺼렸어요. 이번 기회에 그들을 다시 불러 모으려 합니다. '첨단범죄 수사전문 아카데미'를 개원하면서 직원들 인식이 크게 바뀌었어요. 향후 검찰수사는 이 방향으로 갈 수밖에 없습니다. 말로 윽박지르는 수사, 진술에만 의존하는 수사로는 이제 안 돼요."

구체적으로 어떤 방안을 마련했습니까.

"먼저 전문성을 가진 인재를 키우는 것입니다. 이를 위해 직원들에게 첨단범죄수사기법을 교육하는 한편 외부 전문가를 검찰수사관으로 특채하고 있어요. 다음으로 관련 시설과 장비를 확충하고 있습니다. 디지털범죄분석센터와 첨단범죄수사지원센터 설립을 추진하고 DB분석장비를 들여올 계획입니다. 또한 국세청 감사원 금감원 등 관련기관과 협조체제를 강화할 예정입니다."(봉욱 첨단범죄수사과장)

'아카데미'는 6월20일 개원했다. 회계분석, 자금추적, 컴퓨터범죄, 산업기술유출 및 지적재산권 범죄, 선진 신문기법 등 5개 과정으로 매주 월요일 저녁 3시간씩 52주간 수업이 진행될 예정이다. 수강생으로 등록한 검찰 직원은 모두 1198명. 그중 대검에 마련된 강의실에 출석해 강의를 듣는 사람이 148명이고 나머지는 사이버 수강을 한다.

수강생 대부분은 일반 직원이고 검사는 10명가량 된다. 박 중수부장이 원장을, 첨단범죄수사과장이 교육부장을 맡고 있다. 강의는 회계와 금융에 밝은 검찰 직원들과 외부 전문가가 맡고 있다. 한 가지 흥미로운 것은 조세형사 분야 전문가로 통하는 안대희 서울고검장도 강사로 나섰다는 점.

외부 전문가는 어떤 사람들입니까.

"현재 공인회계사 3명을 영입했고, 8월1일자로 두 명을 더 뽑을 계획입니다. 둘 다 금감원 직원인데, 한 사람은 DB분석 전문가이고 다른 한 사람은 금융분석 전문가입니다."

대우는 어떻습니까.

"검찰수사관 7급으로 특채됩니다. 사실 보수는 금감원이 검찰보다 낫지요."

그런데도 검찰로 올 만한 동기가 있나요.

"자기가 가진 지식을 제대로 활용할 수 있다는 점이죠. 수사에 참여하면 회계와 금융 전 과정을 완벽히 분석하게 돼요. 일이 훨씬 생산적이고 생동감 있다는 데 끌리는 것 같습니다."

지원자가 많았습니까.

"공인회계사의 경우 2명 뽑는데 50명 가까이 지원했어요. 이들을 마약 수사관처럼 특별관리할 예정입니다."

화제를 검찰수사 개선방안으로 돌렸다.

정치인 뇌물사건에 대한 잇따른 무죄선고로 검찰수사가 불신을 받고 있습니다. 무죄선고 대책방안을 내놓게 된 배경은 무엇입니까.

"뇌물사건에서 무죄선고는 대체로 증거판단에 대한 법원과 검찰의 견해 차이에서 비롯된 것입니다. 최기선 인천시장도 무죄 선고를 받았지만 당시

SK비자금 수사를
성공적으로 지휘해
대선자금 수사의 길을 열었던
박영수 전 서울고검장.
김성남 기자

그 사건을 수사한 민유태 수사기획관은 지금도 유죄를 확신하고 있어요."

수사를 한 쪽에서는 다 그렇게 생각하더라고요.

"최근 무죄 선고가 난 사건들은 대부분 공여자의 진술을 유력한 증거로 삼아 기소한 사건입니다. 무죄 판결이 나온 것은 법원이 증거를 엄격하게 해석한 탓이지요. 법원은 또 공판중심주의를 강화하면서 법정증거를 중시하고 있습니다. 우리 검찰이 이를 존중하지 않을 수 없어요. 최종 사법판단권이 법원에 있으니까요. 우리 스스로 증거를 신중하게 판단하고 좀더 과학적으로 수사해야 하지 않겠느냐는 생각에서 무죄선고 대책을 내놓은 겁니다.

수사하다보면 수사하는 사람의 판단에 주관이 개입될 수 있어요. 공소심의위원회는 그런 판단을 객관화하는 기구입니다. 원래 있었는데 그동안 제대로 기능을 발휘하지 못했지요. 특히 특별수사의 경우엔 수사의 은밀성, 보안성, 신속성 등을 이유로 개입 자체를 꺼렸습니다. 이제는 특별수사부터 공소심의위원회에서 객관적인 판단을 받아보자는 겁니다. 또 특별수사사건이 무죄 선고된 경우엔 특별수사평가위원회를 통해 무엇이 잘못됐는지 짚어보게 됩니다. 물론 잘한 점도 평가하고요. 그리고 평가결과를 교육자료로 활용하고 수사기법으로 전파하자는 거죠. 한마디로 특별수사의 격을 높이자는 취지입니다."

최근 잇단 무죄사건의 공통점은 무엇입니까.

"대체로 공여자 진술에 의존한 수사였다는 거죠. 대부분 2심이나 3심에서 무죄판결이 나왔고 1심에서 무죄가 선고된 것은 안상수 인천시장의 굴비사건이 유일합니다. 돈을 곧바로 돌려준 점에 비춰 받을 의사가 없었다는 게 법원의 판단이었죠. 반면 대법원에서 무죄가 확정된 최기선 시장 사건의 경우 지금 다시 재판하면 유죄선고가 나올 가능성이 높지요. 이번에 김우중씨를 조사하는 과정에 최 시장에게 돈이 건네졌다는 사실이 확인됐거든요."

다른 증거를 확보하지 못한 상태에서 공여자 진술에 지나치게 의존한 결과가 아닌가요.

"물론 방증은 있지요. 돈 준 사람 진술에 신빙성이 있음을 뒷받침하는. 그런데 법원은 그 정도로는 증거로 인정할 수 없다는 거지. 이제는 검찰도 다른 증거 없이 공여자 진술만 갖고는 기소하지 않을 겁니다. 물론 수사가 위축될 수도 있지요. 하지만 검찰도 그 정도는 감수하겠다는 거예요."

정치인임을 의식해 무리하게 법을 적용한 결과가 아니냐는 지적도 있는데요.

"그 반대인 것 같은데요. 법을 적용하는 데 정치인과 일반인 사이에 차이를 둔다는 건 말이 안 되죠. 정치인에 대해선 오히려 더 신중하죠. 무슨 억하심정이 있다고…."

검찰 간부 출신으로 세 번 구속돼 세 번 다 무죄판결을 받은 박주선 전 의원의 경우 검찰 내에 자기를 옭아매려는 세력이 있다는 투로 얘기했는데요. 속된 말로 유명인을 잡아넣으면 담당검사는 이름을 날리고 검찰의 주가도 올라가죠. 사회적으로도 좋은 평가를 받고. 그걸 의식해 무리한 수사를 하는 경우도 있지 않나요. 좋게 표현하면 적극적으로 법을 적용한 것이고, 안 좋게 표현하면….

"안 좋게 표현하면? 공명심에서? 요즘 그런 수사하는 검사는 없습니다."

민유태 수사기획관이 나섰다.

"최근 무죄 판결이 난 뇌물사건들은 크게 두 가지로 구분됩니다. 첫째는 공여자 진술이 있는데 당사자가 부인한 경우. 즉 재판부가 공여자의 진술을 못 믿겠다며 무죄를 선고한 경우지요. 최기선 전 인천시장, 이인제 의원이 여기에 해당됩니다. 박지원씨 사건도 비슷하지만 아직 재판이 안 끝났으니…. 둘째는 박주선 전 의원, 박광태 광주시장, 안상수 인천시장 사건입니다. 법원도 돈을 받은 것은 인정하면서도 뇌물이 아니라 정치자금이다, 또는 범의(犯意)가 없었다고 무죄를 선고한 경우죠."

법원이 예전보다 증거를 엄격하게 판단한다고 봐야 합니까.

"앞서 예로 든 사건들, 예전 같으면 다 유죄판결이 나왔을 겁니다. 어쨌든 앞으로는 공여자 진술을 뒷받침하는 구체적인 정황증거가 없는 경우엔 기소하지 않을 겁니다. 수사하고도 기소를 못하는 사례가 많이 생길 거예요. 그럼 또 왜 불기소했냐고 비판할 테고. 고민이에요. 케이스 바이 케이스로 처리하는 수밖에 없죠."

법원의 공판중심주의 흐름을 대세로 인정한 박 중수부장은 검찰조서능력 제한, 검사의 법정 신문 금지 등 사법개혁추진위원회(사개추위) 개혁안에 대해선 고개를 흔들었다.

"법원 쪽 실무자도 사개추위 안대로 하면 사실상 재판을 할 수 없다고 검찰 측 의견에 동의했잖아요."

사개추위 개혁안 나름대로 논리가 있는 것 아닌가요.

"모든 증거를 법관 앞에 제시하라, 법관이 모든 걸 판단하게 하겠다는 건데, 이는 국민사법참여제도를 염두에 둔 것이에요. 배심제를 실시하면 검찰이 배심원 앞에 모든 증거를 제시해야 하거든요. 그 경우 방대한 양의 검찰 조서가 문제가 되겠죠."

검찰은 사개추위 안에 대해 수사권 제약이라고 반발하지만,
검찰의 주 기능이 수사보다는 공소유지인 나라도 많지 않습니까.

"미국도 연방검찰의 경우엔 수사를 합니다. 또 미 법무성은 공정거래법위반사건 등 경제사건에 대해 수사도 하고 기소도 합니다. 일본도 도쿄지검 특수부에서 부패사범을 수사하고, 프랑스나 이탈리아에서는 판사가 사실상 검사의 역할을 합니다. 독일도 중점검찰청이라고 해 경제사범 수사를 전담하고 있어요. 이처럼 세계적인 흐름을 보면 반부패수사의 경우 검찰의 수사권이 오히려 더 강화되고 있습니다."(봉욱 첨단범죄수사과장)

외국의 경우 기업범죄수사 시스템이 잘 발달하고 기업인 수사도 원칙대로 하는 것 같은데 우리나라 검찰의 경우 유난히 기업인 수사에 약하다는 비판이 있지요.

"우리가 기업수사를 제대로 못하고 있다는 말엔 동의하기 어려워요. 대우 사건만 해도 얼마나 수사를 잘했습니까. SK 수사도 그렇고. 금융사건에 관한 수사기법이 상당히 향상됐어요."

주로 사법처리와 관련한 비판이 아닌가 싶네요. 정치인에 대해선 엄하게 하면서도 기업인에 대해선 솜방망이 처벌을 한다는.

"기업인에 대한 구형량, 높았어요. 기록을 보면 알 수 있을 겁니다."

대선자금 수사 때도 '재벌 봐주기' 논란이 일지 않았습니까.

"그건 기업수사라기보다는 부패독직사건 수사죠. 또 뇌물사건의 경우 통상 받은 사람과 주는 사람을 똑같이 처리하지는 않지요. 준 쪽인 기업의 처지를 감안했을 거예요. 사법처리에 따른 기업 경영 위축 등 국가경제적인 측면도 고려했을 테고."

이 대목에서 박 중수부장은 "첨단범죄수사에 대해 강조해달라니까 다른 질문을 많이 한다"며 불평(?)을 했다.

"중수부가 첨단범죄수사기법을 교육한다니까 직접수사를 안 하는 줄 오해하는 사람이 있는데 절대 그렇지 않아요. 수사는 언제든지 피하지 않을 겁니다. 욕심 같아선 수사모델을 만들고 싶어요. 뒷말 없는 수사, 수사 주체도 만족하고 대상자도 수긍하는 수사 말입니다. 그러기 위해서는 절대로 수사를 서둘러선 안 되죠. 단기일 내에 성과를 내겠다고 조급해하면 꼭 문제가 생기거든요."

김승규 전 법무부 장관의 인격수사론이 화제가 됐었지요. 특수부에 인품 있는 검사를 배치하겠다고 했지요.

"김 전 장관께서 언급한 인격수사는 적법절차를 지키면서 조사 대상자의 처지도 배려하는 수사라고 봅니다. 수사성과 못지않게 수사의 질도 평가

받아야 한다는 거죠. 그런 수사를 하려면 바로 첨단수사기법과 같은 실력을 갖춰야 합니다. 요즘엔 회계장부가 데이터베이스화 돼 있어 프로그램을 조금만 바꾸면 조작이 가능합니다. 그런 것을 밝혀내고 파기한 파일을 복구해 분석하기 위해선 고도의 전문성이 필요하지요. 여기서 전자증거법 문제가 제기되죠. 컴퓨터에 든 자료는 항상 조작될 수 있기 때문에. 그런 것을 앞으로 어떻게 압수하고 어떻게 봉인해 법정까지 갖고 가 조작되지 않았다는 것을 입증할 것인가. 법원에서는 수사단계에서 변조됐을 가능성도 염두에 두거든요. 압수절차의 적법성도 따지고."

검찰에 대해 종종 무소불위라든가 인권침해라든가 하는 비판이 제기되지 않습니까.

"이해관계가 대립되기 때문에 어쩔 수 없는 면도 있습니다. 어쨌든 경찰까지 포함해 수사 주체로서 고압적인 면이 없었다고 할 수는 없겠지요. 그런데 이제는 국민의식이 바뀌어 고압적인 수사나 자백을 강요하는 수사방식으로는 안 됩니다."

말이 쉽지, 지금도 일선 수사에서는 자백이 상당히 중요한 비중을 차지하지 않습니까.

"과학적인 증거를 들이대 받아내는 건 아무런 문제가 없지요."

그렇지 않은 경우 말입니다.

"그렇게 하지 않으려 노력하고 있어요. 수사행태가 많이 바뀌었습니다."

"자백했더라도 법정에서 번복할 경우에 대비하고 있습니다."(민유태 수사기획관)

"러시아 유전 의혹사건의 경우도 예전 같으면 당사자 소환부터 했을 겁니다. 하지만 압수수색부터 해 증거를 다 확보한 다음에 소환했지요."(봉욱 첨단범죄수사과장)

최근 연예인 서세원씨는 3년 전의 연예계 비리사건 수사와 관련, 자신의 매니저 하씨를 담당했던 수사관들을 고문과 폭행혐의로 고발했다. 하씨는 시사저널 인터뷰에서 수사관들의 고문과 폭행을 못 이겨 허위자백을 했다고 폭로했다.

검사나 수사관에 대한 첨단범죄수사기법 교육도 중요하지만 정신교육도 강화해야 하지 않을까요. 비록 지난 일이긴 하지만, 연예인 서세원씨의 고발사건에서 보듯 고문과 폭행을 동원하는 강압적인 수사행태가 여전히 남아 있는 것 같아요.

"경찰도 마찬가지인데, 아무래도 업무 성격상 수사하는 쪽은 받는 쪽에 대해 위압적이거나 고압적인 태도를 취할 가능성이 높습니다. 그래서 수사하는 사람의 인격이나 품성이 중요하지요. 이와 관련해 대검에서는 혁신추진단을 만들어 마음과 생각을 바꾸자는 취지에서 다양한 업무혁신안을 기획하고 있습니다. 대표적인 것이 이른바 '식스 시그마(Six Sigma)' 운동입니다. 미국 GE사의 잭 웰치 회장에 의해 유명해진 경영혁신방법이지요. 포스코의 협조를 받고 있는 이 운동은 대구지검에서 먼저 추진해 큰 성과를 내고 있는데, 앞으로 대검이 주도해 전국 검찰로 확대 운용할 계획입니다.

한마디로 검찰도 고객 중심의 사고를 하자는 게 이 운동의 골자입니다. 검찰의 고객은 국민이죠. 예컨대 고소고발사건의 경우 접수해도 곧바로 배당하지 않고 일주일씩 묵혀두곤 했지요. 업무편의상 일정한 건수가 모이면 한꺼번에 처리했던 겁니다. 이제 그러지 말자는 거죠. 고객인 국민은 빨리 처리해주길 바랄 것 아닙니까. 그렇다면 담당부서에서 조금 번거롭더라도 즉일배당을 해야죠. 갖가지 민원서류나 경찰 송치사건도 마찬가지고요. 일부에서는 범죄를 조사하는 수사기관에서 과연 고객 중심사고가 성공하겠냐고 의문을 품기도 하지만, 적어도 우리 검찰인의 의식과 관행을 바꾸는 계기가 되지 않겠습니까. 그런 점에서 저는 이 운동을 적극 지지합니다."

구체적인 교육프로그램을 소개한다면.

“예를 들면 ‘아리랑교육’이란 게 있어요. 나와 가족과 동료를 돌아보는 교육입니다. 이 교육의 메시지는 무서운 검찰에서 친근한 검찰로 가자는 거예요. 조사할 때 하더라도 끝나고 나면 친근한 검찰이 되자는 거죠.”

혁신추진단은 조근호 범죄정보기획관이 단장을 맡고 있다. 그는 대구지검 차장 재직시 ‘식스 시그마’ 운동을 성공적으로 이끈 바 있다.

“‘식스 시그마’ 운동뿐만이 아닙니다. 각 청마다 친절운동이니 스마일운동이니 해서 검찰인의 의식과 이미지를 바꾸기 위한 캠페인을 전개하고 있어요. 그런 걸 대검의 혁신추진단에서 총괄 추진하는 거죠. 이처럼 검찰은 지금 수사권 조정이니 공판중심주의니 하는 문제로 시련을 겪고 있는 가운데 내부적으로는 체질변화를 위해 굉장히 노력하고 있습니다. 중수부의 첨단범죄수사 강화도 마찬가지입니다. 어떻게 특별수사의 질을 높일 것이냐. 결론은 첨단범죄수사, 과학수사로 가자는 거죠. 자백 위주의 수사관행도 바꾸고. 또 수사를 서둘러선 안 됩니다. 서두르기 때문에 욕도 나오고 가혹행위도 발생하는 겁니다. 특별수사는 더더욱 서두르지 말아야 합니다. 미국에선 사건 하나 수사하는 데 2년, 3년씩 걸려요. 회계자료 분석과 장기간의 감청, 비밀요원 잠입수사 등으로 완벽한 증거를 확보하죠.”

정치권으로부터는 어느 정도 독립한 반면 여론으로부터 자유롭지 못하다는 비판도 제기되는데요. 여론에 밀려 무리하게 수사한 경우가 종종 있지 않습니까.

“여론으로부터도 독립해야죠.”

검사들 마인드도 바뀌어야죠. 여론 의식 말고 수사 논리로만 판단해야죠.

“바꿔야지요. 대외적으로 성과 내기에 급급한 수사는 지양해야죠. 비록 실패한 수사라도 최선을 다했다면 제대로 평가받을 수 있는 분위기를 만들려 합니다. 특별수사평가위원회에서 바로 이런 일을 하는 거죠.”

명백히 잘못된 수사로 판명된 경우 인사에도 반영되나요.

"인사까지는 생각하지 않습니다. 수사능력을 업그레이드하기 위한 평가자료로 활용하는 게 목적이니까요. 물론 인사부서에서 원한다면, 우리 자료가 큰 도움이 될 수도 있겠지요."

특별수사평가위원회에 외부인사도 참가한다면서요?

"법조인이 아닌 사람을 많이 영입하려고 해요. 시민단체 관계자, 언론인, 대학교수, 기업인 등. 수사 보안성을 강조하며 외부인사를 배제하는 시대는 지났어요. 이제는 검찰업무도 투명하고 객관화해야 합니다."

최근 노무현 대통령은 수사권 조정문제를 둘러싼 검찰과 경찰의 대립이 도를 넘어섰다고 보고 공개논쟁을 더는 하지 말라고 지시한 바 있다. 대통령이 직접 경고까지 할 정도로 양측은 이 문제에 관한 한 조금도 양보하지 않을 태세다. 그 사이에서 국민은 피곤하기만 하다. 대통령의 위신도 영 말이 아니다. 검찰에 대해 "'제도 이상의 권력'을 내놓아야 한다"고 모호하게 한마디 했다가 검찰의 강한 반발만 샀다.

경찰과의 수사권 조정 문제에 대한 검사들의 태도는 단호하지요?

"우리나라 형사사법구조는 상당히 합리적입니다. 황금비라고 생각하는데, 경찰 검찰 법원의 상호 견제가 잘 이뤄지고 있어요. 왜 이런 황금비를 깨야 하는지 의문입니다."

검찰이 가진 게 너무 많다는 취지로 누군가 말했잖습니까.

"수사만 놓고 보면 가진 게 많죠. 수사지휘권자니. 하지만 이 사회가 수사만으로 통제되는 게 아니지 않습니까. 질서도 있고 정보도 있고."

경찰 요구는 한마디로 자체적인 수사권을 인정해달라는 것 아닌가요.

이제는 수사기능을 나눠도 되지 않나요.

"검찰이 왜 생겼나를 생각해봐요. 검사가 수사지휘권을 갖는 건 형사사법틀에서 경찰을 견제하는 의미를 갖고 있습니다."

검찰의 권한이 너무 크다는 여론이 있지요.

"일선 형사부에서 고생하는 검사들한테 물어보세요."

그러니 경찰이 나눠서 하자고 요구하는 것 아닙니까.

"경찰이 (수사를) 안 하고 있습니까."

민유태 수사기획관이 거들었다.

"수사권 조정이라는 용어 자체에 문제가 있어요. 경찰 요구의 핵심은 검찰의 수사지휘를 안 받겠다는 겁니다. 그런 점에서 수사권 조정이 아니라 수사지휘권 배제가 정확한 표현일지 모릅니다. 검찰의 탄생배경을 생각하면 수사지휘권을 놓을 수가 없어요. 경찰에는 수많은 특별사법경찰이 있습니다. 경찰뿐 아니라 세관 국세청 등에도 있는데 우리가 지휘해 조정하지 않으면 수사기능의 효율이 떨어집니다."

"수사권 조정에 관한 질문은 그만하면 좋겠다"며 입을 다물었던 박 중수부장이 '마무리 멘트'라도 하듯 한마디 더 했다.

"수사권 조정 문제는 신중하게 접근할 필요가 있어요. 직접 영향을 받는 국민에게 득이 되는지 해가 되는지를 면밀히 검토해야지요. 사개추위 방안 중에 '재정신청 전면 확대'가 있습니다. 앞으로 검찰의 불기소처분에 대해 법원이 직접 감독하고 평가하겠다는 거죠. 그러면서 경찰에 대한 검찰의 감독기능을 배제하려는 건 모순이고 엇박자지요."

박 중수부장의 말을 들으며, 검찰과 경찰이 자체적으로 수사권 조정문제에 관한 타협안을 도출하는 것은 거의 불가능하리라는 생각이 들었다. 어쩌면 당사자끼리 합의하라고 맡겨놓은 것 자체가 난센스일지 모른다.

향후 검찰수사의 바람직한 방향과 관련해 가장 잘된 수사사례를 꼽는다면요.

"서울지검 2차장 재직시 SK 분식회계사건 수사가 기억에 남습니다. 한마디로 압수수색을 잘했기 때문에 성공한 수사인데, 모범적인 사례로 남을 것입니다. 구조조정본부가 있는 그룹 회장실 등 네 군데에 대해 동시에 압수수색을 실시했어요. 압수수색 사상 가장 많은 인원인 80명이 투입됐습니다. SK 본사에만 30명이 들어갔어요. 대검 컴퓨터수사지원반 직원들이 큰 도움을 줬습니다.”

SK 쪽에선 전혀 낌새를 채지 못했습니까.

“회장실에 대한 압수수색 전례가 없었기 때문에 대비를 못했지요. 거기서 아주 중요한 분식회계 자료를 발견했습니다. 그 자료를 입수하는 것으로써 SK 수사는 사실상 끝난 것입니다.”

압수수색의 승리네요.

“그렇죠. 회장실에서 압수한 자료 덕분에 다음날 삼청동 SK연수원에 숨겨둔 회계장부를 찾을 수 있었습니다. 그러자 바로 SK 측에서 백기를 들더군요. 외부인들에게는 무척 힘든 수사로 비쳤을지 모르지만 실상은 그렇지 않았어요. 압수수색으로 완벽한 증거를 잡았기 때문에 무리하게 수사할 필요가 없었던 거죠. 우리 스케줄대로 할 수 있었고. 아마도 살아 있는 재벌에 대한 수사 사례 가운데 가장 성공한 경우가 아닐까 싶습니다. 2심까지 무죄 판결이 나오지 않았습니까. 당시 압수수색 과정을 비디오로 촬영해뒀는데 수사교재로 활용하고 있어요.”

박 중수부장은 “나는 비교적 수사 복이 있었다”며 “수사도 운이 따라야 한다”고 말했다. 수원지검에 있던 1988년 5공비리 수사에 참여했는데, 그것이 평검사로서 한 마지막 수사다. 당시 ‘5공비리 특별수사부’에 파견된 그는 수사를 총괄하면서 ‘이근안 고문사건’도 맡았다. 또 마지막으로 공소장을 쓴 사건은 서울지검 고등검찰관으로 수사에 참여한 ‘정보사 부지 사건’이다. 가장 인상 깊은 사건은 수원지검 재직시 수사한 ‘오대양 변사사건’이라고 한다. 지금도 당시 죽은 사람들의 얼굴이 떠오를 정도로 기억이 생생하다는 것.

검사가 된 계기는 무엇입니까.

"1980년 계엄하에 육본에서 군 검찰관으로 6개월간 근무했습니다. 어떤 사건에서 세 사람이 사형을 선고받았는데, 사형집행을 내가 했어요. 그런데 그후 그들에 대한 사형집행이 잘못됐다는 것을 알게 됐습니다. 그때 큰 충격을 받았어요. 비록 기소나 구형에 관여하지는 않았지만, 잘못된 법집행에 관여했다는 사실이 괴로웠습니다. 그래서 제대하면 검사를 하겠다고 생각했어요. 운명이라는 느낌이었죠. 돌아가신 부친이 판사셨어요. 제가 검사를 지망한 것에 크게 실망하셨죠."

검사가 된 걸 후회한 적은 없나요.

"힘들긴 하죠. 하지만 후회한 적은 없습니다. 다행히 운도 좋았고."

박 중수부장은 "형사사법체계를 주도하는 것은 검사"라며 검사직에 대한 자부심을 드러냈다.

***

박영수 검사가 이끈 대검 중수부는 삼성 채권 수사를 마무리하는 한편 론스타의 외환은행 헐값인수 의혹과 현대자동차 비자금사건을 수사하며 기업수사에 강한 면모를 보였다. '영수파 두목'이라는 별명이 붙을 정도로 강한 카리스마와 친화력을 지녔던 박 검사는 '찌라시(사설 정보지)'의 단골이기도 했다. 노무현 정부 시절 각종 의혹사건의 연루자로 여러 차례 사람들의 입길에 올랐던 것. 그러나 단 한 번도 감찰이나 수사를 받은 적은 없다. 모두 낭설이었기 때문이다. 박 검사는 서울고검장으로 재직하던 2009년 1월 검찰의 새 판을 짜려는 김경한 법무부 장관의 사퇴 압박에 옷을 벗었다.

'코드 불일치'로 물러난 김성호 전 법무부 장관

"대통령 참모들, 포용력 없고
내편네편 가르는 흑백논리 빠져있다"

김성호 전 법무부 장관은 검찰 재직시 손꼽히는 특수통이었다. 중간간부 시절엔 특수부 검사의 정통코스를 거치며 전도양양했으나 검사장 승진 이후의 보직은 화려한 경력에 걸맞지 않은 것이었다. 대구지검장이던 그가 차관급인 부패방지위원회(국가청렴위원회의 전신) 사무차장에 임명돼 사실상 검찰을 떠났을 때만 해도 그의 화려한 복귀를 점치는 사람은 많지 않았다. 2년 반 뒤 법무부 장관에 임명된 그는 재임 11개월 만에 하차했다. 대통령 선거가 3개월 앞으로 다가온 2007년 9월초였다. 노무현 대통령의 철학에 반하는 이른바 '코드 불일치' 발언이 경질사유라는 게 정설이었다. 인사가 난 지 한 달쯤 후인 10월초 '국가경쟁력 연구가'로 변신한 그를 인터뷰했다.

1950년 경남 남해 출생/ 고려대 법학과, 미국 조지워싱턴대 법과대학원/ 건국대 법과대학원(박사)/ 1974년 사시 16회/ 대검 중수부 4·3·2과장, 서울지검 특수 3·2부장, 청주지검장, 대구지검장/ 국가청렴위원회 사무차장/ 2006년 법무부 장관/ 2008년 국가정보원장/ 현 재단법인 행복세상 이사장

'김폴레옹'이라는 별명을 가진 김성호(金成浩·57) 전 법무부 장관은 단구(短軀)이지만 꽉 찬 느낌을 준다. 세월의 무게를 이기지 못한 희끗희끗한 머리칼과 세월을 밀어내는 동안(童顔)이 묘한 조화를 이룬다. 사진기자의 요청에 따라 인터뷰에 앞서 잠시 창가에 서서 포즈를 취했는데, 여간 멋쩍어하는 게 아니다. 많이 해봤을 텐데도 익숙하지 않은 모양이다.

김 전 장관은 9월초 재임 11개월 만에 옷을 벗었다. 악머구리 끓듯 하는 장관 인사의 가벼움이야 새삼 논할 거리가 못 되지만, 정권의 임기가 얼마 남지 않고 대선이 코앞에 닥친 터라 법무부 장관 교체는 적잖은 논란을 일으켰다.

교체의 주(主) 원인으로 장관과 정권의 코드 불일치를 꼽는 데 주저하는 언론은 거의 없었다. 짬짜미라도 한 듯 한결같은 논조였다. 요지는 김 전 장관이 기업의 불법성을 문제 삼지 않는 듯한 친(親)기업적 발언과 '공무원의 선거중립 의무'에 대한 소신발언으로 '찍혔다'는 것. 청와대 참모진과의 불화설은 싸움 관전평이 주 임무인 언론의 구미에 딱 맞는 '양념'이었다.

7월 하순 사의를 표명한 김 전 장관은 후임자의 청문회가 끝날 때까지 기다렸다가 조용히 물러났다. 세상의 시끄러움을 뒤로하고 9월16일부터 27일까지 러시아와 스위스를 다녀왔다. 많은 걸 배우고 느꼈다고 한다. 러시아에서는 기업들의 도전정신과 CEO들의 성취 의지, 발전을 위해 달려가는 모습에 자극을 받았다. 스위스에 가서는 IMD(국제경영개발원)와 WEF(세계경제포럼)를 방문해 세계 발전의 추세와 미래의 물결을 보고 왔다.

"많은 나라가 무한경쟁시대를 맞아 앞만 보고 뛰어가고 있다는 느낌을 받았어요. 러시아도 뛰고…. 중국은 뛰는 정도가 아니라 거의 날아가고 있지요. 그런데 우리나라는 여러 가지 내부 문제에 발목이 잡혀 성장의 대열에서 이탈하는 게 아닌가 싶어 답답했습니다. 국가경쟁력을 살펴보면 몇 가지 부문에서 상당히 뒤져 있습니다."

노무현 정부 말기
이른바 '코드 불일치'로 물러난
김성호 전 법무부 장관은
이명박 정부 출범 후
국정원장에 올랐다.
박해운 기자

이번에 해외여행 갔다 오신 게 앞으로 추진할 사업과 관계있다는 얘기가 들리던데요.

"좀 관계가 있지요. 재단법인 '행복세상' 설립을 추진하고 있습니다. 장관 퇴임시 직원들이 선물을 주지 않습니까. 종전에는 행운의 열쇠 같은 걸 준 모양인데, 이번엔 '김성호의 행복세상'이라는 홈페이지를 만들어 선물로 줬어요. 이를 바탕으로 '행복세상'이라는 법인을 만들려는 겁니다. '행복세상'은 우리나라의 국가경쟁력을 어떻게 향상시킬 수 있을지를 연구하는 곳입니다. 스위스를 방문한 것은 유사한 기능을 하는 기관을 벤치마킹하기 위해서였어요. IMD에서는 인재를 많이 양성하고 있더라고요. 세계 1, 2위를 다투는 대학원 과정도 갖추고 있고. 내가 당장 그런 일을 하겠다는 건 아니지만."

'행복세상'은 그의 향후 삶의 행로와 관련된 것이기에 나중에 얘기하는 것이 자연스럽겠지만, 궁금증이 생겨 말 나온 김에 설명을 더 해달라고 요청했다.

"법무부 직원들이 '행복세상'을 선물한 것은 법무부에서 했던 것처럼 앞으로도 계속 법치와 경제 문제에 대해 관심을 가져달라는 뜻이었습니다. 법과 원칙이 지켜지는 사회와 기업하기 좋은 환경을 만드는 것. 한마디로 국가경쟁력 제고지요. 국가경쟁력을 높여 없는 사람과 약한 사람, 모르는 사람 등 이른바 사회적 약자를 포함해 모든 국민이 다함께 잘사는 사회로 가는 시스템을 만들어 보자는 거죠.

그렇게 하려면 우선 적성과 능력에 맞는 일자리를 만들어줘야 합니다. 그 일자리를 누가 창출합니까. 국가나 지방자치단체도 할 수 있겠지만, 핵심 주체는 기업이지요. 그러려면 기업이 무한경쟁사회에서 효율적으로 활동할 수 있는 환경을 만들어줘야 한다는 거죠. 제가 꿈꾸는 '행복세상'의 화두가 법치, 경제, 안전인데, 그중 기업하기 좋은 환경 조성을 가장 중점적으로 연구할 생각입니다."

그는 "러시아는 뛰고 중국은 나는데, 우리는 트랙에 선 선수의 발목을 잡고 있다"고 비유하며 정부의 경제정책을 비판했다.

"정부가 창의력과 시장경제는 도외시하면서 반칙과 불법에는 오히려 관용적인 태도를 보인다든지, 노동 유연성을 지나치게 저해하는 법률을 유지한다든지, 하루가 멀다 하고 갖가지 규제로 기업활동에 칼을 들이댄다든지… 도대체 정부가 무엇을 위해 존재하는지 다시 한번 생각해 보자는 겁니다. 이런 문제들에 대해 종합적으로 연구하고 토론하고 대안을 제시하고 경우에 따라서는 입법 가능한 정책도 내놓는 기구가 절실하다고 느낀 거죠. 주변에서 내 진심과 노력을 알아주는 분이 많이 계셔서 격려해주고 동참이나 지원을 약속해줘 내가 그동안 헛살지는 않았구나 하는 생각을 했습니다."

말하자면 일종의 민간연구소를 차리겠다는 것이다. 물러난 직후 인터뷰를 했다면 달랐을 텐데, 지금 김 전 장관의 얼굴은 여유롭고 평온하다. 보기엔 좋지만, 기자로서는 불만이다. 그런 인상에서는 자극적이거나 격정적인 말이 잘 나오지 않는다는 것을 경험에 비춰 아는 까닭이다.

시간이 좀 지났습니다만, 많은 국민이 궁금해 하던 점을 여쭤보지요.
딱 잘라 말해, 경질입니까, 사직(辭職)입니까.

"글쎄요. 뭐 우여곡절이 있었지만 법무장관직을 소신껏 열심히 해왔다고 생각합니다. 법무행정이 바람직한 궤도로 들어섰지요. 시스템도 잘 돌아가고 있는 차에 언론에서 내 거취를 두고 몇 차례 보도를 했지요. 그래서 임명권자께 선택의 폭을 넓혀드리기 위해 사의를 표명한 거죠. 세상에 100% 이거다 할 만한 일이 많겠습니까. 경질이냐 사퇴냐 굳이 묻는다면 '인사권자의 결정이다', 이렇게 대답하는 게 좋을 것 같습니다."

참여정부 들어와 장관 물러나는 문제로 몇 개월 전부터 그토록 시끄러웠던 적도 없었던 것 같아요. 언론이 키운 면이 있긴 하지만.

"저는 별로 말을 하지 않았는데, 어떻게 해서 그렇게 된 건지 모르겠습니다."

그는 6월 중순 동아일보가 경질설을 첫 보도한 지 한 달여가 지난 7월28일 청와대에 들어가 노무현 대통령에게 사의를 표명했다.

그 자리에서 어떤 대화를 나눴습니까.

"임명권자와 나눈 얘기를 구체적으로 말하는 건 적절치 않지요. 고위공직자가 그만둔 다음에 이러쿵저러쿵하는 것은 도리가 아니라고 생각합니다. 공직에 있을 때는 국민이 원하는 것을 관철시키기 위해 임명권자가 싫어하는 이야기도 해야 하지만, 공직을 떠난 다음에 이런저런 얘기, 특히 인사와 관련된 얘기를 하는 건 바람직하지 않다고 봅니다. 그 정도로 정리해주시죠."

먼저 사의를 밝히신 거죠?

"그것은 뭐 자연스럽게… 구체적으로 말씀드리는 건 적절치 않네요."

자연스럽게 그런 얘기를 할 만한 분위기가 형성됐다는 거죠?

"(웃음) 예. 대화를 하다보면… 누가 딱 먼저랄 것도 없이 그렇게 나오는 경우가 있지요."

항간에는 청와대 참모진과의 갈등설이 돌았는데요. 일부 참모는 김 장관과 직접 부딪쳤다는 얘기도 있고요.

"내가 꼭 마음에 들지는 않았을 거라고 생각합니다. 여러 면에서 견해 차이도 있었고. 그러나 이것도 구체적으로 말하는 건 적절치 않다고 봅니다. 아무튼 저는 국민을 중심으로 생각하고 국민에 대해 책임을 진다는 자세로 일하고 판단의 기준이 늘 국민이었다, 지금도 그런 마음가짐엔 변함이 없다는 점을 말씀드리고 싶습니다."

그의 입에서 '구체적으로 말하는 건 적절치 않다'는 표현이 세 차례나 나왔다. 구체적으로 말 안하면, 말하는 사람은 품위를 유지해서 좋지만 듣는 사람은 갑갑하다. 그의 처지나 심정을 이해하지 못할 바는 아니지만.

청와대 고위관계자가 직접 김 장관에게 비리 의혹을 확인했다면서요? 저는 그런 비리가 없었다고 들었습니다만.

"말씀하시다시피 비리 사실이 없었으니까 그것은 뭐…."

아니, 그건 제가 그렇게 알고 있다는 것이고요.

"뭐 대화 중에 이런저런 얘기를 할 수 있는 것 아니겠습니까. 그런데 뭐 특별한 게 없었으니 그것을 두고 제가 이렇다저렇다 하는 건 적절치 않다고 봅니다."

제가 궁금한 건 청와대 참모들이 장관을 경질하기 위해 조직적으로 움직였냐는 겁니다. 이런저런 걸 들이대며 장관을 압박한 게 아니냐….

"그건 그쪽에 물어보는 것이 좋을 것 같은데요. 거기에 대해 구체적으로 언급하는 건 적절치 않다고 봅니다. 이미 다 정리하고 나온 처지에서 이러쿵저러쿵하는 건 옳지 않아요."

상당히 분개하셨던 걸로 들었는데요.

"그렇게 썩 마음에 달가울 리는 없지요. 그런데 장관은 임명직입니다. 평생 하는 자리가 아니지 않습니까. 일을 해오면서 언젠가 그런 시기가 올지 모른다고 마음을 비우고 있었기 때문에 그저 '올 것이 왔구나' 하고 담담하게 받아들였습니다. 그게 또 공직자의 자세죠. 인사권자가 언제든지 결정할 수 있는 것이니 받아들이는 게 맞지요."

청와대 측이 김 전 장관에게 들이댔다는 소문의 요지는 이렇다. 지난 7월 그가 춘천지검 순시차 강원도에 갔을 때 김진선 강원지사, 모 민영방송사 사장과 함께 P골프장에서 골프를 쳤는데, 그때 민방 사장이 그의 앞에서 지갑을 꺼내는 장면을 민방 노조가 촬영했다는 것이다.

하지만 당시 김 장관은 강원도에서 골프를 친 적이 없었다. 관련자들이

나 해당 골프장 측에 알아보면 금방 진위를 확인할 수 있는 내용이었다. 김 장관은 청와대 측에 대해 "뭐 이런 사람들이 다 있느냐"며 상당히 불쾌해했던 것으로 알려졌다. 뒤따른 소문에 따르면 민방 노조가 김 장관과 닮은 사람을 오인해서 생긴 해프닝이었다고 한다. 그는 내가 계속 파고들자 "그 문제는 그 정도로 해두자"며 웃음으로 덮으려 했다.

'골프 치면서 뭘 받지 않았냐'고까지 물어봤다면서요?

"그것도 그냥 둡시다. 허황된 얘기니까. 소문이라는 것은 늘 날 수 있죠. 그 소문을 누가 어떤 방법으로 확인할 수도 있는 것이고. 어쨌든 허황된 얘기를 두고 이러니저러니 하기는 좀 그렇습니다."

김 전 장관은 "미래지향적으로 얘기하자"며 또 웃었다.

대통령 중심제에서 장관과 청와대 비서진과의 관계는 중요하죠. 그들이 중간에서 업무를 조정하지 않습니까. 유난히 이 정권에서는 386참모들에 대한 말이 많았습니다. 업무를 수행하면서 간혹 그들과 부딪쳤을 법도 한데요. 청와대 비서진에 대해 한 말씀하신다면요.

"글쎄요. 제가 직접 부딪치기야 했겠습니까. 밑의 실무진과 얘기가 있었겠지요. 물론 장관 마음대로 정책을 결정할 순 없지요. 의견 조율이 필요한 부분이 있죠. 그런데 다들 나라를 위해 열심히 일하다 보면 견해 차이도 있을 수 있죠. 하지만 그것 때문에 일하기 어렵다고 생각한 적은 없어요. 의사소통은 그런 대로 잘됐습니다. 저는 그저 묵묵히 소신대로 일했습니다."

천호선 청와대 대변인이 공식적으로 한 얘기인데요. "김 장관 사퇴가 어떤 압력에 의한 것이라는 얘기는 사실무근이다." 이게 사실인가요.

"글쎄요. 뭐 표현이 옳으냐 그르냐를 따지고 싶지는 않습니다. 그렇게 볼 수도 있겠지요. 인사권은 대통령에게 있지 않습니까. 내게 자리를 유지할 권리가 있는 것도 아니거든요."

장관께서 사의를 표명하기 훨씬 전에 청와대는 이미 후임자 인선 작업에 들어갔죠. 현 장관도 만났고 다른 분도 만나 의사를 타진했다는 것 아닙니까. 그 점을 보면 장관의 사의와 상관없이 청와대에서 이미 교체 방침을 굳힌 거지요?

"청와대에서 어떻게 생각했는지는 제가 말할 게 아니지요."

사전에 전혀 언질이 없었나요.

"인사할 때 당사자에게 미리 언질을 주는 경우는 많지 않아요. 나도 언질을 받지는 않았습니다. 다만 마음을 비우고 언제든지 인사권자가 결정하면 따른다는 생각을 갖고 있었기에 담담하게 받아들였던 겁니다."

아까 "올 것이 왔다"는 느낌을 받았다고 하셨는데, 언론에 경질설이 나올 때쯤 그런 생각을 하신 겁니까.

"그렇죠. 그런 보도가 계속 나오니까 아마 바꾸시려는가보다 생각했죠. 따로 알아보려고 하지는 않았습니다. 그저 언론보도를 보고 그런 움직임이 있나보다 싶었죠."

김 전 장관이 정권과 코드가 잘 맞지 않는다는 평가를 받게 된 계기는 이른바 '친기업적 발언'이었다. "분식회계를 자진 신고하는 기업은 형사처벌을 면해야 한다" "불법파업으로 이익을 얻을 수 없도록 '뜨거운 난로에 손을 대면 델 수밖에 없다'는 것을 보여 주겠다" 등의 발언으로 노조와의 관계를 중시하는 청와대의 심기를 건드렸다는 것이다.

이에 대해 그는 소신 발언임을 다시 한번 분명히 했다. 다소 길게 설명했는데, 요점은 이렇다.

"내가 장관 될 당시 분식에서 자유로운 기업이 거의 없었다고 보면 돼요. 따라서 그것 때문에 언제든지 당할 운명이거든요. 분식회계를 바로잡으려면 일단 드러내야 하는데, 그러면 검찰이나 국세청, 공정거래위원회에서 가만히 두지 않거든요. 조사나 수사를 할 것 아닙니까. 그러니 악순환이죠. 고치지 못하고 그 상태를 계속 유지하는 거죠.

내 말의 뜻은 그런 악순환의 고리를 끊자는 거죠. 기업이 고백하면 처벌하지 않겠다, 이후로는 투명한 회계를 하라는 얘기죠. 그것을 친기업적 발언이라고 하면 할 말은 없지만, 모든 국민이 잘살 수 있는 사회적 기반을 만들어야 한다는 생각에서 한 얘기일 뿐입니다. 특정 기업이나 재벌을 편드는 게 아니고요. 전체적인 경제 수준을 끌어올려야겠다는 생각에서…. 물론 다른 정부 부처 사람들과 견해가 다를 수 있겠죠. 나는 그것이 옳다고 생각했지만. 그리고 내가 기업의 규제 완화만 주장하는 게 아닙니다. 기업인들도 경제적인 차원에서 '노블레스 오블리주'를 실천해야 한다고 생각합니다. 투명경영, 상생경영이 다 그런 거죠."

기업회계의 투명성을 강조하고 부패 척결에 매진한 특수부 검사 출신과는 어울리지 않는 발언이 아니냐는 지적도 있습니다.

"맞습니다. 내가 기업회계의 투명성, 즉 투명경영을 강조해온 사람입니다. 부패 척결도 주장하고. 그 발언은 장관이 되고 나서 즉흥적으로 한 게 아닙니다. 검사 재직시 공직비리나 기업비리 사건을 많이 다뤘습니다. 그런 수사를 하면서 기업이 비자금을 조성하고 분식회계를 하는 사정을 잘 알게 됐지요. 물론 악덕 기업주도 있지만, 정치인이나 권력자의 강요에 따라 불가피하게 비자금을 조성하고 불법 정치자금을 제공한 기업주도 많습니다. 정치권의 강압적 요구를 거부하기가 쉽지 않잖아요. 그런 피해자 위치에 있는 기업에 대해선 상당히 관대하게 처분했습니다. 예컨대 전직 대통령 비자금 사건에서 기업인들을 어떻게 처리했는지 보면 알 것입니다. 물론 매수(買收)형이라고 생각되는 기업주는 구속했지만, 대부분의 기업인은 입건도 하지 않았어요. 기업의 그런 현실을 수사를 통해 너무 잘 알기에 악순환의 고리를 끊을 필요가 있다고 생각한 겁니다. 어떤 기회를 주지 않으면 끊을 수가 없어요. 새롭게 출발하도록 도와줘야 한다는 거죠."

또 하나의 '코드 불일치' 발언은 공직선거법상 '공무원의 선거중립 의무'

에 관한 것이다. 중앙선거관리위원회가 이 조항을 들어 노 대통령의 선거 관련 발언에 제동을 걸자 노 대통령은 이와 관련된 선거법 9조에 위헌(違憲) 요소가 있다며 헌법소원을 내겠다는 방침을 밝혔다. 그런데 김성호 법무부 장관은 6월11일 국회 대정부 질문에서 이 조항에 대해 "위헌이라고 생각지 않는다"고 답변해 청와대를 곤혹스럽게 했다. 한나라당은 이를 호재로 삼아 노 대통령을 몰아붙이는 한편 법무부 장관 교체 반대를 외쳤다.

국회에서 대놓고 대통령의 방침과 다른 의견을 내놓은 것은 각료로서 지나친 언행이 아니었습니까.

"대통령 탄핵사건 때 헌법재판소가 이미 선거법 9조는 위헌이 아니라고 결정한 바 있습니다. 법무부 장관은 정치적인 자리가 아닙니다. 국법질서와 실정법을 수호해야 할 책임이 있어요. 법무부 장관으로서는 헌재가 위헌이 아니라고 결정한 사안을 위헌일 수도 있다고는 도저히 말할 수 없는 거지요. 그밖에 달리 무슨 말을 하겠습니까. 다만 정치인이나 정치적 위치에 있는 사람들은 — 대통령까지 포함해 — 위헌이라 주장하거나 개정을 요구할 수도 있다고 봅니다. 말하자면 그 조항을 유지해야 하느냐 마느냐는 별개의 문제라는 거죠. 제 답변에 대해 대통령도 크게 개의치 않은 것으로 압니다."

그 문제와 관련해 청와대 쪽에서 무슨 얘기를 듣지는 않았나요.

"실무진 사이에서 무슨 일이 있었는지는 모르겠습니다만, 저한테 직접 뭐라 한 적은 없습니다."

공교롭게도 장관의 인사권자인 대통령이 그 문제로 야당과 맞서는 상황에서 그런 발언을 했기에 논란이 일었지요. 발언의 옳고 그름을 떠나, 적절한지 아닌지 말이죠.

"적절하지 않다고 볼 수도 있겠죠. 그렇지만 법무부 장관이 법적 근거도 없이 위헌이라고 답변할 수는 없지 않겠어요? 장관으로서 책임 있는 답변이 아니지요. 물론 대통령이 어떤 결정을 내리면 장관은 따라야 할 의무가 있죠. 하지만 그것은 결정이라기보다 의견이니까."

행정부 수장으로서 방침을 세운 것 아닙니까.

"학문적인 문제죠. 무슨 정책 집행이 아니잖아요. 학문적인 문제에 대해선 사람마다 견해가 다를 수 있지요. 실정법을 집행하는 장관이 법을 아무렇게나 끼워 맞춰 설명할 수는 없지 않습니까. 지금도 그렇게밖에 답변할 수 없어요. 헌재가 결정을 바꾸기 전엔 실정법을 존중해야 하는 거죠, 법무부 장관은. 그 이상도 이하도 아닙니다."

국회에서 그 발언을 할 때 이미 마음을 비운 게 아니냐고 추측할 만도 합니다. 그 문제가 정치쟁점이 된 상태에서 대통령과 다른 의견을 내놓았으니까요.

"나는 가능하다면 이 정부가 끝날 때까지 일하고 싶었어요. 그간 직원들과 함께 추진해온 '법질서 바로 세우기' 등 여러 과제를 마무리하고 싶었습니다."

정책상 과오가 있거나 비리가 발견된 것도 아닌데, 대선이 몇 개월 남지 않은 시점에서 선거 주무장관인 법무부 장관을 굳이 바꿔야 할 이유가 뭐였을까요. 다른 장관들은 그대로 가고 있지 않습니까.

"인사권자의 결정이니 저한테 물어보지 마시고 바꾼 쪽에 물어보는 것이 옳지 않겠습니까."

짚이는 바가 없습니까.

"추측으로 말하고 싶지는 않습니다. 지나간 일에 대해 이러쿵저러쿵하고 싶지도 않고요."

장관께서 모르면 누가 압니까.

"장관 같은 고위공직자는 퇴임 후 지켜야 할 금도가 있어요. 아무 이야기나 막 하고 다니는 것은 바람직하지 않다고 봅니다. 이해해 주시기 바랍니다."

요지부동. 여간해 감정을 드러내지 않는다. 그것이 수양의 산물이든 법조인의 습성이든, 원칙주의자임에 분명하다.

심지어 청와대 측은 논란이 한창일 때 언론을 통해 "김 장관이 언론 플레이를 한다"는 얘기까지 했는데요.

"누가 어떤 말을 했는지 모르겠지만, 사실이 아니므로 할 말이 없습니다."

왜 그런 얘기가 나왔다고 보십니까.

"잘 모르겠습니다."

당시 기자들을 개별적으로 접촉하신 적이 있습니까.

"전혀 없어요."

김 장관이 개인 이미지 관리와 인기에 신경 쓰는 것 아니냐며 청와대가 불안해하고 불쾌해했다는 얘기도 있습니다.

"법무부 장관의 직무를 열심히 수행했다고 생각합니다. 그런 점에서 좋은 평가를 해주신 거라면, 그런 차원의 이미지 관리라면 대단히 고마운 일입니다. 장관의 직분에 충실했을 뿐인데, 그것을 그런 식으로 비판했다고는 생각지 않습니다."

그가 정권에 밉보였다는 근거로 꼽히는 게 하나 더 있다. 바로 한나라당 박희태 의원과의 골프 회동설이다. 6월3일 박 의원과 골프를 쳤는데 그 자리에서 내년 총선 출마 얘기가 오갔다는 것이다. 지역구가 경남 남해인 박 의원은 그의 동향(同鄕) 선배다.

하지만 이 또한 잘못된 소문이었다. 그날 그가 함께 골프를 친 사람은 박 의원이 아니라 한나라당 법사위원장 안상수 의원이었다. 어쨌든 이 소문 덕분에 그는 하루아침에 한나라당과 유착한 장관이 됐다.

야당 의원과 골프 친 것 때문에 '오해'를 받으셨지요?

"잘 기억도 안 나요. 골프 칠 때는 야당 의원도 있고 여당 의원도 있죠."

박희태 의원과 쳤다는 건 사실이 아니라면서요?

"그쪽도 같이 칠 수는 있겠죠. 누구인들 같이 못 치겠습니까."

그 탓에 한나라당과 가깝다는 말이 청와대 쪽에서 흘러나오지 않았습니까.

"그런 것 없습니다. 뭐, 내년 총선에서 특정 야당 정치인의 지역구를 물려받는다는 둥 고향에서 출마한다는 둥 다 허황된 억측입니다. 전혀 근거가 없어요."

전혀 생각이 없습니까.

"검사나 장관으로 있으면서 선거를 염두에 두고 일한 적이 없거든요. 불구문달(不求聞達 · 명예나 영달을 추구하지 않는다)이라는 말로 대신하겠습니다. 각자가 잘하는 일을 하면 돼요. 나는 수사나 행정 쪽에는 자신 있어요. 하지만 정치는 아직 생각한 적 없습니다."

노 대통령이 내년 총선 출마를 권유했다는 보도도 있었는데요.

"대화하면서 자연스럽게 나올 수도 있는 얘기 아닌가요. 그게 뭐 큰 의미가 있나요. 어차피 당사자가 결정할 문제인데."

성향상 한나라당과 가깝다는 평이 있습니다. 스스로는 어떻게 생각합니까.

"당적도 없고 정치를 한 적도 없으니 다른 사람들의 평가에 맡길 일이지 나 스스로 어느 쪽이라고 말하기는 어렵습니다."

대통령 참모들에 대해 장관으로서 느낀 문제점을 말해주시겠습니까.

"옳다고 생각하는 바를 열심히 추진하는 자세는 바람직하다고 봅니다. 그런데 다른 사람들 생각을 포용하지 못하는 면이 있지 않나 싶습니다. 내 편과 네 편을 구분하는 이분법적 사고에 젖어 있어요. 그만큼 순수해서 그런 건지 모르겠지만. 민주화운동 과정에 흑백논리의 행동양식이 있었거든요. 옳고 그름에 대한 분명한 가치, 뭐 이런 게 발전적으로 승화되지 않았던 것 같습니다. 열린 정부가 돼야 하는데, 자신들의 이념이나 목표만 옳다고 생각하니 오히려 닫힌 정부가 된 게 아닌가 생각합니다.

그런 점 때문에 언론과의 관계도 실패하지 않았나 싶어요. 발전적 긴장 관계 또는 공존관계를 유지해야 하는데 그렇지 못했습니다. 그 탓에 일을 많이 하고도 실제 업적보다 과소평가되는 면이 있지요. 안타깝게 생각합니다. 물론 저도 현 정부에서 각료를 지낸 사람이라 닫힌 문을 열지 못한 데 대해 책임을 느끼고 있습니다만."

한나라당은 김 장관 경질에 대해 "소신 언행에 대한 보복인사이고 대선을 공정하게 관리하지 않겠다는 뜻"이라고 논평했는데, 어떻게 보십니까.

"후임 장관 인사청문회도 잘 마무리됐고, 다 끝난 문제 아닙니까. 어떤 정당의 정치적 의견이나 주장에 대해 내가 의견을 내는 것도 적절치 않고요. 그 정도 하고 넘어갑시다."

그가 7월12일 춘천지검을 순시하면서 한나라당 대선후보 이명박씨 관련 수사에 대해 한마디 한 것도 논란을 일으켰다. "김재정(이명박 후보의 처남)이 고소를 취소하면 수사하지 않는 것이 옳다"는 게 요지였다.

검찰총장이 적극적 수사 의지를 내비치고 일선 검찰에서 열심히 수사하고 있는 상황에서 법무부 장관이 그런 발언을 한 것은 수사에 영향을 끼치는 것 아니냐는 비판이 있었는데요.

"검찰은 수사기관이지 의혹해소 기관이 아니지요. 수사기관은 늘 기소를 전제로, 기소가 가능한 사건에 대해서만 수사하는 게 원칙입니다. 명예훼손죄는 친고죄잖아요. 친고죄는 적법한 고소가 있어야 수사와 기소가 가능합니다. 그런데 고소가 취소되면 검찰의 공소권이 없어지죠. 기소할 수 없는 경우에는 수사를 안 하는 것이 옳지, 진상규명 차원에서 수사를 계속하는 건 적절치 않다는 생각을 밝힌 겁니다."

지나친 법논리 아닌가요. 국민적 관심사인데….

"검찰은 국민적인 관심사를 해결해주는 기관이 아닙니다."

검찰은 고소 취소 후에도 계속 수사하지 않았습니까.

“다 범죄 혐의를 전제로 수사했지 혐의가 없는데도 국민적 의혹을 해소하기 위해 수사한 것은 아니라고 봅니다.”

하여튼 언론보도에 따르면 그 발언이 또 청와대의 심기를 건드렸다는 거죠.

“뭐 그렇기야 하겠습니까. 그 사건은 법논리 딱 그대로인데.”

장관 말씀을 들어보면 논란이 된 발언 하나하나가 다 정당성이 있어 보입니다. 그런데 하나같이 청와대와 코드가 맞지 않는다거나 심기를 건드린 발언이라는 평가를 받지 않았습니까.

“코드나 심기가 뭔지 잘 모르겠지만, 어떤 사람의 기분을 맞춰주기 위해 옳지 않은 얘기를 할 수는 없는 거죠. 법무부 장관이 법논리를 펴면서 이것 때문에 어떤 사람의 기분이 어떨까 하는 점까지 고려할 수는 없지 않습니까.”

대선후보 관련 수사를 두고 검찰 수뇌부와 달리 소극적인 자세를 보였는데요.

“검찰이 가장 중요하게 여겨야 할 덕목은 ‘공정(公正)’입니다. 공정성을 의심 받으면 아무도 믿어주지 않아요. 정치적으로 해결할 분야에 검찰이 휘말리는 것은 적절치 않다고 봅니다. 검찰 수뇌부의 생각도 다르지 않다고 생각해요.”

정치적인 사건은 검찰수사가 아니라 정치적으로 해결해야 한다는 말씀인가요.

“그렇죠. 본래 정치인의 말이라는 것은 과장이 심하고 사실 여부를 가리기가 굉장히 어려운 면이 있거든요. 그런 것을 일일이 사법적 잣대로 재는 것은 좀 위험하죠. 공정성을 잃을 수 있거든요. 즉 언론에 보도된 확인되지 않은 사실을 수사하다 보면 본의 아니게 어떤 쪽에 영향을 끼칠 수 있다는 거죠. 그런 건 검찰이 자제해야 해요. 물론 범죄혐의가 뚜렷하거나 고소가 있다면 수사해야겠지만. 원론적인 이야기입니다. 다 교과서적인 얘긴데, 그걸 말하는 게 이토록 어렵네요.(웃음)”

한나라당은 이명박 후보의 비리의혹을 제기한 사람들을 명예훼손으로 고소해놓고 막상 검찰이 적극적으로 수사에 나서자 정치검찰이 어떻다는 둥 왜 수사를 확대하느냐는 둥 반발했습니다. 법무부 장관으로서 어떻게 보셨습니까.

"정당이 하는 일에 대해 법무부 장관이 이러쿵저러쿵하는 것은 적절치 않지요. 정치인들이 알아서 판단할 일이죠. 검찰은 수사할 근거가 있으면 하는 거죠. 없으면 안 하는 것이고."

법무·검찰 개혁은 참여정부의 중요한 개혁과제 중 하나였다. 초대 강금실 장관은 말도 많고 탈도 많았지만 개혁의 기본 틀을 마련했다는 평을 받았다. 하지만 이후 용두사미 내지는 구두선이 됐다는 비판도 없지 않다. 김 전 장관의 의견을 들어보자.

"현 정부의 개혁방향은 대체로 옳다고 생각합니다. 다만 공감대를 형성하는 데서 큰 어려움을 겪어 의도한 대로 성과를 내지 못한 면은 있지요. 예를 들어 사법개혁법안이 국회에서 통과되는 과정은 매우 어려웠습니다. 공직부패수사처 설립이나 검·경수사권 조정은 미해결 과제로 남아 있고요."

공직부패수사처는 애초 검찰이 강력히 반대하는 바람에 진척되지 않았죠.

"검찰이 처음엔 좀 반대했죠. 기소권까지 갖는 강력한 기구를 만들려 했거든요. 이후 법무부 장관과 검찰총장 등이 한자리에 모여 법안에 합의했습니다. 검찰로서는 수사기능을 다른 기관과 공유한다는 것이 그다지 썩 내키지는 않죠. 그런데 급변하는 사회·경제 현상에 맞춰 수사를 하려면 전문성을 갖춰야 하거든요. 지금의 검찰 조직과 인사체제로는 한계가 있습니다. 미국의 FBI처럼 소수정예로 구성된 전문적인 수사기관을 만들어 효율적인 수사를 해야 합니다. 지금 검찰이 사명감을 갖고 열심히 하고 있지만, 문지기가 스스로를 감시하기 힘들 듯 수사과정에서 적법 절차를 준수하는지 비리를 저지르지는 않는지 확인하기 어렵거든요. 그래서 법률적인 판단이나 기소는 검사의 도움을 받더라도 전문적인 수사기구가 필요하다고 생각합니다. 국가적으로 중요한 범죄에 대해."

기소권은 없는 거죠?

"갖지 않습니다. 결국 검사의 지휘를 받는 기구인 셈이죠. 영장이나 기소로 통제받는 거죠."

법안이 국회에서 통과되지 않은 이유는 뭔가요.

"공직부패수사처가 설립되면 국회의원이 가장 문제가 된다고 생각하는 것 같아요. 진행이 통 안 되더라고. 아무리 통과시켜달라고 부탁해도. (웃음)"

장관 재임 중 중점적으로 추진한 업무나 내세울 만한 성과라면
어떤 게 있습니까.

"불법과 반칙이 있는 곳에 처벌과 손해가 있다는 원칙, 불법집단행동에 대한 무관용 원칙을 통한 법질서 바로 세우기 운동을 전개해 좋은 반응을 얻었습니다. 또 사회적 약자를 보호하고 서민 생활 안정을 위한 법제를 정비했습니다. 기업 관련 법제도 개선했고요. 외국인 정책에도 심혈을 기울였습니다. 출입국외국인정책본부를 만들어 새로운 외국인 정책을 수립하고 재한외국인처우기본법을 만들어 국제화시대에 대비했습니다. 조선족 동포들을 위해 방문취업제를 도입했고요. 이민행정콜센터도 만들고 '세계인의 날'도 지정했습니다. 한국에 와 있는 외국인들이 문화적으로 동화할 수 있는 정책을 5년에 한 번씩 수립하도록 틀을 짜놓았어요. 외국인과 결혼하는 사람이 늘고 있기 때문에 아주 중요한 문제입니다."

참여정부의 국정운영과 개혁의지에 대해 어떻게 평가합니까.

"한미FTA라든가 부동산, 부패 척결, 지역균형 발전 등 난제들을 해결하려고 노력하고 과감하게 추진한 점은 업적이라고 평가할 수 있습니다. 최근 불미스러운 사건이 있긴 했지만, 그래도 역대 정부 중 참여정부가 권력형 비리에서 가장 자유롭지 않나 생각합니다. 물론 재벌이나 기존 관료 조직 등 이른바 기득권층과의 연결고리가 약했기 때문이기도 하겠지만, 정부가

그만큼 강한 의지를 갖고 있었기 때문이라고도 평가할 수 있을 겁니다. 다만 포용력이나 유연성이 부족해 실제 업적보다 과소평가되는 면이 있다고 봅니다."

우리나라가 선진강국이 되려면 무엇이 가장 시급할까요.

"국가경쟁력이지요. 이제 FTA 등으로 경제는 시장이 지배하는 시대가 옵니다. 국가의 임무는 치안 유지나 국경 관리에 국한되고요. 이번에 스위스 국제경영개발원에 가서 보니 2007년 우리나라의 경쟁력이 29위더군요, 55개국 중에서. 중국은 15위고요. 우리의 경제국력이 세계 12위인데 왜 이럴까. 그 원인을 가만히 분석해 보니 규제 분야에서 후진국 수준에 머물고 있기 때문입니다. 그리고 노사관계가 몇 등인지 아십니까. 꼴찌인 55위입니다. 우리나라가 반도체, 자동차, 조선 등 일부 산업 분야와 인터넷 등 IT 쪽으로는 잘 발전해 있습니다. 그런데 노사관계, 경제 규제, 기업 회계 면에서 몹시 취약합니다. 이런 점이 국가경쟁력을 떨어뜨리고 있죠."

김 전 장관의 검사 관운(官運)은 평범한 편이었다. 갖가지 대형 수사를 성공적으로 이끌며 최고의 특수통으로 이름을 날렸지만, 검사장에 오른 데서 만족해야 했다. 차관급인 부패방지위원회(현 국가청렴위원회) 사무처장에 임명될 때만 해도 별 주목을 받지 않았다. 검사로서는 끝난 사람으로 여겨졌기 때문이다. 그런 사람이 검찰을 지휘하는 법무부 장관에 올랐으니 과연 인생 새옹지마다.

김 전 장관은 검사 재직시 가장 보람 있었던 일에 대해 묻자 몇 가지 수사사례를 들었다.

"1996년 서울지검 특수2부장 시절 태아 성감별을 해주는 의사들을 구속했습니다. 당시 우리나라 신생아 성비(性比)가 1994년 기준 여아 100명당 남아 115.5명이었어요. 셋째아이의 경우 여아 100명당 남아 205.9명으로 2배 이상 차이가 났죠. 넷째는 더해 100명당 237.7명이었습니다. 비율로 따지면 매년 전체 여아의 8.9%인 2만9000여 명이 중절수술 등으로 태어나지도 못하는 형편이었죠. 성감별로 그렇게 된 겁니다. 그 수사로 한국여성단체연합에서 감사공문을 받기도 했어요."

그밖에 서울지검 동부지청장 시절 상습적인 폭력을 휘두른 남편을 죽인 여성을 불구속 기소한 일, 대구지하철 방화사건 당시 전동차 내장재가 가연성 소재로 된 점을 확인해 납품업체 대표들을 구속하고 전국 전동차 내장재를 교체하는 계기를 만든 일 등을 꼽았다. 또 장관 재임 중에는 모교인 부산 거제초등학교 학생 32명으로부터 편지를 받은 것이 가장 기억에 남는다고 했다.

사람은 살아가면서 몇 차례 위기를 겪게 마련이다. 검찰이 유난히 인사에 민감한 조직이라 그런지, 검사들에게 인생의 위기를 물어보면 인사상 불이익을 받았을 때를 꼽는 사람이 많다. 김 전 장관도 그 범주에서 벗어나지 않았다.

"2000년 서울지검 동부지청장을 지낼 때입니다. 어떤 기초단체장을 뇌물수수혐의로 구속한 적이 있어요. 그런데 그 사람이 권력 고위층과 상당한 친분이 있었던 모양입니다. 검찰 상부로부터 호되게 질책을 받아 검사장 승진도 어려울 것으로 생각했습니다. 힘들게 검사장 승진은 됐지만, 계속 한직으로 돌아다녔어요. 참 어려웠던 시절이지요. 그때 어떤 일을 결정할 때는 항상 자신의 직을 걸어야 한다는 걸 깨달았습니다. 선택의 문제죠. 나는 불이익이 예상되더라도 옳다고 생각되는 일은 그냥 했어요. 한직을 돌다보니 좋은 점도 있더군요. 서예를 배웠어요."

그는 삶이 고단할 때마다 서예를 통해 심신을 추스른다고 말했다.

"바쁜 자리에 있으면 서예를 못해요. 서예하는 동안엔 잡념이 없어지고 편안해져요. 또 서예엔 나쁜 말이 하나도 없어요. 다 좋은 글귀죠. '일월무사조(日月無私照)'니 '한고청향(寒苦淸香)'이니 하는 말들을 다 서예하면서 배웠지요."

가슴에 품고 있는 사생관을 묻자 '처렴상정(處染常淨)'을 꼽았다. 장관 퇴임사에도 등장한 말로, 연꽃은 더러운 진흙 속에서 피면서도 그 더러움에 물들지 않고 항상 깨끗함을 유지한다는 뜻이다.

후배검사들에게 당부하고 싶은 말이 있다면.

"검사가 갖춰야 할 가장 중요한 덕목은 공정무사(公正無私)입니다. 검사가 아무리 권위를 갖고 군림하더라도 사적인 이해관계로 얽혀 공정성을 잃어버리면 신뢰를 잃게 됩니다. 짠맛을 잃은 소금같이 되는 거죠."

어릴 때 꿈꾸던 인생과 실제 인생을 비교하면 어떤가요.

"어린 시절에야 누구나 장밋빛 인생을 그리지 않습니까. 하지만 실제로 살아보니 가시밭길도 있고 오르막과 내리막도 있더군요. 중요한 건 삶의 순수성입니다. 순수성을 잃어버리면 설사 내가 바라던 어떤 지위에 오른다 해도 만족할 수 없어요. 그래서 나는 늘 순수함을 잃지 않으려 애씁니다. 뭐 아침이슬 머금은 풀잎처럼 싱그럽게 살겠다는 얘기도 하면서."

그의 삶을 이끈 원동력으로 전력투구와 승부욕을 꼽을 수 있다. 뭐든지 한 가지에 빠지면 어느 수준에 오를 때까지 몰입한다. 바둑이 그랬고 당구가 그랬고 서예가 그랬다. 사법고시 합격도 승부사 기질 덕을 보지 않았다 할 수 없다.

그가 아마 5단의 바둑 고수라는 건 어느 정도 알려진 사실이다. 바둑에 얽힌 일화는 그의 성격을 잘 보여준다. 그가 바둑을 배운 건 대학 1학년 때다. 어느 날 자칭 15급인 학생이 바둑을 두자고 했다. 이전까지 바둑을 둬본 적 없는 그는 두는 방법을 간단히 설명 들은 다음 대국을 했다. '당연히' 그의 말(馬)은 거의 다 죽었다. 자존심이 상한 그는 방학 때 바둑판과 바둑책을 들고 절에 들어갔다. 한 달간 바둑만 두다가 하산했다. 다시 그 친구와 붙었다. 그 친구는 자신은 8급이 됐으니 너무 수준 차이가 난다며 상대해주지 않으려 했다. 겨우 설득해서 두었는데 깨끗하게 설욕했다. 여세를 몰아 더욱 매진한 그는 졸업할 때쯤 1급 실력을 갖췄다. 대학 졸업 후 사시 공부를 시작한 그는 바둑을 중단했고 바둑 둘 때의 집중력으로 2년 만에 합격했다.

김 전 장관은 당분간 '행복세상' 홈페이지 운영과 법인 만들기에 전념할 생각이다. 변호사 개업은 생각지 않고 있다. 퇴임 후 믿을 만한 친구들이 경영하는 중소기업 몇 군데와 법률자문계약을 맺었다. 그 수입으로 법인 운영과 사무실 유지비를 충당한다는 계획이다.

다시 여쭤보겠는데, 총선에 나갈 생각이 전혀 없습니까.

"당분간 이 일만 하려 합니다."

만약 정치권의 '콜'이 있으면 어떻게 하실 건가요.

"그런다 해도 지금으로선 별 생각이 없습니다."

한나라당에서 그냥 두지 않을 것 같은데요.

"하여튼 나는 이 일에 몰두하고 싶습니다."

인터뷰를 마치면서 내가 "오늘 너무 점잖게 질문한 것 같다"고 돌려치자 그는 "속에 든 것을 다 빼먹으려면 시간이 좀 지나야 하지 않겠느냐"며 허허 웃었다.

'특수통' 이훈규 전 검사장의 검찰 비사

"김현철 수사 중 안기부 저항, '안기부 비리' 카드로 잠재워"
"노무현, 대선자금 수사 때 강금실 버리고 '심재륜 법무' 시도"

'백발동안(白髮童顔)' 이훈규 검사의 이름이 국민에게 깊이 각인된 것은 김현철 사건 때였다. 그가 신문 도중 현철씨에게 성경구절을 읽어주고 함께 기도한 것은 세간의 화제가 됐다. 서울지검 특수1부장 때 '바이코리아 신화'의 주역 이익치 현대증권 회장을 구속해 또 한 번 세상을 떠들썩하게 했다. 이후 그의 검찰 관운은 평탄하지 않았다. 진정사건에 휘말리며 한직을 전전하던 그가 다시 살아난 것은 노무현 정부 출범 후 법무부 정책기획단장으로 중용되면서다. 이후 강금실 법무부 장관의 최측근으로 활약하며 검찰개혁의 실무사령탑 노릇을 했다. 검사는 흔히 수사통과 기획통으로 구분되는데, 그는 수사와 기획 양쪽에 모두 능했던 검사로 통했다. 친화력이 좋아 따르는 후배검사도 많았다. 2008년 1월 그는 인천지검장을 끝으로 검찰을 떠났다. 총선에 출마하기 위해서였다. 그 해 2월 그를 인터뷰한 것은 과거의 수사비화 못지않게 '노무현 검찰'에 대해 궁금한 게 많았기 때문이다.

1953년 충남 아산 출생/ 1978년 사시 20회/ 연세대 법학과, 행정대학원/ 1978년 사시 20회/ 대검 중수부 3·1과장, 법무부 검찰1과장, 서울지검 특수1부장, 법무부 정책기획단장, 대검 형사부장, 대전지검장, 인천지검장/ 현 한나라당 충남도당위원장, 법무법인 원 공동대표변호사

1997년 5월15일 대검찰청 11층 특별조사실. 상기된 표정의 김현철씨가 주임검사인 중수부 3과장의 방에 들어섰다.

"검찰 체면도 있고 언론 눈도 있으니 48시간은 조사받아야겠지요?"

"그건 조사해봐야 알겠죠. 뭐 시간 정해 조사할 것까지야…."

"들어오기 전에 아버님과 통화했는데, 조사 잘 받고 오라고 하시더군요."

"당신한테는 아버님이지만, 국민에게는 대통령이오. 공무원으로서 듣기 거북하니 그런 표현은 삼가주십시오."

이훈규(李勳圭·55) 전 인천지검장이 털어놓은 김현철 사건 수사비화의 일부다. 이 전 검사장은 검찰 재직 시절 특수통으로 이름을 떨쳤다. 특수부 검사의 필수 코스에 해당되는 대검 중앙수사부 과장과 서울지검 특수부장을 지냈다(중수부 3과장 및 1과장, 서울지검 특수1부장). 비(非)서울대 출신으로는 처음으로 '검찰의 황태자'로 불리는 법무부 검찰1과장에 오른 기록도 남겼다.

1997년 현직 대통령의 아들 김현철씨를 구속한 것은 그의 검찰 인생의 정점이었다. 당시 주임검사이던 그의 활약상은 언론에 여러 차례 소개된 바 있다. 1999년 7월엔 조폐공사 파업유도 발언사건의 특별수사본부장을 맡아 연일 언론의 주목을 받았다. 당시 특별수사본부가 대검 공안부를 압수수색한 것은 전설로 남아 있다.

그해 9월엔 청와대의 강력한 제동에도 '바이코리아 신화'의 주인공 이익치 현대증권 회장을 구속했다. '항명'의 후유증은 컸다. 지방으로 좌천성 발령을 받은 것이다. 서울지검 특수1부장을 맡은 지 8개월 만이었다.

김대중 정부에서 한직을 돌던 그가 다시 중앙무대에 복귀한 것은 참여정부 출범 직후. 강금실 법무부 장관의 요청으로 법무부 정책기획단장을 맡아 검찰 개혁을 이끌었다. 이후 그에게는 '강금실의 최측근'이라는 수식

김현철씨를 구속한
이훈규 전 인천지검장은
노무현 정부 시절
강금실 법무부 장관의
최측근으로 통했다.
박해윤 기자

어가 따라다녔다.

지난 1월말 그는 28년 몸담았던 검찰을 떠났다. 총선에 출마하기 위해서였다. 수사 비화와 참여정부의 검찰 비사를 주제로 인터뷰를 요청하자 부담스럽다며 고사하다가 나중에 마지못한 듯 응했다.

검사 이훈규의 이름이 널리 알려진 계기는 1991년 1월 국회 상공위원회 의원들의 뇌물외유사건 수사였다. 이재근 상공위원장과 이돈만, 박진구 세 의원이 자동차공업협회에서 항공료 등 여행경비를 받아 외유를 떠났던 사건이다. 이재근, 이돈만 의원은 평민당, 박 의원은 민자당 소속이었다.

당시 이훈규 검사는 서울지검 특수3부 수석검사였다. 부장검사는 이명박 정부에서 첫 청와대 민정수석에 임명된 이종찬씨였다. 세 의원이 받은 돈의 액수는 크지 않았다. 셋이 합쳐 5000만원이었다. 하지만 이훈규 검사는 이를 뇌물로 보고 구속영장을 청구했다. 자동차공업협회가 상공위의 피감기관이었기 때문에 로비로 판단한 것이다. 당시 상공위는 자동차공업협회에 대한 예산 지원 법안을 다루고 있었다.

의원이 협회나 업체 지원으로 외유를 떠나는 것이 별 문제가 안 되던 시절이었다. 일종의 관행이었다. 구속영장을 청구하자 국회의 반발이 대단했다. 하지만 이 검사는 언론의 강력한 지원에 힘입어 결국 세 의원을 구속했다.

평민당 의원이자 이 검사와 사법연수원 동기인 이상수 전 노동부 장관이 변호를 맡았지만 역부족이었다. 재판에서도 수뢰혐의가 인정돼 세 의원은 유죄판결을 받았다. 국회의원의 무분별한 외유에 제동을 건 최초의 수사였다.

서울지검 특수3부 시절 빼놓을 수 없는 또 하나의 사건은 폭력조직인 장안파 일망타진 사건이다. 1990년 1월 이 검사는 서울 장안동 경남호텔 주변 유흥가를 무대로 청부폭력을 행사해온 장안파 일당을 검거했다. 치밀한 작전으로 하룻밤에 조직원 30명을 한꺼번에 잡아들인 이 사건은 언론에 크게 보도됐다. '범죄와의 전쟁' 선포 이후 첫 조직폭력배 검거 사건이었다.

이 검사는 잡혀온 폭력배 전원의 윗도리를 벗겨 한 줄로 늘어서게 했다. 수갑을 찬 채 뒤돌아선 모습이었다. 앞에는 그들이 소지했던 각종 칼 수십여 점을 전시했다. 이 광경을 사진으로 찍어 언론에 공개했다. 요즘이라면 인권침해 시비가 제기될 만한 일이었다.

문신이 새겨진 폭력배의 벗은 몸과 칼들이 함께 있는 사진이 일반에 공개된 것은 이때가 처음이다. 이 사진은 큰 반향을 일으켰다. 방송에서 이를 본 이 검사의 부인도 충격을 받았다. 당시 이 검사는 단독주택에 살고 있었는데, 부인이 "보복이 두렵다"며 이사를 졸라 아파트로 옮겼다.

1997년 2월 하순 이훈규 검사는 대검 중수부 3과장에 임명됐다. 김영삼 대통령의 아들 김현철씨 문제로 온 나라가 시끄러울 때였다. 이 검사는 부임하자마자 김씨 사건을 맡게 될 것에 대비해 관련 정보를 수집하고 언론 보도를 챙겼다.

"시중에 '카더라' 소문이 무성했다. 다 모아보니 A4 용지 30장 분량이었다."

그에 앞서 검찰은 한보 비리 사건과 관련해 김씨를 조사한 후 무혐의 처리했다. 2월21일 고소인 자격으로 불러 26시간 동안 조사한 후 조용히 돌려보낸 것이다. 여론이 심상찮게 돌아가자 검찰은 주임검사를 이훈규 중수 3과장으로 바꿨다. 이 검사는 재수사 의지를 내비쳤지만, 검찰 지휘부는 정치권의 눈치를 살피기에 바빴다. 검찰이 정권에 예속돼 있던 시절이었다. 더욱이 현직 대통령의 아들 아닌가.

"김현철씨는 이미 한 차례 무혐의 판정을 받은 터였다. 상부에서는 김씨에 대해서는 아예 접근도 못하게 했다. 재수사를 건의했지만, '사태를 좀

더 관망하자'며 허락하지 않았다."

이 검사는 우회작전을 폈다. 김씨의 최측근인 (주)심우 대표 박태중씨에 대한 수사에 들어갔다. 박씨의 집과 회사 사무실에 대한 압수수색 영장을 작성해 상부에 결재를 올렸다. 그러나 승인이 떨어지지 않았다.

여론은 김씨에 대한 철저한 수사를 원하고 있었다. 여론이 계속 들끓자 3월 하순 여권은 대검 중수부장을 경질했다. PK 출신인 최병국 중수부장을 교체하고 검찰 내 신망이 높은 심재륜 인천지검장을 그 자리에 앉힌 것이다.

"원래 여권에서는 김기수 검찰총장을 바꿔 여론을 무마하려 했다. 그런데 김현철씨와 그 측근인 김기섭 안기부 기조실장이 반대하는 바람에 무산됐다. 청와대는 총장을 살리는 대신 중수부장을 바꾸기로 결정했다. 심재륜 인천지검장이 중수부장으로 부임 한 이후 수사에 불이 붙었다."

이훈규 검사는 짐을 싸고 있는 최병국 중수부장을 찾아가 다시 박태중씨 관련 압수수색 영장을 내밀었다. 최 부장은 떠나는 마당이라 그랬는지 순순히 사인을 해줬다. 영장 내용은 박씨가 한보철강의 대리인으로 독일 SMS사와 열연설비 수입을 계약하는 과정에 실제가격보다 50% 높게 계약서를 작성하는 수법으로 2000억원의 리베이트를 받아 김현철씨에게 제공했다는 의혹이었다.

심재륜 중수부장은 부임 직후 전국의 실력 있는 검사를 모아 드림팀을 구성했다. 대검 연구관인 김준호, 신현수 검사와 서울지검 특수부 소속이던 김경수, 오광수, 노관규 검사가 합류했다.

검사들은 사표 작성이라는 배수진을 쳤다. '국민 여망에 부응하지 못한 점에 대해 책임지고 검사직을 사임한다'는 내용이었다. 수사에 실패하면 사표를 내겠다는, 다시 말해 반드시 김현철씨를 잡아넣겠다는 비장한 각오의 표현이었다. 이 전 검사장은 지금도 그 사표를 기념으로 갖고 있다.

하지만 김현철씨에 대한 초기 수사는 막막하기만 했다. 설(說)만 무성했지 증거가 없었기 때문이다. 검찰 지휘부의 소극적인 태도도 걸림돌이었다.

그런 점에서 박태중씨 수사는 상당한 의미를 갖는 것이었다. 박씨의 집과 사무실에 대한 압수수색영장에 기재된 2000억 리베이트설이 언론에 보도되자 여권도 검찰 지휘부도 수사에 제동을 걸기가 어려워졌다.

"대대적인 압수수색 덕분에 일단 박태중씨를 구속하는 데 성공했다. 기업체 등에서 10억여 원을 받아 공무원에게 청탁한 알선수재 혐의였다. 증거가 뚜렷했고 박씨도 깨끗이 자백해 잡음이 없었다."

김현철씨 비리에 대해 별다른 단서가 없던 수사팀은 박씨 수사에 승부를 걸었다. 계좌추적을 제대로 하려면 시간이 필요했다. 심재륜 중수부장은 다른 수사로 여론의 눈길을 돌렸다. 한보사건 1차 수사결과를 토대로 정치인들과 대출비리에 관련된 은행장들에 대해 조사를 벌였다.

수사에 착수한 지 한 달이 지나서야 김현철씨 비리의 꼬리가 잡혔다. 박태중씨 계좌에서 132억원의 뭉칫돈이 발견됐는데, 추적을 계속해보니 1992년 대선자금의 일부였다. 이 중 120억원이 수십 개의 가·차명계좌를 거쳐 두 개의 계좌로 분산 입금됐다. 하나는 이성호 대호건설 사장의 부친 명의의 계좌였다. 이성호씨는 김현철씨와 호형호제하는 사이였다. 다른 하나는 안기부의 위장 명칭인 '세기문화사' 계좌였다. 이 계좌를 관리한 사람은 김기섭 안기부 운영차장이었다. 이성호씨 부친 명의의 계좌에는 50억원이, 안기부 계좌에는 70억원이 들어 있었다. 나머지 12억원은 박씨의 사업자금이었다.

수사팀은 또 이성호씨 계좌를 추적하는 과정에 김현철씨의 고교 선배인 D그룹 김모 회장의 수표 1억5000만원을 발견했다. 이로써 이씨가 김씨의 자금을 관리했다는 사실이 입증됐다. 이어 김씨가 또 다른 고교 동문 기업인들에게서 수십억원을 받은 사실이 포착됐다.

이훈규 검사는 한 달 동안의 계좌추적 결과를 바탕으로 자금추적도를 만들었다. 4월 중순 이 검사의 요청에 따라 김기수 검찰총장과 최명선 대검 차장, 심재륜 중수부장이 대검 11층 특별조사실에 모였다. 이 자리에서 이 검사는 자금추적도를 꺼내 그간의 수사성과를 보고했다. 이 보고 후 수사에 가속도가 붙었다.

돈의 성격을 규명하기 위해선 이성호씨에 대한 수사가 필요했다. 수사팀은 이씨와 형제처럼 지내는 박태중씨를 통해 설득하고 이씨 회사에 대한 압수수색을 실시하는 등 강온 양면작전으로 이씨를 귀국하게 만들었다. 혐의를 부인하던 이씨는 자금추적도를 보여주자 더 이상 버티지 못했다.

"현철씨가 이씨에게 맡긴 50억원은 현금이었다. 이씨는 그 돈을 자신이 사는 빌라의 안방에 쌓아두었다. 나중엔 돈 썩는 냄새가 진동했다고 한다. 이씨는 김기섭씨가 그 돈을 차에 실어 현철씨에게 되돌려줬다고 털어놓았다."

이제 남은 것은 김현철씨 조사였다. 당시 김씨는 검찰 소환을 피하기 위해 전방위 로비를 하고 있었다. 이훈규 검사는 수사를 매끄럽게 하기 위해 김씨를 자진출두하게 할 방법을 모색했다.

"김현철씨의 측근 중에 윤성로씨라고 있었다. 그는 김씨의 중대부중 동문이었다. 박태중씨를 포함해 세 사람은 '중대부중 3총사'로 불릴 정도로 친하게 지냈다. 먼저 수감 중인 박씨를 불러 자금추적 결과를 보여주며 수사협조를 부탁했다. '대통령이 이 문제로 국정수행을 못할 정도니 나라를 위해서라도 빨리 수사를 끝내야 하지 않겠나. 그러려면 현철씨 스스로 검찰에 나와 조사받는 게 좋다.' 그런 다음 윤씨를 불러 박씨를 면회하게 했다. 박씨는 윤씨에게 '중수부에 가 보니 하늘에서 우리를 내려다보는 듯한 느낌이었다'며 김씨 설득을 부탁했다. 결국 윤씨가 밀사로 구기동 김현철씨 집을 찾아가 검찰의 메시지를 전했다. '나라와 대통령을 위해 더 이상 저항 말고 들어오라'는 내용이었다.

당시 바깥 분위기는 대통령 하야운동이 벌어지기 직전이었다. 문민정부의 전통이 이어지지 못하는 불행한 사태가 있어선 안 된다고 생각한 나는 가능하면 수사를 빨리 끝낼 방침이었다. 윤씨를 통해 김씨 측에 '자백하면 형량을 감경해 줄 수도 있다'는 얘기를 흘렸다. 그런데 윤씨는 설득은커녕 혼만 나고 돌아왔다. 김씨가 윤씨에게 '검찰은 나를 절대 못 친다. 나를 건드리면 지들이 죽는다'고 큰소리쳤다는 것이다."

검찰의 김현철씨 설득작전은 실패로 끝났다. 이 일로 이훈규 검사는 김기수 검찰총장에게 불려가 혼이 났다. 김 총장은 '왜 김현철한테 사람을 보내 시끄럽게 하느냐'고 질책했다. 김씨의 강력한 항의 탓이었다. 김씨가 청와대와 안기부 등에 "검찰이 아무런 범죄사실이 없는 사람한테 친구를 보내 협박한다"고 항의하며 검찰을 우회적으로 압박했던 것이다.

"'설득'을 '협박'으로 바꾼 것이다. 김씨는 '내 집에 함부로 사람 보내지 말라'며 검찰을 공격했다. 결국 진검승부밖에 없었다. 내가 직접 집으로 전화를 걸었다. 김씨의 부인이 전화를 받아 바꿔줬다. 출두를 통보하자 나오겠다고 했다."

그런데 김현철씨 소환을 앞둔 이훈규 검사에게는 한 가지 고민이 있었다. 바로 김씨가 받은 돈의 성격 규정이었다. 대선자금과 관련된 120억원은 성격이 명확한 만큼 고민할 필요가 없었다. 문제는 그가 개인적으로 기업인들에게 받은 돈이었다. 확인된 금액은 모두 66억원이었다. 돈을 건넨 기업인들을 조사해보니 그 중 딱 절반인 33억원은 대가성이 드러났고 나머지 반은 성격이 모호했다. 해당 기업인들은 검찰 조사에서 "활동비로 준 돈"이라고 주장했다.

"지휘부에 보고하기 전까지는 나만 아는 돈이었다. 가장 큰 고민이 '활동비' 33억원 수수에 대한 법률적 해석이었다. 기소가 불투명해 보였다. 33억원을 아예 뺄 것인가, 아니면 발표하되 '떡값'으로 처리할 것인가 고민하다 있는 대로 다 보고했다. 법률 적용에 대해 지휘부도 설왕설래했다. 이 상태에서 김씨가 묵비권을 행사하면 자칫 수사팀이 어려움에 빠질 수 있었다. 돈을 받은 게 사실이라도 대가성이 확인되지 않고 당사자가 묵비권을 행사하면 재판에서 검찰이 불리해질 것이기 때문이었다."

그때는 정치자금법이 제정되기 전이었다. 공무원이라면 포괄적 뇌물죄를 적용할 수도 있겠지만 김씨가 공무원이 아니니 '그림의 떡'이었다. 변호사법위반죄도 적절치 않았다. 다행히 검찰에 나온 김씨는 묵비권을 행사하지는 않았다.

김현철씨가 검찰에 소환된 것은 5월15일. 이날 오후 8시 김씨는 대검 11층 특별조사실에서 이훈규 검사와 철제책상 하나를 사이에 두고 마주앉았다.

"그물은 쳐놓았지만, 김씨 진술이 뒷받침되지 않으면 곤란했다. 그는 남에게 지기 싫어하고 자존심 강한 성격이었다. 인간적으로 접근할 필요가 있었다."

이 검사는 조사실의 불을 끄고 미리 준비해둔 촛불 2개를 켰다. 이어 김씨의 마음을 흔드는 얘기를 꺼냈다.

"당신이나 나나 기독교 신자다. 우리 모두 하나님 앞에 죄인이다. 기독교 신자로서 서로 솔직하게 얘기하자."

이 검사는 기도를 하고 성경을 읽었다. 김씨가 평소 즐겨 읽는다는 구약 욥기의 몇 구절이었다.

돈을 건넨 기업인들의 진술 때문인지 김씨는 돈 받은 사실을 시인했다. 다만 66억원 중 55억원만 인정하고 10억원에 대해서는 한사코 부인했다. 이 돈은 그가 자신의 고교 선배인 D기업 사장한테 청와대 경내에서 받은 것이었다. 김씨의 승용차에 돈 가방을 싣는 방식이었다.

"청와대에서 돈을 받았다는 사실은 김씨에게 아주 뼈아픈 것이었다. 자꾸 부인하기에 '받은 장소를 바꿔줄 테니 시인하라'고 설득했다. 그랬더니 인정했다."

대가성 있는 돈은 알선수재죄로 처리하면 될 일이었다. 문제는 대가성 없는 돈이었다. 이 검사는 조세포탈죄를 적용하기로 했다. 금융실명제 하에서 기업인들에게 받은 돈을 20여 개의 차명계좌로 돌린 데는 증여세를 회피하려는 목적이 있었다고 본 것이다. 지휘부에 조세포탈죄를 적용하겠다고 보고하자 다들 고개를 갸우뚱했다. 그때까지 이와 유사한 사건에서 한 번도 적용해보지 않은 죄목이었기 때문이다. 이 검사는 '이번 기회에 판례를 받아보자'고 지휘부를 설득했다.

"사실 수사팀 내부에서도 의견이 엇갈렸다. 3대 2였다. 5명의 검사 중 3명이 찬성했다. '그럼 우리 한 번 해보자'고 밀어붙였다."

대선잔금인 120억원에 대해서도 조세포탈죄를 적용했다. 김현철씨는 그 돈을 50억원과 70억원으로 나눠 기업인들에게 맡겨놓고 이자 수입을 챙겼다. 그에 대한 세금을 내지 않았으니 소득세 포탈에 해당된다는 게 검찰 논리였다.

김씨가 구속된 것은 검찰에 출두한 지 이틀 만인 5월17일. 구속영장이 집행되기 전 이 검사는 그를 자신의 집무실로 불러 초밥을 사주고는 구속 사실을 통보했다. 충격을 받은 듯 김씨가 부르짖었다. "아버지냐, 총장이냐?" 이 검사는 처음으로 목소리를 높여 김씨를 나무랐다.

"대한민국 검사를 뭘로 아나. 당신 구속은 주임검사인 내가 하는 거지, 총장이나 대통령이 하는 게 아니다."

이어 안기부 기조실장인 김기섭씨까지 구속했다. 그에게 1억5000만원을 줬다는 이성호씨의 진술이 결정적인 구실을 했다.

수사과정에서 안기부가 조직적으로 검찰수사에 저항한다는 징후가 포착됐다. 대표적인 게 도청 의혹이었다. 물증은 없었지만, 심재륜 부장과 이훈규 검사의 집 전화에 대해 도청을 시도한 흔적이 발견된 것. 수사팀 검사들의 사생활을 뒷조사하고 다닌다는 소문까지 돌았다.

"수사책임자인 심재륜 중수부장이 집중적으로 견제를 당했다. 심 부장은 수사팀의 훌륭한 방패막이가 돼 줬다. 당시 나는 수사과정에서 별건의 안기부 비리를 포착했다. 그걸 무기로 삼았다. 안기부 관계자에게 '심재륜 부장을 위해(危害)하면 수사팀에서 가만히 있지 않겠다'는 얘기를 흘려 안기부장 귀에 들어가게 했다. 그 후 안기부의 저항이 잠잠해졌다."

이 전 검사장은 당시 포착했다는 '안기부 비리'에 대해 "불법자금 조성과 관련된 비리"라며 자세한 설명을 피했다.

"개인 비리가 아니라 기관 비리였다. 수사의 본류가 아니어서 덮어뒀다."

법원은 김현철씨의 조세포탈죄를 인정했다. 이후 조세포탈죄는 정치인의 '떡값'을 처벌하는 유력한 잣대로 자리 잡았다. 당시 드림팀 검사들 중 반은 검찰을 떠났다. 이들은 매년 5월17일이면 김현철씨 구속을 기념해 심재륜 전 중수부장을 모시고 식사를 함께한다.

1999년 6월 이훈규 검사는 서울지검 특수1부장에 보임됐다. 특수통 계보에 들려면 반드시 거쳐야 하는 자리였다. 취임하자마자 조폐공사 파업 유도 사건이 터졌다. 이 사건은 진형구 당시 대검 공안부장의 취중 발언이 발단이었다.

문제의 발언은 대전고검장으로 발령 난 진형구씨가 집무실에 찾아온 세 기자와 대화하던 중에 터져 나왔다. 기자들이 "대전에 연고가 있느냐"고 묻자 진씨는 "1998년에 있었던 조폐공사(대전 소재) 파업은 공기업 구조조정의 전범으로 삼기 위해 검찰이 유도한 것"이라고 말했다.

조폐공사 파업은 공사 측이 조폐창의 통폐합을 강행하는 바람에 발생했는데, 검찰의 강력한 대처로 조기에 무력화됐다. 강희복 조폐공사 사장은 진씨의 고교 후배였다. 진씨는 기자들에게 "강 사장에게 '파업이 발생하면 검찰이 강력하게 대처할 테니 조폐창 통폐합을 밀어붙여라'고 권유했다"고 무용담처럼 말했다.

발언 당시 진씨는 점심 때 간부들과 송별회식을 하면서 폭탄주를 마셔 다소 취한 상태였다. 다음날 그의 발언이 언론에 보도되자 엄청난 파문이 일었다.

여론에 밀린 검찰은 특별수사본부를 차렸다. 본부장에 이훈규 서울지검 특수1부장을 앉혔다.

"사실 누구도 맡지 않으려던 사건이라 본부장에 임명되자 곤혹스러웠다. 결과야 어쨌든 과정과 절차는 엄격하고 투명해야 된다는 생각에 임명 직후 박순용 총장에게 '독립된 수사를 보장해 달라'고 요구했다. 수사내용에 대해 총장에게 보고도 하지 않고 지시도 받지 않겠다고 했다. 총장이 받아들였다."

수사팀에 소속된 검사는 이훈규 본부장을 포함해 12명. 수사팀은 대검 공안부와 진씨의 집에 대해 압수수색을 실시했다. 서울지검이 대검을 압수수색한 것은 초유의 일이었다. 검찰 안팎에서는 '하극상'이라는 얘기가 나왔다. 언론도 "소검이 대검을 쳤다" "특수부가 공안부를 쳤다"며 큰 관심을 나타냈다. 진씨의 후임인 김각영 대검 공안부장은 집무실에 앉아 있다가 수사관들과 맞닥뜨렸다.

"김각영 부장한테 얼마나 욕을 먹었는지 모른다. 사전에 알려주지 않았다고. 난처했다. 하지만 미리 알려주고 들어가면 압수수색 효과가 없지 않은가. 총장한테도 보고하지 않았다. 이 일로 나중에 많이 시달렸다. 내가 검찰 내부의 따가운 시선을 무릅쓰고 압수수색을 실시한 것은 김현철 수사의 교훈 때문이었다. 당시 김씨 집에 대해 압수수색을 하려 했는데 지휘부에서 허락하지 않았다. 대통령 관련 서류가 나올 수 있다는 이유에서였다. 그것이 천추의 한으로 남았다. 당시 김씨 집을 압수수색했다면 수사가 더욱 활기를 띠었을 것이다."

그런데 이 본부장은 강도 높은 수사를 하면서도 '실체가 없는 사건이 아니냐'는 의구심을 떨치지 못했다. 진형구씨는 "취중 실언"이라며 자신의 발언을 부인했다. 열쇠는 강희복 조폐공사 사장이 쥐고 있었다. 그런데 검찰에 출석한 강씨는 "(조폐창 통폐합은) 내가 스스로 판단한 결정으로 진 부장과는 상관없는 일"이라고 주장했다.

이 본부장은 강씨 조사에 검사 2명을 투입했다. 김필규, 조은석 검사였다. 하룻밤 조사 후 선임자인 김필규 검사가 받아온 진술서를 보니 새로운 내용이 없었다. 이 본부장은 이번엔 조은석 검사 단독으로 조사하게 했다. 이튿날 새벽 6시, 조 검사가 진술서를 들고 왔는데 진술이 180도 달라져 있었다. "진형구 부장이 시켜서 했다"는 자백이었다. 강씨는 화를 내는 김필규 검사에게 사과했다.

"진형구와 강희복 두 사람을 대질신문하니 서로의 주장이 평행선을 달렸다. 강 사장의 말에 진실성이 있다고 판단한 것은 신문이 막 끝났을 때였다. 조서에 무인을 찍은 강씨가 손가락을 닦은 휴지를 쓰레기통에 버리면서, 진씨에게 '선배님, 더는 저를 괴롭히지 말라'고 했다."

수사팀은 강희복씨의 자백을 근거로 진씨의 단독범행으로 결론을 내렸다. 진씨는 직권남용, 업무방해, 노동관계조정법 위반 등의 혐의로 구속기소됐다. 하지만 새로 수사를 맡은 특별검사팀은 정반대의 결과를 내놓았다. 검찰이 무혐의 처분한 강씨를 구속함으로써 진 전 부장에게 면죄부를 준 것이다. 법원은 검찰 손을 들어줬다. 강씨에게는 무죄가 선고됐다. 진씨의 경우 대법원 상고심까지 진행됐다. 2005년 대법원은 진씨의 혐의를 인정하고 징역 8월에 집행유예 1년을 선고한 원심을 확정했다.

조폐공사 파업유도 사건 수사가 끝난 지 한 달이 지난 1999년 8월 이훈규 서울지검 특수1부장은 현대전자 주가조작사건 수사를 맡았다. 이 사건은 현대증권이 현대중공업과 현대상선의 자금 2134억원을 동원해 시세 조종으로 현대전자 주가를 인위적으로 끌어올린 것이다. 수사과정에서 가장 큰 화제는 이익치 현대증권 회장의 구속 여부였다. 재계는 물론 청와대에서도 공공연하게 이 회장의 선처를 바라는 얘기가 흘러나왔다.

"이익치 회장은 현대그룹에서 '넘버 쓰리'였다. 워낙 거물이라 정공법으로는 안 될 것 같았다. 그의 측근으로 주가조작의 실무를 맡았던 박모 상무를 먼저 구속한 다음 포위망을 좁혀갔다. 검찰 소환에 응하지 않던 이 회장은 한때 잠적까지 했다. 한편으로는 청와대 수석비서관을 통해 억울함을 호소해왔다."

구명로비로 맞서던 이 회장은 검찰의 압박에 잠적한 지 일주일 만에 출두했다. 이 부장은 그에게 친필로 반성문 50장을 쓰게 했다. 그는 반성문에서 자신의 혐의를 인정했다고 한다.

이 부장은 구속영장을 준비했다. 구속 의견을 올리자 대검에서 대면보고를 요구했다. 임휘윤 서울지검장과 함께 가보니 박순용 검찰총장을 비롯해 대검의 모든 부장이 참석한 자리였다.

"나는 이씨의 혐의를 설명하고는 '종범인 박모 상무를 구속한 마당에 주범인 이 회장을 구속하지 않으면 형평성에 어긋난다'고 주장했다. 위에서 특별한 얘기가 없기에 당연히 구속영장이 청구될 줄 알았다. 그때가 오후 3시쯤이었다. 오후 6시, 임휘윤 검사장이 찾았다. 대검에 다시 불려갔다 왔다면서 '대검보다 더 높은 곳의 지시니 이익치 회장에 대해 불구속을 검토하라'고 했다."

그러잖아도 이 부장은 현대 측에서 걸려온 전화 한 통 때문에 불길한 예감에 젖어 있었다. 전화를 건 사람은 이 부장이 평소 알고 지내던 현대 간부였다.

"대뜸 물어보는 말이 '이익치 회장이 나온다면서요?'였다. 어떻게 아냐고 묻자 '이 회장의 여비서가 회장이 나올 것에 대비해 집무실을 청소하고 있다'고 했다. '어딘가에서 연락을 받은 것 같다'면서. 전화를 끊은 후 검사장실로 연락하니 비서가 '대검에 올라갔다'고 했다. 왠지 불길했다."

이 부장은 검사장의 지시에 반발했다.

"무슨 검토를 하냐고 항의했다. 종범을 구속했는데 어떻게 주범을 구속하지 않냐고. 이 회장을 불구속하면 검찰이 재벌한테 졌다는 얘기가 나오지 않겠냐. 총장한테 직접 설명하겠다고 하자 검사장이 말렸다. 내일 아침까지 다시 생각해보라고 했다. 그날 밤 영장을 작성했다."

다음날 이 부장은 임 검사장을 찾아가 "묘수가 있다"고 말했다.

"한견표 주임검사와 나만 영장에 사인을 할 테니 검사장은 내부결재란에 사인하지 말라고 했다. 검사장 모르게 주임검사와 부장이 알아서 한 걸로. 그러자 임 검사장이 '그게 무슨 방법이냐. 살아도 같이 살고 죽어도 같이 죽어야지' 하면서 다시 대검으로 올라갔다. 검사장은 총장에게 수사팀의 강력한 의지를 전했다. 총장은 이를 청와대에 알렸다."

결국 수사팀이 이겼다. 이날 오전 11시 반, 검찰은 이익치 회장 구속사실을 발표했다. 이 회장 구속에 대한 청와대의 공식적인 반대논리는 경제에 악영향을 끼친다는 것이었다. 김중권 청와대 비서실장을 비롯해 몇몇 청와대 수석이 이런 논리를 폈다. 이 부장은 이 회장 구속 이후 상부에 수사보고를 하면서 일부러 주가동향을 첨부했다. 주가에 별 변동이 없었기 때문이다. 이 보고서는 청와대에도 전달됐다. 일주일간 계속 그런 식으로 보고하자 상부에서 "더는 보고하지 말라"고 만류했다.

"뒷날 대북송금 특검 수사로 알게 된 것이지만, 당시 청와대가 이익치 회장을 그토록 보호하려 한 것은 단순히 경제논리 때문만은 아니었다. 이

회장은 이미 그때 현대의 대북경협과 정상회담 추진에 깊숙이 관여하고 있었던 것이다. 주가조작사건 수사 때 참고인으로 불려온 김윤규씨가 내게 한 얘기가 있다. '이익치가 구속되면 남북평화가 깨진다'고."

이훈규 부장은 이듬해 2월 청주지검 차장검사로 발령 났다. 서울지검 특수1부장을 맡은 지 8개월밖에 안 된 시점이었다. '항명'에 따른 좌천이라는 얘기가 나올 만했다.

김대중 정부에서 그는 지방으로만 돌았다. 청주지검에 이어 대전지검, 수원지검 차장검사를 지냈다. 지방검찰청의 차장검사를 거푸 세 번 맡은 것은 매우 이례적인 인사였다. 그 시절 업자한테 고가의 카펫을 싸게 구입한 게 문제돼 감찰조사를 받기도 했으나 최종적으로 무혐의 처분을 받았다.

2003년 2월 노무현 정부가 출범했을 때도 이훈규 검사는 한직인 서울고검에 머물고 있었다. 자신을 도와 검찰 개혁을 이끌 검사를 찾던 강금실 법무부 장관은 검찰 안팎의 추천을 받아 그를 법무부로 불러들였다. 그해 5월 그는 법무·검찰 개혁의 사령탑인 정책기획단장을 맡았다.

그가 법무부를 떠난 것은 2004년 2월. 서울남부지검장을 지내다 3개월 만에 대검 형사부장으로 발령 났다. 그리고 두 달 뒤인 그해 7월말 강금실 장관이 전격 경질됐다. 이후 그는 2005년 4월부터 2008년 1월 사직하기 전까지 창원지검, 대전지검, 인천지검 검사장을 차례로 지냈다.

'강금실의 최측근'으로 불리던 이 전 검사장은 검찰 개혁을 둘러싼 법무부와 대검의 충돌현장 한가운데에 서 있었다. 강 장관 재임 시절 청와대, 법무부, 검찰은 3각 갈등을 겪었다. 이 전 검사장의 증언에 따르면 세간에 알려진 것과 달리 노무현 대통령과 강금실 장관은 관계가 좋은 편이 아니었다.

"강 장관 재임시 청와대와 법무부, 검찰의 관계가 미묘했다. 강 장관과 노 대통령의 관계는 초기부터 삐걱거렸다. 그 시발점이 '검사와의 대화'였다. 장관을 임명했으면 장관에게 검찰 관리를 맡겨야 하는데 대통령이 나선 게 문제였다. 검찰 인사파동을 수습하려 했지만 아무런 성과를 얻지 못했다. '검사와의 대화'의 승자는 없다. 대통령과 검찰, 양쪽 다 패했다. 그 중간에 있던 강 장관도 마찬가지였다. 강 장관은 내심 불쾌했다. 장관 체통이 말이 아니었기 때문이다. 강 장관은 이 일로 노 대통령에게 실망했다."

이른바 코드도 잘 맞지 않았다고 한다.

"나를 비롯한 검사들은 처음에 강 장관이 엄청난 실세인 줄 알았다. 노 대통령과의 친분도 깊은 줄 알았다. 그런데 알고 보니 그게 아니었다. 두 사람은 참여정부에서 만나기 전에 아무런 인연이 없었다. 문재인 수석이 강 장관을 노 대통령에게 추천했다고 한다. 청와대 참모들도 일부 젊은 수석들을 빼고는 강 장관을 좋아하지 않았다. 노 대통령부터 그랬다. 진보적 성향이라는 공통점이 있었지만 강 장관은 리버럴하고 소신이 뚜렷해 그들과 구분됐다. 청와대 참모들은 '강금실은 노무현파가 아니다'라고 낙인찍었다."

법무부와 대검의 관계도 좋지 않았다. 강금실 장관과 송광수 총장의 갈등이 주된 원인이었다. 송 총장이 이끄는 대검은 강 장관을 장관으로 인정하지 않는 분위기였다. 거기에 검찰을 개혁하겠다고 나서니 곱게 볼 리가 없었다.

이념의 차이도 양측 갈등의 골을 깊게 했다. 한총련 수배, 국가보안법 폐지, 감찰권의 법무부 이양 등 주요 현안을 둘러싸고 강 장관과 송 총장은 엇박자 행진을 계속했다.

2003년 8월 이훈규 법무부 정책기획단장이 징계 파동에 휩싸인 것도 양측 갈등의 산물이었다. 대검은 이 단장이 법조브로커에게 부정한 돈을 받았다는 감찰 결과를 언론에 공개하면서 법무부에 징계를 요청했다. 대검 간부들이 포함된 법무부 징계위원회에서 이 단장은 증거 부족으로 무혐의 처분을 받았다.

당시 검찰 안팎에서는 8월 인사를 둘러싼 법무부와 대검의 힘겨루기가 이 사건의 배경이라는 얘기가 돌았다. 8월 하순 강 장관이 단행한 인사에 불만을 품은 대검 측이 반격 차원에서 강 장관의 '브레인'으로 꼽히는 이 단장을 의도적으로 흠집 냈다는 의혹이었다. 물론 대검 측은 이를 일축했다. 이에 대해 이 전 검사장은 "강금실-송광수 싸움에 내가 휘말린 면이 있다"고 주장했다.

"대검 측에서는 강 장관이 의외로 검찰에 대해 잘 알자 나를 강 장관의 1급 참모로 지목했다. 정책기획단이 강 장관의 '싱크 탱크'이긴 했다. 그 수장인 내가 친정인 검찰 편을 안 들고 강 장관 편을 든다고 오해한 것이다. 한마디로 미운 털이 박힌 것이다. 내가 강 장관을 지지한 것은 그의 개혁방향이 옳다고 여겼기 때문이다. 강 장관은 검찰의 준사법기관 기능을 강조했다. 이는 수사기능을 가장 중요하게 여기는 검찰의 전통적인 시각과 맞지 않는 것이었다."

법무부와 대검의 갈등은 인사권을 둘러싸고 더욱 깊어졌다. 2003년 8월 인사 직후 법무부 검찰국이 대검 측의 질책을 들었다는 소문도 돌았다. 6개월 후인 2004년 2월 정기인사를 앞두고 발생한 대충돌의 전주곡이었다.

"대검 쪽에서 '장관이 인사를 하면서 총장과 협의하지 않았다'고 주장하기에 검찰국에 알아보니 얘기가 달랐다. 분명히 협의했다는 것이다. 그러면서 '협의했다고 그쪽 요구를 다 들어줄 순 없는 것 아니냐'고 했다."

그 와중에도 강 장관의 개혁 작업은 적잖은 성과를 거뒀다. 검찰 개혁과 관련해서는 강 장관을 지원하고 대검을 못마땅하게 여기던 청와대는 대선자금 수사를 계기로 강 장관에 대해 비판적으로 돌아섰다. 검찰이 대통령 측근들을 마구 조사하자 청와대는 강 장관이 적정선에서 통제해줄 것을 기대했다. 하지만 강 장관은 그 기대를 보란 듯이 무너뜨렸다.

"대선자금 수사 때 청와대는 강 장관을 원망했다. 대통령 측근들이 다 잡혀 들어가는데 강 장관이 전혀 도움을 주지 않는다고 생각한 것이다. 강 장관은 오히려 안대희 대검 중수부장을 비롯한 수사팀과 밥을 함께 먹으며 격려했다. 수사내용을 청와대에 제대로 보고하지도 않았고 조정도 안 했다. 당시 대검이 장관을 제치고 청와대와 직거래를 했다는 징후도 있었다. 나중에 이를 알고 강 장관이 몹시 기분 나빠했다.

그런데 실은 강 장관도 수사내용을 정확히 몰랐다. 대검 측에서 형식적이고 영양가 없는 내용만 보고한 탓이다. 법무부 검찰국에서 '대검이 장관 대우를 너무 안 한다'는 얘기가 나올 정도였다. 이후 노 대통령은 기회가 닿는 대로 강 장관을 자르려 했다. 그런데 강 장관의 대중적 인기가 높아 맘대로 자르지 못했다."

이 대목에서 이 전 검사장은 매우 흥미로운 비화를 공개했다. 대선자금 수사 도중 청와대가 강 장관을 경질하고 그 자리에 '강골 검사'의 상징인 심재륜 변호사를 앉히려 했다는 사실이다.

"2003년 말 아니면 2004년 초로 기억된다. 청와대에서 심재륜 변호사에게 여러 차례 만남을 제안했다. 고사하던 심 변호사는 거듭된 요청에 청와대에 비밀리에 들어가 노무현 대통령과 저녁식사를 함께 했다. 노 대통령의 장관 제의에 심 변호사는 단호히 거절했다. '강 장관이 잘하고 있다'면서. 그는 '저녁 잘 얻어먹고 간다'는 말을 남기고 청와대에서 나왔다."

노무현 정부와 어울리지 않는 심재륜 변호사의 보수적 성향을 감안하면 쉽게 이해되지 않는 얘기다. 하지만 나도 오래 전에 모 검찰 간부로부터 이와 비슷한 얘기를 들은 적이 있다. 당시 심 변호사에게 확인을 요청하자 그는 "그 일에 대해선 일절 말하지 않겠다"며 입을 다물었다.

2004년 2월 법무부와 대검, 청와대의 3각 갈등은 새로운 국면을 맞았다. 검찰총장이 법무부 장관의 인사권에 도전하는 듯한 사태가 발생한 것이다. 대검은 총선에 대한 총력대응과 대선자금 수사의 연속성을 내세워 공개적으로 정기인사 연기를 주장했다. 자신의 개혁구상을 뒷받침할 혁신적인 인사안을 준비했던 강 장관은 분노했다. 하지만 결국 인사는 연기됐다. 청와대가 대검 편을 들어줬기 때문이다.

"총선 때문에 인사를 연기한다는 것은 말이 안 되는 소리였다. 당시 검찰 안팎에서는 강 장관이 곧 경질된다는 소문이 돌았다. 송 총장이 그걸 의식해 인사 지연을 요구했다는 얘기가 있었다. 청와대가 송 총장의 손을 들어준 것은 그가 대선자금 수사의 칼자루를 쥐고 있었기 때문이다. 그러잖아도 청와대의 태도에 실망해왔던 강 장관은 이 사건 후 청와대에 대한 믿음을 버렸다. 인사제청권자인 장관의 얘기를 듣지 않고 검찰총장 말을 들어주니 의욕을 잃은 것이다. 청와대가 장관의 권위를 인정하지 않는다며 사표 낼 생각까지 했다. 당시 강 장관은 주변사람들에게 '도대체 이 정부에 검찰개혁 의지가 있는지 의문이다. 한계를 느낀다"는 얘기를 자주 했다."

이 전 검사장에 따르면 2004년 7월 강 장관이 전격 경질된 것은 청와대와의 갈등이 빚은 필연적인 결과였다.

"경질은 대통령의 결정이었다. 청와대의 몇몇 젊은 비서관은 경질에 반대했다고 한다. 하지만 노 대통령의 결심이 워낙 확고했다는 것이다. 바꿀 기회를 엿보다 윤광웅씨를 국방부 장관에 앉히면서 묻어가기 식으로 전격 경질한 것이다."

***

이 기사는 뜻하지 않은 분쟁을 일으켰다. 인터넷을 통해 이 글을 접한 김현철씨가 PC방에서 자신의 아내 이름으로 이훈규 변호사를 비방하는 댓글을 올려 경찰에 의해 입건되는 사태가 벌어진 것이다. 경찰 조사를 받게 된 김씨는 이 변호사를 찾아가 사과를 했고 이 변호사는 이를 받아들였다. 2008년 9월 서울중앙지검 공안1부는 두 사람이 원만히 화해한 점을 감안해 김씨에 대해 기소유예 처분을 했다.

연예계 비리 수사한 김규헌 검사의 작심 폭로

"정 · 관계 실세들과 연예인 성추문 내사 중 인사조치됐다"

2009년 3월7일 영화배우 장자연씨가 자살했다. 이 사건은 장씨의 매니저 유모씨가 친필 유서로 추정되는 문건을 공개하면서 새 국면으로 접어들었다. 문건에 따르면 장씨는 죽기 전까지 소속사 대표의 폭행과 술 접대 및 성상납 강요에 괴로워했다. 이른바 '장자연 리스트'에는 이와 관련된 인사들의 이름이 적혀 있었다. 경찰 수사는 초기부터 휘청거렸다. 이 사건과 관련해 서울고검 소속 김규헌 검사를 만난 것은 그가 오래 전에 연예인의 성 관련 비리를 수사하다 '외압'에 의해 중단한 적이 있기 때문이다. 그는 한이 많은 검사였다. 2009년 4월, 7년 만에 입을 연 그는 세간의 궁금증에 대해 비교적 소상히 털어놓았다.

1954년 서울 출생/ 성균관대 법정대/ 1981년 사시 23회/ 서울지검 강력부장, 충주지청장, 서울고검 검사

이른바 '장자연 리스트'에 대한 경찰 수사로 연예계의 성(性) 비리가 새삼 세간의 관심을 끌고 있다. 성접대 혹은 성상납으로 불리는 이 비리는 오랜 세월 연예계 안팎에서 거론되던 것이라 사실 특별할 것은 없다. 하지만 풍

문으로 떠돌 뿐 수사과정에서 구체적으로 밝혀진 바는 없다. 과거 연예계 비리를 몇 차례 수사했던 검찰도 이 부분에 대해서만은 별다른 성과를 거두지 못했다.

서울고등검찰청 김규헌(金圭憲·55) 검사는 장자연씨 사건에 대해 남다른 소회를 갖고 있다. 2002년 서울지검 강력부장이던 김 검사는 연예계 비리를 수사하다 지방지청장으로 전보돼 외압시비를 낳았다. 그의 인사문제는 국정감사장에서 지적될 정도로 검찰 안팎에서 논란을 일으켰다. 당시 검찰수사팀이 정·관계 실세들과 여성 연예인들의 성관계를 수사하려 했고 이에 '위협'을 느낀 정치권에서 그의 인사에 개입했다는 소문이 파다했으나 그는 그동안 침묵을 지켜왔다. 그런 그가 장자연씨 사건을 맞아 7년 만에 입을 열었다.

김 검사가 소속된 서울고검 송무부는 국가를 상대로 한 소송과 행정소송을 수행하고 지휘 감독하는 곳이다. 말하자면 각 부처 장관의 권한을 위임받아 소송업무를 대행하는 것이다. 소가(訴價)가 1년에 2조~2조5000억 원에 달한다고 한다.

와이셔츠에 니트를 걸친 김 검사의 첫 인상은 한마디로 규정하기 힘든 묘한 것이었다. 근엄한 표정으로는 서당 훈장이고, 창백한 낯빛으로는 사색형의 지식인이고, 날카로운 눈매로는 사무라이였다.

그는 어학에 조예가 깊다. 영어를 비롯해 5개 국어에 능통하다고 한다. 그의 책상 위에는 케이트 윈슬렛에게 올해 아카데미 여우주연상을 안겨준 영화 '책 읽어주는 남자(The Reader)'의 원작 소설이 놓여 있었다. 그는 대검찰청 재직 시절 독일어판 법률용어집을 한글과 일본어로 옮긴 번역서를 내놓았다. 몇 해 전 소설 《다빈치 코드》가 국내에 처음 수입될 무렵엔 한 출판사로부터 번역을 요청받았는데 업무에 바빠 거절했다고 한다. 김 검사는 "그때 번역을 맡았더라면 떼돈 벌었을 것"이라며 너털웃음을 터뜨렸다.

"장자연씨 사건을 지켜보는 심정이 어떤가"라는 질문으로 인터뷰를 시작했다.

"7년 전의 내 인사문제와도 관련된 사건이라 착잡합니다. 당시 국정감사장에서 내 인사문제에 대해 의혹을 제기했던 홍준표 의원이 최근 다시 끄집어내는 바람에 주목을 받게 됐습니다. 저는 그간 인사 때 몇 차례 불이익을 당했지만 한 번도 불만을 표시하거나 토를 단 적이 없습니다. 2002년 7월10일 메이저 기획사에 대한 압수수색으로 수사를 시작했는데, 그해 8월24일 지방청으로 인사발령이 났습니다. 불과 한 달 만에 수사를 접을 수밖에 없었습니다. 후속 수사팀은 사건을 마무리하는 수준에 그쳤습니다. 그때 제기된 의혹들을 적극적으로 수사했다면 이런 사태(장자연 사건)를 막기까지는 못하더라도 경고는 할 수 있었지 않나 해서 유감스럽고 아쉽습니다."

장자연씨에게 부적절한 접대를 강요한 혐의를 받고 있는
연예기획사 대표 김모씨가 당시에도 수사망에 올랐다고 들었습니다.

"처음부터 수사대상은 아니었습니다. 대형 기획사 임원들을 입건하는 과정에 그 사람의 이름이 많이 거론됐어요. 어느 세계나 튀는 사람은 눈에 띄게 마련이잖아요. 베팅을 저돌적으로 한다든지, 향응을 세게 베푼다든지…."

구체적으로 어떤 혐의가 있었습니까?

"확인된 건 아니었지만, 제보나 첩보에 따르면 소속 연예인들을 부적절한 향응 자리에 내몰거나 금품제공 액수가 유난히 컸어요. 다른 매니저들이 주식제공 같은 간접 로비를 하는 데 비해 그 친구는 고급 골프채를 몇 개씩 선물한다고 했어요. 그래서 수사선상에 올린 거죠. 그때도 그 친구는 수사하는 동안 해외에 있었어요. 그때만 해도 '애'였어요. 지금도 거물은

서울지검 강력부장 재임 중
연예계 비리를 파헤치다
인사 조치를 당한
김규헌 서울고검 검사.
조영철 기자

아니지만. 연예계에서 기존 질서를 깨면서 물을 흐리는 매니저가 몇 명 있었는데, 그 중 한 명이 그 친구였어요."

김씨에 대해 어느 정도 수사가 이뤄졌나요?

"방송사 간부들과 대형 연예기획사가 주된 수사대상이었어요. 수백 개의 기획사를 다 수사할 수는 없어 주요 기획사 위주로 수사했지요. 잠적한 주요 기획사 대표들의 신병 확보가 급선무였습니다. 우리가 심혈을 기울인 것은 크게 네 가지입니다. 첫째는 조폭자금 유입입니다. 자금추적에 상당한 시간이 걸렸어요."

결과가 신통치 않았지요?

"뒤 수사팀이 제대로 진행하지 않은 탓입니다. 두 번째가 주식 제공 등 기획사의 정·관계 로비 의혹이었습니다. 또 하나는 영화제와 가요제 수상자 선정 비리였습니다."

성 비리는 당시 수사팀의 마지막 수사목표였다. 방송사의 유명 PD들에 대한 성상납과 정·관·재계 인사들이 뚜쟁이를 통해 여성 탤런트·배우들과 부적절한 행위를 했다는 게 의혹의 핵심이었다.

"성 문제는 개인의 내밀한 문제이고 대가성을 입증하기 어렵습니다. 성 스캔들에 따른 사법처리는 당사자들에게 사회적 매장을 뜻합니다. 그래서 어느 한쪽의 협조를 얻는 게 어렵죠. 한 가지 강조하고 싶은 것은 당시 성상납 의혹은 연예계 비리 수사의 가지였을 뿐이지 본질이 아니었다는 겁니다. 하다 보니 자연스럽게 나온 거죠. 언론이 과민하게 반응한 탓도 있어요. 일부 기획사의 금품로비 의혹을 규명하기 위해 여성 연예인 몇 명을 불러 조사했습니다. 그중엔 미스코리아 출신도 있었어요. 모 스포츠신문이 이에 대해 '성 관련 의혹으로 검찰에서 조사받았다'고 보도했다가 나중에 당사자한테 명예훼손으로 고소당하기도 했습니다. 취재경쟁이 과열되다 보니 추측성 보도가 난무했어요."

김 검사는 사실과 소문을 구분해 설명했다.

"일부 중견 여성탤런트들이 성매매의 매개 역을 했다는 소문은 낭설이었어요. 확인된 게 없습니다. 다만 청담동과 논현동 등지에 중년 여성들이 운영하는 고급음식점에서 많은 여성 탤런트가 모인다는 사실은 확인됐습니다. A급은 아니지만 어느 정도 알려진 연예인들이 드나든다는 제보였는데, 신빙성이 높았습니다. 그러나 그곳이 바로 성매매를 위한 접선장소였다고 단정하기는 어려웠습니다. 사실관계를 확인하는 단계에서 수사가 중단됐죠."

수사가 본격 궤도에 올랐을 때 경질된 거란 말씀이죠?

"나는 정말 경질되리라고는 상상도 못했어요. 내가 인사대상이라고는. 상부에서 '국민적 관심사이고 한창 수사 중이니 인사대상에 포함되지 않을 것'이라고 했거든요. 전투 중에 장수를 바꾸는 법은 없다면서. 이 한마디로 유임이 기정사실이 됐고 나는 중장기 수사계획을 작성하고 있었습니다. 그런데 갑자기 인사가 난 거예요."

정기인사이긴 했지요?

"조금 늦춰지긴 했지만 정기인사는 맞아요. 공무원으로서 사령장을 받으면 승복하는 게 옳다고 생각하고 아무 소리 않고 내려갔습니다만 속에선 찬바람이 일었죠."

당시 검찰총장은 '고독한 수도승'으로 통하던 이명재씨, 법무부 장관은 전남 신안 출신의 김정길씨였다.

인사배경이 뭐죠?

"홍준표 의원이 국정감사장에서 제기한 의혹대로라면 방송사에 대한 전방위적 수사도 영향을 끼쳤지만, 특히 정권실세들의 성 추문을 강골인 김규헌이 파고들어가니 부장을 바꾸는 수밖에 없었다는 거죠."

나름대로 짚이는 바가 있었을 텐데요

“추측되는 건 있죠. 어떤 세력이 좌우했는지.”

검찰 내부에서도 얘기가 있었을 것 아닙니까?

“말이 많았죠. 내가 민감한 부분까지 들어간 탓에 인사조치됐다는 소문이 파다해 후임 수사팀은 수사를 포기하고 주저앉았죠. 게다가 그 팀이 사고를 쳤잖아요. 고문치사사건. 우리가 쌓아올린 탑이 허물어지고 연예계 비리 수사도 미봉에 그쳤죠.”

고문치사사건이란 2002년 10월 서울지검 강력부 수사팀이 조폭 피의자를 밤새 고문하고 패면서 조사하다 죽게 한 사건을 말한다. 이 사건으로 주임검사는 구속됐고 지휘선상에 있던 검찰 고위간부들은 좌천되거나 옷을 벗었다. 이명재 검찰총장도 사표를 냈다. 김 검사는 “고문치사와 관련된 검사들은 내 밑에 있던 검사들이 아니었다. 수사관 일부가 겹쳤을 뿐”이라고 그 사건과 선을 그으려 했다.

당시 홍준표 의원은 여당 의원 세 명의 이름 첫 글자를 언급했습니다. 이들의 혐의가 검찰 수사기록에 있다고 주장했는데요. 실제로 수사된 게 있습니까?

“국회의원들과 준재벌이 여성 연예인들과 함께 외국에 나갔다는 얘긴데… 그런 제보가 들어왔던 건 사실입니다. 그런데 그들의 출국 사실을 확인하지는 않았어요. 그때만 해도 정식 수사대상은 아니었습니다.”

홍 의원 말로는 수사대상인 연예기획사들이 국회 상임위에 로비했다는데요. 국회 측에서 어떤 얘기가 있었나요?

“우리로서는 전혀 확인할 수 없는 내용입니다.”

홍 의원에 따르면 의원들의 수사 중단 압력도 있었다고요?

“수사하다 보면 유무형의 로비나 압력이 있게 마련입니다. 변호인을 (담당 부장검사의) 검찰 선배로 선임하는 것도 그런 거죠.”

홍 의원은 "A의원의 주선으로 B의원과 C의원이 제주도 모 호텔에서 탤런트 L양과 K양으로부터 성상납을 받았다"면서 "검찰이 수사를 통해 확인했다"고 주장했습니다. 사실인가요?

"그건 아닙니다."

'성상납 진술 확보'도 정확한 표현이 아닌가요?

"아닙니다. 다만 수사목록에 들어 있긴 했습니다."

홍준표 의원과 친합니까?

"그다지 친하지는 않습니다. 한번은 내가 '그만 좀 하라'고 말했어요. 왜 자꾸 거론해 곤란하게 하냐고. 그랬더니 '내가 김 부장을 사랑하니까' 하더라고요. 홍 의원도 강력부 검사 출신이라는 데에 자부심이 있어요. 홍 의원은 서울지검 강력부장이 지방지청장으로 간 걸 좌천으로 해석한 겁니다."

2002년 수사팀이 연예인 성매매 의혹에 대해 전혀 성과를 내지 못했다고 평가하는 건 부당하다고 생각하시겠네요?

"그렇죠. 부당합니다. 의지가 없었던 것도 아니고. 기회가 무산된 거죠."

거론된 정치권 인사가 세 명이었습니까?

"그보다 많았어요. 전·현직 의원들과 관계의 유력인사였습니다. 여러 사람이 거론된 건 사실입니다."

여러 사람이라면 10명 이상을 말합니까?

"대여섯 명."

제보 내용이 얼마나 구체적이었나요?

"반(半) 구체적이었습니다."

일시, 장소가 나왔나요?

"어느 경에 어디로 갔다고…. 주로 해외와 제주도였습니다."

어떤 사람들이었습니까?

"거론된 정치인들은 대체로 권력실세였습니다. 막강한 사람들이었죠. 그때까지 수사대상은 아니었지만, 사회분위기를 감안하면 수사대상에 포함시킬 수밖에 없었죠."

내가 김대중 정부의 핵심실세 두 사람의 이름을 대자 김 검사는 "맞다"며 고개를 끄덕였다. 지금은 해체된 모 재벌기업 사장의 이름도 언급했다. 이들과 관계를 맺었다는 여성 탤런트들에 대해서는 "톱클래스는 아니고 당시 좀 뜨거나 이름이 꽤 알려진 사람들이었다"며 "그중엔 지금 활발히 활동하는 여배우도 포함돼 있다"고 덧붙였다.

당시 여성 탤런트나 배우는 몇 명이나 조사했습니까?

"여자뿐 아니라 남자도 조사했습니다. 금품로비, 향응과 관련해. 상당수를 조사했어요."

상당수라면 10명이 넘습니까?

"다들 검찰에 나와 조사를 받았습니다. 그 사람들의 명예와 프라이버시를 감안해 조사사실을 공개하지 않았습니다."

성상납 의혹을 조사하지 않았습니까?

"향응에는 모든 게 포함됩니다. 캐시(현금)도 있고 골프채도 있고 루이14세 같은 고급양주도 있습니다. 방송사 간부들과 여성 탤런트들의 술자리를 만드는 것 자체가 문제죠."

장자연씨 사건을 보면, 기획사 대표가 술자리로 불러내 접대를 강요했다는 것 아닙니까? 당시에도 그런 문제를 조사했나요?

"누가 그런 자리에 있었는지는 조사했습니다. 하지만 이른바 '2차'는 확인되지 않았습니다. 끝난 다음 두 사람이 어디로 갔는지는 확인하기 어렵습니다. 성행위 자유결정권의 문제니까요. 그 부분 수사는 조심스러울 수밖에 없었어요."

당시 '검찰이 여성 탤런트 4~5명의 성상납 의혹을 조사했으나 사실확인을 하지 못했다'는 보도가 있었죠?

"(기획사 대표가 방송사 간부에게) 돈을 주는 자리에 함께 있었는지를 물어본 겁니다. 성상납 같은 혐의는 확실한 정황증거 없이는 물어보기 힘들죠."

모 방송사 PD가 연예인 지망생과 강제로 성관계를 했다는 혐의는 사실로 확인됐나요?

"PD 건은 사실입니다. 후속 수사팀이 구속했죠. 그런데 기소내용에 강제 성관계가 빠져 있더군요. 우리 팀에서 피해자를 조사해 그런 진술을 받아 놓았는데…."

강제 성관계라면 강간입니까?

"그렇다고 봐야죠."

연예인 지망생이라면 여대생을 말합니까?

"잘 기억나지는 않는데, 나이는 스물 한두 살."

연예계 성비리에 대한 수사를 계속 했더라면 어땠을까요?

"가시적 성과를 떠나 연예계와 정치권이 상당히 위축됐을 겁니다. 마담뚜로 의심되는 강남 음식점 여주인들의 인적사항을 다 확보한 상태였으니까요. 그걸 확인하는 과정에 인사 조치를 당했어요. 방송사들의 항의도 거셌죠. 주요 프로그램 제작이 거의 마비된 상태였거든요. 유명 PD들이 휴가니 병가니 해서 잠적해버렸으니…."

권력실세들의 연예인 관련 비리를 수사할 수 있었을까요?

"세상에 고정된 건 하나도 없어요. 수사는 생물처럼 꿈틀거리는 것입니다. 수사주체의 의지가 중요하죠. 한계를 말하기 전에 최소한 객관적 사실관계를 확인하려고 노력했을 거라고 말할 수 있습니다. 검사의 명예를 걸고."

지휘부가 유임을 보장했는데 인사가 났다는 게 이상하군요.

"홍 의원 주장에 일리가 있어요. 타이밍이 그랬지요. 정치권 실세에 대해 내사 중이라는 얘기가 나올 무렵 인사가 났거든요. 나를 보호하기 위해 인사조치했다는 얘기도 나중에 들었지만. 어쨌든 한 달 반만 수사했다는 게 너무 아쉬워요. 일반 단타(短打) 사건도 한 달은 수사하는데. 이 사건은 관련자만 수십 명이었거든요."

그는 "검찰 선배한테 인사 발령 소식을 듣고는 '무슨 소리냐. 검찰국장이 유임이라고 했는데, 가긴 어디로 간다는 거냐'라고 따졌다"고 털어놓았다. 놀라긴 놀랐던 모양이다.

중대한 수사를 하고 있으면 유임되나요?

"유임되는 경우가 많습니다."

충주지청장 전보가 좌천은 아니지 않습니까?

"아니죠, 차장검사급 대우였으니. 인사 자체에 대해선 언급하고 싶지 않아요. 내가 말하고 싶은 건 수사가 중단됐다는 겁니다. 좌천을 시키더라도 수사는 계속 진행되도록 했어야 하지 않느냐는 거죠. 내가 세게 하다 인사 조치됐다는 압박감 때문이었는지 몰라도, 후속팀은 사실상 수사를 중단했어요. 도망갔던 사람들도 자수해오고."

2002년의 연예계 비리수사에 대해 가장 크게 반발한 쪽은 물론 연예계 인사들이었다. 이들은 뒷날 한목소리로 강력부의 '무리한 수사'를 성토했다.

지휘부에서 강력부가 무리하게 수사한다고 판단한 건 아닐까요?

"무리할 게 없었어요. 깡패들 수사한 것도 아니고."

수사팀이 확실하지 않은 혐의를 언론에 흘렸다는 비난이 있었지요.
조폭자금 유입이라든지 성상납이라든지.

"그거는 그쪽 사람들이 다 아는 사실이에요."

입증되지 않았잖아요?

"기획사 임직원들이 어디 출신인지를 파악한 상태였습니다. 하지만 내가 떠난 후 수사가 아예 안 됐어요."

자금이 유입된 정황이 포착됐나요?

"자금까지는 확인되지 않았어요. 그런데 걔들이 들어와 있으니. 사람 가는 데 돈이 따라가니까."

기획사에 폭력조직 애들이 들어가 있었다는 거죠?

"그렇죠."

2005년 7월, 서세원씨는 자신의 기획사 직원이던 하모씨가 2002년 8월 초 연예계 비리와 관련해 서울지검 강력부에서 조사받는 과정에 고문과 구타로 허위자백을 했다며 검찰수사관들을 고발했다. 서씨가 고발한 검찰수사관들은 2002년 10월 피의자고문치사사건의 주범이기도 했다. 이에 대해 김 검사는 "모르는 일"이라고 주장했다.

"나는 기억이 나지 않습니다. 그 친구(하모씨)는 당시 수사에 협조했던 사람입니다. 피의자도 아닌데 그렇게 무리하게 조사할 필요가 있었는지 모르겠습니다."

당시 담당검사한테 들은 얘기가 없습니까?

"누가 다쳤다든지 하는 보고는 들은 바 없습니다. 그 친구가 한참 도망 다니다 잡혔어요. 끌려오는 도중에 수사관들한테 좀 혼났는지는 모르겠어요. 어쨌든 검찰 쪽 증인인데 윽박지를 필요가 있겠어요?"

가혹행위가 있었다는 사실을 인정하지 못한다는 말씀인가요? 하씨에 대한 가혹행위는 경찰과 검찰수사를 통해 확인됐습니다. 관련자들이 기소도 됐고.

"나중에 그 수사관들이 홍모 검사 밑으로 배속됐다가 피의자 고문치사 사건으로 구속됐지요. 몇 년 후 서세원씨가 그걸 이용해 물고 늘어진 겁니다."

당시 부장검사로서 하씨 사건에 책임을 느끼지 않습니까?

"사실이라면 책임을 느끼겠습니다만, 믿기 어렵습니다. 내가 있을 때 그런 일이 보고됐다면 그냥 놔두지 않았을 겁니다. 당사자를 만나 사죄하거나 그 수사관들에게 사건을 맡기지 않았을 겁니다. 무리하게 수사할 이유가 없었으니까요."

그간 검사생활하면서 인권침해를 한 적은 없습니까?

"누구를 팬 적은 없어요.(웃음)"

검사들이 의욕을 앞세우다 종종 물의를 빚곤 하지요.

"의욕은 순수하고 아름다운 것입니다. 의욕 자체를 문제 삼는 건 부당해요. 방법론을 문제 삼는 건 몰라도."

김 검사는 "아직도 나는 젊고 수사를 더 하고 싶다"고 의욕을 드러냈다. 하지만 누구에게나 때가 있는 법. 그의 의욕은 높이 살 만했지만 유감스럽게도 신선하게 느껴지지는 않았다. 젊은 날의 '영광의 상처'에 대한 애착과 회한의 잔영이 어른거렸다.

2002년 검찰의 연예계 비리수사 전말

2002년 서울지검 강력부의 연예계 비리수사 계기는 방송보도였다. 2001년 7월 MBC '시사매거진 2580'은 가요순위 프로그램과 관련해 방송사와 연예인의 '노예계약' 관행을 폭로했다. 이 프로그램은 2002년 1월엔 연예계 비리 후속편으로 연예기획사들이 방송사와 스포츠신문 간부들에게 거액의 홍보비를 건넨다는 의혹을 제기해 파문을 일으켰다. 시민단체인 문화개혁시민연대도 성명을 발표하면서 거들었다.

서울지검 강력부는 MBC 보도 직후 본격적으로 연예계 비리를 파헤치기 시작했다. 먼저 과거 연예계 관련 수사기록을 검토했다. 대부분 1회성 대가관계에 따른 범죄였다. 검찰은 국내 가요시장 규모가 폭발적으로 커지고 코스닥에 상장하는 대형 기획사가 생겨나고 연예인 지망생이 크게 늘면서 부패구조가 심화됐다고 판단했다. 개별적인 비리에서 구조적인 비리로 바뀐 것이다.

2002년 1~3월 검찰은 영화 수입업자들과 영화 담당 기자들을 기소했다. 돈을 받고 홍보기사를 써준 혐의였다. 이어 대형 기획사에 대한 내사에 들어갔다. 진정서와 탄원서 등 제보가 쏟아졌다.

내사에 착수한 지 6개월. 7월10일 검찰은 대형 연예기획사 4군데를 압수수색했다. 이른바 빅4로 불리던 GM기획, 도레미미디어, SM엔터테인먼트, 싸이더스였다. 수사팀은 기획사들의 매출 규모와 유무상 증자과정, 세무신고액 등을 집중적으로 조사했다. 강력부 소속 검사와 직원 중 조직폭력 전담수사팀을 제외한 전원이 매달렸다. 특수부와 공안부, 형사부 소속 검사가 차출돼 투입될 정도로 대형수사였다.

수사 성과도 좋았다. 한 달 만에 방송사 PD, 스포츠신문 간부, 연예기획사 임직원 등 16명을 금품수수, 향응, 공금횡령, 주금(株金)가장납입, 문서 위조 등의 혐의로 구속기소했다. 아울러 12명을 비슷한 혐의로 불구속 기소했다. 도주한 기획사 대표와 방송사 PD, 스포츠지 기자 등 20여 명에 대해선 수배 조치했다.

이어 조폭자금의 연예계 유입, 연예기획사의 정관계 로비 의혹, 성상납 의혹에 대한 수사에 착수했다. 공교롭게도 그 무렵 검찰 정기인사가 단행됐고, 수사를 주도하던 김규헌 강력부장은 충주지청장으로 전보됐다. 이후 연예계 수사는 마무리 단계로 접어들었다.

송광수 전 검찰총장이 밝힌 '검찰과 정권'

"'청와대 들어와 대선자금문제 상의하자'는
노무현 대통령 제안 거절했다"

송광수 전 검찰총장은 노무현 정부 초기 대통령 측근들과 여권 실세들을 잡아들인 대선자금 수사로 '송짱'이라는 애칭과 함께 팬클럽까지 생기는 대중적 인기를 누렸다. 그는 총장 시절 사람에 대한 호불호가 뚜렷하고 권위주의적이라는 평을 받았다. 그 탓에 검찰 내에서는 이른바 반(反)송광수 파도 적지 않았다. 아마도 그는 나를 그쪽과 가까운 기자로 여긴 듯싶다. 인터뷰를 요청하자 노무현 정부 때 내가 두 번 대검을 비판하는 기사를 쓴 일을 끄집어내며 뜻밖이라는 반응을 보였다. "편파적인 기사였다"는 그의 '가벼운 항의'에 나는 "균형을 맞추기 위해 대검 쪽 반론을 충실히 반영했고 사실관계에서 틀린 게 없는 걸로 기억된다"라고 물러서지 않았다. 자칫 대화 분위기가 가라앉을 뻔했으나 그가 "다 지난 일"이라며 웃는 바람에 소통의 길이 열렸다. 내가 그를 통해 알고 싶었던 것은 검찰과 정권의 내밀한 관계였다. 그는 자신이 보고 듣고 겪은 일에 대해 덤덤하게 털어놓았다. 인터뷰는 2009년 8월과 9월 세 차례에 걸쳐 진행됐다. 나는 그의 증언을 통해 살아있는 권력에 칼을 들이댔던 대선자금 수사가 성공할 수밖에 없었던 중요한 이유 한 가지를 알게 됐다.

1950년 경남 마산 출생/ 서울대 법대/ 1971년 사시 13회/ 법무부 검찰1과장, 부산지검장, 법무부 검찰국장, 대구고검장/ 2003년 제33대 검찰총장/ 현 법무법인 김&장 고문

검찰 얘기를 해보고 싶었다. 노무현 전 대통령이 자살한 이후 그것은 기이한 벌레처럼 스멀스멀 내 머릿속을 기어 다녔다.

역사는 돌고 돌면서 발전한다. 검찰 안팎에선 이명박 정부 출범 후 검찰의 정치적 중립성과 수사 독립성이 약화되거나 후퇴했다는 얘기가 들린다. 역대 정권 중 검찰권이 가장 위력적이었던 정권은 아이러니하게도 검찰개혁을 적극 추진했던 노무현 정권이었고, 노 전 대통령은 자신과 갈등을 겪으며 무섭도록 강해진 검찰이 마침내 자신의 목에 칼끝을 들이대자 스스로 목숨을 끊었다. 물론 그에 대한 검찰수사가 부당했다는 얘기는 아니다.

당시 검찰이 노무현 대통령의 약점을 단단히 잡고 있다는 얘기가 돌았습니다. 국가원수는 재임 중 형사소추 대상이 아니므로 그 정도에서 덮었다는 거죠.

"기록에 남아 있을 겁니다. 그 뒤 관심을 갖고 추적하는 언론이 없습디다. (수사결과 발표 당시) 정확한 문구는 이래요. '검찰 나름대로의 결론을 갖고 있지만 대통령에 대해서는 헌법상 규정이 있으니 이 문제는 더 언급하지 않겠습니다.' '검찰 나름대로의 결론'은 제가 생각해낸 표현입니다. 표현을 두고 하도 고민들 하기에."

그 의미가 무엇입니까?

"그대로입니다. 지금은 다 끝난 일이죠. 퇴임 후에도 그 부분에 대해 수사하지 않았으니."

(노 대통령이) 돈을 받는 데 직접 간여한 정황도 확인했다는 뜻인가요?

"거기에 대해선 제가 말씀을 안 드리겠습니다. 액면 그대로 해석하시면 됩니다."

송광수 전 검찰총장은 "'대선자금 문제를 상의해보자'는 노무현 대통령의 제안을 거절했다"고 털어놓았다.
김형우 기자

액면 그대로 해석하면, 유죄라는 얘기인가요?

"(웃음) 자꾸 그렇게 물어보지 마십시오. 처지 곤란하게."

송광수(宋光洙·59) 전 검찰총장은 일부 질문 내용에 곤혹스러워했지만 대체로 성의 있게 답변했다. 그는 나와 세 차례 만나 자신이 28년 동안 몸담았던 검찰에 대한 기억을 5시간 동안 풀어놓았다. 그가 2005년 4월 퇴임한 이후 본격 인터뷰에 응한 것은 이번이 처음이다.

그는 노무현 전 대통령에 대한 기억과 강금실 전 법무부 장관과의 갈등, 검찰인사를 둘러싼 분쟁, 대선자금 수사 비화 등에 대해 소상하게 털어놓았다. 유례없는 대선자금 수사로 자신을 임명한 대통령에게 치명타를 입혔던 참여정부 첫 검찰총장의 증언을 통해, 우리는 정치권력의 뒷모습과 권력의 향배에 민감하게 반응해온 검찰의 속성과 메커니즘, 권력기관 간에 벌어진 파워게임의 실체를 엿보는 한편 노 전 대통령을 죽음에 이르게 한 검찰수사의 뿌리가 무엇인지 짐작하게 될 것이다.

송 전 총장은 현재 법무법인 김&장 고문이다. 퇴임 후 개인법률사무소를 운영하다 김&장으로 옮겼다. 김&장 변호사들은 크게 자문팀과 송무팀으로 나뉜다. 자문팀은 사건 수임 전 법률적 문제를 검토한다. 주요 고객과의 법률상담과 자문이 주 업무인 송 전 총장은 수임이나 재판에는 관여하지 않는다고 한다.

검찰 고위직을 지낸 인사들이 검찰에 전화해 사건에 대해 알아보거나 변론하는 경우가 많지요?

"예전에는 그랬는지 몰라도 요즘은 그것도 문제라는 것 아닙니까. 그래서 안 하죠. 과거처럼 전화 안 합니다."

전관예우가 있지 않습니까. 로펌도 그런 걸 기대해 영입하는 것이고.

"저도 총장 해봤지만 전화한다고 봐주지도 않아요."

김&장으로 옮겨온 후 검찰에 한 번도 전화한 적이 없나요, 사건과 관련해?

"한 번도 안 했습니다."

할 수도 있는 것 아닌가요?

"했다 하길 바라는 겁니까. (웃음)"

어차피 변호사인데요.

"전화로 하는 변론은 인식이 안 좋죠. 오해받거나 욕먹을 짓은 아예 안 하는 게 낫죠."

몇 년 전 검찰 고위직을 지낸 사람은 퇴임 후 얼마 동안 사건 수임을 못하게 해야 한다는 논의가 있었지요?

"그건 검찰총장에 국한해 얘기할 게 아니라 법원이나 다른 정부기관 고위직 출신들에 대해서도 검토해야겠지요. 관련 업무를 안 맡는 동안 정부에서 대신…."

생활비를 줘야겠네요.

"생활비야 뭐 퇴직금이 나오니까…. 하여간 종합적인 검토가 이뤄져야겠지요."

그는 개인 변호사 시절 다단계사기 혐의로 구속된 JU그룹 대표 주수도 씨 변론을 맡았다가 여론의 질타를 받고 손을 뗐던 아픈 경험이 있다.

"제 후배 변호사가 그분(주수도씨)과 가까워요. 그분과 관련된 사업도 하고. 그 후배 변호사가 찾아와 (주수도씨가) 억울하다고 해서 맡았다가 혼이 났지요. 나중에 후배 변호사한테 짜증도 냈지만, 다 내 잘못이지요. 누구를 탓하겠어요?"

천성관 검찰총장 내정자 사퇴 파동은 어떻게 보십니까.

"천성관 검사는 제가 법무부 과장 할 때 같이 일했어요. 머리도 좋고 일도 참 잘했습니다. 청문회 때 제기된 의혹 중 대부분은 걷가지고, 집이 문제가 된 거지요."

한마디로 스폰서 의혹 아닙니까. 항간엔 검사들이 스폰서 한두 명씩은 거느리고 있다는 얘기가 있습니다.

"(웃음) 요즘 검사 스폰서 해서 득 보기를 기대하는 사람이 그렇게 많겠습니까."

총장님은 없었습니까.

"전 없었습니다."

주변에서 얘기는 들으셨겠지요?

"이야기는 많이 들었지요. 선배 검사 중 누구에게 어떤 스폰서가 있다고…. 그런데 저는 이것(청문회 파동)이 사회 발전과정이라고 생각합니다. 언론인도 스폰서 있지 않습니까. 예전엔 언론사 편집국장, 사회부장들 다 스폰서가 있었습니다. 힘 있는 자리엔 다 스폰서가 있습니다. 어쨌든 스폰서 문화는 없어져야죠."

경남 마산에서 태어난 그는 4남1녀 중 셋째다. 초등학교 졸업 후 서울로 올라와 형과 함께 하숙을 했다. 서울중과 서울고를 나온 후 1967년 서울대 법학과에 입학했다.

학창시절 그는 무척 내성적인 성격이었다. 여러 사람 앞에 서는 것을 굉장히 수줍어했다. 지금까지 그런 습성이 남아 있는데 그나마 군법무관으로 근무할 때 교관을 하면서 좀 나아진 것이라고 한다.

그는 어릴 적부터 검사가 꿈이었다. 《장비호》라는 탐정소설이 인기를 끌었는데 그걸 탐독하면서 막연히 수사하는 직업을 동경했다. 형의 가정교사를 하던 고시생의 검사 예찬론에도 영향을 받았다.

고등학생 때 모범생이던 그는 도서관에서 책 읽는 게 취미였다. 특기할 점은 바둑에 미쳤었다는 사실. 중3 때 배웠는데, 고1 때 벌써 1급의 실력을 갖췄다고 한다.

"그때 아주 미쳤었지요. 아버지한테 프로기사 되겠다고 일본 보내달라고 했다가 호되게 야단맞았지요. 고3 때 정신 차려 죽을 판 살 판 공부했어요. 그때는 지금보다 대학 들어가기가 쉬웠습니다."

현재 그의 기력은 아마 6단. 대학생 시절엔 교내대회에서, 검사를 할 때는 전국 공무원 부처별 대항전에 나가 우승한 경력을 갖고 있다.

아버지가 사업을 해서 집안은 넉넉한 편이었다. 그가 고등학교 졸업할 무렵 부친의 사업 물품을 쌓아뒀던 창고에 큰불이 났고 이후 가세가 기울었다. 그는 대학생 때 아르바이트로 학비를 벌었다. 졸업하던 해인 1971년 사법시험(13회)에 합격했다. 사법연수원 성적이 좋으면 대체로 판사를 지망하는 게 법조계 풍토다.

"자랑은 아니지만 연수원 성적이 좋았습니다. 하지만 어릴 때부터 꿈이 검사 아니었습니까. 죄 지은 사람, 잘못한 사람을 심판해야 한다는 그런 소박한 생각이었지요. 지금도 눈앞에 잘못된 게 보이면 그냥 못 있는 성격입니다. 심지어 내기바둑을 구경하면서 꼼수 쓰는 사람한테 한소리 했다가 된통 얻어맞을 뻔한 적도 있어요. 나이 들면서 조심해야지 하면서도 잘 안 돼요."

1977년 임관한 그의 첫 근무지는 서울지방검찰청 수원지청(현 수원지검)이었다. 그가 검찰에서 걸어온 길을 보면 수사통이라기보다는 기획통이라 할 만하다. 부산지검 특수부에서 마약수사를 할 때를 빼고는 특별히 눈에 띄는 수사를 한 적이 없다. 서울지검 형사3부장 시절 대학입시부정사건을 수사한 게 꼽힌다.

부산지검 근무 후 검사들의 선망인 법무부 검찰1과로 발령이 났고 이후 대검 연구관을 거쳐 법무부 검찰4과장, 검찰2과장을 지냈다. 1991년엔 '검찰의 황태자'로 불리는 법무부 검찰1과장을 꿰찼다. 이른바 엘리트 코스를 밟은 것이다.

"검사 시절 '독일 병정'이라는 소리를 들었는데, 저는 그게 듣기 좋았습니다. 철저히 일하니까 그런 말을 듣는구나 하고. 물론 간부가 되고 지휘관이 되면 조금 물렁한 맛도 있어야죠. 그런 점에서 부족한 점이 많았습니다. 후회되는 게 많아요."

인사에서 좌절을 느낀 적이 없느냐고 묻자 이렇게 말했다.

"그렇게 말하면 내가 염치없는 놈이지요. 오히려 혜택을 많이 입었지요. 동료나 후배들에게 미안하지요. 검사장도 제때 됐고요. 다만 사치스러운 얘기지만, 김대중 정부 초기 내가 부산고검 차장을 1년 했습니다. 그런데 다음 인사 때 사법연수원 부원장으로 보내더라고. 나는 별로 그런 생각을 안 했는데 주변에서는 좌천이라고 하더라고요."

널리 알려진 대로 김대중 정부 시절 검찰은 호남 출신 검사들이 주요 보직을 독점하다시피 했다. 그는 호남 출신 동기생들에게 밀리는 와중에서도 검찰의 4대 요직으로 꼽히는 법무부 검찰국장을 지냈다. 검찰국장은 검찰의 인사와 예산을 짜는 핵심 보직으로 역대 검찰총장 중에는 이 자리를 거쳐 간 사람이 많다.

노무현 정권 출범 당시 그는 대구고검장이었다. 그는 자신이 총장으로 발탁된 경위에 대해 "모르겠다"고 했다.

노무현 정권에 가까운 인사가 없었나요?

"정말 아는 사람이 없었어요."

어떻게 추천됐다는 얘기는 들으셨을 것 아닙니까.

"못 들었습니다. 당시 제가 대검 차장 간다는 설도 돌았는데, '검사와의 대화'가 쾅 터졌어요. 일요일이라 서울에 올라가 있었는데 TV로 그걸 보다가 '아이쿠 큰일났다' 싶어 그날 밤 대구로 내려왔어요. 대통령께서 '나는 지금의 검찰 지휘부를 못 믿겠다'라고 하셨잖아요. 총장이 그만둘지 모르는데 고검장이 근무지를 떠나 있으면 안 되겠다 싶어 그길로 내려왔지요. 밤에 도착해 식당에서 밥 먹는데 TV에서 '검찰총장 사의 표명' 뉴스가 나오더라고요."

다음날 청와대에서 전화가 걸려왔다. 올라오라고 했다.

"대통령께서 뵙자고 하더라고요. 저녁식사를 하면서 얘기하자고. 그래서 제가 그랬어요. 오늘 청와대에서 저녁을 먹으려면 근무시간에 나가야 한다, 그러면 남들 눈에 띄지 않겠느냐, 그러니 오늘 밤에 올라가 내일 아침에 들어가겠다고. 그러라고 하더라고요. 예전 정부에서라면 있을 수 없는 일이었지요. 하여간 다음날 마누라가 운전한 차를 타고 청와대로 들어갔습니다."

대통령이 뭐라 하던가요? 초면이었겠네요?

"초면이지요. 뭐, 잘하라고."

검찰에 대한 불신을 언급하진 않던가요?

"그런 말씀은 없었습니다. 새 총장 될 사람 앉혀놓고 뭐 기분 나쁜 얘기를 하겠습니까."

노 대통령에 대해 어떤 느낌을 받았습니까.

"참 소박하시데요. 문재인 민정수석도 같이 식사를 했는데, 두 분이 이야기하는 걸 보면서, 아 과거에 내가 생각했던 대통령 모습과는 참 다르구나 싶더라고요. 문 수석이 담배를 꺼내 물더니 대통령 앞에 놓인 라이터를 가져가 불을 붙이더라고요. 대통령도 '재인아. 담배 한 대 주라' 그러시더라고요."

얼마 후 그는 청와대에서 노 대통령과 한 번 더 마주 앉았다. 총장 인사청문회가 끝난 다음날 임명장을 받는 자리였다. 강금실 장관과 문재인 수석이 배석했다.

"이 양반이 임명장을 주시고 나서, '어제 청문회하는 걸 보니 총장님이 뭐 내 생각하고 다른 말도 많이 합디다' 이러는 거예요. 그러면서 '청문회 통과하려면 그런 말을 할 수밖에 없었겠지요' 하시는 겁니다. 국가보안법과 한총련 문제를 마음에 두신 것 같더라고요. 가만히 있었더니, '검찰총장이 높다 해도 대통령 밑에 있습니다. 검찰총장은 대통령의 통치철학을 따라야 합니다' 딱 이러시는 거예요. 통치철학을 따라야 한다는 건 맞는 말씀이지만, 예민한 문제에 대해서는 따를 수가 없겠더라고요."

앞으로 좀 피곤하겠구나, 싶었겠네요.

"당장 그런 생각은 안 들고요. 대통령 앞에서 '승복하지 못하겠다'는 말을 할 수는 없지 않습니까. 내가 아무 말 없자 그 양반이 조금 답답한지 '국민이 가장 위에 있고 그 다음에 대통령이 있고 총장은 그 밑에 있습니다' 하시더라고요. 그래서 '예. 맞습니다' 했지요. 그랬더니 또 '그렇기 때문에 검찰총장은 대통령의 통치철학에 따라야 합니다' 하고 다시 한번 말씀하시더라고요. 그래서 고개 딱 숙이고 있었습니다. 분위기가 안 좋아졌죠. 그런데 강금실 장관이 '대통령님, 오늘은 기분 좋은 날이니 차나 한잔 주십시오' 그랬어요. 그래서 끝났지요. 차 한 잔 마시고 얼른 나왔지요. 앞으로 참 어려운 일이 많겠구나, 하는 생각이 들었습니다."

나중에 청와대나 강 장관과 많이 부딪쳤지요?

"한총련, 국가보안법 문제…."

송두율 교수 건도 있고.

"그때는 엄청 싸웠지요."

강 장관과 송 총장이 충돌한 사례 중 대표적인 것이 2004년 3월에 발생한 대통령 탄핵 반대 촛불집회 주동자들에 대한 체포영장 청구다. 검찰이 체포영장 청구사실을 사전에 법무부에 보고하지 않았다고 해서 논란이 일었다. 법무부와 대검은 이 문제로 날선 공방을 벌였다. 주요 사건에 대해서는 사전에 법무부에 보고하는 것이 그간의 관례였다.

"(대검) 공안부에서 보고를 하면서 '법무부에는 어떻게 할까요' 묻더라고요. 서울지검에서 물어본다는 겁니다. 그래서 제가 '영장을 청구하면서 법무부에 보고하라'고 지시했습니다. 실제로 그렇게 했습니다. 다만 미리 보고하진 않았죠."

법무부 측에선 그런 보고는 의미가 없다고 격분했지요?

"그렇죠. 일종의 통보였죠. 그런데 그게 그래요. 보고내용이 장관 구미에 맞는 거면 앞에 하든 뒤에 하든 어떻습니까. 영장을 청구한 것 자체가 맘에 안 들었던 거죠. 그런 걸 법무부에 사전에 알려주면 시끄러울 것 아니에요. 서울지검에서 '법무부에 보고 안 해도 되냐'고 물어보기에 '총장 지시라고 하라'고 했지요. 그간 일선 검찰청은 주요 사건의 경우 정보보고 차원에서 대검과 법무부 양쪽에 동시 보고를 해왔습니다. 사실 법무부에 대한 정보보고는 법에 없는 겁니다. 법무부 내규일 뿐입니다. 법무부에서 수사와 관련해 자꾸 검찰에 뭘 주문하니까 검찰의 중립성이 훼손됐던 것 아닙니까. 그래서 법무부에 건의해 그 제도를 고치자고 했더니 반대하더라고요. 장관이 우습게 된다고. 그런 상황에서 그 사건이 일어났던 겁니다."

사건 직후 대검은 법무부의 요청에 따라 경위를 설명하는 보고서를 제출했다. 법무부는 그걸로 성에 차지 않았는지 조사단을 보내겠다고 통보했다.

"아침에 출근해 엘리베이터에 타는데 기자들이 물어보는 겁니다. 법무부에서 조사단 보낸다는데 어찌할 거냐고. 그래서 내가 '조사는 무슨 조사? 조사하려면 나부터 조사하라'고 말했지요. 사실 지나가는 말처럼 한 얘긴데, 기자들이 그걸 또 법무부와 대검이 대판 싸우는 것처럼 보도해서…."

당시 참여연대 상임집행위원장이던 차병직 변호사의 글이 검찰 안팎에서 화제가 됐다. 차 변호사는 참여연대 홈페이지에 올린 '송광수를 조사한다'라는 글에서 송 총장의 발언을 장관에 대한 항명으로 규정하면서 "송 총장이 강 장관을 낙마시키려는 전략의 일환으로 촛불시위 사태를 의도적으로 키웠다"고 주장했다.

그 글에 항의는 안 하셨습니까.

"안 했어요. 자기 생각이 그렇다는데 어쩌겠습니까. 그런데 총장이 장관을 어떻게 낙마시킵니까. 뭘 모르는 사람이에요."

실제로 장관을 흔들려는 의도가 있었습니까.

"흔들려고는 안 했지. 체포영장이 꼭 필요하다고 생각했어요. 법을 무시하고 촛불집회를 하고 (경찰에) 나오라고 하는 데도 안 나오던 사람들 아닙니까."

법원은 영장을 기각했지요?

"그렇게 싸움하는데 발부해주겠어요? 어쨌든 우리가 영장을 청구하니까 그쪽에서도 태도를 바꿔 나오겠다고 했잖아요. 결과적으로 잘된 거죠."

한총련 문제로도 부딪쳤죠? 강 장관이 한총련 주동자 수배 해제 방침을 밝혔는데, 검찰은 반대했지요?

"범법행위를 한 사람들이 자수해서 잘못을 인정하고 앞으로 한총련에 다시 가입하지 않으면 구속하지 않겠다고 했지요. 법을 적용하는 건 검찰입니다. 장관이 총장한테 하고 싶은 말이 있다면 법률로 보장된 지휘권을 행사하면 되죠. 지휘권을 기자회견 방식으로 행사하면 안 되는 거죠."

지휘권 행사는 문서로 해야죠? 강 장관이 재임 중 지휘권을 행사한 적이 있습니까.

"없습니다."

국가보안법 위반 혐의를 받은 재독(在獨) 교수 송두율씨 처리를 놓고도 양측은 날카롭게 대립했다. 강 장관은 기자들과 밥 먹는 자리에서 송씨 구속에 반대한다는 의견을 밝혔다. 하지만 검찰은 송씨를 구속했다.

장관이 그렇게 말하면 총장으로서 부담스럽지 않습니까.

"부담을 가졌어요. 대통령께서도 국회에서 비슷한 취지로 말씀하셨지요. 1심에서는 대부분 유죄로 인정됐는데, 고등법원에서는 주요 혐의가…."

다 깨지지 않았습니까.

"무죄가 선고됐는데… 그 사건에 대해선 진짜 할 얘기가 많습니다. 송씨를 구속하지 않으면 앞으로 다른 국가보안법 사건을 수사할 수 없다는 게 검찰 의견이었습니다. 그런 논리로 법무부를 설득했고 법무부도 검찰 방침이 변하지 않는다는 걸 위에 보고했어요. 그래서 검찰 의견대로 구속하고 기소했죠. 팽팽한 긴장관계가 있었습니다."

당시 제가 듣기로는 송 총장께서 강 장관에 대해 장관 대우를 안 했다고 하더군요.

"그분이 장관으로 취임하고 나서 제가 임명됐습니다. 총장이 장관으로 대우하지 않는다고 해서 장관이 아닌 건 아니잖습니까."

당시 검찰 기류가 그렇지 않았나요? 강 장관에 대한 거부감이 컸지요?

"그런데 검찰조직이 그래요. 마음에 안 들더라도 장관이면 깍듯이 대합니다."

잘 따랐다고요?

"장관이라도 부당한 지시를 하면 못 따르는 것 아닙니까. 그래서 불화가 있는 것처럼 비쳤던 거죠. 저의 10년 후배지만 '장관님' 하면서 따랐지요. 다만 업무적으로 충돌하는 건 어쩔 수 없지 않습니까."

2003년 8월 하순 참여정부 출범 후 두 번째 검찰 인사가 단행됐다. 인사 결과를 두고 법무부와 대검은 갈등을 빚었다. 그해 4월에 있었던 첫 번째 인사가 송 총장이 주도한 것이라면 8월 인사는 강 장관의 작품이라는 게 정설이었다.

당시 검찰총장의 측근이라 할 만한 검찰 간부들이 원하는 자리로 못 갔지요?

"원하는 자리로 못 간 정도가 아니라 아주 학살을 당했지요. 엉뚱한 자리로 좌천을 당했지요."

왜 그랬지요?

"모르겠어요."

강 장관이 의도적으로 그랬나요?

"그러기야 했겠습니까. 갈 때가 됐으니 갔겠지요."

이 무렵 송 총장과 강 장관의 갈등은 대검이 강 장관의 핵심참모인 법무부 정책기획단장 A검사에 대해 징계를 청구하면서 절정에 이르렀다. A검사가 법조브로커에게 부정한 돈을 받았다는 혐의였다.

그런데 징계 청구 시점이 인사 직후라서 '오해'가 빚어졌다. 인사에 불만을 품은 대검 측이 보복성 징계를 청구한 것 아니냐는 시각이었다. 이에 대해 대검 측은 "감찰조사는 한 달 전에 시작됐고 뒤늦게 혐의사실이 확인돼 징계를 청구한 것뿐"이라고 설명했다. 하지만 검찰 안팎에선 A검사의 혐의에 대해 논란이 일었다. 확실한 증거가 아니었기 때문이다. 결국 대검 검사장들도 참석한 법무부 징계위원회에서 A검사는 6대 1의 결정으로 무혐의 처분을 받았다.

8월 인사 이후 한나라당 의원이 다수인 국회 법사위는 '장관은 총장의 의견을 들어 대통령에게 인사를 제청한다'는 조문을 새로 만들었다.

애매한 표현이네요.

"과거에 비하면 발전한 거죠. 인사 때 검찰총장의 의견을 반영하는 제도적 장치를 마련한 것이니. 검찰은 직무상 독립된 기관입니다. 그럼 뭘로 견제하느냐. 인사권밖에 없는 거죠. 일본에서 오랜 연구 끝에 나온 겁니다. 장관이 인사권으로 검찰권을 견제한다는 이론이죠."

장관과 어떤 방식으로 인사를 협의합니까.

"일단 둘이서 만나죠. 각자 참모들이 만든 자료를 갖고. 만나서 인사의 기본방향을 정합니다. 예컨대 승진은 몇 회까지 할 건지, 주요 보직은 몇 회가 맡을 건지, 서울과 지방 교류인사는 어떻게 할 건지…."

구체적인 인선은?

"그런 다음 구체적인 인사안을 갖고 한 번 더 만납니다. 이때는 주요 보직에 대한 각자의 의견을 나눕니다. 주요 보직이 정해지면 나머지는 대검 차장과 법무부 검찰국장이 상의해 기초안을 만듭니다. 이에 대해 장관과 총장이 의견을 냅니다. 점점 좁혀지면서 정리가 되는 거죠."

주요 보직 인사에는 청와대나 정권 실세들의 입김이 작용하지요.

"안 해봐서 모르겠습니다."

법무부 검찰국장도 해보지 않으셨습니까.

그가 잠시 침묵한 뒤 말을 꺼냈다.

"깊은 말씀을 드리기가 어렵습니다. 제가 검찰국장 할 때 장관은 최경원 씨였고 실세라는 신승남씨가 총장이었습니다. 신 총장이 특검 수사로 물러난 후 이명재 총장이 부임했죠. 최 장관이 이 총장과 협의해 인사를 준비하다가 경질됐습니다. 그걸 보면서 주요 보직 인사에 대한 조정이 쉽지 않다는 느낌을 받았습니다. 어려운 상황이 벌어질 수도 있구나 하고."

그는 "주요 보직을 장관과 총장이 결정한다고는 하나 계량화된 점수가 좋아야 그 자리에 갈 수 있다"고 했다.

"제가 총장 하면서 특정 기수의 검사들에 대한 평가자료를 본 적이 있어요. 상위권을 보니 제가 알고 있는 일반적인 평가와 거의 일치하더라고요."

2004년 2월 정기인사를 앞두고 강 장관과 송 총장은 또 한번 충돌했다. 강 장관이 예정대로 인사를 하려 하자 송 총장이 "대선자금 수사 중"이라는 이유를 내세워 강력히 반대했던 것. 결국 청와대의 조정으로 정기인사는 4월 총선 뒤로 연기돼 6월초에야 이뤄졌다. 한 달 뒤 강 장관은 경질됐다.

당시 대선자금 수사가 마무리 단계 아니었나요?

"나는 수사를 다 끝내고 (인사를) 하자고 했지요."

당시 법무부 측에서는 대검이 장관의 인사권에까지 도전한다고 여겼죠?

"장관이 인사를 몰라서 그래요. 수사팀 몇십 명을 남겨둔 채 어떻게 인사를 합니까."

아니, 원래 다 같이 하려 했는데 송 총장께서 수사를 이유로 반대한 것 아닙니까.

"끝나고 나서 하자고 했죠."

강 장관이 몹시 분개했다고 들었습니다.

"강 장관이야 자꾸 개각설이 나오니 자기가 있을 때 하고 싶었던 거죠."

당시 청와대가 대검에 약점이 잡혀 대검 편을 들어줬다는 얘기가 나왔죠.

"있을 수 없는 일입니다. 검사장 인사는 했잖아요."

일부에 국한된 인사였죠.

"강 장관도 (측근인) 이훈규 검사를 승진시키는 데 내가 반대하다가 나중에 동의하니까 만족했지요. 큰 짐을 던 거죠."

큰 수사가 진행되고 있으면 인사를 연기하는 게 관례인가요?

"그런 경우 인사를 한 적이 있었나요? 그리고 대선자금 수사는 워낙 많은 인원이 투입됐어요. 그 사람들 고생했는데 좋은 보직 줘야 할 것 아닙니까. 수사하는 데 인사발령이 나서 누가 어디로 간다는 둥 주변이 시끄러우면 수사에 집중할 수 있겠습니까."

2004년 6월 인사 때는 어땠습니까.

"강 장관이 저와 상의하면서 했습니다. 몇몇 보직을 빼고는 의견 차이가 별로 없었습니다. 의견이 다른 부분은 절충을 했죠. 대검 차장과 법무부 검찰국장도 많이 협의했지요."

노무현 정부 초기 검찰인사는 역대 정권에 비해 지역색이 덜한 편이었죠?

"청와대에서 별로 관여하지 않았습니다. 주문사항이 과거보다 적었다고 봐야죠."

이명박 정부 출범 후 검찰 인사에서 TK(대구 · 경북) 출신이 요직을 다 차지했다고 말이 많았죠?

"당연히 갈 사람이 간 건데도 특정지역 출신이라고 통계에 넣는 경우가 많아요. 그런 표현은 신중할 필요가 있습니다. 정권이 바뀌면 으레 그럴 것이라는 선입관을 버려야 합니다."

이제 대선자금 수사 얘기를 해보자. 역대 정권에선 청와대와 검찰 사이에 이른바 핫라인이란 게 작동했다. 청와대 민정수석실이 공식 창구였다. 하지만 참여정부에서는 핫라인이 끊겼다는 게 정설이다. 송 전 총장도 이에 동의했다.

"그런 문제로 김대중 정부 때 하도 비판을 받아 극력 경계했습니다. 그래서 공식 라인이 없었습니다. 법무부를 통해 들어오는 것 외엔 청와대와 대화한 적이 없어요. 대통령 취임 후 대여섯 달쯤 후 대선자금 수사가 시작됐습니다. 최도술씨(당시 청와대 총무비서관) 이름이 공개되기 전 수사팀은 이미 자금추적에 들어간 상태였습니다. 청와대와는 긴장관계일 수밖에 없었지요. 당시 수사받던 기업은 대선 때 여야 양쪽에 다 돈을 줬거든요. 그 상황에서 대화라인을 트면 오해 살 수 있으니 서로 피했습니다."

민정수석이나 대통령이 전화한 적 없었나요?

"업무와 관련해선 없었습니다. 다만 대통령께서 이런 전화를 한 적은 있습니다. 대선 정치자금에 문제가 많다, 이 문제에 대해 청와대에 들어와 상의를 하자고."

언제였지요?

"대선자금 수사내용이 공개되기 전이었어요. 자금 추적을 하고 있을 때였지요. 그걸 보고받고 그런 건지 모르겠지만, 어느 날 아침 집으로 전화를 하셨어요. 들어와서 상의 좀 하자고. 그래서 제가 이렇게 말씀드렸습니다. 검찰이 그 문제에 대해 수사를 할 수도 있는데 대통령님을 뵙고 나면 그 수사결과가 공정하다고 국민이 믿겠습니까. 제가 들어가는 건 적절치 않다고 봅니다. 그러자 대통령께서 '아, 그렇습니까. 알았습니다' 하면서 끊으시더라고요."

예전 같으면 상상하지 못할 일이군요. 대통령이 보자는데.

"검찰이 정치적으로 독립하지 못했다는 비판을 하도 많이 받았기 때문에 제가 강하게 나갈 수밖에 없는 상황이었죠. 수사 초기 수사대상이 될지도 모르는 분과 만나서, 압력은 아니더라도 어떤 얘기를 듣는다면 나중에 국민이 뭐라 하겠습니까. 그래서 절대 따를 수 없더라고요."

대통령이 직접 전화했나요?

"출근 전에 세수하고 있는데, 비서관이 했어요. 집사람이 받았지요. '청와대 전화라요' 해서 받았더니 '대통령님 바꾸겠습니다' 하더라고요."

시점이 정확히 언제죠?

"최도술씨 이름이 공개되기 한 달쯤 전이니 9월초가 아니었나 싶습니다."

그는 그 뒤로는 대통령의 전화를 받은 적도 없고 따로 만난 적도 없다고 했다. 검찰은 2003년 10월15일 최도술 청와대 총무비서관을 알선수재 및 정치자금법 위반 혐의로 구속했다. 대선 후인 2002년 12월25일 SK그룹 손길승 회장한테 양도성예금증서(CD) 11억원을 받은 혐의였다. 검찰 수사기록에 따르면 최씨는 이 CD를 부산 지역 사업가로 노 대통령의 고교선배인 이모씨를 통해 세탁한 후 여러 차례 나눠 받았다. 그중 5억원을 노무현 대통령의 개인 채무변제에 사용했다는 게 최씨의 진술이다.

대선자금 수사의 배경이 뭡니까.

"정부 출범 전 SK가 분식회계 문제로 수사를 받았죠. 그 수사과정에 흘러나왔어요. 거액의 대선자금을 양쪽으로 보냈다고요. 구체적인 액수까지."

그걸 언제 아셨습니까.

"총장 취임할 때 보고받았습니다."

수사팀이 보고했나요?

"그때는 수사팀이 없었어요. 수사에 관여한 사람한테 이러저러한 첩보를 입수했다는 보고를 받았습니다. 그 사람을 만났어요."

이인규 부장(당시 서울지검 형사9부장) 아닙니까.

"특정인의 이름을 말하진 않겠습니다. 보고를 받고 나서, 이거 하려면 굉장한 보안이 필요하다 싶었죠. 수사대상이 한쪽은 청와대이고 다른 한쪽은 거대 야당 아닙니까."

SK 분식회계 수사는 서울지검 형사9부의 작품이었다. 2003년 4월 인사 때 서울지검 형사9부는 금융조사부로 개칭됐고 이인규 검사가 초대 부장을 맡았다. 이 검사는 그해 8월 원주지청장으로 발령 났지만 곧이어 시작된 대검 중앙수사부(중수부)의 대선자금 수사에 참여했다. 2009년 1월 대검 중수부장에 임명된 이 검사는 노무현 전 대통령의 뇌물수수 혐의를 수사했고, 그가 자살한 후 사표를 냈다.

총장 취임 후 곧바로 내사를 시작했습니까.

"바로는 못했죠. 취임하자마자 시작한 게 나라종금 사건 재수사였습니다. 이어 대북송금 특검 수사를 넘겨받았고, 현대그룹 비자금 사건이 5, 6월경에 시작됐죠. 그런 걸 하면서 한쪽 파트에서는 대선자금 내사를 시작했죠."

나라종금 사건 재수사는 장차 있을 대선자금 수사의 서막이었다. 대선 당시 노무현 후보의 정무특보이자 대선공신이었던 염동연씨와 대선자금을 만졌던 핵심 측근 안희정씨가 수사대상에 포함됐기 때문이다. 염씨는 구속됐고 안씨는 두 차례 영장이 기각된 끝에 불구속기소됐다.

"그때부터 청와대와의 관계가 좋지 않을 것을 각오했죠. 나라종금 수사는 바로 그쪽을 건드리는 것이었으니까. 대선자금 수사를 하면서 그 윤곽이 드러났죠. (SK로부터 돈 받은 혐의로) 최도술씨를 구속한 이후 왜 다른 기업은 수사하지 않느냐는 여론이 일었습니다. 전면수사를 할지 말지 고민했지요. 전쟁은 충분히 준비하고 벌여야 하는데, 다른 기업들이 누구한테 얼마를 줬는지에 대해 충분한 자료가 없었거든요. 그 방대한 수사를 했다가 성과가 없으면 어떡하나 고민을 거듭하다가 확대하기로 결론을 내렸습니다."

정권 초기 검찰이 여권 핵심부를 치는 수사를 한 적이 과거에 있었나요? 상황논리인가요?

"상황논리죠. 막다른 길이라 생각했거든요. 검찰수사의 독립, 정치적 중립을 하도 얘기하니 달대로 달아 있었죠. 그런 차에 그런 첩보가 들어왔고 총장 취임 전부터 언론에서 나라종금을 재수사해야 한다고 해서 시끄러웠습니다. 그걸 안 할 수 있습니까. 취임 전 안대희 중수부장을 불러 나라종금 수사기록을 검토해보라고 지시했습니다. 청문회 끝나기 전에 안 중수부장이 보고하더군요. 수사에 허점이 많다고. 수사 안 된 게 많다고."

청와대에 수사내용을 보고한 적은 없습니까.

"없죠. 주요 사항은 법무부 장관에게 보고했지요."

최도술씨 수사 내용은 강 장관에게 미리 보고했나요?

"안 했습니다. 구속하기 직전 이런 게 있어서 수사하고 있는데, 신병처리해야 할 것 같다고만 보고했습니다."

강 장관에게 수사의 핵심 내용은 보고하지 않았겠죠, 당연히.

"주로 이미 수사한 내용을 보고했지요. 향후 대략적인 수사방향도 알려주고. 과거에도 미주알고주알 장관에게 보고하지는 않았어요. 중요한 내용은 안대희 중수부장이 직접 장관에게 보고했습니다, 일반적인 내용은 중수부 과장이나 수사기획관이 법무부 검찰국장이나 해당 과장에게 전달했고요."

기업들의 혐의에 대해 충분한 증거가 확보되지 않은 상태에서 윽박질러서 자백을 받아낸 것 아닙니까. 협조하면 선처하겠다면서.

"윽박질렀다기보다는…."

안 그러면 싹 털어버린다고….

"수십 년간 되풀이돼온 잘못된 선거풍토를 고치는 데 기업들이 협조해달라, 협조하면 구속하지 않겠다고 기자간담회에서 제가 말씀드렸습니다. 일부 기업에 대해서는 자료도 확보했고, 기업 내부에서 흘러나온 제보도 있었습니다. 그런 기업들을 먼저 수사했죠. 그걸 보고 다른 기업들이 '우리도 늦지 않게 조사받자'고 나온 거죠. 그 과정을 일일이 말씀드릴 순 없습니다. 어려운 수사였죠."

삼성 수사를 두고 지휘부와 수사팀이 마찰을 빚었다고 들었습니다.

"마찰 빚은 것 없습니다. 항상 일이 끝나고 나면 그런 말이 나오죠."

수사팀에서 삼성 구조조정본부에 대한 압수수색을 건의했는데 상부에서 말렸다고 들었는데요.

"말렸는지 모르겠어요. 그리고 다른 기업들도 다 (압수수색을) 했던 게 아닙니다. LG만 크게 했지요. 삼성만 봐준 것처럼 얘기하지 마십시오. 삼성이 가장 큰 기업이니 돈을 줬다면 가장 많이 줬겠지만 다른 기업은 안 하고 삼성만 하는 것도 문제죠."

지휘부에서 반대한 거죠?

"지휘부가 아니라 총장이겠죠. 하여간 (압수수색을) 안 한 거는 기억나요."

당시 수사팀 관계자가 사표 낼 생각까지 했다고 들었습니다.

"말이 자꾸 굴러가다보면…남기춘(당시 대검 중수부 1과장)이 얘기했나. 전화로 지금 물어볼까. (웃음)"

당시 대통령 측근들이 "검찰이 하늘 무서운 줄 모른다"고 말했다는 게 사실인가요?

"하셨겠죠. 잘 모르겠습니다."

총장께서 퇴임 후 대학 강연에서 밝히신 얘기입니다.

"자꾸 그런 얘기 하면 제 처지가 곤란해집니다."

당선축하금은 최도술씨가 SK에서 받은 것 하나뿐이었습니까.

"뭐 축하금인지는… 하여간 대통령께 직접 '축하드립니다' 하면서 준 건 없었죠. 못 밝혔다기보다 객관적인 자료가 없어 못했죠. 검찰도 얼마나 밝히고 싶었겠습니까마는."

권양숙 여사도 전화를 걸어 청와대에서 만나자고 했다면서요?

"뭣 때문에 하셨을까요."

친인척 수사와 관련해서.

"말씀 안 드리렵니다. 혼자된 분인데."

수사가 한창 진행 중일 때였나요?

"친인척 문제는 검찰이 수사하지 않았죠. 초기에 거제도에 무슨 땅이 있고…. 그런데 수사할 만하지 못하다고 해서…."

노건평씨 관련해서 말이죠?

"예. 또 권 여사 아파트가 어떻고. 그 건은 아예 안 했어요."

그는 "이 얘긴 쓰지 말라"고 부탁했다. 하지만 빼줄 게 있고 빼줄 수 없는 게 있다. 그의 이 증언은, 거창하게 말하면 역사적 기록으로 남을 것이다. 그와 권씨에게는 미안하지만 나로선 기자의 직분에 충실할 수밖에 없다.

하여간 안 만나신 거죠?

"만나자고 하기에 '안 가는 게 좋겠습니다'라고 거절했죠. 그런데 이런 얘기를 쓰면 그쪽에서 야속하게 여길 겁니다. 혼자된 분인데. 그분도 총장한테 압력을 넣으려는 게 아니라 하도 답답해서 한 말씀 아니겠습니까."

대선자금 수사가 진행되면서 대통령 측근들이 줄줄이 사법처리됐습니다. 청와대에서 아무런 얘기가 없었나요?

"검찰에 직접 뭐라 한 건 없습니다. 법무부에 대해 섭섭해 했다는 얘긴 들었습니다. 왜 이런 수사를 하느냐는 질책이 아니라 수사상황이 언론에 보도되는데 왜 법무부는 가만히 있느냐고."

역대 정권에서 볼 수 없었던 관계였지요? 검찰과 청와대의 관계가.

"정말 달랐어요. 저도 검찰에 오래 있었지만 전에 없던 관계였습니다."

이명박 정부 출범 후 노무현 정부 때 성취한 검찰의 정치적 중립성이 훼손됐다는 평가가 있습니다.

"요즘 상황은 잘 모르기에 드릴 말씀이 없습니다."

대선자금 수사를 하면서 자칫 우리가 당할지 모른다는 불안감은 들지 않았나요?

"(웃음) 불안감보다 제가 간부들에게 이런 말은 했지요. 수사가 성공적이니 뭐니 언론에서 하도 추켜세우기에. 갈채는 일순간이다, 갈채 뒤를 조심해야 한다고."

대선자금 수사의 성공요인이라면?

"우선 수사 의지죠. 진실을 밝히기 위해서라면 어떤 것도 수사하겠다는. 그리고 수사에 참여한 검사들과 수사관들의 노력이죠. 세 번째는 검찰 수사과정에서 언론이 많이 참아주고 국민이 격려해준 것입니다. 그게 큰 힘이 됐죠."

대선자금 수사를 주도한 대검 중수부는 종종 존폐 논란에 휩싸였다. 노무현 전 대통령이 중수부 수사를 받다 자살한 이후 논란이 한층 가열됐다. 김준규 검찰총장은 2009년 8월 인사청문회에서 이 문제에 대해 이른바 예비군식 운영방침을 밝혔다. '중수부 요원'을 지정해 평상시엔 전국 일선 검찰청에 배치했다가 중수부가 직접 수사할 필요가 있는 대형사건이 발생할 때만 소집한다는 것이다.

송 전 총장은 중수부 사수론자였다. 그는 2004년 6월 법무부와 여권에서 대검 중수부 폐지를 추진하자 "내 목을 쳐라"며 맞섰다. 인사 직후 전입 검사 신고식 자리에서였다. 그의 강력한 저항에 결국 중수부 폐지 논의는 없던 일이 돼버렸다.

이와 관련해 그는 "중수부 위상도 시대에 따라 달라져야 한다"며 5년 전보다 유연한 시각을 드러냈다.

"특수부는 금융 분야 전문가를 영입해 더 전문성을 갖춰야 합니다. 하지만 중수부는 대형비리가 발생하지 않을 경우 그 기능이 약화될 수밖에 없습니다. 다만 당장 없애는 건 곤란하죠."

그는 특수부 수사의 문제점도 지적했다.

"저는 특수통이 아닙니다. 그래서 오히려 특수부가 뭘 잘못하는지 알아요. 특수부에 갇혀 있으면 몰라요. 수사에 빠진 사람은 그 길로만 가는 겁니다. 옆에서 누가 잘못 가고 있다고 말해줘야죠."

그런 점에서 지난번 노 전 대통령을 죽음에 이르게 한 수사는 문제가 있지 않았나요?

"별로 없었다고 봅니다."

수사의 정당성이 아니라 수사방식 말입니다.

"전직 대통령 수사를 안 하면 모르지만, 한다면 확실한 증거를 찾기 위해 그 돈을 사용한 사람들을 어찌 조사하지 않을 수 있겠습니까. 자식들도 조사할 수밖에요. 다만 결정을 빨리 못한 게 문제입니다. 전직 국가원수에 관한 사안인데 왜 빨리 결정하지 않고 불안정한 상태에 둡니까. 그건 결정 라인에 있던 사람의 잘못이죠. 수사팀에서는 여러 번 건의했습니다. 그러면 총장이 결심해야죠. 그걸 안 하니 당사자가 계속 불안한 처지에 놓일 수밖에 없었죠."

구속영장이 기각될 가능성 때문에 시간을 끌었다는 시각도 있습니다. 노 전 대통령이 박연차씨한테 직접 돈을 요청하거나 받은 사실을 강력히 부인하는 상태에서 증거라고는 박씨의 진술밖에 없었다는 거죠.

"수사내용은 전혀 모릅니다. 다만 언론보도에 따르면 수사는 벌써 다 돼 있었습니다. 그럼 빨리 결론을 내렸어야죠. 그리고 그 정도의 수사는 필요했습니다. (자식들이 거주한) 미국 집에 대한 수사를 놓고 말이 많은데, 집 사진을 찍은 것은 검찰이 아니라 방송입니다. 호화주택이니 뭐니 해서. 그런데 이게 문제가 되니까 검찰에 대해서만 뭐라 하더군요. 검찰이 그 집이 어떻게 생겼는지 어찌 알겠습니까."

검찰이 그런 걸 조사하니 언론이 취재한 것 아니겠습니까.

"그럼 그 돈이 어디에 쓰였는지 검사가 조사를 안 해야 합니까. 돈을 받았다면 가장 큰 의문이 어디에 쓰였는지 아닙니까. 당연하죠. …모르겠어요. 수사내용을 잘 모르니. 검찰 수사역사에서 하나의 교훈이 된 사건이죠."

그는 2005년 4월 임기 2년을 마치고 박수 속에 검찰을 떠났다. 정권과 그토록 대립하면서도 임기를 '무사히' 마침으로써 검찰 역사에 새로운 이정표를 세웠다는 평가가 나왔다.

"검찰 개혁의 핵심은 수사 독립과 정치적 중립 아닙니까. 그걸 이룬 거죠. 국민도 그 결과를 상당히 신뢰했다는 데 대해 보람을 느낍니다. 그리고 검찰의 자정(自淨)기능을 강화하려고 애를 썼습니다. 정말 혹독하게 감찰했죠. 징계위원회 회부 건수가 과거 10년 동안 이뤄진 것보다 많았으니까요. 검찰총장이 아니라 감찰총장이라는 소리를 들을 정도였죠.

그 다음에 내부 결속을 위해 직원들과 대화를 많이 했어요. 검찰은 이원조직입니다. 그 경계를 없애려 노력했습니다. 하루에 대여섯 번씩 일선 직원들에게 불시에 전화해서 그들의 이야기를 들었습니다. 마지막으로 검찰에 대한 국민의 불신을 조금이라도 씻는 데 기여한 것에 대해 보람을 느낍니다.”

검찰의 정치적 중립과 수사 독립성 확보가 참여정부의 치적이라는 평가도 있는데요.

“그리 볼 수도 있겠죠.”

노 대통령도 취임 후 권력기관들과 거리를 두겠다고 공언하지 않았습니까.

“역대 정부와는 분명히 차이가 있었죠. 이번 정부는 잘 모르겠고.”

노무현 정권이 기여한 점이 있다는 거죠?

“있지요. 초기부터 수사대상이 되다보니 검찰과 좋은 관계가 되기 어려운 면도 있었고요.”

검찰총장 임기제는 노태우 정부에서 시작됐다. 하지만 임기 2년을 채운 총장은 많지 않다. 최근의 경우만 보더라도 그렇다. 김대중 정부 이후 지금까지 검찰총장을 지낸 사람은 모두 9명. 그중 임기를 채운 사람은 박순용·송광수·정상명씨 세 사람밖에 없다. 김대중 정부에서는 김태정·신승남·이명재씨가, 노무현 정부에서는 김각영·김종빈씨가, 이명박 정부에서는 임채진씨가 이런저런 이유로 중도에 물러났다.

송광수씨의 뒤를 이어 총장에 오른 김종빈씨는 천정배 법무부 장관의 수사지휘권 행사에 대한 반발로 사직해 화제가 됐다. ‘6·25는 통일전쟁’이라는 발언으로 물의를 빚은 강정구 교수에 대한 신병처리를 둘러싼 대립이었다. 검찰이 구속 방침을 세우자 천 장관은 “불구속 수사하라”고 총장에 대한 수사지휘권을 행사했다. 김 총장은 이를 수용한 뒤 사퇴했다.

송 전 총장은 이에 대해 비판적 견해를 밝혔다.

송 총장께서 그런 일을 당했다면 어떻게 하셨을 것 같습니까.

“구속사안은 아니었던 것 같아요. 그 정도의 발언과 책은 대한민국에 널려 있습니다. 교수들 중에는 그보다 심한 말 하는 사람도 많아요.”

당시 보수논객들 중에도 송 총장님처럼 말한 사람들이 있었지요.

"검찰도, 말이 짐이 된 것 같아요. 한번 말이 나오다보니. 그리고 장관이 지휘권 행사할 사안도 아닙니다. 뭘 그걸 가지고. 그렇다고 나가기는 왜 나갑니까. 불구속 수사하면 되지. 나갈 일은 아닙니다. 사람이 인품이 좋아요. 총장으로서 지켜야 할 것을 못 지켰는데 그대로 있으면 후배들이 욕할 거라고 생각한 거죠. 그런데 후배들이 욕할 사안도 아닙니다. 그리고 지휘권 행사를 거부하고 나가면 모르지만 거부도 안 하고 나가는 게 어디 있습니까. 총장은 나가더라도 가치 있게 나가야죠. 그 정도로 자리를 버리기엔 아깝죠."

김종빈 전 검찰총장의 사퇴를 두고 법조계에선 이견이 엇갈린다. 비판적인 시각도 있지만, 검찰의 정치적 중립과 수사 독립성을 지키기 위한 용기 있는 결단이었다는 긍정적인 평가가 적지 않다.

송 전 총장은 임채진 전 검찰총장의 사퇴에 대해서는 호되게 비판했다.

"나갈 거면 좀 더 빨리 나갔어야죠."

곧바로 나가면 수사하는 데 지장을 주니까 그런 것 아닙니까?

"(노무현 전 대통령이) 돌아가신 다음에 바로 나가든지, 아니면 끝까지 있든지. 중간에 그런 건 죽도 밥도 아니죠. 임 총장 성격이 그래요. 고민을 많이 하죠. (노 전 대통령) 구속도 고민하다가 타이밍을 놓친 겁니다. 전직 원수가 수사를 받다 자살했으면 그때 바로 나갔어야죠. 검찰 책임이 있든 없든. 후배들은 철저히 수사하게 하고. 검찰을 위해서라도 나가야 합니다."

책임감 차원에서 말이죠?

"예. 그러면 국민이 욕 안 합니다. 저놈아, 사나이다, 이래 생각하죠. (사표를) 반려했다고 안 나가는 건 뭡니까. 그럴 거면 왜 냅니까. 출근을 안 하면 되죠. 집에 있으면 (사표가) 수리되는 겁니다."

이명박 정부 출범 후 일련의 사정수사에 대해 편파·보복 수사 의혹이 제기되는가 하면 지역편중 인사 시비, 일부 공안사건과 인사에 대한 장관과 총장의 갈등, 최근엔 노무현 전 대통령의 죽음과 총장 내정자의 낙마 등 악재가 잇따랐습니다. 위기의 검찰에 대해 충고를 하신다면.

"무엇보다 국민의 신뢰를 얻어야죠. 일시적으로 보지 말고 장기적으로 국민의 신뢰를 얻는 방안을 염두에 두고 검찰의 사명을 다해야 합니다. 검찰의 기본 사명이 뭐냐. 수사 잘해서 실체적 진실을 밝히는 겁니다. 또 수사 과정에 있을지 모를 사법경찰관이나 검사의 인권침해를 방지해야 합니다. 지금 범죄수법이 엄청나게 발전하고 있습니다. 내가 변호사를 해보니 증권이나 금융 쪽은 공부하지 않으면 못 따라가겠더라고요. 검찰도 공부를 해야 합니다. 전문성을 갖춰 고도의 범죄를 밝혀내야 합니다."

송 전 총장은 생각보다는 소탈하고 권위적 냄새를 풍기지 않았다. 대화 도중 엘리트주의자의 풍모가 언뜻 비치긴 했지만 자만심보다는 자부심으로 이해될 만했다. 그 정도의 자부심은 서슬 퍼런 정권 초기 현직 대통령의 '호출'을 거절하는 배짱을 지녔던 사람으로서 가질 만한 것이었다.

송광수와 폭탄주

송광수 전 검찰총장은 기가 세고 고집스러운 편이다. 그의 강단은 폭탄주에 얽힌 일화에서도 엿볼 수 있다. 알다시피 폭탄주는 과거 검찰 문화의 한 상징이었다. 그런데 그는 술을 잘 못한다. 특히 폭탄주는 그에게 사약과 같다.

법무부 검찰과장 시절 서울고 동창 모임에서 폭탄주가 돌았다. 차례가 되자 그가 일어나 "이거 꼭 비워야 합니까" 물었다. 좌장이 "비워야 한다"고 했다. 그러자 그는 "하여간 비우면 되지요?" 하면서 돌아서서 자신의 몸에 술을 들이부었다. "비웠습니다" 하면서. 당연히 옷이 다 젖었다. 그 다음부터 그에게 술잔이 돌아오지 않은 건 물론이다.

"그때 내가 두 잔인가 석 잔인가 마신 상태였다. 그 이상은 치사량이다. 그런데 자꾸 권하기에 몸에 들이부었다. 시원했다. (웃음)"

고교 3년 선배인 한국일보 고(故) 장강재 회장과의 술자리에서도 비슷한 일이 있었다. 검찰 선배와 함께한 자리였다. 얼음잔에 위스키를 부어 마시는 이른바 '온 더 록'을 즐기는 장 회장이 위스키를 가득 따라 돌렸다. "못한다는데도 자꾸 권해 첫 잔은 받아 마셨다. 그때 분명히 '두 번째 잔은 안 마시겠다'고 했고 장 회장도 '당신 줄 술도 없어' 했다. 밖에 나가 토하고 왔는데 30분쯤 지나 또 권했다. 그 자리에서 일어나 집으로 가버렸다. 다음날 선배한테 분위기 망쳤다고 엄청 깨졌다. 하지만 나는 이렇게 생각했다. 일 똑똑하게 잘하면 되지 술 못 먹는다고 나를 뭐 어쩌겠나."

이런 일도 있었다. 역시 검찰 선배와 함께 한 자리였는데 술을 사는 사람이 '이것만 먹고 안 먹는다' 하면서도 자꾸 술을 시켰다. 양주가 세

병째 들어오자 그가 말했다.

"국장님, 정말 이것만 마시면 안 마십니까."

"그렇다"라는 답변을 듣자마자 그는 "그럼 내가 다 마시겠다" 하면서 그대로 반 병가량을 비웠다. 그러고는 "이제 갑시다" 하고 일어섰다. 술자리는 파행으로 끝났다.

2003년 9월4일 강 장관과 송 총장은 휘하 간부들을 데리고 경기도 과천의 한 식당에서 이른바 '보신탕 회동'을 했다. 다음날 신문들은 두 사람이 술을 마시고 나와 팔짱 낀 모습을 사진과 함께 크게 보도했다. 당시 일에 대해 그는 이렇게 회상했다.

"잔술을 많이 먹고 폭탄주를 돌렸다. 나는 잔술을 좀 마셔서 폭탄주는 한 잔인가 두 잔 했다. 강 장관은 석 잔쯤 마셨고."

그날 밤 두 사람은 무슨 얘기를 했을까.

"뭐, 잘해보자는 거였지. 강 장관이 사람이 착하다. 여자 몸으로 선배들이 득실거리고 대통령이 개혁하라고 하는 검사 집단 속에서 여러 가지로 괴롭고 갈등이 많았을 거다. 우리가 이해를 많이 한 편이다."

대선자금 수사와 박연차 게이트

2009년 노무현 전 대통령을 죽음으로 이끈 박연차 게이트 수사는 2003년 대선자금 수사의 후속편이었다. 박연차씨는 전편과 후편 모두에 출연했다. 바뀐 게 있다면 전편에서는 조연이었던 반면 후편에서는 주연이었다는 것. 나는 당시의 검찰 수사기록을 훑어보다가 안희정씨 부분에 이르러 새삼 전율을 느꼈다. 2003년 12월14일 대검 중수부는 안희정씨를 구속했다. 대선 당시 출처 불명의 불법자금 5억9000만원과 창신섬유 회장 강금원씨로부터 4억5000만원, 썬앤문 그룹 회장 문병욱씨에게 1억원 등 모두 11억4000만원의 불법 정치자금을 받은 혐의였다. 강씨와 문씨는 모두 노 전 대통령의 후원자였다.

안씨는 검찰에서 태광실업 회장 박연차씨로부터 2억5000만원을 받은 사실을 털어놓았다. 5000만원은 대선 전 자신이 설립한 오아시스워터(주) 운영자금으로, 2억원은 대선 후 정치자금으로 받았다. 다음은 2004년 2월2일 안희정씨의 검찰진술 내용 중 일부다.

피의자는 경남 김해시 소재 신발제조업체인 태광실업(주)을 운영하는 박연차를 알고 있는가요?

"예. 박연차 회장님은 노무현 대통령과 오래전부터 친분관계를 유지해 오는 것으로 알고 있었는데, 1999년 초순 제가 장수천에서 생산되는 생수를 판매하는 오아시스워터(주)를 설립하면서 운영자금이 부족하다고 했더니, 노 대통령께서 저에게 '박연차 회장을 만나 자금지원을 부탁해보라'고 하여… 이때 인사를 드리고 처음 알게 되었으며…."

피의자가 박연차로부터 그 후에도 돈을 받은 사실이 있는가요?

"예. 2003년 3월 초순 19시경 서울 장충동 소재 신라호텔 중식당에서 박연차 회장을 만나 2억원을 100만원 수표 200장으로 받은 사실이 있습니다."

2억원을 받게 된 경위는 어떤가요?

"참여정부 출범 후였는데, 박연차 회장으로부터 연락을 받고 만나서 식사하는 자리에서 박 회장님이 저에게 앞으로 정치를 하는 데 사용하라면서 2억원을 주어서 받았습니다."

대선자금 수사로 '국민검사' 칭호를 얻은 안대희 중수부장은 당시 수사결과를 발표하면서 현직 대통령과 관련된 부분에 대해 이렇게 말했다.

"이번 수사의 초점은 대통령 측근이지만 대통령이 관여된 부분도 있다. 하지만 대통령은 국가원수이고 예우를 해야 한다고 본다. 지금은 대통령에 대한 조사를 하지 않는 것이 타당하다."